새로운 도서,
다양한 자료
동양북스
홈페이지에서
만나보세요!

www.dongyangbooks.com
m.dongyangbooks.com

※ 학습자료 및 MP3 제공 여부는 도서마다 상이하므로 확인 후 이용 바랍니다.

홈페이지 도서 자료실에서 학습자료 및 MP3 무료 다운로드

PC

❶ 홈페이지 접속 후 도서 자료실 클릭
❷ 하단 검색 창에 검색어 입력
❸ MP3, 정답과 해설, 부가자료 등 첨부파일 다운로드
  * 원하는 자료가 없는 경우 '요청하기' 클릭!

MOBILE

* 반드시 '인터넷, Safari, Chrome' App을 이용하여 홈페이지에 접속해주세요. (네이버,
  다음 App 이용 시 첨부파일의 확장자명이 변경되어 저장되는 오류가 발생할 수 있습니다.)

❶ 홈페이지 접속 후 ☰ 터치

❷ 도서 자료실 터치

❸ 하단 검색창에 검색어 입력
❹ MP3, 정답과 해설, 부가자료 등 첨부파일 다운로드
  * 압축 해제 방법은 '다운로드 Tip' 참고

사진으로 보고 배우는
중국 문화

사진으로 보고 배우는
중국 문화

개정 3판 1쇄 발행 | 2023년 4월 10일
개정 3판 2쇄 발행 | 2023년 10월 15일

지은이 | 김상균·신동윤
발행인 | 김태웅
편 집 | 김상현, 김수연
디자인 | 남은혜, 김지혜
마케팅 | 나재승
제 작 | 현대순

발행처 | (주)동양북스
등 록 | 제 2014-000055호
주 소 | 서울시 마포구 동교로 22길 14 (04030)
구입문의 | 전화 (02)337-1737   팩스 (02)334-6624
내용문의 | 전화 (02)337-1762   dybooks2@gmail.com

ISBN 979-11-5768-869-2 03720

ⓒ 김상균·신동윤, 2023

중국어뱅크

사진으로 보고 배우는

중국 문화

김상균 · 신동윤 지음

최신 개정판

동양북스

다양한 사진으로 중국을 이해하다.

중국이 개혁개방이라는 날개를 단지 어느덧 40년이라는 시간이 흘렀다. 그동안 중국 경제는 2001년 WTO 가입, 2008년 베이징올림픽 등을 거치며 시시각각으로 변모해 왔으며, 많은 경제전문가의 비관적인 전망과 우려에도 이미 G2로 성장하며 전 세계에 지대한 영향을 미치고 있다.

중국은 역사·지리적으로 우리나라와 인접하여 매우 친숙한 나라이지만 1949년 중국이 신중국을 건국한 이후 사회주의 계획경제를 걸으면서 잠시 교류가 주춤하기도 하였다. 하지만 1978년 중국이 개혁개방을 선포하며 중국경제는 놀라운 속도로 발전하였고, 우리나라의 기업들도 1992년 한·중 수교 이후 중국에 직·간접적으로 활발한 투자를 하여 지금은 우리나라의 제1 투자대상국이자 제1 교역국이 되었다.

또한, 아직은 초기 단계이지만 중국의 기업들도 우리나라로 진출하고 있어, 그 수는 지속적으로 증가할 것으로 보인다. 이는 그만큼 중국시장과 중국경제 그리고 중국어가 우리에게 점점 중요해지고 있음을 의미하고 있다. 중국 기업과의 업무에는 그동안 많은 부분이 영어로 진행되었으나 '关系(관계/guānxi)'를 중요시하는 중국과의 성공적인 비즈니스와 원활한 의사소통을 위해 중국문화에 대한 이해와 중국어 사용은 필수적이라고 할 수 있다. 이는 중국이 발전할수록 더욱더 선택조건이 아닌 필수조건이 될 것이라고 필자는 확신한다.

중국의 지난 세기는 고난과 역경의 시기였다. 오랜 기간에 걸친 국공내전과 새로운 사회체제의 도입, 그리고 광신의 10년…… 하지만 중국은 이처럼 절망적이고 고통스러웠던 시간을 이겨내고 '개혁개방'이라는 날개로 새롭게 부활했다. 그러나 국제사회는 중국의 부활에 대해 시기(猜忌)와 경계를 늦추지 않고 있다. 그만큼 중국의 부상이 국제정세, 특히 자국의 이익과도 직결되기 때문이다. 우리도 예외는 아니다. 과거 아시아의 강자로 군림했던 중국이 부활하면서 이제는 우리의 경제와 문화, 정치에까지 중국의 영향력이 미치고 있어 가까운 지리적 위치만큼이나 중국이 끼치는 영향력은 이제 우리와는 뗄 수 없는 관계가 되어 버렸다.

사실 중국이라는 거대한 나라를 한 권의 책으로 요약하기란 그리 쉬운 일이 아니다. 13억이 넘는 방대한 인구와 광활한 영토를 지닌 중국은 그 크기만큼이나 다양한 역사와 문화를 지니고 있다. 다양한 민족과 함께 어울려 사는 중국을 책 한 권으로 완벽히 이해한다는 것은 어렵겠지만, 중국학에 입문하는 중국학도들에게 이 책이 중국의 주요한 내용을 지침(指針) 하는 나침반 역할이 될 수 있기를 바라는 마음으로 집필하였다. 이 책은 김상균, 신동윤 저자의 공동 작업으로 집필되었다. PART 3 중국의 언어와 문자, PART 4 중국의 음식문화, PART 5 중국의 생활문화, PART 8 중국의 경제와 무역은 김상균 저자가 집필하였고, PART 1 중국의 지리환경, PART 2 중국의 민족, PART 6 중국의 현대사, PART 7 중국의 정치는 신동윤 저자가 집필하였다. 급변하는 중국의 정세에 맞추어 모든 내용에 최근의 자료를 인용하였으나, 시시각각 변화하는 자료를 모두 담아내기에는 다소 무리가 있으며, 중국 자체 내의 통계자료도 일률적이지 않은 탓에 독자들이 알고 있는 통계수치와 다소 차이가 있을 수 있다. 그러나 본 저서에서 인용한 자료와 통계수치는 중국에서 공인하는 가장 표준적인 자료라는 점을 먼저 밝혀둔다.

이 책은 서술로 만으론 지루할 수 있는 내용을 다양한 사진 자료와 도표를 통해 이해할 수 있도록 힘을 기울였다. 사진 자료와 도표를 통해 시각적인 이해를 돕는다면 독자들이 중국에 대한 이야기에 좀 더 흥미를 갖지 않을까 하는 바람에서 다양한 시각 자료를 활용한 것이다.

끝으로 저자들의 졸고에 관심을 두고 출판까지 힘써주신 동양북스에도 진심으로 감사드린다. 그리고 좋은 책을 만들기 위해 저자들이 많은 노력을 기울였지만, 광범위한 중국의 모든 것을 담아내기에는 아직 부족한 부분이 많다. 이러한 부분은 앞으로도 지속적인 연구와 노력으로 보완할 것을 약속드리며, 이 책이 중국을 이해하고 탐색하려는 학습자들에게 조금이나마 도움이 되었으면 하는 바람을 가져본다.

저자 김상균·신동윤

일러두기

1. 본문의 모든 한자는 중국학도들의 이해를 돕기 위하여 현재 중국에서 쓰이는 간체자를 사용하였다.

   * 홍콩과 마카오 구장(区徽)에 표기된 한자는 번체 그대로 인용하였다.

2. 본문에 사용된 중국 인명과 지명 등의 고유명사 발음표기는 1995년 문화 체육부가 고시한 제1995-8호 〈외래어 표기법〉에 의거한 〈교육부 한글 외래어 표기법-중국어 표기〉를 따랐다.

   예 jiu - 주 / jian - 젠 / yuan - 위안

3. 중국 인명은 1911년 신해혁명을 전후(前后)로 구분하여 신해혁명 전(前)은 한자 독음을 후(后)는 중국어 발음으로 표기하였다.

   예 屈原-굴원 / 温家宝-원자바오

4. 중국 지명 표기는 중국어 발음으로 표기하는 것을 원칙으로 하였으나, 지역 단위 및 고유명사로 쓰이는 것과 중국어 발음이 생소한 몇몇 지명은 독음으로 표기하였다.

   예 自治区-자치구 / 分地-분지 / 朝鲜-조선 / 维吾尔-위구르 / 香港-홍콩 / 澳门-마카오

5. 외국 지명 표기는 이해를 돕기 위하여 영어 발음을 기준으로 표기하였다.

   예 越南-베트남 / 俄罗斯-러시아 / 新加坡-싱가포르

6. 본문 내용 중 필요한 보충 설명과 다른 PART에서도 설명하고 있는 내용에는 하단에 주석을 달거나 본문 옆 여백에 '알아두기'로 보충했다.

목차

PART 3 중국의 언어와 문자

PART 4 중국의 음식문화

PART 1

중국의 지리환경

01 국호와 국기(국호와 국가 상징)

① 중국의 국호(国号)

중국의 정식 국호(国号)는 중화인민공화국(中华人民共和国/People's Republic of China)이다. 1992년 한·중 수교 이전에는 대륙을 중국공산당의 약칭인 '중공(中共)'이라 부르고 타이완을 '중국' 또는 '자유 중국'이라 부르기도 하였으나, 역사적으로는 한반도의 서쪽 대륙에 있는 나라를 '중국'이라 칭해왔다. 우리가 지칭하는 중국이 처음부터 지금의 '중국'이라는 국명을 나타낸 것은 아니었다. 은(殷)의 갑골문 풀이에 따르면 중국은 '가운데 있는 지역'을 뜻했으며, 『사기』나 『예기』에서는 '수도' 혹은 '한족이 거주하는 지역이나 나라'라는 의미로 사용되다가 진한(秦汉) 시기 중국 전역이 통일되면서 약간의 정치적 색채가 가미되어 '천자가 있는 지역'을 뜻하게 되었다. 근대 국가의 개념이 생기기 이전이었으므로 주로 지리적, 문화적 의미로 '중국'이라는 어휘가 사용된 것이다.

중국이 지리적 경계를 넘어 정치적인 국명으로서 대외적으로 사용된 것은 네르친스크 조약 체결 때였다. 청나라의 4대 황제 강희제(康熙帝)가 1689년 러시아와 네르친스크 조약을 맺게 되었는데, 이때 전권대표를 '중국대성황제흠차분계대신(中国大圣皇帝钦差分界大臣)'이라 명명함으로써 이때부터 '중국'이라는 명칭이 국명의 의미를 갖게 되었다. 그러나 당시 공식 국명은 '청(清)'또는 '대청(大清)'이었으며 '중국'이라는 명칭은 국호의 별칭 정도로 사용되었다고 볼 수 있다. 근대 국가가 성립되기 이전 이렇게 일반명사로 사용되던 '중국'이 정식 국호로 쓰이게 된 것은 1911년 중화민국의 수립 이후 일이다. 즉, 중화민국을 줄여서 '중국'이라 부른 것이다.

1949년 정치협상회의에서 새롭게 선정된 중국의 국장을 선보이고 있는 마오쩌둥.

현재의 정식 국호인 중화인민공화국(中華人民共和国/People's Republic of China)은 공화국 건국과 함께 제정·공표되었으며 오늘날에 이르기까지 사용되고 있다. 중화인민공화국은 1949년 9월에 베이징에서 개최된 중국인민정치협상회의 제1차 전체회의에서 공화국 건국이 선언되었으며, 이어 10월 1일 마오쩌둥 주석이 천안문 광장에서 이를 공식 선포하였다. 바로 이날을 기념하여 국경절이 제정되었으며, 현재 우리가 지칭하는 '중국'은 중화인민공화국의 약칭인 것이다.

2 중국의 국기(国旗)와 국장(国徽)[1]

중국의 국기(오성홍기)

중국의 국장

중국의 국기(国旗)는 오성홍기(五星红旗)이다. 가로세로 비율이 3 : 2인 직사각형 모양이며 붉은색 바탕에 5개의 황색 별이 왼쪽 상단에 그려져 있다. 붉은색은 혁명, 황색은 광명과 함께 황색인종이라는 인종적 특성을 상징한다. 5개 별 가운데 가장 크게 그려진 별은 중국공산당을 나타내며, 그것을 둘러싼 4개의 작은 별은 노동자, 농민, 도시 소자산계급, 민족자산계급을 나타낸다. 혁명 열사들의 피로 세워진 중화인민공화국을 중국공산당의 영도 아래 모든 중국인이 대동단결하여 지켜나감을 상징하는 것이다.

5개의 별과 그것이 대표하는 상징성은 중국을 상징하는 국장(国徽)에서도 나타난다. 중국의 국장은 중앙에 5개의 별이 떠 있는 천안문이 있고

국장이 들어간 중국 여권

---

1) 国徽은 '국가의 휘장'을 줄인말로 '국휘'라고 하지 않고 '국장'이라 한다.

중국의 국가

起来! 不愿做奴隶的人们!
把我们的血肉,
筑成我们新的长城!
中华民族到了最危险的时候,
每个人们迫着发出最后的吼声!
起来! 起来! 起来!
我们万众一心,
冒着敌人的炮火前进!
冒着敌人的炮火前进!
前进! 前进! 前进!

일어나라! 노예 되기 원치 않는
사람들이여!
우리의 피와 살로 새로운 장성을
쌓아가자!
중화민족이 가장 위급한 때를 맞아,
모두가 최후의 함성을 외치노니!
일어나라! 일어나라! 일어나라!
우리 모두 한마음으로,
적의 포화를 뚫고 전진!
적의 포화를 뚫고 전진!
전진! 전진! 전진!

그 주위를 곡식의 이삭과 톱니바퀴가 감싸고 있는 형상으로 되어 있다. 천안문은 5·4운동의 시발지이며 마오쩌둥이 신중국의 건국을 선언한 곳으로서 민족정신을 상징한다. 곡식 이삭은 농민과 풍요를, 톱니바퀴는 노동자와 발전을 의미한다. 중국의 국장은 1950년 6월에 개최된 중국인민정치협상회의 제1기 전국위원회 제2차 회의에서 의결된 뒤 사용되고 있으며, 인민대회당과 같은 정부 주요 기관의 현관이나 동전 뒷면 등에서 쉽게 찾아볼 수 있다.

오성홍기는 1949년 7월 14일에서 8월 15일 사이에 〈인민일보(人民日报)〉를 통해 공모한 3천여 점의 도안 가운데 선정되었으며, 1949년 9월 27일 중국인민정치협상회의에서 공식 통과되었다. 이 회의는 중화인민공화국 탄생의 산파 역할을 한 중요한 회의로 중국공산당과 각 인민단체, 소수민족, 해외 화교대표 등 총 622명으로 조직되었으며, 오성홍기를 국기로 제정한 것 외에 수도를 베이핑(北平)으로 정하고 아울러 '베이징(北京)'으로 개명하였다. 국가(国歌)로는 의용군행진곡을 채택하는 4개 조항을 결의·통과시켰다.

③ 중국의 국가(国歌)

중국의 국가(国歌)는 의용군행진곡(义勇军进行曲)이다. 이 곡은 1935년 녜얼(聂耳)이 작곡하고, 소설가이자 극작가인 톈한(田汉)이 가사를 붙였다. 본래 이 노래는 '풍운자녀(风云子女)'라는 영화의 주제가였으나, 중국 인민들의 비장함과 용맹함을 잘 표현하고 있어 항일혁명 시기에 널리 불리다가 1949년 중화인민공화국의 창건과 함께 임시 국가로 지정되었다.

그 후 문화대혁명 때 톈한이 비판·투옥되면서 연주가 금지되기도 했으나, 문화대혁명이 종식된 후 1982년 12월 제5기 전국인민대표대회(全国人民代表大会) 제5차 회의에서 이 곡을 다시 정식 국가로 결정하였다.

④ 중국의 국화(国花)

중국을 대표하는 상징 중에 국화(国花)는 공석으로 남아 있다. 전통적으로 중국을 대표하는 꽃은 꽃의 제왕(花中之王)인 모란(牡丹)이지만 정식으로 국가에서 지정한 국화는 아니다. 1980년대부터 국화 제정에 대한 요구가 끊임없이 제기되었으나 주로 북방 지역에서 사랑받는 모란과 창장(长江) 이남, 남방 지역에서 사랑받는 매화(梅花)가 우열을 가리기가 어려워 지지부진한 상태에 놓여 있었다.

1994년 전인대(全人大)[2] 제8기 제2차 회의에서 〈신속한 국화 선정에 대한 건의(关于尽快评定我国国花的建议)〉가 제출되면서 본격적으로 논의되었다. 의견이 전인대 상무위원회에 상정된 후, 위원회는 국화 선정에 관한 업무를 중국화훼협회에 일임하였다. 이로써 국화 선정 활동이 전국적으로 전개되었는데, 당시 국화로 선정될 꽃에 대해서는 다음의 세 가지 요구사항이 있었다.

첫째, 중국에서 재배된 역사가 오래된 자생종으로 재배 지역이 광범위해야 하며 국제적으로도 중국을 대표하기에 부족함이 없는 우수한 품종이어야 한다. 둘째, 중화민족의 우수한 전통과 특성을 반영하는 꽃이어야 한다. 셋째, 모든 국민이 애호하고 사회경제적인 이익 창출에 유리한 꽃이어야 한다.

남방지역에서 사랑받는 매화꽃. 벚꽃과 비슷하게 생겼다

이로써, 1994년 10월 전국 각지에서 국화 선정을 위한 조사가 시행되었고, 그 결과 모란을 국화로 채택하자는 의견이 18개 성(58%)으로 나타나 우위를 점했으나 여러 가지 원인으로 농업부에서는 선정 결과를 유보했다. 그 후 2005년 가을 중국화훼협회는 성도(成都)에서 개최된 회의에서 모란을 국화로 제정하자는 안건을 의결해 전인대 상무위원회에 보고하였으나, 매화를 국화로 선정하자는 반대파의 거센 반발에 부딪혀 실현되지 못했다.

북방지역에서 국화로 내세운 모란꽃

5 홍콩과 마카오 특별구의 상징

1. 홍콩의 특별행정 구기(区旗), 구화(区花), 구장(区徽)

홍콩은 중국으로 반환되기 이전에는 영국 국기를 응용한 국기를 사용해왔으며 반환 이후에는 오성홍기(五星红旗)를 그대로 사용하지 않고 독자적인 특별구기를 제정하여 사용하고 있다. 붉은 바탕에 다섯 개의 꽃잎을 가진 자형화가 중앙에 그려져 있으며 꽃잎 안에 5개의 별이 새겨져 있다. 중국 국기인

---

2) 전인대(全人大)는 전국인민대표대회(全国人民代表大会)의 줄임말이다.

홍콩의 구기   홍콩의 구장

홍콩의 구화(자형화)

오성홍기와 동일하게 붉은색 바탕에 5개의 별을 채택하여 홍콩이 중국의 일부임을 상징하고 있으며, 동시에 홍콩을 대표하는 국화인 흰색의 자형화를 도안하여 오성홍기와 차별을 둠으로써 홍콩이 중국과는 다른 일국양제(一國兩制)의 특별구임을 나타내고 있다. 1997년 7월 1일 홍콩 반환과 함께 공식 게양되었으며, 기본법 제10조와 홍콩의 특별구기 및 구장에 관한 조례(区旗及区徽条例)에 의거하여, 중국 국기와 홍콩 특별구기는 함께 달을 것을 원칙으로 하는데 이때 오성홍기를 중앙 또는 홍콩 특별구기보다 더 높은 곳에 달도록 되어 있다. 두 기(旗)를 나란히 평행하게 내걸어야 할 때 구기(区旗)의 크기를 더 작게 하며 오성홍기는 오른쪽에, 구기는 왼쪽에 있게 한다.

홍콩을 대표하는 구화(区花)는 자형화(紫荊花/Bauhinia blakeana)이다. 자형화는 흰색, 붉은색, 자주색의 꽃이 피는 콩과 식물로 1965년 정식으로 홍콩을 상징하는 꽃으로 정해졌다. 자형화는 본래 자주색이나 붉은색으로 그려졌는데 홍콩 반환 때 특별구기와 구장 등을 새로 도안하면서 흰색으로 그려졌다. 이 꽃은 중국이나 홍콩에 자생하지 않던 식물로 서양으로부터 들어와 생겨난 동서양 잡종이며, 스스로 번식하는 자생력이 없어 풍요와 번영을 대표하는 상징으로서 적합하지 않다는 지적도 있다.

홍콩의 구장(区徽)은 특별구기의 도안을 그대로 사용하고 있다. 붉은색 바탕에 5개의 별이 새겨진 흰색의 자형화 문양을 둥근 원이 감싸고 있는 형상이며, 원 주위로 '中華人民共和國香港特別行政區(중화인민공화국홍콩특별행정구)'라는 한자가 영문 명칭 'HONG KONG'과 함께 배치되어 있다.

2. 마카오의 특별행정 구기(区旗), 구화(区花), 구장(区徽)

마카오는 중국 반환 이전에 포르투갈 국기를 사용했으나, 반환 이후 홍콩과 마찬가지로 마카오만의 특별구기를 제정해 사용하고 있다. 마카오의 구기는 녹색 바탕에 중앙에 세 개의 큰 꽃잎을 가진 흰 연꽃이 배치돼 있으며 그 위에 5개의 황색별이 떠 있다. 연꽃 모양 아래에는 대교(大桥)를 나타내는 횡선이 있고 그 아래 횡선들은 해수(海水)를 형상화한 것이다. 녹색 바탕은 평화와 안녕을 의미하며 5개의 황색별은 오성홍기와 동일하게 도안함으로써 중국이 마카오에 대한 주권을 회복했음을 상징한다. 연꽃은 마카오인들이 가장 좋아하는 꽃이고 대교와 해수는 마카오의 자연환경을 반영한 것이다. 1999년 12월 20일 마카오가 중국으로 반환되면서 처음으로 게양되었다.

마카오의 구화(区花)는 연꽃(蓮花)이다. 마카오 사람들은 봉우리가 맺혀 있는 연꽃을 좋아하여 옛날에는 마카오를 '연꽃섬(蓮島)'이라고도 불렀다.

마카오의 구장(区徽) 역시 특별구기의 도안을 그대로 차용해 만들어졌다. 녹색 바탕에 중앙의 흰 연꽃잎과 5개의 황색 별을 비롯한 문양을 둥근 원이 에워싸고 있으며 이중 원 사이의 상단에는 '中華人民共和國澳門特別行政區(중화인민공화국마카오특별행정구)'라는 한자가 쓰여 있고, 하단에는 'MACAU'라는 영문 명칭이 배치되어 있다.

마카오의 구화(연꽃)

홍콩과 마카오의 특별구기는 올림픽과 같은 국제 대회에서 공식적으로 사용된다. 만약 홍콩, 마카오의 선수가 중국 선수를 제치고 금메달을 차지하면, 홍콩이나 마카오 선수에게는 특별구기가 게양되지만, 홍콩과 마카오는 특별구가(区歌)가 없으므로 중국 국가인 의용군행진곡이 연주된다.

마카오의 구기

마카오의 구장

02 중국의 지형

① 위치와 면적

중국은 아시아의 동쪽과 태평양의 서쪽에 위치해 있다. 중국의 영토는 960만㎢로 러시아, 캐나다에 이어 세계에서 3번째로 큰 영토를 가진 것으로 알려져 있다. 다만 이는 내수면과 호수, 연안 해역 면적을 제외한 측정 방식이기 때문에 어떤 방식을 따르느냐에 따라 미국과 순위가 바뀌기도 한다. 예를 들면 미국이 주장하는 내수면 영역(221㎢)과 오대호 면적(155㎢), 연안 해역 면적(198㎢)을 포함한 집계를 따른다면 미국의 총면적은 983만㎢나 된다. 그러면 총면적 상 미국이 3위, 중국은 4위로 순위가 바뀌게 된다. 하지만 미국이 주장하는 영해와 연안 해역 면적을 제외하고 또 중국이 주장하는 대로 타이완과 인도, 파키스탄, 러시아와의 영유권 분쟁 지역을 중국의 영토에 포함한다면 중국은 세계 3위의 면적을 가진 나라가 된다. 이처럼 면적 집계 기준에 따라 수치가 달라질 수 있으므로 어떠한 통계수치를 적용하느냐에 따라 미국과 중국의 순위가 바뀔 수 있다. 자료에 따라 미국과 중국의 순위가 다른 이유가 바로 여기에 있다. 참고로, 일반적으로 국가 면적을 측정할 때는 내수면 면적까지 포함한다. 어쨌든 중국이 주장하는 대로 중국의 영토를 960만㎢로 본다면 이는 한반도의 44배의 면적에 달하며, 유럽 전체 면적과도 비슷한 크기이다. 중국의 영토는 북으로는 북위 53도의 헤이룽장성(黑龙江省) 모허(漠河)에서 남으로는 북위 4도인 남사군도의 청무안사(曾母暗沙)까지이다. 북단과 남단 사이의 위도 차이는 약 50도정도이며 남북 거리는 약 5,500km에 이른다. 중국의 동쪽 끝은 헤이룽장(黑龙江)과 우수리장(乌苏里江)이 만나는 곳이고, 서쪽 끝은 신장위구르자치구의 파미르고원으로 동서로

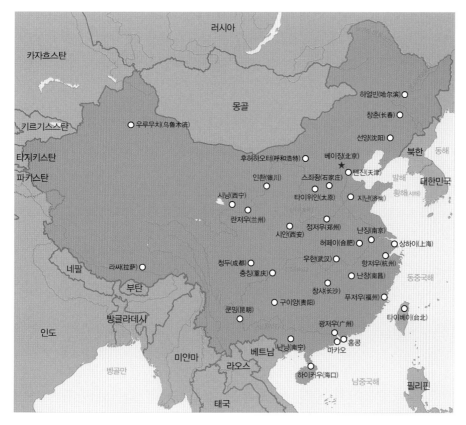

중국의 지세

약 5,200km에 걸쳐 있다. 동서의 경도는 약 62도 차이가 나는데, 경도 15도마다 1시간의 시차가 생기므로 중국의 동쪽 끝과 서쪽 끝은 4시간 정도의 시차가 난다. 즉, 동부연안 지역의 주민이 아침 식사를 할 때 파미르고원의 유목민들은 아직 새벽 단잠에 빠져 있다는 뜻이다. 이처럼 동서로 적지 않은 시차가 발생하지만 중국은 동경 120도를 기준으로 한 베이징시를 표준으로 삼아 적용하고 있기 때문에 중국 전역이 동일한 시간을 사용하고 있다.

중국 대륙의 중심은 간쑤성(甘肅省) 란저우(兰州) 부근으로 알려져 왔다. 란저우를 중심으로 원을 그리면 반경 2,500km의 큰 원이 만들어지는데 그 안에 대륙 영토가 대체로 위치한다고 해서 기하학적 중심지로 알려져 왔다. 그러나 중국의 공식적인 지리 좌표의 기준점이 되는 대지원점(大地原点)은 산시성(陕西省) 셴양시(咸阳市) 징양현(泾阳县) 부근으로 동경 108도, 위도 34도에 있으며 1975년 공식 확정되었다.

중국의 국경선은 동쪽의 북한에서 시작하여 동북쪽에서 서북쪽으로 러시아, 몽골, 카자흐스탄, 키르기스스탄, 타지키스탄과 접해 있고, 서쪽으로는 아프가니스탄, 파키스탄, 인도, 네팔, 부탄이 있으며 남쪽에는 미얀마, 라오스, 베트남과 국경을 접하고 있다. 내륙으로 약 22,800km에 달하는 국경선을 보유하고 있으며 14개 국가와 국경을 접하고 있다. 해안선은 압록강 하구에서 시작하여 베트남 통킹만까지 이어져 대략 18,000km에 달한다.

중국은 광활한 육지 외에도 드넓은 영해와 섬들을 보유하고 있다. 중국의 영해는 약 470만 km²로 발해(渤海), 황해(黃海), 동해(东海), 남해(南海) 4대 해양을 포함한다. 랴오둥반도(辽东半岛)와 산둥반도(山东半岛)로 둘러싸여 있는 발해는 중국의 내해(内海)로 평균 수심이 18m이며, 북으로 압록강 하구 랴오둥반도에서 남으로 창장(长江) 하구에 이르는 황해는 평균 수심이 44m이다. 동해는 창장 입구에서 타이완 해협에 이르는 해면으로 평균 수심이 370m이며, 남해는 타이완 해협 이남의 해면으로 평균 수심이 1,212m나 되는 깊은 바다이다. 중국의 연안에는 다롄(大连), 톈진(天津), 칭다오(青岛), 상하이(上海), 선전(深川), 광저우(广州) 등을 비롯한 많은 항구도시가 북에서 남으로 있는데, 이들 연해안 도시들은 유리한 자연조건과 입지조건을 기반으로 해외 운수와 국제무역에 큰 역할을 하고 있으며 중국의 대외개방이 가장 활발한 지역이다.

중국에는 모두 7,600여 개의 크고 작은 섬들이 있으며 그중 가장 큰 섬은 하이난(海南)이다.

❷ 지형의 특성과 산맥

1. 중국 지형의 특성

중국의 지형은 광활한 영토만큼이나 복잡하고 다양한 모습을 보인다. 만년설을 이고 있는 고산준령이 줄지어 늘어서 있는가 하면 사막과 평원, 호수와 삼림까지 여러 지형을 고루 갖추고 있다. 중국 지형의 가장 큰 특징을 한마디로 정리하면 '서고동저(西高东低)형'이라고 말할 수 있다. 즉, 서쪽이 높고 동쪽이 낮은 형태의 지형인 것이 중국 지형의 가장 큰 특징이라 할 수 있다.

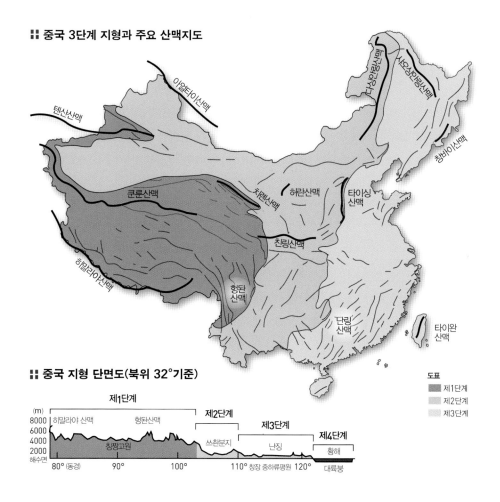

중국 3단계 지형과 주요 산맥지도

중국 지형 단면도(북위 32°기준)

지형은 복잡 다양하며, 산지와 구릉이 험준한 고원이 전체 면적의 2/3를 차지한다. 전 국토의 25.86%는 해발 3,000m 이상의 땅이 차지하고 있으며, 세계에서 8,000m가 넘는 12개 산봉우리 중 7개가 중국 경내에 있을 만큼 고도가 높고 지형이 험한 편이다. 이러한 지형은 서쪽 칭짱고원(青藏高原)으로부터 동쪽으로 갈수록 점차 낮아지는 형태를 보이고 있다. 이러한 국토의 기본 골격은 수많은 산맥이 종횡으로 교차하면서 지리와 농업생산의 중요한 경계선을 만들어내고 있다. 또한, 서고동저형의 지형은 지세가 낮은 동쪽으로 하천을 흐르게 하여 분지와 평원의 분포에 관여하며, 태평양의 온난 습윤한 기류를 받아들이는 데 쉽게 하여 기후에도 적지 않은 영향을 미치고 있다.

중국 지형의 분포를 살펴보면 산지가 33.33%, 고원이 26.04%, 구릉이 9.9%, 분지가 18.75%, 평원이 11.98%로 산악지대가 전 국토 면적의 2/3 이상을 차지하고 있다. 또한, 건조지대와 반건조지대가 국토의 절반 이상을 이루고 있어 둥베이평원, 화베이평원, 창장(長江) 중하류평원, 주장(珠江) 삼각주, 쓰촨분지 등을 중심으로 전 국토의 10% 정도만 경작지로 활용되고 있다. 초원이 국토 면적의 33%를 구성하고 있기는 하지만 이용 가능한 초원은 이 중 23%에 지나지 않는다. 따라서 전체 경작지 면적을 농가 수로 나눈 농가 1호당 경지면적은 0.5ha에 불과해 한국의 농가당 경지면적인 1.2ha보다 훨씬 적은 경지 면적률을 보이고 있다.

중국의 전체 지형을 높은 곳에서 조감해 보면 서쪽에서 동쪽으로 갈수록 점차 낮아지는 3단계 계단 모양을 이루고 있으며, 대륙붕을 포함하여 4단계 지형으로 설명할 수 있다.

● **제1단계** 제1단계 지대는 '세계의 지붕'이라 불리는 칭짱고원(青藏高原)을 대표로 하는 지역으로 평균 해발 4,000m 이상의 산악지대이다. 히말라야 산맥이 서남부에 놓여 있고 그 주변으로 쿤룬산(昆仑山)·치롄산(祈连山)·룽먼산(龙门山)·다량산(大凉山) 등의 고산들이 둘러싸고 있다. 면적은 전 국토 면적의 약 1/4을 차지하고 있으며 세계에서 해발 고도가 가장 높은 고원으로 남극 및 북극과 더불어 '삼극(三极)'으로 불리기도 한다.

● **제2단계** 제2단계 지대는 칭짱고원 동북방향의 쿤룬산, 치롄산에서 동쪽으로 다싱안링(大兴安岭), 타이항산(太行山)까지 하나의 선으로 연결되는 그 중간지대에 해당하며 해발 1,000~2,000m의 지역이다. 제2단계 지대에는 중국의 4대 고원 중 네이멍구(内蒙古)고원·황투(黄土)고원·윈구이(云贵)고원과 5대 분지 중 타리무(塔里木)분지·준허얼(准喝尔)분지·투루판(吐鲁番)분지·쓰촨(四川)분지가 있다.

● **제3단계** 제2단계 지대의 동쪽인 다싱안링, 타이항산을 넘은 해안까지의 구릉 및 평야 지대가 제3단계 지대이다. 이곳은 평균 해발 1,000~500m의 지역으로 중국의 3대 평원으로 불리는 둥베이평원·화베이평원·창장 중하류평원이 있다. 지세가 완만하고 평탄하며 인구가 조밀하고 교통이 편리해 경제가 발달하였다.

● **제4단계** 중국 대륙에서 해양으로 뻗은 대륙붕이다. 수심이 비교적 얕은 200m 미만이며 크고 작은 부속 도서(岛屿)들이 분포되어 있다.

2. 중국의 산맥

중국의 산맥은 산맥이 뻗어 나가는 방향에 따라 대략 5가지 유형으로 분류할 수 있다.

:: 중국의 주요산맥[3]

산맥명칭	해발 고도(m)	최고봉	최고봉 고도(m)
히말라야산맥(喜马拉雅山脉)	6,000이상	주무랑마봉(珠穆朗玛峰)	8,844
카라쿤룬산맥(喀喇昆仑山脉)	6,000이상	차오거리봉(乔戈里峰)	8,611
쿤룬산맥(昆仑山脉)	5,000이상	궁거얼산(公格尔山)	7,719
헝돤산맥(横断山脉)	4,000이상	궁가산(贡嘎山)	7,556
다쉐산맥(大雪山脉)	5,000이상	궁가산(贡嘎山)	7,556
톈산산맥(天山山脉)	5,000이상	퉈무얼봉(托木尔峰)	7,435
녠칭탕구라산맥(念青唐古拉山脉)	6,000이상	녠칭탕구라봉(念青唐古拉峰)	7,111
강디쓰산맥(冈底斯山脉)	6,000이상	렁부강르(冷布冈日)	7,095
아얼거산(阿尔格山)	5,000이상	부카다반봉(布喀达坂峰)	6,860
누산(怒山)	4,000이상	메이리쉐산(梅里雪山)	6,740
탕구라산맥(唐古拉山脉)	6,000이상	거라단둥(各拉丹东)	6,621
커커시리산맥(可可西里山脉)	6,000이상	강자르(冈扎日)	6,305
아얼진산맥(阿尔金山脉)	4,000이상	쑤라무타거(苏拉木塔格)	6,295
아니마칭산(阿尼玛卿山)	5,000이상	마칭강르(玛卿冈日)	6,282
사루리산(沙鲁里山)	4,000이상	차오얼산(雀儿山)	6,168
슈러난산(疏勒南山)	4,000이상	퇀제봉(团结峰)	5,827
치롄산맥(祁连山脉)	4,000이상	치롄산(祁连山)	5,547
바옌카라산맥(巴颜喀拉山脉)	5,000이상	궈뤄산(果洛山)	5,369
아얼타이산맥(阿尔泰山脉)	3,000이상	유이봉(友谊峰)	4,374
허란산(贺兰山)	2,000이상	허란산(贺兰山)	3,556

3) 이 표는 2005년 〈중화인민공화국연감(中华人民共和国年鉴)〉의 통계에 기초한 자료로 최고봉의 해발 고도가 높은 순서대로 나열한 중국의 주요 산맥 20좌(座)이다.

첫째, 동서(東西)방향 – 주로 서북 지역에 있는 톈산(天山)산맥, 쿤룬(昆仑)산맥, 친링(秦岭)산맥, 난링(南岭)산맥 등이 동서방향으로 산맥의 줄기를 뻗고 있다. 톈산산맥은 서쪽 카자흐스탄에서 시작하여 동쪽으로 신장위구르자치구를 가로지르고 있다. 평균 해발 3,000~5,000m로 정상에는 백두산 천지와 같은 이름의 천지(天池)가 있다. 쿤룬산맥은 파미르고원을 시작으로 신장, 티베트, 칭하이성을 관통하여 쓰촨분지까지 다다르는 '아시아의 등뼈'이며 중국에서 빙하가 가장 많은 산이다. 친링산맥은 중국 한가운데 가로로 누워 있는 형상이어서, 중국의 남북을 가르는 지리분계선이 된다. 또한, 아열대와 난온대의 경계선이고, 습윤지구와 반습윤지구의 경계선이며 황허와 창장의 분수계이기도 하다.

둘째, 동북(东北)에서 서남(西南)방향 – 주로 중국의 동북 지역에서 서쪽의 다싱안링과 타이항산 산맥, 가운데 창바이(长白)산맥, 동쪽에 타이완(台湾)산맥이 서남방향으로 향하고 있다. 다싱안링산맥은 평균 해발 1,500m로 서쪽이 완만하고 동쪽이 가파르다. 창바이산맥은 평균 해발 1,000m로 백두산이 최고봉인데, 백두산 정상에는 수심 204m의 천지(天池)가 있으며 천지는 쑹화장(松花江)의 발원지이다. 타이항산은 평균 해발 1,500~2,000m로 산둥성과 산시성을 가르는 경계가 되어 동서 지형의 구분 점이 된다.

셋째, 서북(西北)에서 동남(东南)방향 – 주로 서남 지역에 있는 산맥으로 아얼타이(阿尔泰)산맥과 치롄(祈连)산맥이 이 방향으로 뻗어 나간다. 아얼타이산맥은 동경 82도에서 동경 106도 사이에 자리하고 있는데, 러시아 지역과 네이멍구 지역에 길게 걸쳐 있다. 중국 경내에는 약 500km에 해당하는 일부분이 있으며 평균 해발 2,000~3,500m이다. 멍구어로 아얼타이산은 '진산(金山)'이라는 뜻이다. 치롄산은 고대 흉노어로 '톈산(天山)'이라는 뜻이며, 허시쩌우랑(河西走廊) 남쪽에 있다고 하여 난산(南山)으로 불리기도 한다. 평균 해발 4,000m로 간쑤성 지역에 있으며 칭하이성과의 경계를 이룬다.

넷째, 남북(南北)방향 – 주로 서남 지역과 서북 지역에 있는 헝돤(横断)산맥과 허란(贺兰)산맥이 남북 방향으로 향하고 있다. 헝돤산맥은 쓰촨분지와 윈구이(云贵)고원 사이에 있으며 해발고도는 약 4,000~5,000m 사이이다. 제2단계 지대의 높은 지형에 또다시 고산이 자리하면서 교통에 지대한 영향을 끼치고 있다. 허란산맥은 인촨(銀川)평원의 서쪽에 있으며 평균 해발은 2,000~3,000m로 네이멍구와 닝샤후이족자치구(宁夏回族自治区)의 경계가 된다.

다섯째, 동서에서 남북 방향 – 둥근 궁싱(弓形)산맥으로 여러 산맥의 줄기가 합쳐져 이루어진 거대한 산악지형이며 히말라야산맥이 대표적이다. 칭짱고원의 남쪽 끝에 자리하며 산맥의 기본 방향은 동서 방향이지만 남북으로 방향을 살짝 틀어 헝돤산맥에 접하게 된다. 해발 고도 6,000m 이상으로 8,844m의 세계 최고봉인 에베레스트봉이 있으며 인도와 네팔까지 총연장 2,400여 km에 걸쳐 분포해 있다.

③ 강과 호수

중국은 세계에서 하천의 유량(流量)이 풍부한 나라 중 하나이다. 유역(流域)면적이 1,000km² 이상인 강이 1,500여 개가 있으며 크고 작은 강의 총 길이는 43만 km에 달한다. 중국의 강과 호수를 합한 총 담수 면적은 약 170만 ha이며, 그 중 식수로 사용할 수 있는 면적은 약 50만 ha이다. 주요 강은 대부분 칭짱고원에서 발원하며, 계단식 지형을 따라 바다로 유입되기 때문에 강물의 낙차가 큰 편이다. 이로 인해 중국의 수력자원은 매우 풍부해서 수력 발전량이 6.8억 kw로 세계 1위이다.

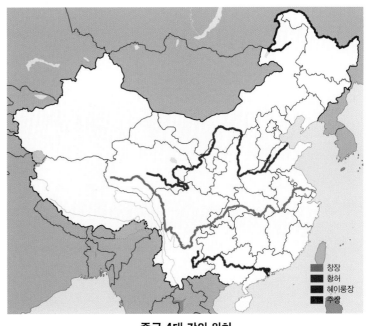

중국 4대 강의 위치

창장
황허
헤이룽장
주장

중국의 강은 내륙에서 바다로 흘러들어 가는 외류허(外流河)와 바다로 흘러들어 가지 않고 내륙의 호수로 유입되거나 사막에서 소실되는 내륙허(内陆河) 혹은 내류허(内流河)로 구분할 수 있는데, 대부분 강은 외류허에 속하고 있다. 외류허 가운데 창장, 황허, 헤이룽장, 주장 등은 동쪽 태평양으로 흘러들어 가고, 칭짱고원의 누장(怒江), 야루짱부장(雅鲁藏布江) 등은 남쪽 인도양으로 흘러들어 가며, 아얼타이산에서 발원한 신장의 어얼치쓰허(额尔齐斯河/Irtsh river)는 서북쪽으로 흘러 북빙양으로 유입된다.

내륙허는 일반적으로 고산지대나 분지에서 발원하는데 빙하나 만년설이 녹은 물을 수원으로 삼기 때문에 발원지를 벗어나면, 사막으로 유입되거나 증발해 수량이 급격히 줄어들며 하천의 길이가 짧다. 신장의 타리무허(塔里木河)가 대표적인 내륙허이다. 중국의 강은 북방을 대표하는 황허(黄河)와 남방을 대표하는 창장(长江)으로 요약된다. 여기에 헤이룽장(黑龙江)과 주장(珠江)을 포함하여 중국의 4대 강으로 자주 언급된다.

1. 창장(长江)

창장(长江)

창장은 중국에서 가장 긴 강으로 전체 길이가 6,211km이며 나일강과 아마존강에 이어 세계에서 세 번째로 긴 강이다. 창장은 '양쯔장(扬子江)'이라고도 불리며, 칭짱고원의 탕구라(唐古拉)산맥에서 발원하여 칭하이(青海)·티베트(西藏)·쓰촨(四川)·윈난(云南)·충칭(重庆)·후베이(湖北)·후난(湖南)·장시(江西)·안후이(安徽)·장쑤(江苏)·상하이(上海) 등 총 국토면적의 1/3에 해당하는 11개의 성(省)·시(市)·자치구(自治区)를 거쳐 최종적으로 동해로 흘러들어 간다. 수량이 매우 풍부해서 중국에서 바다로 유입되는 총유입량의 1/3을 차지하며, 중하류 지역은 온난 다습하고 토지가 비옥하여 일찍부터 경제가 발달하였다. 따라서 인구가 밀집되어 있고 충칭, 우한, 난징, 상하이 등 대도시가 이곳에 집중되어 있다. 중국이 자랑하는 삼협댐 역시 창장에 자리하고 있다. 중국이 창장을 통해 대규모 물류수송을 하고 있기 때문에 창장 주변의 큰 도시를 중심으로 물류수송을 위한 항구가 발달하였다.

2. 황허(黃河)

중국에서 두 번째로 긴 강으로 총 길이는 5,464km이다. 칭하이성(青海省) 바옌카라산(巴顔喀拉山)에서 발원하여 칭하이·쓰촨·간쑤(甘肅)·닝샤(宁夏)·네이멍구·산시(山西)·산시(陝西)·허난(河南)·산둥(山东) 등 9개의 성과 지역을 거쳐 발해(渤海)로 유입된다. 황허는 건조(乾燥)지대와 반건조(半乾燥)지대, 반습윤(半湿润)지대를 흘러 지나기 때문에 하천의 유량이 적으며 강수량의 계절적 분포가 고르지 않을 뿐만 아니라 경류(经流)의 변화도 커서 유량이 극히 불안정하다.

황허(黃河)

여름과 가을에만 연간 경류량의 70~80%가 집중되어 있다. 역사적으로도 홍수에 따른 재해가 빈번하여 지난 2천 년 동안 무려 1,500회 이상 제방이 무너졌으며 유로(流路)가 26번이나 바뀌었다. 황허의 유로는 굴곡이 심해 지도 위에서 그 흐름을 따라 살펴보면 마치 '几'자 모양처럼 보인다. 황허의 물은 황토고원의 진흙이 강물에 유입되어 누런 황토 빛깔을 띠게 되었고, 강물에 침식되어 쓸려 내려간 토사가 하류 지역에 퇴적되어 비옥한 토지를 형성하게 되었다. 이로 인해 황허 유역은 일찍부터 황허문명을 형성하게 되어 중국 고대문명의 발상지이자 중화민족의 요람으로 불리게 되었다.

3. 헤이룽장(黑龙江)

헤이룽장은 중국에서 세 번째로 긴 강으로 중국 가장 북부에 있다. 멍구 북부와 중국 네이멍구자치구의 다싱안링에서 발원하여 중국과 러시아의 국경이 되고 있다. 헤이룽장은 강물에 부식질이 많아 흑색을 띠기 때문에 붙여진 이름이며 러시아에서는 이 강을 '아무르강'이라 부른다. 총 길이는 4,370km이며, 그 중 중국 경내에서의 길이가 3,422km이다. 물줄기는 러시아 경내를 통과해 오호츠크해로 흘러들어 간다.

헤이룽장(黑龙江)

4. 주장(珠江)

주장(珠江)

중국 남부에 있는 주장은 중국에서 네 번째로 긴 강으로 총 길이가 2,214km이며, 윈난·구이저우(贵州)·광시(广西)·광둥(广东)을 거쳐 남해로 유입된다. 주장은 본래 서장(西江)과 북장(北江), 동장(东江)이 모여 형성된 강인데 그 중 서장이 가장 길며 주류(主流)이다. 서장과 북장은 광둥성(广东省) 싼수이시(三水市)에서, 동장은 광둥성 둥창시(东莞市)에서 각각 합수(合水)한다. 주장은 강수량이 풍부하여 총 유량이 창장 다음으로 많다. 주장 삼각주 지역에는 수로가 종횡으로 그물망처럼 형성되어 있으며, 토지가 비옥하여 역대로 쌀을 비롯한 각종 농산물이 많이 생산되던 중요한 산지였다.

중국에는 이와 같은 자연하천 외에 이미 있는 자연하천을 적절히 활용하여 인공적으로 건설한 인공하천이 있는데, 바로 '징항대운하(京杭大运河)'다. 징항대운하는 세계에서 가장 긴 인공운하로서 북쪽의 베이징시와 남쪽의 저장성(浙江省) 항저우시(杭州市)를 연결하고 있으며 총 길이는 1,794km에 이른다. 중국의 지세가 '서고동저형'이기 때문에 대부분 하천이 서쪽에서 동쪽으로 흘러 남북 교통이 쉽지 않았다. 이에 수양제(随炀帝)는 남쪽 창장의 물을 부족한 북방으로 끌어

∷ 중국의 주요 강

명칭	길이(km)	면적(km²)유역	유량(m³)
창장(长江)	6,211	180만	9,513억
황허(黄河)	5,464	75만	1,774억
헤이룽장(黑龙江)	3,422	88만	3,468억
주장(珠江)	2,214	35만	3,338억
란창장(澜沧江)	2,153	16만	740억
타리무허(塔里木河)	2,179	19만	398억
야루짱부장(雅鲁藏布江)	1,940	24만	1,100억
누장(怒江)	2,013	13만	2,520억
쑹화장(松花江)	1,927	55만	765억
한수이(汉水)	1,532	17만	550억

＊본 수치는 중국 내륙 지역에 한함.

올리는 남수북조(南水北调)의 치수사업과 함께 남북의 교통 및 운수를 원활히 하고자 대대적으로 운하를 확장·건설하였다. 징항대운하는 현재도 베이징·톈진·허베이·산둥·장쑤·저장 등 6개의 성(省)과 도시를 지나며 기존의 하이허(海河)·황허·화이허(淮河)·창장·첸탕장(钱塘江) 등 5개의 강을 연결하여 남북 교통의 대동맥 역할을 하고 있다.

중국에는 약 24,800여 개의 호수가 있다. 면적이 1km² 이상인 호수가 2,800여 개가 있으며 그 중 면적이 1,000km² 이상인 큰 호수도 13개나 된다. 호수는 대다수가 창장 중하류 지역과 서부 칭짱고원 일대에 집중적으로 분포되어 있으며, 강과 마찬가지로 호수도 크게 외류호(外流湖)와 내륙호(内陆湖)로 나눌 수 있다.

외류호는 외류허와 연결되어 물의 유출·입이 가능하며 대부분이 담수호(淡水湖)의 성질을 가지고 있다. 장시성(江西省)의 포양호(鄱阳湖), 후난성(湖南省)의 둥팅호(洞庭湖), 장쑤성(江苏省)의 타이호(太湖)와 훙쩌호(洪泽湖)는 중국의 '4

징항대운하
징항대운하는 춘추시절 오나라가 제나라를 정벌할 때 물길을 뚫기 시작해 수나라 때는 지금의 베이징까지 연결되었다.

대 담수호'라 불린다. 외류호는 하천과 이어져 있기 때문에 호수의 수위는 하천의 영향을 받는다. 이에 따라, 하천의 수원을 보급하며 홍수 조절 역할을 담당하지만, 하천의 토사 축적과 인간의 과다한 수자원 이용 때문에 호수 면적이 점차 축소되는 추세이다. 예전에 '8백 리 동정'이라 불리던 둥팅호는 1900년만 해도 약 5,000km²로 전국 제1위의 담수호였지만, 지난 수십 년 동안 여러 호수로 갈라지고 면적도 2,800km²로 축소되어 지금은 포양호에 이어 전국에서 두 번째로 큰 호수로 바뀌었다. 현재 중국 최대의 담수호는 면적이 3,583km²인 포양호이다.

내륙호는 내륙허의 물길이 모여드는 호수로서, 호수로의 유입만 이루어지고 외부로는 유출되지 않는다. 하지만, 물의 증발량이 많기 때문에 염도가 높아 대부분 내륙호는 함수호(咸水湖)의 성질을 가지고 있다. 중국 최대의 함수호는 칭하이성 동북부에 있는 칭하이호(青海湖)로 면적은 4,583km²이다. 이 밖에 해발 고도 4,718m로 세계에서 가장 높은 곳에 있는 호수인 티베트(西藏)의 나무춰호(纳木错湖) 등이 있다.

▓▓ 중국의 주요 호수

호수명칭	소재지	면적(km²)	해발고도(m)
칭하이호(青海湖)	칭하이(青海)	4,583	3,196
포양호(鄱阳湖)	장시(江西)	3,583	21
둥팅호(洞庭湖)	후난(湖南)	2,740	33.5
타이호(太湖)	장쑤(江苏)	2,425	3.1
후룬호(呼伦湖)	네이멍구(内蒙古)	2,315	545.5
훙쩌호(洪泽湖)	장쑤(江苏)	1,960	12.3
나무춰호(纳木错湖)	티베트(西藏)	1,940	4,718
써린호(色林湖)	티베트(西藏)	1,640	4,530
난쓰호(南四湖)	산둥(山东)	1,266	35.5~37.0
보쓰텅호(博斯腾湖)	신장(新疆)	1,019	1,048

▓▓ 중국의 주요 강과 호수 지도

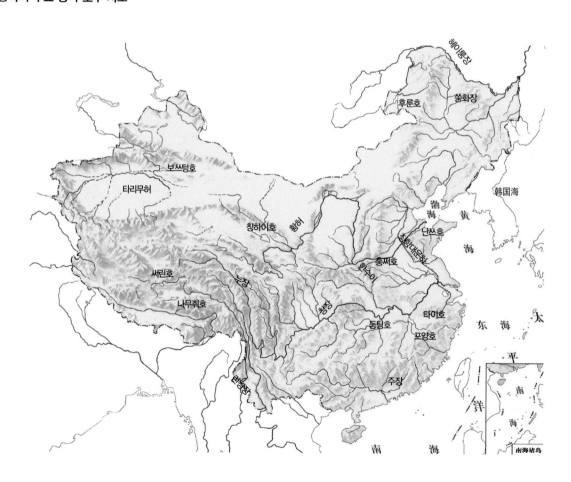

④ 기타 지형

1. 4대 고원

　칭짱고원, 네이멍구고원, 황투고원, 윈구이고원을 중국의 '4대 고원'이라 부른다.

● **칭짱고원(青藏高原)**　중국 서남부에 있으며 티베트와 칭하이성, 쓰촨성 서부를 포함한다. 쿤룬(昆侖)산, 치롄(祁連)산, 헝돤산 및 히말라야산 사이에 걸쳐 있으며 평균 해발 4,000m 이상으로 빙하가 쌓인 만년설산이 즐비하다. 칭짱고원의 면적은 중국 전체 면적의 1/4에 해당할 정도로 광활하다. 지세가 높고 기후가 한랭하기 때문에 이곳의 농작물과 가축들은 추위에 강한 특징을 가지고 있다. 쌀보리가 주요 농산물이며 '고원의 배(高原之舟)'로 불리는 야크가 유목민들의 중요한 교통수단으로 쓰이고 있다.

● **네이멍구고원(内蒙古高原)**　중국 북부에 있으며 대부분 네이멍구 지역과 간쑤성, 닝샤후이족자치구, 허베이성(河北省)의 일부를 포함한다. 다싱안링과 치롄산 사이에 걸쳐 있는데, 지세가 완만하고 험준한 산줄기가 적은 편이다. 평균 해발 1,000m이며 중국 '제2의 고원'이다. 네이멍구고원의 동부는 넓은 초원지대이며 서부는 주로 사막지대이다. 이 지역의 장자커우(張家口)는 중국 북부와 한국, 일본에 황사현상을 일으키는 황사의 근원지이기도 하다.

● **황투고원(黃土高原)**　중국 중부에 있으며 산시성(陝西省)과 산시성(山西省), 간쑤성, 닝샤후이족자치구의 일부를 포함한다. 네이멍구고원 남쪽과 친링 북쪽에 걸쳐 있으며 해발 고도는 1,000~2,000m이고 지표면이 두터운 황토층으로 덮여 있다. 중국 황허문명의 발상지로 두텁게 분포된 황토 때문에 식물이 자생하기 어려운 환경이 되었으며 오랜 시간 빗물에 황토가 침식되어 종횡으로 수많은 골짜기가 형성되었다. 면적이 40만 km²에 달하는 중국의 황투고원은 세계에서 가장 넓다. 이 지역은 집중호우와 유수로

토양 침식이 빈번하게 일어나고 있어, 식물이 자라기 어려운 환경을 지니고 있다. 또한 농사가 어려워 주로 계단식 농법으로 경작한다.

● 윈구이고원(云贵高原) 중국 시남부에 위치해 윈난성 동부와 구이저우성 대부분 지역을 포함하며, 헝돤산맥 동쪽, 쓰촨분지의 남쪽에 해당한다. 서북쪽은 높고 동남쪽은 낮은 지세로 되어 있으며 평균 해발 1,000~2,000m이다. 협곡과 작은 산간분지가 많으며 석회암층이 넓게 분포되어 있어 전형적인 카르스트 지형[4]이 펼쳐지기도 한다. 소수민족이 많이 모여 사는 윈구이

베이징(北京)

네이멍구고원(内蒙古高原)

칭짱고원(靑藏高原)

황투고원(黃土高原)

윈구이고원(云贵高原)

고원은 강에 의해 절단된 협곡이 많다. 이 지역은 가파른 경사면이 많으나 해발이 높지 않은 지역에 넓은 평지도 있어 농업이 발달하였다. 또한, 중국 관광객이 많이 찾는 석림(石林) 등 많은 관광명승지가 있다.

2. 4대 분지

중국에서는 타리무분지, 준가얼분지, 차이다무분지, 쓰촨분지를 '4대 분지'라 한다.

● **타리무분지(塔里木盆地)** 신장위구르자치구 남부이며, 톈산산맥과 쿤룬산맥 사이에 있다. 중국 최대의 분지로 서쪽이 높고 동쪽이 낮은 지세를 나타내고 있다. 평균 해발 800~1,300m이며 분지 안에 있는 타커라마간(塔克拉瑪干) 사막은 중국에서 가장 큰 사막이다.

● **준가얼분지(准噶尔盆地)** 신장위구르자치구 북부이며, 톈산산맥과 아얼타이산맥 사이에 있다. 중국 '제2의 분지'로 바람 때문에 침식 지형이 많고 사막의 면적은 비교적 적은 편이다. 평균 해발 500~1,000m이며 동쪽이 높고 서쪽이 낮은 지형을 보이고 있다.

● **차이다무분지(柴达木盆地)** 칭하이성 서북부이며, 아얼진(阿尔金)산맥과 치롄산맥, 쿤룬산맥 사이에 있다. 평균 해발 2,000~3,000m로 중국에서 가장 높은 곳에 자리한 분지이다. '차이다무'란 멍구어로 '염분이 많은 연못'이란 뜻인데, 실제로 동남부에 소금 함량이 250억 톤이나 되는 중국 최대의 염호인 차얼한염호(察尔汗盐湖)를 비롯한 많은 염호가 있다. 소금호수는 강수량보다 증발량이 많아 생긴 현상으로 동식물이 살기에는 적합하지 않으나, 바다와 먼 내륙 지역에 소금을 공급하는 주요역할을 하기도 한다.

---

4) 카르스트 지형은 석회암으로 이루어진 지형을 말하며 지하에 하천이 흐르는 특징이 있다.

● **쓰촨분지(四川盆地)** 쓰촨성 동부, 즉 칭짱고원의 동쪽이며, 우산(巫山)산맥의 서쪽에 있다. 평균 해발 300~600m로, 북쪽이 높고 남쪽은 낮은 지형을 보이고 있다. 분지 안에 청두평원(成都平原)이 자리하고 있으며 낮은 구릉과 산이 주로 분포되어 있다. 유네스코 세계자연유산에 등록된 주자이거우(九寨沟/구채구)도 이 지역에 있다. 온난 습윤한 기후대에 있는 데다 겨울에는 북쪽의 친링산맥과 다바산(大巴山)이 찬 공기를 막아주기 때문에 겨울에는 같은 위도상의 창장 중하류 지역보다 평균 온도가 2~4℃ 정도 높다.

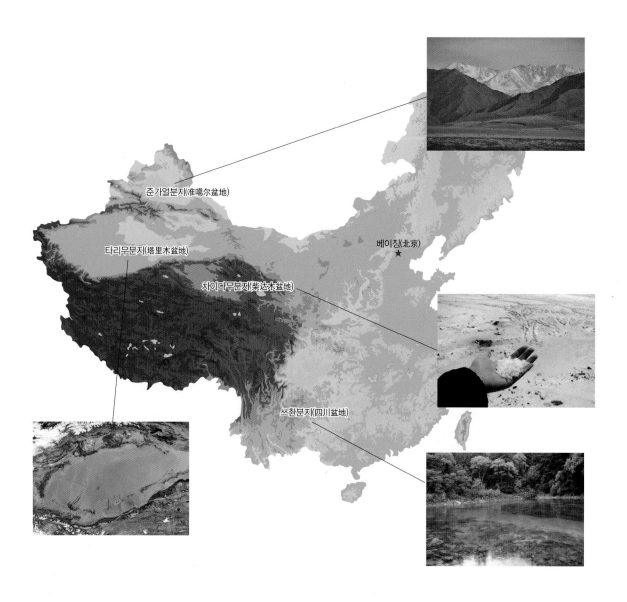

준가얼분지(准噶尔盆地)

타리무분지(塔里木盆地)

차이다무분지(柴达木盆地)

베이징(北京)
★

쓰촨분지(四川盆地)

석탄, 석유, 천연가스 등의 지하자원도 풍부하며 분지의 북쪽으로 민장(岷江), 퉈장(沱江), 자링장(嘉陵江)이 흘러들어오며, 남쪽으로는 우장(乌江)이 흘러들어온다. 주변의 산지와 고원으로부터 침식·퇴적된 토양은 철을 비롯한 광물질이 산화되어 자홍색을 띠고 있어서 '자색분지(紫色盆地)'라고도 불린다. 또한, 비옥한 토양을 바탕으로 일찍부터 농업이 발달하여 옛부터 중국의 주요 곡창지대 중 하나였다.

3. 3대 평원

중국의 평원은 주로 제3단계의 지형에 집중적으로 분포되어 있으며 둥베이평원, 화베이평원, 창장 중하류평원을 3대 평원으로 들 수 있다.

● **둥베이평원(东北平原)** 중국 동북부이며, 다싱안링과 백두산 사이에 있다. 헤이룽장성, 지린성, 랴오닝성 및 네이멍구자치구에 광범위하게 걸쳐 있는 중국 최대의 평원으로 싼장평원(三江平原), 쑹넌평원(松嫩平原), 랴오허평원(辽河平原)이 합쳐져 이루어진 평원이다. 평균 해발 200m 이하며 중부 지대의 지세가 약간 높으나 대부분 지대는 낮고 편평하다. 비옥한 흑토에서 콩과 수수, 밀 등을 주로 재배하는 중국의 가장 중요한 식량 생산지이다. 지하에 석탄과 석유 등의 지하자원도 풍부하게 매장되어 있으며, 중국의 대표적인 유전인 다칭(大庆)유전이 둥베이평원의 북쪽에 있다.

● **화베이평원(华北平原)** 중국의 동부이며, 옌산(燕山)산맥과 타이싱(太行)산맥, 화이허(淮河) 사이에 있다. 허베이성, 산둥성(山东省), 허난성(河南省), 베이징, 톈진, 장쑤성, 안후이성의 일부를 포함하는 중국 '제2의 평원'이다. 대부분 해발 50m 이하로 지세가 매우 평탄하다. 주로 황허, 화이허, 하이허 세 개의 강에서 흘러 내려온 토사가 퇴적되어 만들어진 충적평원이기 때문에 '황화이하이(黄淮海)평원'이라고도 부른다. 일찍부터 문명이 발달한 고대 문명의 요람이며 밀과 면화, 잡곡, 과일 등이 많이 생산되는 주요 농업 지역이기도 하다.

알아두기

중국의 지명과 행정구역 중에는 지리적 특성을 직접적으로 반영한 것들도 적지 않다. 이러한 지명에 대한 상식은 중국 문화 및 지리를 이해하는 데 도움이 된다. 이에 관한 몇 가지 예를 살펴보자.
허난성(河南省)과 허베이성(河北省)의 지명 속에 있는 허(河)는 황허(黄河)를 일컫는다. 즉, 황허를 경계로 허난성과 허베이성이 나뉜다는 의미이다. 후난성(湖南省)과 후베이성(湖北省)은 둥팅호(洞庭湖)를 기준으로 경계가 나뉘며, 산둥성(山东省)과 산시성(山西省)은 타이항산(太行山)을 중심으로 동쪽은 산둥성, 서쪽은 산시성으로 구분된다. 헤이룽장성(黑龙江省)은 지역 내에 있는 헤이룽장(黑龙江)에서 유래한 지명이며, 칭하이성(青海省)도 지역 내에 있는 칭하이호(青海湖)에서 유래한 지명이다.

창장 중하류평원(长江中下游平原)

● **창장 중하류평원(长江中下游平原)** 중국 중부와 동부이며, 무산산맥 동쪽으로 창장이 바다와 접하는 연해안 지역까지 펼쳐진 평원이다. 후베이성(湖北省), 후난성, 장시성, 안후이성, 장쑤성, 저장성, 상하이시에 걸쳐 있다. 지세가 낮고 편평하며 대부분 해발 50m 이하로, 강의 수로가 종횡으로 뻗어 있으며, 둥팅호와 포양호 등 여러 호수와 늪지대가 조밀하게 분포되어 있다. 벼농사의 이모작이 가능하며 각종 어류를 비롯한 수산물이 풍부하게 생산되어 '어미지향(鱼米之乡)'으로 칭해진다.

4. 5대 명산

중국의 5대 명산에는 타이산(泰山), 화산(华山), 형산(衡山), 헝산(恒山), 숭산(崇山)이 있는데 다른 말로 '오악(五岳)'이라 칭한다. 고대 황제가 하늘에

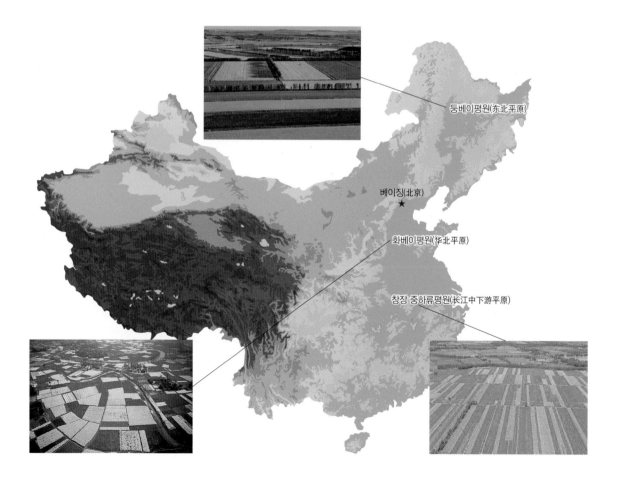

둥베이평원(东北平原)

베이징(北京) ★

화베이평원(华北平原)

창장 중하류평원(长江中下游平原)

제를 올리던 봉선(封禅)의 장소로 오행사상이 투영되어 동서남북 네 곳과 중앙의 한곳에 있는 산을 통칭해 '오악'이라 부르게 되었다.

● **타이산(泰山)** 타이산은 산둥성 중부에 있으며, 오악 중 동악(东岳)에 해당한다. 높이는 1,545m로 '다이중(岱宗)' 또는 '타이웨(泰岳)'이라고도 하며 오악 가운데 으뜸가는 산이다. 1987년 유네스코에 의해 세계문화유산과 세계자연유산으로 지정됐으며 최고봉은 위황딩(玉皇顶)이다. 타이산은 중국에서 손꼽히는 명산 중의 하나로 황제로서는 진시황이 가장 먼저 올랐다고 한다. 공자, 강태공 등 중국의 많은 역사적 인물들이 타이산에 관련된 흔적을 남겼으며 우리나라에도 많이 알려졌다.

● 화산(华山) 오악 중 서악(西岳)인 화산은 산시성(陕西省) 동부에 있으며, 높이 2,160m이다. '타이화산(泰华山)'이라고도 부르며 산세가 가파르고 험하기로 유명하다. 위뉘봉(玉女峰), 차오양봉(朝阳峰), 롄화봉(莲花峰), 뤄옌봉(落雁峰), 우윈봉(五云峰) 등 이 다섯 봉우리를 멀리서 보면 연꽃(莲花) 모양처럼 보인다 하여 중국어로 '花'와 음이 비슷한 '华'를 써서 '화산'이라 이름을 지었다 한다. 화산은 절경도 멋있지만 가파른 절벽을 타고 지나 암자로 향하는 산행코스가 유명하다.

● 헝산(衡山) 헝산은 오악 중 남악(南岳)으로 후난성 중부에 있다. 72개의 봉우리가 있으며, 최고봉인 주룽봉(祝融峰)의 높이는 1,290m이고 남동 북쪽을 샹장(湘江)이 에워싸 흐르고 있다.

● 헝산(恒山) 오악 중 북악(北岳)인 헝산은 산시성(山西省) 동북부에 있다. 모두 108개의 봉우리가 있으며 최고봉인 톈펑링(天峰岭)은 2,017m로 오악 중 두 번째에 해당하는 높이다.

● 숭산(嵩山) 오악 중 중악(中岳)인 숭산은 허난성 중부에 있다. 모두 72개의 봉우리로 이루어져 있으며 동쪽의 타이스봉(太室峰), 서쪽의 사오스봉(少室峰), 최고봉인 중앙의 쥔지봉(峻极峰)이 대표적인 첨봉이다. 숭산의 높이는 평균 해발 1,440m로, 사오스봉 북쪽에 있는 소림사(少林寺)는 중국 선종 불교의 발원지이자 중국 무술로도 유명하다.

소림사(少林寺)

소림사 무술시범

03 중국의 기후

　중국은 광대한 영토와 다양한 지형을 갖고 있기 때문에 기후의 유형이 복잡하고 다양하다. 중국은 세계에서 가장 큰 대륙인 유라시아 대륙을 등지고, 앞쪽에는 세계에서 가장 큰 해양인 태평양을 마주하고 있기 때문에 대륙과 해양의 큰 기온 차이로 인해 형성되는 전형적인 대륙성 계절풍 기후가 현저하게 나타난다.

　겨울에는 대륙이 해양보다 기온이 낮고 대기압이 높기 때문에 대륙에서 해양으로 편북풍이 불고, 여름에는 해양 기온이 높고 저기압을 형성하기 때문에 해양에서 대륙쪽으로 편남풍이 분다. 이처럼 사계절이 뚜렷한 대륙성 기후는 동에서 서로, 남에서 북으로 갈수록 두드러진다. 계절풍은 풍향의 전환뿐 아니라 건습(乾濕)에도 영향을 미친다. 겨울에는 시베리아와 몽골에서 불어오는 편북풍이 상당히 건조하고, 여름에는 남쪽 해양에서 불어오는 동남풍이 습윤한 기류를 동반해 장마를 발생시킨다. 대체로 중국은 겨울은 한랭건조하고 여름은 고온 다습한 계절성 기후의 특징을 보이고 있다.

① 기온과 강수량의 분포

1. 중국의 연평균 기온

　중국의 연평균 기온은 지역에 따라 매우 다양한 분포를 이루고 있다. 일반적으로 기온은 위도의 영향을 받기 때문에 위도가 높을수록 기온이 낮아지게 된다. 중국 역시 고산 지역을 제외한 지역에서는 대부분 남쪽 기온이 높고 북쪽 기온은 낮으며 남북의 기온 차가 크다. 하이난다오(海南島)를 비롯한 남중국해 여러 섬의 연간 평균 기온이 25℃ 이상인데 비해 북쪽 헤이룽장

중국 연평균 기온 분포도

| 20(℃) |
| 15~20 |
| 10~15 |
| 5~10 |
| 0~5 |
| -5~0 |
| -10~-5 |
| -15~-10 |
| -20~-15 |
| -20 |

성의 평균 기온은 -5℃로 평균 기온 차가 30℃에 달한다. 계절적 요인도 영향을 미쳐 여름에는 보편적으로 기온이 높아 남북의 기온 차가 적게 나지만 겨울에는 남북의 기온 차가 크게 벌어진다.

연교차를 중심으로 중국 기온을 살펴보면 북방이 연교차가 크고 남방은 적으며, 내륙이 연교차가 크고 연해 지방은 적다. 또한 평원과 분지의 연교차는 크고 산지와 고원의 연교차는 적은 편이다. 북쪽 하얼빈(哈尔滨)은 여름이 짧고 덥지 않으며 겨울은 춥고 길다. 반면 남쪽 하이커우(海口)는 일 년 내내 영하로 내려가지 않으면서 따뜻한 기온을 유지한다. 이 때문에 하얼빈은 여름과 겨울의 기온 편차가 연간 40℃ 이상 나지만 하이커우(海口)는 10℃ 안팎의 차이만 날 뿐이다. 대륙성 기후로 인해 중국은 동일 위도선에 있는 세계 다른 국가들보다 겨울은 더 한랭하며 여름은 더 무덥고 연교차는 더 크게 나타난다. 같은 예로 헤이룽장성의 후마(呼玛)는 위도가 영국 런던과 비슷하지만(북위51~54도), 런던의 1월 평균 기온이 3.7℃인 것에 반해 후마는 -27.8℃까지 내려간다. 중국에서 가장 기온이 높고 더운 지역(热极)은 신장의 투루판(吐鲁番)으로 1941년 7월에 최고 47.8℃를 기록했으며, 가장 추운 지역(寒极)은 중국 최북단인 헤이룽장성의 모허로 1969년 최저 -52.3℃까지 내려간 적이 있다.

전통적으로 창장 유역에 있는 충칭(重庆), 우한(武汉), 난징(南京)을 중국의 '3대 화로(三大火炉)'라 칭했다. 이들 세 지역은 보통 더운 날이 48~68일, 무더운 날은 17~34일, 한증막처럼 무더운 날은 3~14일이 넘는 매우 고온 다습한 지역이다. 지형적으로 해발 고도가 낮고 주변이 산지로 둘러싸여 있어 지표면에서 발생하는 열이 외부로 잘 빠져나가지 못하는데다 창장 유역에 있어 습기가 매우 높아 고온 다습한 기후를 보인다.

그러나 실제로는 같은 창장 유역에서도 이들 세 도시보다 더 높은 온도와

충칭(重庆): 최고기록 43.4℃
난징(南京): 최고기록 37.3℃
우한(武汉): 최고기록 41.3℃

중국의 3대 화로

:: 2020년 중국 주요 도시 연평균 기온

도시	1월	2월	3월	4월	5월	6월	7월	8월	9월	10월	11월	12월	연 평균 기온(℃)
北京	-1.5	1.0	9.1	15.7	21.1	26.9	26.7	26.7	21.8	13.5	6.5	-2.2	13.8
天津	-1.1	1.9	9.3	15.3	20.7	26.4	27.0	26.3	21.4	13.4	6.9	-2.4	13.8
石家庄	-1.0	3.9	10.8	15.8	22.0	27.2	26.0	26.1	22.6	14.5	8.1	1.4	14.7
太原	-3.4	0.6	8.3	12.1	20.0	23.6	23.2	22.4	18.0	10.2	4.3	-5.1	11.2
呼和浩特	-10.5	-4.1	2.3	9.3	16.5	21.8	21.7	20.0	14.9	6.1	-1.1	12.9	7.0
沈阳	-9.9	-4.5	3.9	10.1	17.0	23.4	25.2	24.5	18.0	9.2	2.1	-8.4	9.2
长春	-12.5	-7.8	1.1	7.9	15.9	21.8	25.0	23.2	16.3	7.8	-1.4	-12.2	7.1
哈尔滨	-16.9	-11.4	-1.1	7.5	15.6	19.9	24.4	21.7	16.3	7.2	-3.3	-15.2	5.4
上海	7.3	8.6	12.3	15.2	22.3	25.3	26.6	30.5	24.3	19.2	15.3	7.0	17.8
南京	5.1	8.2	12.3	15.8	23.0	25.8	25.4	30.1	24.1	17.5	13.2	4.6	17.1
杭州	7.3	9.9	13.1	16.4	23.5	26.1	26.9	31.0	23.9	19.2	15.0	6.8	18.3
合肥	3.4	7.4	11.7	15.4	22.0	25.4	25.1	28.9	23.1	16.3	11.5	3.5	16.2
福州	13.4	13.6	15.7	17.8	24.7	28.8	30.7	30.1	26.0	22.3	20.5	13.9	21.5
南昌	7.3	11.1	14.2	17.8	24.9	27.6	28.8	30.7	23.7	19.6	15.8	7.7	19.1
济南	1.1	5.6	11.2	14.8	22.2	26.3	25.2	26.4	22.4	14.9	9.4	0.7	15.0
郑州	2.7	6.3	12.8	16.2	24.7	27.1	26.6	27.5	24.6	15.6	10.9	2.9	16.5
武汉	4.1	8.6	13.0	16.8	23.1	26.5	26.5	30.0	23.1	16.7	12.5	4.8	17.1
长沙	5.1	10.0	13.3	17.0	22.9	26.3	27.6	29.4	22.0	16.8	13.5	6.1	17.5
广州	15.8	16.1	20.0	20.0	27.1	28.2	30.3	28.4	27.0	23.4	21.2	14.6	22.7
南宁	15.4	16.5	19.0	19.7	27.4	28.5	29.2	27.6	26.6	22.1	20.2	13.4	22.1
海口	20.4	20.8	24.8	24.0	29.6	30.0	28.4	28.4	28.4	25.3	23.4	18.6	25.3
桂林	9.9	14.1	15.8	17.9	26.4	27.2	29.1	28.8	25.0	20.7	17.9	9.4	20.2
重庆	10.0	11.2	16.0	17.9	24.8	26.5	27.6	31.4	23.5	17.7	15.3	8.7	19.2
贵阳	6.2	8.9	12.4	13.4	20.9	22.5	23.7	23.8	18.8	14.2	11.1	3.3	14.9
昆明	9.9	11.0	16.0	16.1	20.6	22.5	20.6	20.8	19.4	16.5	13.5	10.7	16.5
拉萨	-0.7	1.7	16.0	16.1	20.6	22.5	20.6	20.8	19.4	16.5	13.5	10.7	16.5
西安	2.4	6.2	12.6	16.4	23.0	24.9	25.7	25.4	21.8	13.6	9.4	1.0	15.2
兰州	-6.2	-3.2	4.5	9.9	15.7	20.4	21.6	19.8	14.8	7.9	0.5	-8.1	8.1
西宁	-5.3	-2.4	2.8	6.6	11.7	14.8	16.8	16.1	12.4	6.2	0.7	-7.1	6.1
银川	-4.2	0.2	7.2	12.8	18.8	23.7	25.1	22.5	17.3	8.8	2.7	-7.0	10.7
乌鲁木齐	-9.3	-4.8	2.9	16.4	19.9	21.7	23.8	23.3	16.1	8.0	-1.3	-12.3	8.7

습도를 나타내는 지역들이 존재한다. 통계적으로 35℃ 이상을 기록하는 지역을 연간 일수 기준으로 볼 때, 안닝(安宁) 20일, 항저우(杭州) 21.9일로 부근의 난징보다 많은 일수를 기록했으며, 주장(九江) 역시 25일로 비슷한 위치에 자리한 후마보다 무더운 날이 많았다. 창장 유역 외에도 장시성 구이시(贵溪)와 후난성 헝양(衡阳)은 1년에 42.7일 동안 35℃ 이상 올라간 무더운 날씨를 보이고 있다. 따라서 '3대 화로'란 별칭은 과학적 근거와는 별개로 역사적으로 형성된 중국인들의 전통 중 하나로 이해해야 할 것이다.

2. 중국의 연평균 강수량

2022년 중국기상국이 발표한 〈2021년 중국기후공보〉에 따르면 2021년 중국 전역의 평균 강수량은 686㎜로, 2016년보다 44㎜가 감소한 것으로 나타난다. 하지만 1951년부터 시작한 관측 이래 4번째로 강수량이 많았다. 중국의 강수량은 지역적 분포와 계절적 분포에 따라 차이가 심하다. 강수량의 지역적 분포는 지형적 특성의 영향을 많이 받는다. 동남 연해안 지역은 강수량이 매우 풍부하며 서북 내륙 지역으로 갈수록 강수량이 감소한다. 또한, 남방 지역이 북방 지역보다 강수량이 많고 평원보다 습윤한 바람을 맞이하는 산지의 강수량이 많다. 다싱안링, 란저우, 라싸(拉萨)를 이어 만들어지는 연 강수량 400mm의 등선은 반습윤과 반건조지대를 가르는 경계선이 되며, 화이허,

홍수
수자원이 풍부한 강줄기를 따라 중국의 문명이 발달했지만, 자주 범람하는 강물을 누가 잘 다스리느냐에 따라 국운이 결정되기도 했다. 현대사회에서도 강수량에 따라 강이 자주 범람하기 때문에 이를 해결하기 위한 삼협댐 건설에 착수하기도 했다. 특히 황허는 매년 흘러드는 엄청난 양의 토사로 강바닥이 점차 높아지고 있다.

친링, 칭짱고원 동남부를 이으면 연 강수량 800mm의 등선이 되는데 이 등선 아래로는 강수량이 풍부한 습윤지대가 형성되어 있다. 400~800mm의 강수량을 보이는 반습윤지대에는 허베이평원, 둥베이평원, 황투고원 등이 자리하고 있다. 서북 지역은 대체로 강수량이 200mm 이하이며 타리무분지는 연 강수량이 50mm도 되지 않는다. 특히 투루판 분지 내에 있는 튀커쉰(托克逊)은 연평균 강수량이 5.9mm밖에 되지 않는 중국에서 가장 가문 지역(旱极)이다. 반면 중국 동남부 지역의 저장, 푸젠, 광둥, 광시, 윈난, 쓰촨, 장시, 후난 등은 1,600mm 이상의 연 강수량을 기록하고 있다.

중국 대부분 지역에서 강수량은 계절적으로 고르지 못한 분포를 보인다. 해양에서 불어오는 온난 습윤한 계절풍이 강수에 직접적인 영향을 주기 때문에 일반적으로 여름에 강수가 많고 겨울은 적으며, 5~10월에 연 강수량의 80%가 집중되어 있다. 또한, 지역에 따라 강수량의 계절적 분포에 차이가 있다. 4~5월에는 계절풍이 난링까지 올라와 이에 따라 난링 이남 지역, 즉 광둥, 광시, 하이난 등지가 우기에 접어들면서 강수량이 증가한다. 7~8월에는 계절풍이 창장 중하류 지역과 친링, 화이허 이남 지역까지 올라와

:: 2020년 중국주요도시 강수량

도시	강수량(mm)	도시	강수량(mm)
桂 林	2341.7	大 连	852.6
南 昌	2140.7	哈尔滨	783.3
武 汉	2012.3	沈 阳	752.4
广 州	1890.3	天 津	704.5
杭 州	1665.4	郑 州	679.4
上 海	1555.0	长 春	662.0
长 沙	1521.0	济 南	661.8
合 肥	1497.6	石家庄	658.1
贵 阳	1380.5	西 安	622.4
海 口	1218.9	太 塬	547.0
南 京	1218.0	北 京	528.0
福 州	1210.5	拉 萨	428.1
重 庆	1182.9	西 宁	427.8
青 岛	1095.9	呼和浩特	364.2
南 宁	1073.0	兰 州	223.7
昆 明	1057.4	乌鲁木齐	194.3
		银 川	186.5

중국 연평균 강수량 분포도

장화이(江淮) 지역에 연속적인 우기를 형성하는데 이때가 마침 매실(梅实)이 익어가는 시기라 이 기간의 장마를 '메이위(梅雨) 기간'이라 부른다. 9월부터는 북방의 한랭한 공기가 다시 강해지므로 온난 습윤한 계절풍은 차츰 후퇴하게 된다.

창장 중하류 지역은 연 강수량의 50%가 여름에 집중되어 있고, 창장 이북 둥베이평원, 허베이평원, 네이멍구 지역 등은 여름에 내리는 비가 연 강수량의 70~80%를 차지해 계절적 편차가 크다.

중국 동남부 연해 지역은 봄부터 많은 비와 함께 태풍과 집중호우로 인한 재해도 빈번히 발생하고 있다. 중국의 강우량을 같은 위도상의 다른 국가와 비교하면 중국은 강우량이 비교적 많은 국가라 할 수 있다. 아열대 기후대를 예로 들면 같은 위도상에 있는 미국 동부나 인도와는 강우량이 비슷하지만, 북아프리카 사하라 사막 북부와 지중해 연안보다는 강우량이 훨씬 많다.

② 기후대와 건습(干湿)지대의 분포

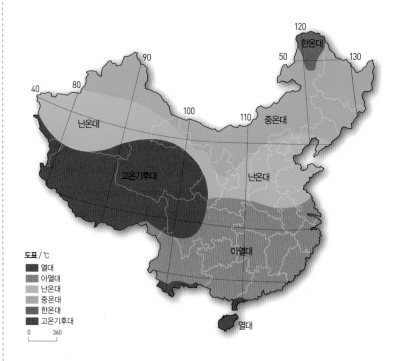

중국 기후대 분포도

1. 중국 기후대의 분포

중국은 국토가 넓어 다양한 기후 유형이 나타난다. 최북단 모허는 한온대에 속하는가 하면 최남단 난사군도(南沙群岛)는 적도대의 기후에 가깝다.

해발 4,000m 이상의 칭짱고원은 일 년 내내 한랭한 기후가 지속되는데에 반해, 윈난 중부와 같이 일 년 내내 따뜻하여 인간이 거주하기에 좋은 지역도 있다. 중국은 남과 북의 위도 차이가 약 50도 정도나 되기 때문에 한온대부터 열대기후까지 다양한 유형의 기후대가 영토 안에 분포되어 있다. 세계적으로 이렇게 다양한 기후대를 보유하고 있는 나라는 극히 드문 편이다.

중국의 기후대는 농작물의 생장과 작물 분포에 영향을 미치는 온도에 근거해서 경계를 구분하고 있다. 일반적으로 농작물은 일일 평균 기온이 10℃ 이상이 안정적으로 유지될 때 생육에 지장이 없게 되므로 일일 평균 기온이 10℃ 이상이 되는 날을 '생장기'라 한다. 이 생장기 동안의 평균 기온을 누적한 합계가 적온(积温)인데, 이 적온을 기준으로 5개의 온대와 1개의 특수한 기후대인 고온기후대로 나누고 있다.

● 한온대(寒溫帶) 1,600℃ 미만의 적온 지대로서 농작물이 생육할 수 있는 생장기는 100일이 채 되지 않는다. 1년에 한 번 수확할 수 있으며 봄밀(春麦)과 감자 등을 재배한다. 헤이룽장성 북부와 네이멍구 동북부 지역에 해당하고, 1월 평균 기온이 −30℃ 이하로 여름에도 기온이 높지 않다.

● 중온대(中溫帶) 적온이 1,600∼3,400℃의 분포를 보이는 지대로서 생장기는 100∼171일이다. 1년에 한 번 수확할 수 있으며 봄밀(春麦)과 옥수수, 마, 콩 등을 재배한다. 동북 지역과 화북 지역, 네이멍구 대부분 지역이 해당하며, 1월 평균 기온은 −30∼−6℃이다.

● 난온대(暖溫帶) 이 지역의 적온은 3,400∼4,500℃이며 생장기는 171∼218일이다. 1년에 한 번 또는 2년에 세 번 수확할 수 있으며, 쌀, 겨울밀(冬麦), 면화, 유채, 옥수수, 땅콩 등을 재배한다. 황허 중하류 지역과 타리무분지에 해당하며 1월 평균 기온은 −12∼0℃ 사이이다.

● **아열대(亚热带)** 적온은 4,500~8,000℃이며 생장기는 218~365일이다. 1년에 두 번 또는 세 번까지 수확할 수 있으며, 쌀, 겨울밀, 면화, 유채 등을 재배한다. 친링, 화이허 이남 지역과 칭짱고원 동부의 광대한 지역으로 전 국토 면적의 1/4에 해당하며 중국 총인구의 절반이 이 기후대에서 거주하고 있다. 한겨울에도 0℃ 이상의 온도대를 보이고 있다.

● **열대(热带)** 적온은 8,000℃ 이상이며 생장기는 1년 365일 지속된다. 하이난다오와 윈난, 광시, 광둥의 일부 지역이 해당한다. 1년에 삼모작의 벼농사가 가능하며 쌀, 사탕수수, 천연고무 등이 재배된다. 평균 기온은 20℃ 이상이다.

● **고온기후대(高温气候带)** 적온은 2,000℃ 미만이며 생장기는 100일 이하이다. 칭짱고원이 해당되며 일부 지역에서 1년에 한 번 수확할 수 있고, 쌀보리가 주요 경작물이다.

2. 중국 건습지대의 분포

건조지구

반습윤지구

반건조지구

습윤지구

반습윤지구
습윤지구
반건조지구
건조지구

중국 건습지대 분포도

중국은 복잡한 지형으로 인해 같은 온도 내에서도 건습(干湿) 정도에 차이가 생기기도 한다. 건조와 습윤의 정도, 다시 말해 강수량과 증발량의 대비 관계를 기준으로 습윤지구, 반습윤지구, 반건조지구, 건조지구 네 가지 지구대로 구분하며 동남부에서 서북부 방향으로 펼쳐져 있다.

● **습윤지구(湿润地区)** 연 강수량 800mm 이상인 지역으로 강수량이 증발량보다 많다. 친링, 화이허 이남, 칭짱고원 남부, 네이멍구 북동부, 둥베이 3성의 동부 지역이 여기에 속하며 삼림이 분포되어 있고 논농사 위주의 농업을 하고 있다. 중국 전체 면적의 32%를 차지한다.

● **반습윤지구(半湿润地区)** 연 강수량 400~800mm 지역으로 강수량이 증발량보다 조금 많다. 둥베이평원, 화베이평원, 황투고원, 칭짱고원의 동남부 지역이 여기에 속한다. 삼림과 초원이 복합적으로 분포되어 있으며 밭농사와 가뭄에 강한 농작물 위주의 농업을 하고 있다. 중국 전체 면적의 18%를 차지하고 있다.

● **반건조지구(半干燥地区)** 연 강수량 200~400mm 지역으로 강수량보다 증발량이 많다. 네이멍구고원, 황투고원의 일부 지역과 칭짱고원의 대부분 지역이 여기에 해당한다. 초원이 주로 분포되어 있으며 목축업과 관개농업이 발달되어 있다. 중국 전체 면적의 19%를 차지하고 있다.

● **건조지구(干燥地区)** 연 강수량 200mm 미만의 지역으로 증발량이 많다. 신장, 네이멍구고원의 서부, 칭짱고원 서북부가 해당한다. 사막과 황무지가 분포되어 있으며 고산지대에서는 목축업이, 오아시스에서는 관개농업이 이루어지고 있다. 농업 생산이 활발하지 않은 지역임에도 차지하는 비율이 중국 전체 면적의 31%로 높다.

3 기후변화와 중국의 대책

기후변화는 21세기 지구에게 가장 큰 도전이다. 지구 기후변화의 영향 아래 중국의 기후도 확실하게 변화하고 있다. 지난 100년간 중국의 연평균 기온은 0.5~0.8℃가 상승했는데, 이는 같은 기간 지구의 평균 온도 상승(0.74℃)과 비슷하거나 조금 더 높은 수치이다. 지역 분포를 보면 서북, 화북, 동북 지역에서 기후 온난화 현상이 뚜렷하며, 계절적으로는 겨울 동안에 기온 상승이 가장 현저하다. 중국 연해의 해수면은 해마다 평균 2.5mm씩 올라가고 있다. 이런 추세가 지속되면 2100년까지 동중국해의 해수면은 약 60~74cm가 상승하게 되어 자연생태계는 물론 농업, 어업, 목축업 등의 1차 산업은 기후변화에 중대한 영향을 받는다. 기후변화에 대응하는 조치를 취하지 않는다면 2030년까지 중국의 농업 생산 능력은 현재보다 5~10%가 감소할 것이고, 이는 다시 식량 안정에 심각한 위험을 초래할 것으로 예측되고 있다. 따라서 중국도 기후변화에 대처하는 관련 입법과 정책을 강화하고 적극적인 문제 해결에 나서고 있다.

중국은 1998년 5월 29일에 〈유엔 기후변화협약(联合国气候变化框架公约)〉의 일환인 〈교토 의정서(京都议定书)〉에 서명하였다. 2005년 2월부터 효력이 발생하는 이 의정서에 서명함으로써 중국은 기후변화에 대처하는 국제사회의 공동 노력에 본격적으로 동참하기 시작했다. 이후 2003년 9월 1일부터 시행에 들어간 〈중화인민공화국 환경영향평가법(中华人民和国环境影响评价法)〉과 2008년 4월 1일자로 개정된 〈중화인민공화국 에너지절약법(中华人民共和国节约能源法)〉 등을 비롯하여 기후와 환경보호에 관련된 각종 법률 및 제반 법규를 제정하거나 개정하였다.

또한 정책을 입안하고, 기구 설립을 통해 제정된 법률과 정책의 시행에 나섰다. 2007년 6월 국무원은 효율적인 에너지 이용, 기후변화에 대응하는 경제구조 조정, 재생에너지의 개발 등을 골자로 하는 〈중국 기후변화 대응 국가방안(中国应对气候变化国家方案)〉을 발표했으며, 국무원 총리를 중심으로 하는 국가 기후변화 대응 및 에너지 절약 업무 지도팀을 구성하였다. 이 지도팀은 기후변화 관련 대책을 제정하고 사업 시행과정에서 발생하는 문제를 책임지는 성격의 기구이다. 2008년 3월 27일에는 정부기구 개편 과정 중에 국가환경보호총국이 국가환경보호부로 승격되었다.

기후변화에 대응하는 중국의 기본원칙은 지속적인 발전이 가능한 구조를 유지하면서 기후변화에 대응한다는 것이다. 이는 경제적 합리성과 환경적 합리성이라는 상반된 두 가지 논리에 동시에 근거하고 있기 때문에 근원적인 한계점을 포함하고 있으며, 정책 추진 과정에서 문제점이 발생할 가능성이 높다.

또한, 아직 기후변화에 대한 전면적인 연구가 부족하고 국민의 인식과 참여도 미흡하다. 지방정부의 경우 기후변화 문제에 대응하는 기구나 조직이 미비하고 중앙정부와 긴밀한 협력 체계를 갖추고 있지 않다. 이렇듯 아직은 개선할 문제가 존재하지만, 중국은 기후변화에 대응하고, 차별화된 공동 책임을 지기 위해 국제적으로 협의가 이뤄진 공약과 정책 등을 이행하고 있고 자원 절약형, 환경 친화형 사회를 구축하는 데 적극적이고 건설적인 행보를 보이고 있다.

④ 황사와 미세먼지

1. 미세먼지

미세먼지란 이산화황과 질소산화물, 납, 오존, 일산화탄소 등과 같은 대기 오염 물질을 말한다. 일반적으로는 자동차나 공장 등에서 발생하여 장기간 공중에 떠다니는 10㎛(마이크로미터) 이하의 미세한 먼지를 가리키며, 입자가 2.5㎛ 이하인 경우는 초미세먼지로 구분한다.

미세먼지는 암석이나 토양의 풍화물 또는 사막화로 발생하는 자연적인 것과, 화석연료 산화 과정에서 나오는 분진과 자동차 배기가스·공업분진 등에 의해 발생하는 인위적인 것으로 구분된다. 중국의 경우에는 이 두 가지 요인의 영향으로 미세먼지가 발생하고 있다.

중국은 세계에서 석탄 사용 비율이 가장 높은 나라다. 중국에서 전력을 생산하는 데 쓰이는 에너지원을 보면 화력이 전체의 57%를 넘고, 풍력과 태양광은 24%, 수력은 17%에 불과하다. 이 중 화력은 석탄을 태워 전기를 생산하는 방식을 말한다. 특히 겨울철에는 난방에 대한 수요가 급증해 석탄 소비량이 대폭 증가한다. 겨울철부터 미세먼지로 인한 스모그 현상이 발생하는 이유가 여기에 있다.

미세먼지 발생의 원인인 화력발전소와 공장

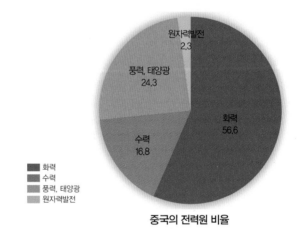

중국의 전력원 비율

세계 여러 나라들이 대기오염과 온실가스의 주요 원인으로 지목되는 석탄 사용을 줄여나가고 있지만, 중국은 여전히 석탄 사용 비율이 매우 높은 상황이다. 중국은 오랫동안 값싸고 풍부한 석탄 자원에 크게 의존해왔었다. 중국의 석탄 자원은 풍부한 편이지만, 석유와 천연가스의 경우 자체 생산량으로는 거대한 수요를 채울 수 없기 때문에 수입에 크게 의존하고 있다. 최근에는 태양광이나 풍력발전이 조금씩 늘어가고는 있지만, 효율이 낮아 제한적인 선에서만 활용되고 있다. 때문에 에너지 수급 안정 차원에서 석탄 에너지에 대한 의존도가 높은 편이다. 그 결과 중국은 세계 최대 석탄 채굴국이자 소비국이 되었다. 문제는 중국의 석탄 채굴과 사용량이 늘어나면서 미세먼지 문제가 더욱 심각해지고 있다는 점이다.

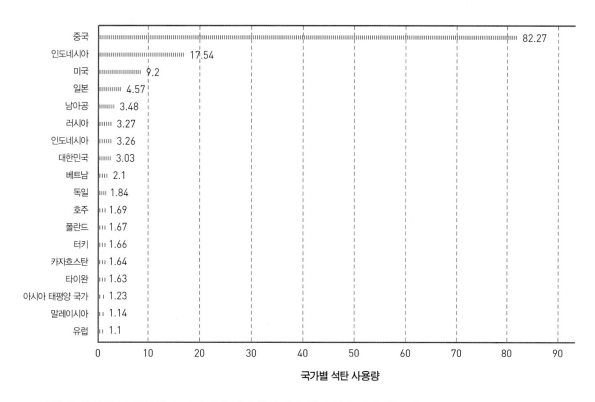

국가별 석탄 사용량

이와 함께 중국의 공업화와 도시화가 가속화되면서 차량에서 발생하는 배기가스와 공장에서 배출되는 다양한 오염물질이 미세먼지 발생 비율을 높이고 있다. 오염된 대기는 다시 토양을 오염시키는 원인이 되어 사막화 현상 역시 빠르게 증가하고 있다. 미세먼지로 인한 대기오염은 생태계뿐만 아니라 사람들에게도 악영향을 미치고 있어, 중국에서는 겨울철마다 인후염과 폐기종·천식·기관지염 등에 대한 고통을 호소하는 환자가 증가하고 있는 추세이다.

2. 황사

봄철이 되면 중국이나 몽골 사막에 있는 모래와 먼지가 편서풍을 타고 멀리 날아가는 현상이 생기는데, 이를 황사라 한다. 중국에는 신장(新疆), 네이멍구(內蒙古), 티베트(西藏), 칭하이(青海), 간쑤(甘肅) 등 5개 성(省)에 사막이 있다. 이러한 사막 면적만 전 국토의 18%인 총 173.11만㎢나 된다. 이외에도 토지의 과다 사용과 수자원 부족 등의 문제로 황폐화 과정에 있는 면적도 262.37㎢나 되는데, 이는 전 국토의 27%가 넘는다. 이에 중국 정부는 사막화가 된 지역이나 황폐화가 진행 중인 지역에서의 식목사업이나 목축업 금지 조치 등 다양한 관리프로그램을 시행하고는 있으나, 연간 3,436㎢로 확장되는 속도를 따라잡기에는 역부족이다. 제주도의 면적이 1,846km²이니, 우리나라로 치면 연간 제주도 2배가량의 면적이 사막화되어 가는 것이다. 특히 인구증가와 경제발전에 따른 수자원 이용률이 급증하면서 토지의 사막화를 막기는 어려운 실정이다.

황사는 3~5월에 많이 발생하는데, 이는 봄철 따스한 햇볕이 지표면 온도를 상승시켜 미세한 모래 먼지를 부유시키기 때문이다. 황사의 발원지인 중국과 몽골의 사막지대는 대부분이 해발 약 1,000m 이상에 자리 잡고 있는데, 봄철에는 강한 저기압이 이 지역에 생성되기 때문에 모래 먼지가 강한 바람을 타고 동북아 지역으로 이동한다. 봄에 중국과 한국·일본이 모두 황사의 피해를 받는 것은 이러한 이유 때문이다. 매년 약 100만t에 이르는 황사가 동아시아 상공을 떠돌며, 이 중 한반도에만 약 7만t의 황사가 날아 들어온다.

황사
사막과 황무지가 넓게 분포한 건조지구에서 발생하는 황사는 중국 뿐만 아니라 한국과 일본에까지 피해를 끼치고 있다. 이로 인해 매년 황사철마다 호흡기 계통의 이상으로 고통을 호소하는 환자들이 늘고 있다. 이처럼 중국의 사막화가 점차 심화되고 있어 이로 인한 경제 손실이 막대하게 늘자 중국 정부도 사막화 확산을 막기 위해 네이멍구 지역에 방목을 금지하고 식수를 심고 있다. 하지만 기후변화로 인한 사막화는 점차 막기 어려운 지경에 이르고 있다.

미세먼지와 마찬가지로 황사 먼지는 건강에 심각한 영향을 준다. 특히 기관지염이나 천식과 같은 호흡기 질환을 앓는 환자에게는 황사가 매우 치명적이어서, 피해 지역의 사망률이 증가했다는 조사 결과도 있다. 황사는 호흡기 질환을 유발하기도 하지만 반도체나 항공기 등 정밀기기의 고장 발생률을 높이는 등 산업에 영향을 미치기도 한다. 매년 황사에 의한 피해액만 9조 위안(약 1,700조 원)에 달하고 한국도 약 17조 원의 피해를 보고 있다. 특히 알루미늄·구리·카드뮴·납 등 중국의 공업화로 인한 각종 발암물질이 황사와 함께 대기를 오염시키고, 이것들이 한국·일본에까지 날아가기 때문에 이제는 국제적인 환경 문제로 인식되고 있다. 황사는 중국의 환경 문제이긴 하지만 국경을 넘어 다른 나라에도 피해를 주기 때문에, 적절한 국제관리가 이루어지지 않는다면 국가 간 갈등으로 비화할 가능성이 크다. 그러다 보니 환경적인 차원을 넘어서 갈등 유발과 안보 이슈와 연계될 경우, 더욱 체계적인 정부 간 대화 및 협력기구가 필요하게 된다. 이에 1999년부터 한국 정부의 제안으로 한·중·일 3국 환경 장관회의(TEMM)를 개최하였고, 아시아 황사 피해 예방 센터 설립과 사막화 지역 생태계 복원 성공 요인 분석 및 모델 개발, 황사 예측 모델 개선을 위한 공동연구 등 3국 간 사막화 문제에 대한 정책을 추진하고 있다.

04 중국의 행정구역

행정구역은 국가가 행정관리의 필요성에 의해 등급을 구분한 구역이다. 현재 중국의 행정구역은 성급(省级), 지급(地级), 현급(县级)의 3급 체제로 나누어져 있다. 현급 이하에는 향진(乡镇)이 설치되어 있기 때문에 사실상 4등급으로 구분되어 있다고 할 수 있으며, 최근에는 도시화도 급속히 진행되면서 구획이 세분화되어 4등급으로 변화하는 양상을 나타내고 있다.

1 성급(省级) 행정단위

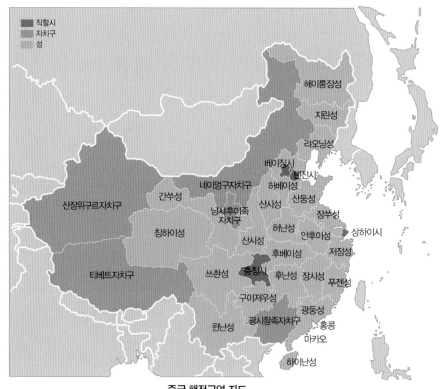

중국 행정구역 지도

제1급인 성급에 속하는 행정단위는 총 34개로 22개의 성(省), 5개의 자치구(自治区), 4개의 직할시(直辖市), 2개의 특별행정구(特别行政区)로 이루어져 있다. 성급 인민정부의 소재지를 성회(省会)라 하며, 지방의 정치·경제·문화적 중심지 역할을 하고 있다. 현재는 중앙인민정부의 소재지인 베이징(北京)이 중국의 수도이다. 중국 국내에서는 현재 타이완을 자국 영토로 간주하고 있기 때문에 타이완을 23번째 성으로 포함시키고 있다. 따라서 타이완을 포함해서 계산한다면 총 23개의 성(省)이 존재하는 것이지만, 이는 아직도 논란이 많은 부분이다.

자치구는 소수민족 스스로 자치를 시행하는 행정구역을 말한다. 5대 자치구는 거주인구가 많은 소수민족의 이름을 따서 명명한 것으로 자치구에 거주하는 소수민족들은 소수민족 우대정책에 따라 나름의 풍속과 종교 생활을 유지하면서 어느 정도 민족 자치권을 행사할 수 있다. 그렇지만 실권은 중앙정부에서 파견한 당 위원회가 가지고 있으며, 자치권 부여와 함께 소수민족에 대해 엄격한 관리와 통제를 가하면서 독립 움직임을 차단하고 있다.

4대 직할시 가운데 충칭시는 비교적 근래인 1997년 3월 14일자에 직할시로 승격되었으며, 이 직할시들은 중앙정부의 국무원에서 직접 관할하고 있다.

특별행정구는 필요에 따라 설치할 수 있다는 헌법 규정으로 만들어진 행정구역이며, 중국의 다른 지역과는 달리 별도의 행정체계로 운영되는 지역이다. 홍콩은 1997년 7월 1일 영국으로부터 반환되었고, 1999년 12월 20일에는 마카오가 포르투갈로부터 반환되어 특별행정구로 선포되었다.

1. 22개의 성(타이완 제외)

● **화북구(华北区)**　허베이성(河北省)·산시성(山西省)

● **동북구(东北区)**　랴오닝성(辽宁省)·지린성(吉林省)·헤이룽장성(黑龙江省)

● **화중구(华中区)**　허난성(河南省)·후베이성(湖北省)·후난성(湖南省)·광둥성(广东省)·하이난성(海南省)

● 화동구(华东区) 장쑤성(江苏省)·저장성(浙江省)·안후이성(安徽省)·장시성(江西省)·푸젠성(福建省)·산둥성(山东省)

● 서북구(西北区) 산시성(陕西省)·간쑤성(甘肃省)·칭하이성(青海省)

● 서남구(西南区) 쓰촨성(四川省)·윈난성(云南省)·구이저우성(贵州省)

2. 5개의 자치구

네이멍구자치구(内蒙古自治区)·광시좡족자치구(广西壮族自治区)·티베트자치구(西藏自治区)·닝샤후이족자치구(宁夏回族自治区)·신장위구르자치구(新疆维吾尔自治区)

3. 4개의 직할시

베이징시(北京市)·톈진시(天津市)·상하이시(上海市)·충칭시(重庆市)

4. 2개의 특별행정구

홍콩(香港) 특별행정구·마카오(澳门) 특별행정구

❷ 행정구역[5]

현행 중국의 행정구역은 크게 성급(省级), 지급(地级), 현급(县级)으로 나누고 있지만 실제로는 현급 아래에 향급(乡级)이 큰 비중을 차지하고 있기 때문에 사실상 4급 체계라 할 수 있다.

1. 제1급(省级) 성(省), 직할시(直辖市), 자치구(自治区), 특별행정구(特别行政区)

중국 전역에는 33개의 성급(省级) 행정구역이 설치되어 있다. 그중 총 22개(타이완 제외)의 성(省)과 4개의 직할시, 5개의 자치구, 2개의 특별행정구가 있다.

---

5) 2013년도 자료에 근거하였지만, 정책에 따라 행정단위의 수치는 변동이 생길 수 있다.

:: 중국 행정구역 개황

행정단위		명칭	약칭	정부 소재지	면적(만 km²)
성 (省)	화북구 (华北区)	허베이(河北)	지(冀)	스자좡(石家庄)	19.00
		산시(山西)	진(晋)	타이위안(太原)	15.60
	동북구 (东北区)	랴오닝(辽宁)	랴오(辽)	선양(沈阳)	14.57
		지린(吉林)	지(吉)	창춘(长春)	18.70
		헤이룽장(黑龙江)	헤이(黑)	하얼빈(哈尔滨)	46.90
	화중구 (华中区)	허난(河南)	위(豫)	정저우(郑州)	16.70
		후베이(湖北)	어(鄂)	우한(武汉)	18.74
		후난(湖南)	샹(湘)	창사(长沙)	21.00
		광둥(广东)	웨(粤)	광저우(广州)	18.60
		하이난(海南)	충(琼)	하이커우(海口)	3.40
	화동구 (华东区)	장쑤(江苏)	쑤(苏)	난징(南京)	10.26
		저장(浙江)	저(浙)	항저우(杭州)	10.18
		안후이(安徽)	환(皖)	허페이(合肥)	13.90
		장시(江西)	간(赣)	난창(南昌)	16.66
		푸젠(福建)	민(闽)	푸저우(福州)	12.00
		산둥(山东)	루(鲁)	지난(济南)	15.30
	서북구 (西北区)	산시(陕西)	산(陕)·진(晋)	시안(西安)	20.50
		간쑤(甘肃)	간(甘)·룽(陇)	란저우(兰州)	45.00
		칭하이(青海)	칭(青)	시닝(西宁)	72.00
	서남구 (西南区)	쓰촨(四川)	촨(川)·수(蜀)	청두(成都)	48.80
		윈난(云南)	윈(云)·뎬(滇)	쿤밍(昆明)	39.40
		구이저우(贵州)	구이(贵)·쳰(黔)	구이양(贵阳)	17.00
자치구 (自治区)		네이멍구(内蒙古)	멍(蒙)	후허하오터(呼和浩特)	118.30
		광시좡족(广西壮族)	구이(桂)	난닝(南宁)	23.63
		시짱자치구(西藏)	짱(藏)	라싸(拉萨)	122.00
		닝샤후이족(宁夏回族)	닝(宁)	인촨(银川)	6.64
		신장위구르(新疆维吾尔)	신(新)	우루무치(乌鲁木济)	160.00
직할시 (直辖市)		베이징(北京)	징(京)	베이징(北京)	1.68
		톈진(天津)	진(津)	톈진(天津)	1.13
		상하이(上海)	후(沪)	상하이(上海)	0.62
		충칭(重庆)	위(渝)	충칭(重庆)	8.20
특별 행정구 (特别行政区)		홍콩(香港)	샹(港)	홍콩(香港)	0.1092
		마카오(澳门)	아오(澳)	마카오(澳门)	0.0024

＊ 2012년 중국국가 통계국이 발표한 지역별 통계이다.

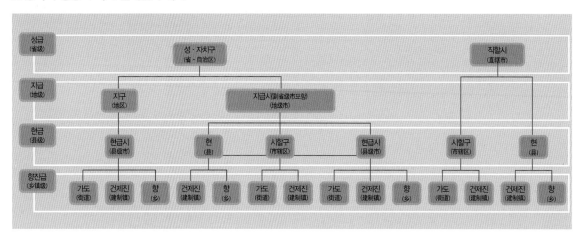

2. 제2급(地级) 지급시(地级市), 자치주(自治州), 지구(地区), 맹(盟)

지급 행정단위는 총 333개가 있다. 지급 아래에는 285개의 지급시와 30개의 자치구, 3개의 맹이 있다. 지급시(地级市)는 성급 행정구역의 하위 단위로 우리의 시(市)에 해당한다. 그러나 면적이나 인구 면에서는 우리의 도(道)급에 해당하는 큰 규모이다. 맹(盟)은 네이멍구 자치구에만 있는 고유의 행정 명칭으로 지급행정 권한을 가진다. 네이멍구에는 시린궈러멍(錫林郭勒盟)과 아라샨멍(阿拉善盟), 싱안멍(兴安盟)등 3개의 맹이 있다. 관할하는 하위 행정구역은 현(县), 기(旗), 시(市) 등이 있다.

3. 제3급(县级) 현급시(县级市), 현(县), 자치현(自治县), 기(旗) 등

총 2,856개의 현급 행정단위에는 860개의 시할구(市辖区)와 368개의 현급시(县级市)가 설치되어 있고 1,453개 현(县)과 117개 자치현(自治县), 49개 기(旗), 3개 자치기(自治旗), 1개의 특구(特区), 1개의 임구(林区)가 있다. 현급시는 현과 동일한 행정지위를 갖는데, 시할구가 없는 지역의 도시 역할을 한다. 현은 우리의 시(市)급에 해당하지만, 인구규모는 60만 명 내외로 우리보다 규모가 크다. 소수민족이 자치권한을 가지고 있는 자치현은 현과 같은 개념의 행정단위이다. 기(旗)는 내몽고 자치구 맹(盟)에서 관할하는 현급 행정단위이다.

4. 제4급(乡级) 향(乡), 진(镇) 등

총 41,658개의 향급 행정단위에는 2개의 구공소(区公所)와 7,194개의 가도(街道), 19,683개 진(镇), 13,587개 향(乡), 1,085개 민족향(民族乡), 106개 소목(苏木), 1개의 민족소목(民族苏木)이 있다. 진은 향급 행정단위로 현급시보다 인구가 적고 비농업 인구로 이루어져 있다. 우리나라의 읍(邑)에 해당하는 단위지만 규모는 3~4배 가량 크다. 향도 우리의 면(面)에 해당하지만 역시 규모는 3~4배 가량 크다. 가도는 시할구가 설치되어 있지 않은 지급시를 대신해 현급시 역할을 한다.

3 행정구역의 명칭

중국 각 성(省)의 약칭은 윈난성을 뜻하는 윈(云)과 같이 한 글자만으로 전체 명칭을 대표하는 가장 간단한 형태를 제외하면, 지리적 특성이나 고대 중국 구주(九州)의 명칭, 춘추전국(春秋战国)시대 각 나라의 명칭으로부터 유래한 것이 많다. 헤이룽장성을 뜻하는 헤이(黑)나 후난성을 뜻하는 샹(湘), 랴오닝성을 뜻하는 랴오(辽), 장시성을 뜻하는 간(赣) 등은 그 지역 내에 있는 강의 이름을 딴 것이고 칭하이성의 칭(清)은 경내에 있는 칭하이호에서 가져온 것이다. 만주어로 쑹화장(松花江) 연안의 도시를 뜻하는 지린우라(吉林乌拉)에서 지린성의 지(吉)가 생겨났으며, 지(冀)와 위(豫)는 구주에서 유래하였다. 루(鲁), 진(晋), 친(秦), 뎬(滇) 등은 춘추전국시대 각 나라의 명칭이었다. 이러한 약칭은 중국인의 일상 생활에서 유용하게 쓰인다. 지역 특산 요리를 지칭하는 말로 쓰이기도 하고 철도노선이나 장거리 버스노선 표기에도 사용되며 차량 번호판에도 쓰인다. 예를 들어 중국어로 베이징요리는 베이징차이(北京菜)가 아니라 '징차이(京菜)'라고 하며 광둥요리는 광둥차이(广东菜)가 아니라 '웨차이(粤菜)'라고 한다. 또한, 중국 베이징과 상하이를 오가는 철도노선을 '징후셴(京沪线)'이라 표기한다.

중국의 차량 번호판은 세 자리의 삼단구성을 이루고 있다. 차량이 소속된 성급 지역명이 약칭으로 첫머리에 오고, 그다음 자리에는 알파벳 자모로 더욱 구체적인 관할지역을 표기하고 있다. 세 번째 자리는 일반적으로 개인이 자유롭게 선택할 수 있는데 최근에는 컴퓨터로 번호를 선택하는 방법이 선호되고 있다.

1, 2 중국 자동차 번호판
'京L 36239'번 차량은 베이징시 인근 지역 소속 차량이고, '黑A 98E99'번 차량은 헤이룽장성 하얼빈(哈尔滨)시에 소속된 차량이다.

3 베이징-상하이 비행기 노선
베이징과 상하이 구간을 운행하는 비행기 탑승구의 안내판이다. 베이징은 '京'이라는 약칭을 상하이는 '沪'라는 약칭을 사용하였다.

05 중국 지역정보

중국의 지역구분도

1	동북지역	辽宁·吉林·黑龙江
2	화북지역	北京·天津·河北·山西·內蒙古
3	화동지역	上海·江苏·浙江·安徽·福建·江西·山东
4	중남지역	河南·湖北·湖南·广东·广西·海南·香港·澳門
5	서남지역	重庆·四川·贵州·云南·西藏
6	서북지역	陕西·甘肃·青海·宁夏·新疆

1 동북지역(东北地区)

면적	152만km²
인구	1억 2천만 명
지역	랴오닝성(辽宁省), 지린성(吉林省), 헤이룽장성(黑龙江省)

동북지역은 중국 전체 면적의 13%에 달하는 곳이다. 중국 전체 인구의 8.3%인 1억 2천만 명이 살고 있다. 행정구역상으로는 랴오닝성(辽宁省)과 지린성(吉林省), 헤이룽장성(黑龙江省) 등이 속해 있다. 동북이라는 단어는 근대에 불리기 시작한 것이고 청나라 때는 이곳을 '만주지역'이라 했다. 청나라를 세웠던 만주족이 이 지역에 터전을 잡고 살았기 때문이다. 하지만 고대에는 동북지역이 고조선과 고구려, 발해의 영토였기 때문에 지금도 이와 관련된 유적이 많이 남아 있기도 하다. 여러 민족의 부침이 있었던 곳이기 때문에 지금은 만주족과 몽고족 등 다양한 소수민족이 이 지역에 살고 있으며, 200만 명 이상의 재중동포들도 거주하고 있어 우리와 매우 밀접한 지역이기도 하다.

1. 기후와 자원

동북지역은 북방에 위치해 있기 때문에 겨울은 길고 건조하며 여름은 짧고 비가 많이 온다. 그러나 사계절은 비교적 뚜렷하다. 연간 강수량은 300~1,000mm 정도이다. 기후학적으로는 온대계절풍과 온대대륙성 기후대에 속한다. 동북지역은 기후에 적합한 봄밀이나 콩, 감자, 옥수수 등을 많이 생산하며, 특히 헤이룽장성(省)은 중국에서 두 번째로 많은 쌀을 생산하고 있다. 동북지역은 목재 생산량만 해도 전국의 40%를 차지할 정도로 다른 지역에 비해 산림면적이 높다. 또 석탄과 철, 석유가 풍부하기 때문에 많은 광산과 유전이 개발되어 있다. 석유만 해도 전국 매장량의 절반 정도가 이 지역에 있을 정도이다. 그래서 중국의 3대 유전인 다칭(大庆)이나 리아오허(辽河), 지린(吉林)유전이 모두 이곳에 있다. 과거 일본이 중국 내륙 진출을 위해 이곳에 만주국을 세우고 중화학 공업과 군수산업을 집중적으로 육성했던 것도 전쟁에 필요한 풍부한 자원이 있었기 때문이다.

2. 주요 관광지

장군총

지린성(吉林省)은 옛 고구려의 중심지였기 때문에 지금도 고구려와 관련된 고분과 유적이 많이 남아 있다. 특히 지안(集安)에는 광개토대왕비가 있으며, 장군총과 환도산성 등의 유적지가 있다. 이 중 장군총으로 불리는 장수왕릉은 총 7층의 단계식 피라미드로 이루어진 무덤이다. 고구려 역사와 관련된 중요 유적지이지만 중국 정부의 무관심과 동북공정 정책으로 인해 많이 훼손되어가고 있다.

하얼빈(哈尔滨)은 동북지역 최북단에 위치해 있으면서 러시아와 국경을 맞대고 있는 곳이다. 그래서 이곳은 러시아풍 건축물이 많아 '동양의 모스크바'라는 별칭이 있을 정도로 이국적인 분위기가 느껴진다. 겨울이 시작되는 11월부터는 기온이 급격하게 떨어지기 시작해 2월에는 평균 −20℃가 되기도 한다. 이 시기에 여행은 힘들 수도 있지만 빙등제(冰雪节)와 같이 겨울에만 즐길 수 있는 축제도 있으니 한 번쯤 가보는 것도 좋다. 하얼빈에는 조선 침략의 원흉으로 꼽히는 이토 히로부미를 안중근 의사가 암살했던 하얼빈역이 있다. 2014년 중국 정부에서는 그 정신을 기려 이곳에 '안중근 의사 기념관'을 조성해 놓았다.

빙등제

② 화북지역(华北地区)

베이징시
네이멍구자치구
텐진시
허베이성
산시성

면적	83만km²
인구	1억 6천만 명
지역	허베이성(河北省), 베이징시(北京市), 산시성(山西省), 네이멍구자치구(内蒙古自治区), 텐진시(天津市)

　화북지역은 중국 북부지역에 자리 잡고 있다. 행정구역상으로는 허베이성(河北省)과 베이징시(北京市), 산시성(山西省), 네이멍구자치구(内蒙古自治区), 텐진시(天津市)등이 포함된다. 화북지역에는 중국 전체 인구의 11.6%인 1억 6천만 명이 살고 있다. 이곳에는 황허(黄河)가 흐르고 있는데, 고대에는 이곳을 중심으로 황허문명이 꽃피우기도 했었다. 이후 수많은 나라가 이 지역을 수도로 삼았었다. 연나라(燕)때는 연경(燕京)이라 했었고 청나라(清)때는 베이핑(北平)이라 했다. 중화인민공화국이 들어선 1949년 이후에는 베이징(北京)으로 명칭이 바뀌었다. 고대부터 지금까지 정치와 문화의 중심지였기 때문에 이와 관련된 유적과 유물이 많이 남아 있다.

1. 기후와 자원

　지리적으로는 건조 및 반건조지역에 속한다. 북부지역으로는 온대계절풍 기후를 보인다. 여름에는 기온이 높고 비가 많이 내리지만 겨울은 춥고 건조하다. 연평균 기온은 8~13℃ 정도이다. 연간 강수량은 400~1,000mm이지만 네이멍구는 400mm 이하일 정도로 차이가 크다. 그래서 네이멍구 지역은 건조한 목초지나 사막이 많다. 화북지역은 석탄과 철뿐만 아니라 금과 몰리브덴, 희토류 등의 지하자원이 풍부하다. 특히 철광석은 중국 전체의 50%

정도가 이곳에 매장되어 있다. 이외에도 중국의 중요 곡물과 면화가 이곳에서 생산된다. 그러나 최근에는 수자원 부족과 대기오염, 환경오염이 심각해지고 있어 산업과 농산물 생산에 악영향을 미치고 있기도 하다.

2. 주요관광지

자금성

이화원

천단공원

1403년 명나라 영락제가 난징(南京)에서 베이징(北京)으로 수도를 옮긴 이후 베이징은 줄곧 중국의 정치 중심지 역할을 하게 되었다. 그래서 이곳에는 지금까지도 이와 관련된 많은 유물과 유적지들이 남아 있다. 베이징만 하더라도 만리장성(長城)과 자금성(紫禁城), 이화원(颐和园), 천단공원(天坛公园)과 같이 우리에게도 익숙한 명소들이 있다. 이 중 자금성은 명나라 영락제가 베이징으로 수도를 옮긴 이후인 1406년부터 축조된 것으로 14년간 약 100만 명 이상의 인력이 동원되어 조성되었다. 특이한 것은 황제가 거주하는 곳이기 때문에 자객이 숨을 수 없도록 궁 안에는 나무를 심지 않았다는 것이다.

네이멍구자치구(内蒙古自治区)는 몽골인들이 거주하던 지역이었다. 그러나 17세기에 만주족이 몽골족을 복속시키고 청나라를 세우면서 외몽골과 내몽골로 나뉘어 통치되었다. 신해혁명이 일어난 1911년 이후 외몽골은 소련의 도움으로 독립했지만, 내몽골은 중국의 한 지역으로 편입되면서 지금은 중국의 자치구가 되었다. 현재는 네이멍구자치구의 80% 이상이 한족이고 몽골족은 17%에 불과하다. 하지만 고대부터 몽골인들이 거주하던 지역이었기 때문에 이들과 관련된 관광지가 많다. 대표적인 관광지로는 징기스칸릉(成吉思汗陵)이 있다. 하지만 징기스칸의 묘는 아직까지 발견되지 않았기 때문에 징기스칸의 유해가 묻혀 있는 것은 아니다.

징기스칸릉

③ 화동지역(华东地区)

면적	83만km²
인구	3억 9천만 명
지역	산둥성(山东省), 상하이시(上海市), 안후이성(安徽省), 장쑤성(江苏省), 장시성(江西省), 저장성(浙江省), 푸젠성(福建省)

　화동지역은 중국의 동쪽에 위치한 6개의 성(省)과 도시를 일컫는 용어이다. 행정구역상으로는 산둥성(山东省)과 상하이시(上海市), 안후이성(安徽省), 장쑤성(江苏省), 장시성(江西省), 저장성(浙江省), 푸젠성(福建省)등이 포함된다. 참고로 중국에서는 타이완(台湾)까지 성(省)으로 포함해 구분하고 있다. 하지만 타이완을 제외한다해도 화동지역 전체 인구는 3억 9천만 명으로 중국 전체 인구의 28%나 된다. 화동지역의 인구가 많은 이유는 이곳이 바다와 강을 함께 끼고 있어 고대부터 무역이 발달하였고 사람이 거주하기 적합한 자연환경을 보유하고 있기 때문이다. 특히 중국의 남방과 북방 그리고 중서부를 연결하는 입체적인 교통망과 항만이 있어서 중국경제발전의 핵심역할을 하고 있다. 이러한 여러 조건으로 인해 중국 전체 GNP(국가총생산)의 40% 가까이를 화동지역이 이끌고 있다.

1. 기후와 자원

　화동지역의 기후는 중앙에 있는 화이허(淮河)를 중심으로 나누어진다. 화이허 북쪽은 온대계절풍 기후인 반면 남쪽은 아열대계절풍 기후이다. 강수량은 여름철에 크게 증가하는 특징을 보이고 있다. 연평균 강수량은 지역에 따라 조금씩 다르다. 산둥성은 676mm 정도인 반면 저장성은 1,600mm 정도로 격차가 크다. 연평균 기온은 15~18℃로 비교적 높은 편이다. 그래서 겨울철에는 장쑤성과 안후이성, 산둥성 등 북쪽 지역 일부에서만 눈이 내린다. 이 지역은 장강(长江)과 바다를 끼고 있기 때문에 수산자원이 풍부하다. 특히 항저우 일대는 민물어업과 양식업이 발달했다. 항저우와 장쑤성은 전국 비단 생산량의 1위와 2위를 차지하고 있다. 지하자원이 없는 것은 아니지만 다른 지역에 비해 양이 많지는 않다. 장쑤성에 있는 우시(无锡)라는 지명에서도 알 수 있듯이 과거에는 주석이 있었으나 금세 고갈된 경우도 있다.

2. 주요관광지

예원

상하이(上海)는 본래 조그만 어촌마을이었다. 그러나 1842년 청나라가 아편전쟁에서 패한 이후에는 난징조약에 의해 서양세력이 밀려 들어오게 되면서 경제와 금융의 중심지가 되었다. 그래서 지금은 전통적인 양식과 서구식 건축물이 공존하는 독특한 지역이 되었다. 상하이에는 가볼 만한 곳이 많지만 그중 전통적인 명소로는 예원(豫园)이 있다. 예원은 명나라 때인 1559년 개인 정원으로 조성되기 시작하여 1577년에 완공된 곳이다. 본래 명나라의 관리였던 반윤단(潘允端)이 아버지를 위해 만들었지만, 공사 기간이 워낙 길어지다 보니 완공이 되기도 전에 부자(父子)가 모두 사망해버렸다. 그래서 완공 이후에는 줄곧 방치되었지만 1956년 상하이시에 귀속되면서 국가 단위의 문화제가 되었다. 상하이에는 쇼핑의 거리인 난징동루(南京东楼)나 야경이 볼만한 와이탄(外滩) 등이 있지만 윤봉길 의사가 일왕 탄생 기념 행사에서 일본의 주요 요인을 암살했던 루쉰공원(鲁迅公园)을 한번 방문해보는 것도 좋다.

장쑤성(江苏省)은 예로부터 중국의 수많은 왕조가 수도로 삼았던 곳이다. 그래서 이와 관련된 관광명소가 많다. 대표적인 장소로는 명나라 주원장의 능묘인 명효릉(明孝陵)과 중국혁명의 아버지로 불리는 쑨원의 묘인 중산릉(中山陵)이 있다. 이외에도 일제의 대학살 만행을 기록하고 있는 난징대학살 기념관이 있다.

예로부터 "하늘에는 천당이 있고 땅에는 쑤저우와 항저우가 있다"라는

중산릉

말이 있을 정도로 저장성(浙江省)에는 자연경관이 뛰어난 관광지가 많다. 항 저우에 유명한 관광지로는 시후(西湖)가 있고 쑤저우에는 창랑정(沧浪亭)이나 유원(留园), 사자림(狮子林), 졸정원(拙政园)등 유네스코 세계문화유산에 등록 된 정원(庭园)이 밀집되어 있다.

4 중남지역(中南地区)

면적	101만km²
인구	3억 7천만 명
지역	허난성(河南省), 후베이성(湖北省), 후난성(湖南省), 광둥성(广东省), 광시장족자치구(广西壮族自治区), 하이난성(海南省), 홍콩(香港), 마카오(澳门)

중남지역은 중국 중부와 남부에 위치해 있다. 화중·화남지역(华中·华南地 区)의 총칭이기도 하다. 중남지역의 인구는 약 3억 7천만 명으로 전체 인구의 27%를 차지한다. 행정구역상으로는 허난성(河南省)과 후베이성(湖北省), 후 난성(湖南省), 광둥성(广东省), 광시장족자치구(广西壮族自治区), 하이난성(海南 省), 홍콩(香港), 마카오(澳门)등이 포함되어 있다. 홍콩과 마카오는 영국과 포 르투갈의 식민지였으나 1997년과 1999년에 중국에 차례로 반환되면서 중남 지역에 포함되었다. 과거 식민지 시절 아시아의 금융 허브 역할을 하며 성장 했던 홍콩 덕분에 개혁개방 이후에는 이 지역을 중심으로 경제가 발전할 수 있었다. 특히 홍콩과 마카오, 타이완 등과의 경제협력이 중국의 경제 발전에 긍정적인 효과를 낳았다. 또한 동남아시아의 화교 대부분이 중남지역 출신 이어서 이들의 집중 투자 덕분에 중국 경제가 고도로 성장할 수 있었다. 그 래서 지금도 중국 내에서 소득수준이 가장 높은 지역이기도 하다.

1. 기후와 자원

이 지역은 남부지역에 위치해 있어서 열대와 아열대성 기후의 특징을 보인다. 그러다 보니 아열대 과일이나 작물이 재배 가능한 지역이기도 하다. 1년에 2모작 이상도 가능하기 때문에 고대부터 지금까지 식량 생산량이 매우 높다. 주요 작물로는 벼나 사탕수수, 파인애플 등이 있고 양귀비가 즐겨 먹었다는 리즈(荔枝) 생산량은 전국에서 가장 많다. 심지어 최남단에 있는 하이난에서는 고무나 야자, 커피와 같은 열대작물 재배도 하고 있다. 바닷가에 위치한 지역이 많아 수산자원도 풍부하다. 주요 지하자원은 망간이나 철광석이 있지만 이외에도 약 110여 종의 광물이 풍부하게 매장되어 있다.

2. 주요관광지

중남지역의 가장 위쪽에 있는 허난성(河南省)은 중국의 7개 고대도시 중세 곳이 있을 정도로 역사성이 매우 깊은 지역이다. 중국 역사 최초의 나라인 상나라(은나라)의 중심지도 허난성이었다. 이후 다양한 나라들이 이 지역을 중심으로 등장하면서 불교나 도교가 발전하기도 했다. 우리에게도 잘 알려진 소림사가 이곳에 있는 이유도 이 때문이다. 허난성에서 가볼 만한 곳으로는 소림사 외에도 룽먼석굴(龙门石窟)이라는 곳이 있다. 벼랑에 조각을 새겨 만든 큰 불상 주위로 굴을 파서 만든 사원이 있는 것이 특징이다.

룽먼석굴

후난성(湖南省)은 장쟈제(张家界) 무릉원(武陵源)이 유명하다. 마치 한 폭의 동양화를 펼친듯한 풍경을 자랑하는 이곳은 수억 년 전 바다였던 곳이 지각 변동으로 돌출되어 형성된 곳이다. 최근에는 영화 〈아바타〉의 배경으로 알려지면서 더욱 인기를 끌고 있다. 다만 하루 관광객이 3만 명 가까이 되기 때문에 휴가를 즐기듯이 여행을 하기는 어렵다.

장쟈제

홍콩은 영국의 식민지를 거치면서 사회 곳곳에 서양문화가 스며든 곳이다. 그러나 중국 전통의 풍습이나 관례가 남아 있기에 동서양이 교차하는 곳으로 묘사되기도 한다. 한때 홍콩은 아시아 쇼핑의 중심지로 유명했었다. 유명 브랜드들이 면세로 판매되기 때문이다. 그러나 지금은 한국이나 일본에서도 아웃렛을 통해 저렴한 구매가 가능해졌기 때문에 쇼핑지로의 매력은 많이 떨어졌다. 다만 홍콩 디즈니랜드나 침사추이(尖沙咀) 같은 지역은 놀거리와 야경을 감상하기 좋은 곳으로 꼽히고 있다.

5 서남지역(西南地区)

면적	250만km²
인구	2억 명
지역	쓰촨성(四川省), 구이저우성(贵州省), 충칭시(重庆市), 윈난성(云南省), 티베트자치구(西藏自治区)

　서남지역은 말 그대로 중국의 서남쪽 지역에 있다. 행정구역상으로는 쓰촨성(四川省)과 구이저우성(贵州省), 충칭시(重庆市), 윈난성(云南省), 티베트자치구(西藏自治区) 등이 포함된다. 지리적으로는 파키스탄과 인도, 네팔, 부탄, 미얀마, 라오스, 베트남과 같은 지역과 국경을 맞대고 있는 곳이기도 하다. 서남지역의 인구는 약 2억 명으로 중국 전체 인구의 15% 정도를 차지하고 있다. 전체 면적이 250만km²로 중국 영토의 ¼이나 되는 것에 비해 인구 비중은 매우 적다. 지형적으로는 고원지대가 많고 척박한 땅이 많아 사람이 살기 적합하지 않은 곳이 많기 때문이다. 특히 티베트자치구는 중국 영토의 13%나 되지만 인구는 300만 명밖에 되지 않는다. 해발 4,000~5,000m에 자리 잡고 있어 고도가 높고 생활환경이 열악하기 때문이다.

1. 기후와 자원

중국의 대표적인 고지대인 쓰촨분지나 윈난고원, 구이저우고원, 칭짱고원 등이 모두 이 지역에 있을 정도로 평균적인 지대가 높다. 쓰촨분지는 해발 500m 정도이지만 윈난고원과 구이저우고원은 해발 1,000~2,000m에 달한다. 그래서 지대가 높아지는 서쪽으로 갈수록 일교차가 매우 크게 나타난다. 동부지역의 연평균 기온은 24℃이지만 서부지역은 0℃에 불과하다. 강수량 역시 동부와 서부 간의 차이는 1,000mm에 달할 정도로 차이가 크다. 일반적으로는 동남쪽으로 내려오면서부터 아열대 기후의 특징을 보이기 시작한다. 그래서 쓰촨성 같은 경우에는 아열대 습윤기후에 속하기 때문에 여름철에는 더위가 매우 심하다. 서남지역은 사람이 살기에는 척박하지만 각종 지하자원이 풍부하게 매장되어 있는 곳이기도 하다. 특히 산림면적은 전국에서 가장 넓고 창장(长江)이 시작되는 지점이기 때문에 이를 이용한 수력발전소가 많이 건설되어 있다.

2. 주요관광지

티베트자치구(西藏自治区)는 GDP의 25%가 관광수익에서 나올 정도로 관광에 대한 의존도가 높다. 물론 이 지역의 산업 수준이 낮은 이유도 있지만 티베트의 독특한 자연적, 문화적 환경이 많은 관광객을 끌어들이는 매력이기도 하다. 매년 3천만 명이 관광을 위해 티베트를 찾고 있으며 연간 관광수익은 550억 위안(약 9조 500억 원)에 달한다. 티베트는 주요 종교가 불교이기 때문에 이와 관련된 시설이 많다. 대표적인 관광지로는 포탈라궁(布达拉宫)과 대소사(大昭寺) 등이 있다. 다만 정치적인 문제로 인해 모든 지역을 관광할 수 있는 것은 아니다. 중국 정부에서 개방한 일부 지역만 여행이 가능하니 미리 확인하고 계획을 세우는 것이 좋다.

포탈라궁

윈난성(云南省)은 뛰어난 자연경관이 많은 곳이다. 이곳에는 다양한 소수민족이 거주하고 있기 때문에 이들과 관련된 관광지가 많다. 특히 리장(丽江)은 한족보다는 나시족과 라후족, 푸미족, 바이족 등의 소수민족 비중이 높아 이들과 관련된 독특한 문화를 체험할 수 있다. 쿤밍(昆明)에는 약 2억 7천만 년 전 바다였던 곳이 지상으로 올라와 형성된 석림(石林)이라는 곳이 있다. 자연이 빚어낸 경이로운 작품을 감상할 수 있는 곳이기도 하다.

석림

쓰촨성(四川省)에도 뛰어난 절경을 자랑하는 관광지가 많다. 그중에서도 주자이거우(九寨沟)는 중국인들이 일생에 한 번은 가보고 싶어 하는 관광지 1위에 꼽힐 정도로 유명한 곳이다. 1970년대에 삼림 벌목공에 의해 우연히 발견되면서 세상에 알려지게 되었다. 산맥에서 흘러드는 탄산칼슘에 의해 연못의 물이 맑고 다채로운 색을 띠는 것이 특징이다. 1992년에는 유네스코 세계자연유산에 등록되었다.

6 서북지역(西北地区)

면적	320만km²
인구	9천 7백만 명
지역	산시성(陕西省), 간쑤성(甘肃省), 칭하이성(青海省), 닝샤후이족자치구(宁夏回族自治区), 신장위구르자치구(新疆维吾尔自治区)

서북지역은 전체 면적이 320만km²로 중국 영토의 32%나 되는 지역을 차지하고 있다. 그러나 거주 인구는 9천 7백만 명으로 전체 인구의 7.3%에 불과하다. 차지하는 면적에 비해 인구 비중이 적은 것은 건조한 지역이나 사막과 같이 척박한 환경이 대부분이기 때문이다. 천산산맥(天山山脉)이나 아얼진산맥(阿尔金山脉), 치롄산맥(祁连山脉), 쿤룬산맥(昆仑山脉) 등 중국의 대표적인 산악지역이 모두 이곳에 몰려 있다. 심지어 황투고원(黄土高原), 하서주랑(河西走廊), 티베트고원과 같이 고도가 높은 지역도 많다. 그래서 한족보다는

후이족, 티베트족, 위구르족 등 소수민족의 거주비율이 높은 편이다. 서북지역은 행정구역상으로는 산시성(陝西省)과 간쑤성(甘肅省), 칭하이성(青海省), 닝샤후이족자치구(宁夏回族自治区), 신장위구르자치구(新疆维吾尔自治区)가 포함된다.

1. 기후와 자원

이 지역은 바다와는 멀지만, 고원이나 산악지역이 많다. 고지대나 산지가 많다 보니 습한 기류가 유입되지 못해 습도가 매우 낮다. 중국의 연평균 강수량은 500mm 정도이지만 차이다무분지(柴达木盆地)는 200mm, 허시주랑(河西走廊)은 100mm에 불과하다. 심지어 둔황(敦煌)은 29mm도 안 된다. 이러다 보니 지역 전체가 건조할 수밖에 없다. 이 지역의 겨울은 매우 춥고 건조하며 여름에는 기온이 매우 높게 올라간다. 일교차도 크기 때문에 사람이 거주하기에는 매우 척박한 지역이다. 하지만 석유나 석탄, 천연가스, 니켈, 백금 등의 광물자원은 풍부하다. 석탄은 전국의 약 30%, 석유는 23%, 니켈은 62%가 이 지역에 매장되어 있다. 이 지역 광물의 잠재적 가치만 하더라도 약 33조 위안(약 5,4000조 원)에 달한다.

2. 주요관광지

병마용갱

산시성(陝西省)은 중국을 통일하고 만리장성을 건설한 진나라 최초의 황제인 진시황이 살았던 지역이다. 우리에게 잘 알려진 진시황릉이 바로 이곳에 있다. 진시황의 무덤은 대략적인 위치만 확인되었을 뿐 아직 발굴되지 않았다. 발굴 기술이 부족했던 1974년, 병마용갱 발굴 과정에서 많은 시행착오를 겪었기 때문이다. 그래서 진시황릉은 기술이 좀 더 발전한 뒤에야 발굴을 시작할 것으로 알려져 있다. 병마용갱은 참관이 가능하니 한번 둘러보는 것도 좋다.

간쑤성(甘肅省)에 있는 막고굴(莫高窟)은 유네스코 세계문화유산에 등록된 불교유적지이다. 막고굴은 둔황석굴이나 둔황 천불동이라고도 한다.

막고굴은 산 벼랑에 600여 개의 동굴을 파 2,400여 개의 불상을 모셔놓은 곳이다. 대략 355년경부터 조성되기 시작한 것으로 추정하고 있다. 다만 몽골이나 이슬람의 침략과 문화대혁명을 거치면서 많이 훼손되었다. 아이러니하게도 1900년대에 영국과 프랑스인들이 이곳의 유물 1,400여 점을 유출해 가져가면서 문화대혁명 시기의 위기를 넘기기도 했다.

막고굴

신장위구르자치구(新疆维吾尔自治区)에 있는 우루무치(乌鲁木齐)는 이름 그대로 위구르족들이 모여 사는 자치구이다. 사실 지금은 한족의 인구비율이 위구르족들보다 높지만 역사적으로는 위구르족이 살았던 지역이었다. 이곳은 먼 옛날 유라시아를 연결하는 실크로드의 요지 중 하나였다. 이슬람을 믿는 여러 민족이 있으므로 이와 관련된 바자르 건축 양식이 눈에 띄는 곳이다. 특히 우루무치에는 신장국제대바자르(新疆国际大巴扎)라고 불리는 세계 최대의 이슬람 시장이 있다. 이곳은 이슬람 양식의 건축물들이 많고 야경이 아름답다.

신장국제대바자르

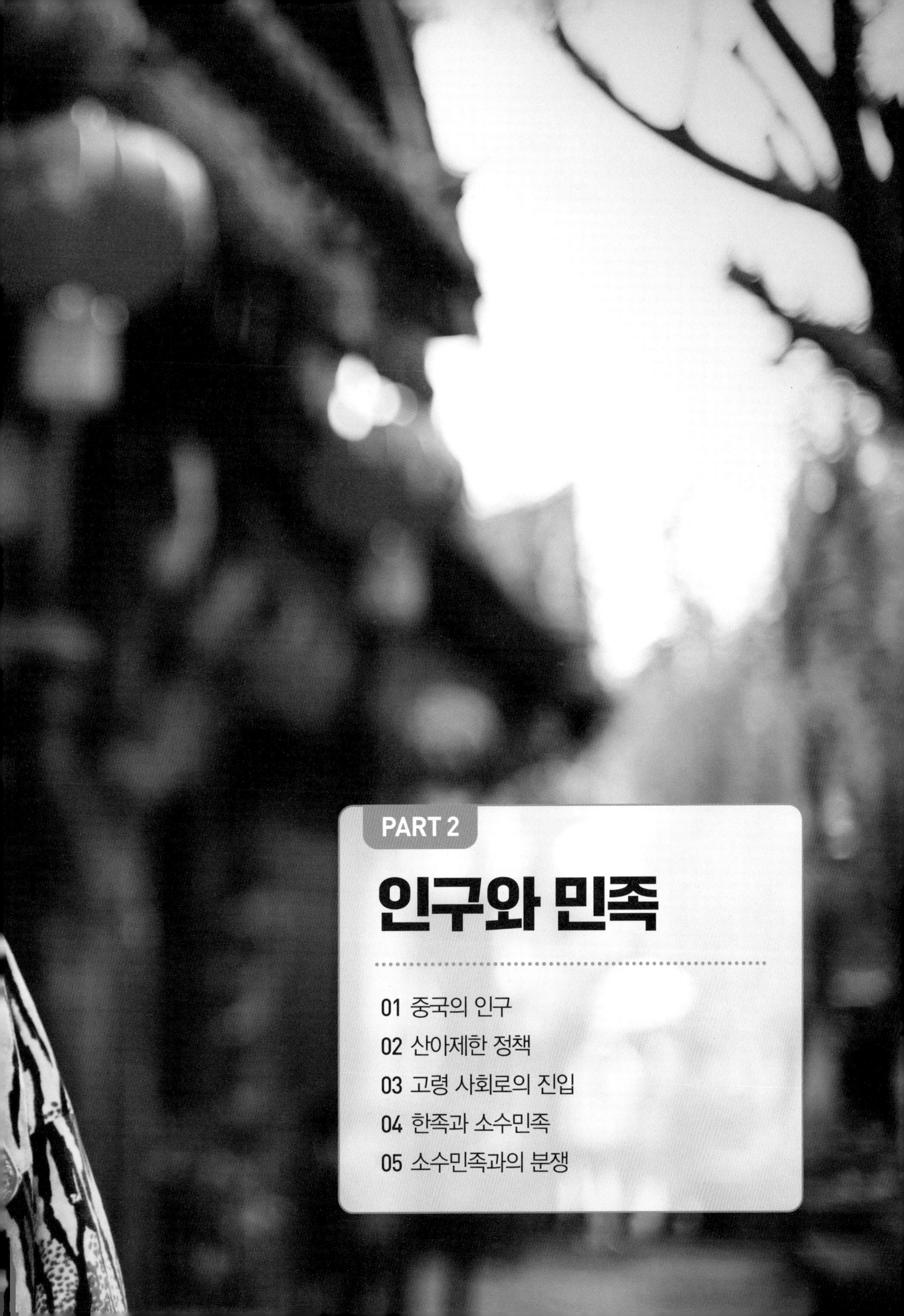

PART 2

인구와 민족

01 중국의 인구

산아제한이 생태환경을 보호하는 방법이라는 표어

2022년 중국 국가통계국이 집계한 중국의 인구는 14억 4,840만 명으로 세계 인구의 18%를 차지하고 있다. 현재 중국의 인구통계는 각 행정구역과 홍콩(7,474,200명)과 마카오(683,218명), 그리고 타이완(2,356만 명)을 포함한 수치이다. 건국 이래 중국의 인구는 꾸준히 증가해왔다. 건국 초기인 1955년에는 연간 2%대의 인구 증가율을 보여 왔고, 이러한 추세는 산아제한 정책이 시행된 1979년까지 이어졌다. 물론 현재는 산아제한의 여파와 도시화에 따른 출산 기피 현상으로 인해 출산율이 급격히 낮아지고 있다. 예를 들면 건국 초기에는 연간 2,000만 명 수준으로 인구가 증가했지만, 산아제한 정책의 효과가 나타나기 시작한 1980년대에는 연간 1,300만 명 수준으로 감소했고 이후 도시와 농촌의 인구 비율이 역전되기 시작한 2011년부터는 다시 연간 1,000만 명 수준으로 인구가 증가했다. 그리고 2019년에는 연간 500만 명, 2020년에는 연간 300만 명 수준으로 증가율이 감소하고 있다. 이 같은 추세에 따라 2023년에는 인도가 중국을 제치고 세계 제일의 인구 대국이 되었다. 또한 중국의 출산율은 꾸준히 감소하고 있어 2035년부터는 인구 감소가 시작될 것으로 보인다.

중국이 비록 방대한 영토와 풍부한 자원을 바탕으로 세계의 경제 대국으로 급부상하고 있으나 지나치게 많은 인구는 경제, 사회 발전과 국민 삶의 질 향상에 심각한 부담이 되고 있다. 중국의 갖가지 경제지표는 세계 상위권이지만 국민 1인당 경제지표는 그렇지 못하다. 같은 예로 세계은행의 보고에 따르면 2021년 중국의 국내 총생산(GDP)은 16조 6,4752억 달러로 미국에

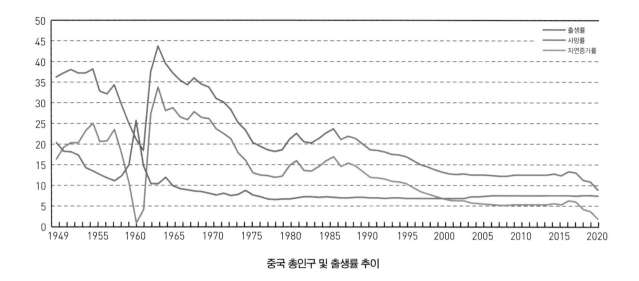

중국 총인구 및 출생률 추이

이은 세계 2위이지만, 1인당 국민소득은 1만 1,819달러로 세계 58위이다. 이는 일부 중동이나 아프리카 국가들과 비슷한 수준이다. 즉, 국가의 국민총소득은 세계 상위권이지만, 이를 인구당 분산해서 계산했을 때는 그리 큰 액수가 아니라는 것이다. 중국은 세계 경지면적의 7%를 차지하며 세계 제4위의 경지면적을 보유하고 있으나 1인당 평균 경지면적은 세계 평균치의 30%에 불과하다. 이처럼 광대한 영토와 높은 GDP 총량을 보유한 중국이지만, 과도하게 많은 인구로 인해 그 빛을 발하지 못하고 있다.

중국의 인구가 큰 폭의 증가를 한 것은 청대(淸代) 이후의 일이다. 청초(淸初)에는 약 1억에 못 미치던 인구가 200여 년을 거치는 동안 4억이 되었다. 증가세는 두드러졌으나 절대 인구수는 우려할 만한 수준은 아니었다. 1949년 중화인민공화국 수립 당시 중국의 인구는 약 5억 4천만 명으로, 1949년부터 2022년에 이르는 60여 년 동안 인구가 5억 4천만 명에서 약 14억 4천만 명으로 2.7배나 증가한 것이다. 증가율이 둔화되기는 했지만, 2030년대 초반까지는 성장세가 지속될 것으로 예측된다. 중화인민공화국 건국 이전인 1834년~1935년에 인구 1억이 증가하는데 소요된 시간이 101년 걸린 것에 반해, 1979년 강력한 인구정책이 시행된 후에는 오히려 7년밖에 걸리지 않았다. 신중국 초기 늘어난 인구세대가 '베이비붐'을 일으키면서 인구가 급속히 증가하게 된 것이다.

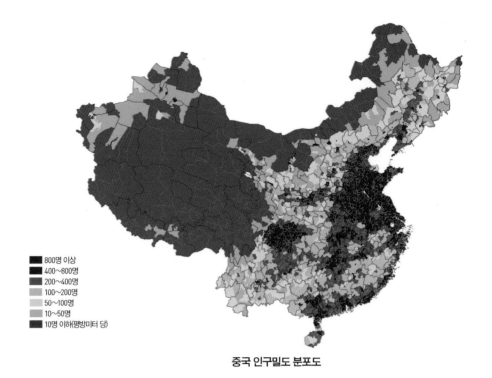

800명 이상
400~800명
200~400명
100~200명
50~100명
10~50명
10명 이하(평방미터 당)

중국 인구밀도 분포도

그러나 중국 정부의 적극적인 '산아제한정책'에 힘입어 출산율과 인구의 자연 증가율은 지속적으로 하락하고 있다. 이전에는 연간 인구증가 수가 천만 명을 훌쩍 뛰어넘었으나 90년대 후반부터는 1,000만 명 이하로 떨어졌고, 특히 2000년 이후부터는 연간 300만 명 이하로 현저하게 감소하고 있다. 이에 따라 세계 인구에서 중국이 차지하는 비중은 1980년 22%에서 2020년 18%로 줄어들었으며, 그 비중도 점차 줄어들고 있다. 세계 인구증가 억제에 모범을 보이면서 '저출산, 저 사망, 낮은 자연 증가율'의 안정된 인구 모델 형태로 접어들고 있는 것이다.

개혁개방 이후 경제 발전과 더불어 생활 수준과 의학, 공공의료 서비스 분야의 개선으로 영아 사망률이 하락하고 평균 기대 수명치는 높아지게 되었다. 출생 10만 명당 영아사망률을 봤을 때 1975년에는 41.96명이었으나 2021년에는 16.1명으로 절반이 훨씬 넘게 감소하였다. 중국 국민의 평균 기대 수명도 1981년 67.7세에서 2020년에는 77.3세로 10년 가까이 늘었다. 세계 평균 기대 수명이 67세이고, 개발도상국의 평균치가 65세인 것을 고려하면 중국인의 평균 기대 수명치는 이를 훨씬 웃도는 높은 수치이다. 중국의 인구는 인구구성과 분포 면에서 다음과 같은 몇 가지 특징을 지닌다.

첫째, 지리적 분포 면에서 중국의 인구는 불균등한 형태를 보이고 있다. 동부연해안 지역에 인구가 밀집되어 있으며 서부 내륙 지역에는 인구가 적다. 1930년대 유명한 인구지리 학자 후환융(胡焕庸)이 헤이룽장성 아이후이(瑷珲)에서 윈난성 텅충(腾冲)을 연결하는 선을 그어 '동다서소(东多西少)'한 중국의 지리적 인구 분포를 설명한 이래 아이후이-텅충선은 중국 인구 구조를 구별하는 하나의 경계선이 되었으며 지금까지도 유용하게 쓰이고 있다. 이 선을 기준으로 동남 지역은 전 국토면적의 43%를 차지하고 있으며 인구는 약 94%를 점유하고 있다.

이에 반해 서북 지역은 국토의 57%나 되는 면적을 차지하고 있으나 이 지역에 거주하는 인구는 고작 6%에 불과하다. 즉, 지역의 면적 크기와 반비례하여 인구밀도가 높은 것이다. 이에 대한 원인으로는 자연적인 요인과 사회경제적 요인을 들 수 있다. 우선 서북 지역은 상대적으로 한랭 건조한 기후, 척박한 고산 지형으로 인해 농업이 어렵고 인간이 거주하기 어려운 자연환경을 가지고 있다. 또한, 개혁개방 이후 편리한 교통과 해운을 기반으로 동부연해안 지역이 중점적으로 개발되고 경제적 발전을 거듭한 점도 동부 지역의 인구 밀도를 높이는 데 한몫을 했다. 연해안 지역 중심의 경제 개발 전략으로 인해 기타 지역에서 동부연해안 지역으로의 인구 이동이 늘어났으며, 이에 따라 인구의 불균등한 지리적 분포는 현재까지도 이어지고 있다.

둘째, 거주하고 있는 지역을 중심으로 본 인구의 도-농(都农)분포에 있어서 중국은 중화인민공화국 건국 당시 인구의 89% 이상이 농촌에 거주하였다. 하지만, 1949년 이후부터는 도시 지역 인구가 점진적으로 증가하기 시작했고, 특히 개혁개방 이후에는 도시의 산업과 경제가 급속히 발전하면서 농촌인구가 대량으로 도시로 유입되어 도시 인구가 폭발적으로 증가했다. 개혁개방 이후 도-농 간의 인구비율에 큰 변화가 생기기 시작한 것이다. 1949년 건국 당시 도시인구는 전체 인구의 10%에도 미치지 못했지만, 2021년에는 64%를 넘는 등 도시인구가 꾸준히 증가하고 있다. 인구이동에 따른 도-농 구성비의 변화와 여기에 수반된 취업문제 등은 중국 사회와 경제의 여러 변화와 궤도를 같이하여 나타난 현상으로 중국 정부가 풀어야 할 또 다른 인구 문제 중 하나이다.

도시와 농촌 인구수 비교

	도시		농촌	
	인구수	비율(%)	인구수	비율(%)
1949년	5,765	10.64	48,402	89.36
1979년	18,495	18.96	79,047	81.04
1989년	29,540	26.21	83,164	73.79
1999년	43,748	34.78	82,038	65.22
2009년	64,512	48.34	68,938	51.66
2021년	91,425	64.72	49,835	35.28

＊중국국가통계 연감 참고

셋째, 중국 연령별 구성 추이를 살펴보면 개혁개방 이후로 15~64세 사이의 노동 가능 인구 층이 전체 인구에서 차지하는 비중은 증가했으며, 14세 이하 연령층이 차지하는 비중은 하락했다. 그 비율을 살펴보면, 1982년 33.6%였던 14세 이하 연령 인구가 2021년에는 17.5%까지 낮아졌지만 15~64세 인구는 1982년 61.5%에서 2021년 68.3%로 높아졌으며, 65세 이상의 인구는 14.2%로 증가했다.

1982~2021년 연령별 인구 변화

도시	총 인구수	0~14세		15~64세		65세 이상	
		인구수	비중(%)	인구수	비중(%)	인구수	비중(%)
1982년	10억 1,654만	3억 4,146만	33.6	6억 2,517만	61.5	4,991만	4.9
1992년	11억 8,517만	3억 2,177만	27.2	7억 7,614만	66.2	7,218만	6.2
2002년	12억 8,453만	2억 8,774만	22.4	9억 302만	70.3	9,377만	7.3
2012년	13억 5,404만	2억 2,287만	16.5	10억 403만	74.1	1억 2,714만	9.4
2021년	14억 1,260만	2억 4,678만	17.5	9억 6,526만	68.3	2억 56만	14.2

＊중국국가통계 연감 참고

유엔(UN)이 정한 국제 기준으로는 65세 이상 인구가 전체 인구의 7% 이상이면 '고령화 사회'로, 14% 이상은 '고령사회'로 간주하므로 중국은 이미 '고령사회'로 진입했다고 할 수 있다. 더욱 심각한 것은 1979년부터 시작된 산아제한의 여파로 고령화의 심화 속도가 매우 빠르게 진행되고 있다는 점이다. 고령화 진행의 가속화는 중국 인구 연령별 구성의 특징이라 할 수 있는데, 다수 노년층을 소수의 청장년층이 떠맡게 됨으로써 청장년층이 부담해야 할 사회적 부양비의 증가를 불러오게 된다. 선진국들은 최소한 국민소득 5,000달러 이상을 달성하고 고령화 사회로 진입했었다. 그러나 중국이 고령화 사회로 진입한 2000년에는 1인당 국민소득이 949달러에 불과했다. 소득수준이 노년층을 부양하기 어려운 상태에서 고령화 사회로 진입했기 때문에 부양 부담이 가중되고 있는 것이다. 게다가 2021년에 이미 노인인구 비율이 14%를 넘어서는 고령사회로 접어들었기 때문에 이에 대한 대책이 시급한 상황이다. 그동안 중국 경제의 성장은 값싸고 풍부한 노동력과 낮은 사회적 비용에 의존해왔다. 그러나 청년 인구가 감소하고 노인인구가 증가함에 따라 향후 중국 경제가 지속 가능한 성장을 할 수 있을지에 대한 불확실성이 높아지고 있다. 장기적으로 볼 때 고령화 현상은 낮은 출산율과 맞물려 노동 가능한 경제인구가 감소하면서, 중국 경제의 성장 잠재력이 저하되는 문제점을 가져올 것으로 전망되고 있다.

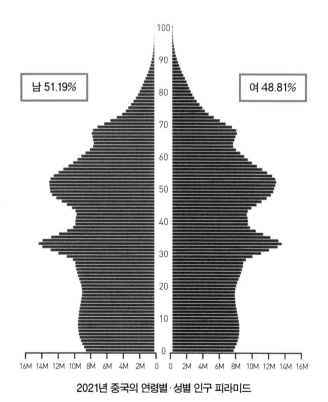

2021년 중국의 연령별·성별 인구 피라미드

넷째, 중국은 전통적으로 남아선호 사상이 심했기 때문에 성별 구성에서 남성 인구가 여성 인구보다 월등히 많다. 2021년 기준으로 남성 인구는 7억 2,311만 명, 여성 인구는 6억 8,949만 명으로 남성이 전체의 51.19%, 여성이 48.81%를 구성하고 있다. 중국의 남녀비율은 104 : 100으로 1982년의 106 : 100 보다 남녀 간의 성별 불균형 현상이 점점 완화되고 있는 것으로 나타났다. 그러나 남녀성별 불균형 현상은 지역 및 연령에 따른 편차가 크게 나타나고 있다. 구이저우나 장시(江西)와 같이 상대적으로 경제 발전의 혜택이 적고 남아선호 사상이 강하게 남아 있는 지역, 또는 여성 노동자 유출이 많은 광둥(广东), 광시(广西), 하이난(海南) 등지의 성비는 모두 120을 초과하고 있다. 연령별로 19세 이하에서의 성비는 117을 뛰어넘고 있으며 9세 이하의 연령층에선 성비가 118을 넘고 있다. 지금은 폐지됐지만 한 자녀만을 출산할 수 있도록 규제하며 발생했던 남아선호 사상의 여파가 여전히 남아 있는 것이다.

다섯째, 중국은 개혁개방 이후로 교육에 투자하여 국민의 전반적인 교육 수준이 향상되었다. 1982년 6세 이상 인구의 평균 교육기간은 5.2년으로 남성의 교육기간이 6.2년, 여성의 교육기간은 4.2년이었다. 하지만, 2020년 6세 이상 인구의 평균 교육 기간은 9.91년을 기록해 의무교육 기간인 9년에 다다를 수 있게 되었다. 또한 1982년 당시보다는 교육 기간의 차이가 감소했다. 2020년 대학 이상의 교육을 받은 인구를 살펴보면 전체의 22.68%이며 고등

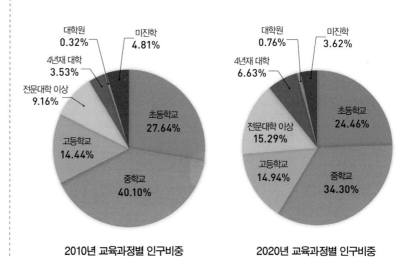

2010년 교육과정별 인구비중   2020년 교육과정별 인구비중

학교까지 교육을 받은 사람은 14.94%, 중학교는 34.3%, 초등학교 교육만 받은 사람은 24.46%였다. 이 또한 1982년에 비해 저학력 수준의 교육만 받은 인구는 감소하고 있으며(초등학교 교육만 받은 인구는 35.45%에서 24.46%로 감소), 전문대학 이상의 교육을 받은 인구도 2010년 13.01%에서 2020년에는 22.68%를 넘는 등 고등교육을 받은 인구는 꾸준히 증가하고 있다.

건국 이후 중국의 문맹률도 상당히 개선되고 있다. 건국 초기 중국의 15세 이상 문맹률은 80% 이상이었고 초등학교 진학률도 20%에 불과했다. 하지만 의무교육 시행과 한자를 배우기 쉽게 간략화한 간체자 방안이 시행되면서 문맹률은 빠르게 감소했다. 이에 따라 1964년에는 문맹률이 33.6%로 감소하였고, 2021년에는 2.67%까지 줄어들었다. 다만 중국에서는 500자 이상을 식별하는지를 기준으로 문맹률을 구분하기 때문에 실제로는 반(半) 문맹자들도 상당수 있을 것으로 보인다.

02 산아제한 정책

중국 국가통계국이 2022년에 집계한 중국의 인구는 14억 4,840만 명이다. 중국은 건국 초기부터 폭발적으로 증가하는 인구를 조절하기 위해 여러 정책을 시도했었다. 특히 1979년부터 시행된 '산아제한 정책'은 그중 가장 대표적인 정책으로 지금까지 약 3~4억 명의 인구증가를 억제한 것으로 평가받고 있다. 과도한 인구증가는 제한된 자원을 많은 사람과 공유해야 함을 의미하기 때문에 에너지자원이나 식량, 주택 등의 공급에 이르기까지 국민 생활의 질적 향상에 악영향을 끼치게 된다. 중국이 보유한 자원과 토지 면적을 고려했을 때 수용 가능한 최대 인구는 6억 명에 불과하다. 그래서 중국 정부는 개혁개방과 함께 강력한 산아제한 정책을 펼쳤었다. 그러나 최근에는 가임여성 감소와 만혼(晩婚), 인구 고령화, 생산가능 인구 감소 등으로 인해 산아제한 정책을 완화하거나 폐지하는 과정에 있기도 하다.

일반적으로 한 사회의 인구변동은 출산률과 사망률, 그리고 인구이동에 의해 결정된다. 출산율의 변동이 생태학적인 요인들과 사회·경제적 요인의 영향을 받는다면, 사망률은 질병이나 식량, 전쟁 등의 영향을 받아 변동된다고 볼 수 있다. 그러나 중국의 인구변동은 사회주의적 생산체제 변화에 따른 영향을 직접적으로 받았었다. 특히 건국 초기 마르크스의 사회주의 이론을 신봉하던 마오쩌둥은 출산을 장려해 인구가 증가했지만, 4개 현대화 건설을 추진하던 덩샤오핑은

산아제한이 시작되었던 시기에 길에서 흔히 볼 수 있었던 표어로, 《중화부흥을 위해 나부터 인구조절에 앞장서자.》라고 쓰여있다.

과도한 인구증가가 중국의 미래를 위협할 수 있다고 우려를 했기 때문에 강력한 산아제한 정책을 시행했었다. 이처럼 중국의 인구변화는 출산장려와 출산억제를 둘러싸고 마오쩌둥주의와 실용주의간의 갈등으로 인해 심한 굴곡을 나타냈었다.

마오쩌둥은 마르크스의 사회주의 관점에 따라 착취계급이 존재하지 않는 한 인구가 증가하더라도 식량부족의 위기가 오지 않을 것이며, 오히려 인구가 증가한다면 생산력이 향상되어 부강해질 것이라 믿었다. 이 같은 마오쩌둥의 인구론에 반기를 든 사람은 베이징대학 총장 마인추(马寅初)로 그는 1957년에 발표한《신인구론(新人口论)》을 통해 중국의 급속한 인구증가가 경제와 사회 전반에 악영향을 끼칠 것이라고 경고하며 인구증가 규제를 주장했다. 그러나 그는 이 이론 때문에 자본주의 사회를 신봉하는 우파분자로 비판을 받아 총장직에서 해임되었다. 하지만 그의 우려대로 중국은 건국 초기부터 급속히 증가한 인구로 인한 식량난과 주택난을 겪게 되었다. 마오쩌둥이 간과했던 것은 과거 높았던 사망률이 중화인민공화국 건국 직후 급속히 하락하고 있었다는 점이다. 계획경제가 시행되면서 확립된 배급제도와 의료 환경 개선으로 중국의 사망률은 하락하고 있었지만, 이러한 사실을 간과한 마오쩌둥이 출산을 독려하는 바람에 중국의 인구는 급속히 증가하게 되었다. 또한, 그가 예상했던 것과는 달리 많은 노동력이 높은 생산성을 유발하지는 못했다.

1958년 시행된 대약진운동이 실패하고 연속적으로 발생한 자연재해와 기근으로 사망률이 일시적으로 증가하기는 했지만, 오히려 이러한 사망률을 보상하려는 베이비붐이 일어나 1963년에는 출생률이 43%[6]나 급증하게 되었다. 들쑥날쑥한 인구증가와 사망률로 계획경제체제가 어려움을 겪자 산아제한의 필요성은 더욱 강조되었다.

실제로 1950~1970년까지 중국의 인구는 연평균 20.4% 증가하여 인구문제에 따른 식량난과 주택, 환경 등의 문제가 부각되었다. 이에 중국 정부는 1970년대에 들어서 중국적인 특색을 지닌 산아정책을 연구하게 되었는데,

---

6) 79페이지 중국 총인구 및 출생률 추이 표 참고

이것이 바로 '계획생육(计划生育)정책'이다. 이른바 '국가의 계획에 따라 낳고 기른다'는 뜻을 가진 계획생육 정책은, 한 쌍의 부부가 자녀 하나만을 낳을 수 있다고 하여 '독생자녀 정책' 또는 '한 자녀 정책'으로 말하곤 한다. 초기의 계획생육정책은 강제성이 없었지만, 차츰 정비되어 유인과 강제를 겸한 한 가구 한 자녀 정책이 완성되었다. 계획생육정책은 1979년 시작된 이래 중국의 가장 보편적인 제도로 자리를 잡았었다. 그러나 2014년 중국 정부는 약 30년간 유지해온 계획생육정책을 완화하여 부부 중 한 사람이라도 외동일 경우 두 자녀까지 허용하는 정책을 시행하게 되었고 이마저도 효과가 미비해 2021년부터는 3명의 자녀까지 허용하는 단계에 이르렀다. 이는 향후 2035년부터 중국의 인구가 감소하는 단계에 접어들 것으로 예측됐기 때문이다. 이 같은 전망에 따르면 2060년에는 중국의 인구가 14억에서 13억으로 줄어들 것이고, 2095년이 되면 10억 명 선에 이를 것으로 예측된다. 이는 과거에 시행했던 강력한 산아제한 정책의 여파로 인해 가임인구가 급감했기 때문이다. 또한 최근에는 부동산 가격 상승과 양육비 부담 등의 원인으로 인해 출산을 꺼리는 문화가 확산하고 있어 출산율이 높아질 가능성마저 적어지고 있다. 이와 함께 산아제한 정책 시기의 남아선호 사상으로 인해 남녀성비가 불균형하게 형성된 것도 가임인구를 줄어들게 만든 원인이 되었다. 지금도 14세 이하의 남녀성비는 100:111로 100명 당 남아의 수가 여아보다 11명이나 많다. 심지어 15세~19세는 100:116으로 격차가 더 벌어져 있는 상황이다. 결혼 적령기에 있는 25세~29세 사이의 남녀성비도 100:110으로 남성이 여성보다 447만 명이나 많다. 또한 결혼 가능 연령대인 20세에서 39세 사이의 남녀성비를 살펴보면 남성이 여성보다 1,533만 명이나 많아, 여러모로 단기간 내에 산아제한 정책 완화에 대한 효과를 기대하기는 어려운 실정이다. 출산율 감소는 미래 생산 가능 인구의 감소를 의미한다. 급격한 노인인구 증가와 청년 인구의 감소는 중국의 성장 동력을 둔화시킬 가능성을 높이므로 이에 대한 고민이 필요하다.

∷ 연도별 인구 변화 예상

연도	인구	성장률
2023년	1,452,127,668	0.34%
2024년	1,455,254,870	0.30%
2025년	1,457,908,249	0.26%
2030년	1,464,340,159	0.09%
2035년	1,461,083,029	-0.04%
2040년	1,449,031,423	-0.17%
2045년	1,429,312,248	-0.27%
2050년	1,402,405,170	-0.38%
2055년	1,369,594,144	-0.47%
2060년	1,333,030,631	-0.54%
2065년	1,295,284,571	-0.57%
2070년	1,258,054,226	-0.58%
2075년	1,221,580,151	-0.59%
2080년	1,185,891,301	-0.59%
2085년	1,151,799,202	-0.58%
2090년	1,120,466,932	-0.55%
2095년	1,092,115,205	-0.51%

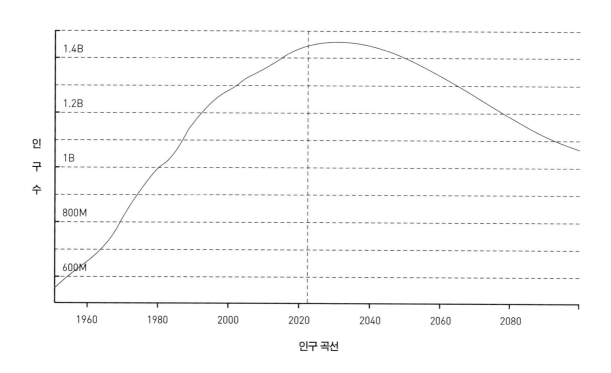

인구 곡선

03 고령 사회로의 진입

　총인구에서 노인인구 비율이 계속 증가하거나 청년들의 비율이 점진적으로 감소하는 현상을 고령화 사회라 한다. 국제 연합(UN)은 총인구에서 65세 이상 인구가 7% 이상일 경우에는 고령화 사회, 14% 이상일 경우 고령사회, 20% 이상일 경우에는 초고령 사회로 구분하고 있다. 이러한 기준에 따른다면 중국은 2000년에 고령화 사회로 접어들었고 2021년에는 고령사회 단계에 진입했다. 문제는 중국의 고령화 속도가 매우 빠르게 진행되고 있다는 점이다.

　중국의 인구정책은 시대 상황에 맞춰 탄력적으로 운영되었다. 막대한 노동력이 필요했던 건국 초기에는 출산을 독려했지만, 급증하는 인구 증가로 인해 재정 악화와 잉여노동력이 증가하자 출산을 억제하는 정책이 시행되기도 했다. 덩샤오핑이 복권됐던 시기에는 아예 법률적으로 한 가구당 한 자녀만 낳게 강제하는 '계획생육(计划生育)정책'이 시행되기도 했다. 그런데 아이러니한 것은 과도한 출산 증가와 사망률 감소로 인한 인구증가가 개혁개방 이후에는 오히려 중국의 경제성장을 이끌어가는 원동력이 되었다는 점이다. 다시 말해, 건국 초기 두텁게 형성된 인구보너스(Demographic bonus)[7] 현상 덕분에 중국 경제는 꾸준히 발전할 수 있었던 것이다.

　개혁개방 이후 중국 경제는 인구보너스와 수명연장, 노동력공급 증가에 의존해 성장해왔다. 하지만 산아제한 정책의 여파로 이제는 연간 300만 명씩 경제활동 인구가 감소하는 현상이 나타나고 있다. 물론 수명연장과 출생률 하락은 개발도상국에서 선진국으로 진입하는 대부분 국가에서 나타나는

---

7) 인구보너스란 한 사회의 인구변천 과정 중에서 생산가능인구(15~64세)의 비중이 일시적으로 증가하여, 노동력과 소비가 늘면서 얻을 수 있는 추가적인 경제성장 잠재력을 말한다.

현상이기도 하다. 하지만 중국의 인구 고령화 문제는 여타 국가들과는 달리 매우 급진적으로 진행되고 있다는 것이 특징이다. 이는 건국 초기 과도한 인구증가를 막기 위해 시행된 산아제한 정책의 여파라 할 수 있다. 다시 말해 개혁개방 이전에 누적된 잉여 노동력은 개혁개방 이후 경제성장을 이끄는 원동력이 되었지만, 지금은 소비 둔화와 재정부담 가중을 초래하는 노인인구가 되어간다는 점이 문제라 할 수 있다.

최근 중국은 급격한 출산율 감소와 노인인구 증가라는 두 가지 문제에 직면해 있다. 이러한 문제를 인식한 중국 정부는 2015년 중국공산당 18기 5중전회에서 산아제한 정책을 완화하는 이른바 '전면적 두 자녀 정책'을 시행했었고, 2021년에는 '전면적 세 자녀 정책'으로까지 확대했다. 이는 생산가능인구의 감소가 미래 중국 경제에 부정적인 영향을 초래할 것이라는 우려 때문이었다. 하지만 급격한 인구증가와 강제적 산아제한 정책의 여파로 인해 중국의 연령 별 인구구조는 이미 불균형한 상태가 되었다. 더군다나 시간이 흐를수록 인구보너스 세대는 노인인구로 편입될 것이기 때문에 인구 고령화 문제는 더욱 심각해질 것이다. 중국학자들은 2034년 무렵에는 60세 이상 노인인구만 4억 명을 돌파할 것으로 예측하고 있다. 이는 중국 전체 인구의 약 27%에 달하는 수치로, 인구의 급속한 고령화 현상은 사회보장제도·정부 재정·노동시장·경제성장 등의 다양한 분야에 영향을 끼칠 것이다.

1. 불균형한 출산율

중국의 인구구조가 불균형한 형태를 갖추게 된 가장 큰 원인은 정부가 정책적인 수단을 통해 출산율 변화를 유도했기 때문이다. 인구가 국력이라 믿었던 마오쩌둥은 사회주의 국가에는 착취계급이 존재하지 않기 때문에 식량문제가 발생하지 않을 것이라 믿었고, 국가가 국민의 의식주를 책임지는 사회주의 국가로 전환되면서 개인이 양육에 대한 부담을 가질 필요도 없었다. 이와 더불어 전후(戰後) '다자다복(多子多福)'과 같은 중국의 전통사상이 다시 발현된 것도 하나의 원인으로 꼽힌다. 그래서 이 시기 중국의 출산율은 급증했다.

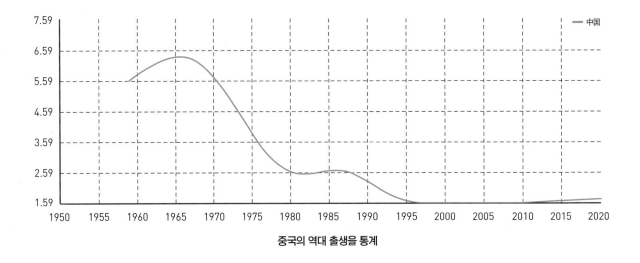

중국의 역대 출생율 통계

　　반면 덩샤오핑은 과도한 인구증가가 식량문제와 경제발전에 악영향을 끼칠 것이라고 우려해, 정부에서 인구증가를 통제하는 적극적인 산아제한 정책을 시행했다. 이처럼 두 지도자의 상반된 인식으로 인해 중국의 출산율은 매우 불균형한 형태가 되었다. 1963년 중국의 출산율은 평균 6.21명이었지만 2020년에는 1.3명으로 감소했다. 덩샤오핑 시기에 시행된 산아제한 정책은 매우 효과적이었다. 이에 따라 1991년부터는 기존에 18%에 이르던 출생률이 12.1%로 하락하면서 인구증가가 안정화 단계에 들어서게 되었다. 다만 이러한 출생률의 변화는 연령 별 인구구조가 기형화되면서 후에 인구 고령화 현상을 촉진하는 원인이 되었다.

2. 고령화 사회로의 진입

　　경제와 사회가 발전할수록 출산율과 사망률이 낮아지면서 고령화 사회로 진입하게 된다. 이는 미국이나 영국·프랑스·일본과 같은 선진 국가에서 나타났던 현상이다. 중국의 경우 강제적인 산아제한 정책의 여파로 고령화가 매우 빠르게 진행됐다는 점에서 다른 나라와 차이를 보인다. 미국의 경우 고령화 사회에서 고령사회로 진입하는데 72년이 걸렸다. 영국은 47년, 프랑스는 115년이라는 시간이 필요했다. 하지만 중국은 2021년을 기준으로 고령사회에 진입했다. 불과 21년 만에 고령화 사회에서 고령사회로 진입하게 된 것이다. 이는 산아제한 정책의 영향으로 출산율이 급감했기 때문이다.

국가별 고령화 도달 시기와 소득수준

국가별	고령화 도달 시기(전체 인구 7%)	1인당 GDP(달러)
세계	2001년	5170
미국	1944년	1392
일본	1970년	1940
중국	2000년	840

문제는 서구의 선진국들과는 달리 중국은 사회경제발전 속도보다 더 빨리 고령화 사회에 진입했다는 점이다. 이는 중국이 고령화 사회로 진입하던 2000년대 이전부터 학계에서 꾸준히 제기됐던 문제였다.

중국의 1인당 GDP 증가 추이

중국이 고령화 사회로 진입했던 2000년 중국의 1인당 평균 GDP는 840달러에 불과했다. 선진국들이 평균 5,000달러에 이르렀을 때 고령화 사회에 진입했던 것에 비하면 소득수준이 상당히 낮았다. 선진국이 되기 전에 먼저 늙어버린 이른바 '미발전 선 고령화(未富先老)'에 대한 문제를 학계에서 꾸준히 제기했던 것도 이 같은 이유 때문이었다. 2008년 이후 중국 정부가 수출주도형에서 내수 확대 형으로 경제체제를 전환한 이유도 소득안정이 인구 고령화에 대응하는 하나의 방편이라 판단했기 때문이다.

3. 인구 고령화의 특징과 원인

중국이 빠르게 고령화되어가는 것은 과거에 시행했던 과도한 출산 억제정책의 영향이 크다. 중국의 출생률 현황을 보면 건국 초기인 1951년과 1953년에는 각각 34.58%, 37.19%였다. 대약진운동 실패로 식량난이 가중됐던 시기에는 20%까지 하락했었으나 경제가 회복되기 시작한 1964년에는 무려 41.25%로 폭증했다. 이후 출산 억제를 독려하는 정책이 시행되면서 개혁개방 이전까지 중국의 출생률은 줄곧 20%대를 유지했었다. 이를 중국통계국의 인구증가 추이로 환산해 계산해보면 1952년에서 1957년까지는 총 7,171만 명의 인구가 증가해 연간 1,434만 명이 출생한 것으로 나타난다. 이후 1970년에서 1975년까지는 총 9,428만 명의 인구가 증가해 이 시기에만 연간 1,886만 명이 출생했다. 이러한 추세는 산아제한 정책이 시행된 1980년대까지 이어져, 1980년에는 1985년까지만 총 1억 2,367만 명의 인구가 증가해 연간 2,200만 명이 출생했다. 이후 산아제한 정책이 점차 효과를 나타내기 시작하면서 2000년대 초반부터는 연간 1,600만 명대로 출생률이 줄어들었고, 2020년 이후에는 연간 1,000만 명대로 급감했다. 반면 65세 이상 인구는 2000년 8,821만 명에서 2021년 2억 56만 명으로 증가해 상부 고령화와 하부 고령화가 동시에 진행되고 있다. 일반적으로 하부 고령화에서 상부 고령화까지는 매우 느린 속도로 진행된다. 하지만 중국은 강제적인 산아제한의 여파로 하부 고령화가 급격히 진행되는 특징이 있는데, 중국의 인구 고령화가 급격히 진행되는 원인이 바로 여기에 있다. 심지어 기대 수명 역시 1981년의 67.77세에서 2020년 77.93세로 크게 상승하고 있어 고령화 현상을 가속화하고 있다. 최근 중국 정부는 산아제한 정책을 완화해 한 가구당 두 자녀까지 허용했다가 이를 다시 세 자녀 허용까지 확대하는 정책을 폈다. 이는 급격한 생산가능 인구 감소와 정부의 부양 부담을

현재 중국에서는 빠른 속도로 고령화가 진행되고 있다.

경감하고자 하는 목적이다. 이러한 여러 상황을 종합해보면 중국의 급속한 인구 고령화의 원인은 크게 3가지로 요약할 수 있다.

첫째: 건국 초기 급격히 증가했던 인구가 현재는 고령인구로 접어들었다.
둘째: 의료기술의 발달로 사망률이 낮아지면서 노인인구 비율이 두터워졌다.
셋째: 급격한 산아제한 정책의 여파로 출생인구 대비 노인인구 비율이 높다.

하지만 더욱 심각한 문제는 앞으로도 중국의 고령화 현상은 더욱 가속화될 것이라는 점이다. 과거 베이비붐 시대에 태어난 세대들이 점차 퇴직 연령에 도달하고 있어 2040년이 되면 65세 이상 노인인구만 전체 인구의 20%를 넘을 것으로 예측되고 있다. 즉, 경제성장과 출산율 저하, 노인부양이라는 세 가지 문제를 동시에 풀어나가야 하는 상황인 것이다.

:: 중국의 연도별 출생 인구

연도	출생 인구(만 명)
1980년	1,776
1983년	2,052
1986년	2,374
1989년	2,396
1992년	2,112
1995년	2,051
1998년	1,933
2001년	1,696
2004년	1,588
2007년	1,590
2010년	1,588
2013년	1,640
2016년	1,786
2019년	1,465
2022년	1,062

04 한족과 소수민족

중국은 한족(汉族)과 55개 소수민족으로 이루어진 다민족 국가이다. 중국이라는 나라는 수천 년 동안 이어져 내려온 역사 속에서 많은 민족이 부침을 거듭하며 한족과 동화되거나 소멸되는 운명을 겪어왔다. 현재는 56개의 민족이 살아남아 중국이라는 통일 국가의 테두리 안에서 다양한 색채를 지닌 채 삶을 영위하고 있다. 한족은 중국 인구의 절대다수를 차지하며 정치와 경제, 사회, 문화각 방면에서 주도적인 위치를 차지하고 있다. 전체적으로 볼 때, 한족 중심의 국가라고 할 수 있는 중국은 '단 하나의 중국(只有一个中国)'을 국가 기조정책으로삼고 있다. 세계 여러 곳에서 분쟁이 끊이지 않고 있는 오늘날, 비록 문제가 없다고 할 수는 없지만 중국이 56개나 되는 민족을 끌어안고 하나의 통일된 국가공동체를 비교적 안정적으로 운영하고 있다는 사실은 긍정적으로 평가할 만하다.

역사적으로 한족은 이민족과의 대립과 화친이 교차하는 관계 속에서 발전해 왔기 때문에 이민족과 접촉하면서 그들을 이해할 기회가 많았고 이를 바탕으로 민족문제에 관해 비교적 개방적인 견해를 갖게 되었다. 그러나 한 영토, 한 국가 안에서 서로 다른 민족적 연원과 생활 습속을 지닌 여러 민족이 함께생활한다는 것은 쉬운 일이 아니다. 소수민족 중에는 생활 풍습이나 종교뿐만아니라 생김새부터 한족과 판이하게 다른 민족들이 적지 않다. 중국 북부 신장(新疆) 지역에 가면 중국인과 완전히 다른 서부 지역 분위기의 위구르족(维吾尔族), 하싸커족(哈萨克族)을 만날 수 있고 닝샤후이족(宁夏回族)자치구에 가면중동 사람들과 비슷한 외모와 복장을 한 이슬람교도들을 만날 수 있다. 이로인해 중국은 중화인민공화국 건국 초기부터 민족 분열을 방지하고자 각종 정책과 법률을 통해 모든 민족이 평등하다는 이념을 천명하고 통일 국가 유지에많은 노력을 기울였다.

1 소수민족의 인구와 분포

중국에서 소수민족은 한족(汉族) 이외의 다른 민족 집단을 뜻한다. 한족의 상대적인 개념으로 중국에서 하나의 소수민족으로 인정받기 위해서는 다음 두 가지 요건을 갖추어야 한다.

첫째, 특정 민족이 공동 언어, 공동 주거 지역, 공동 경제생활, 공동 문화를 가진 '공동체'라는 민족 형성의 네 가지 조건을 충족시켜야 한다. 둘째, 개별 민족들이 독자적인 민족단위로 존재할 의사가 있는가 하는 것이다. 현재 중국 경내에서 이러한 조건을 충족시켜 중국 정부로부터 하나의 독자적인 민족으로 인정받은 소수민족은 총 55개가 존재한다.

중화인민공화국 건국 직후 중국 정부는 먼저 중국 내 소수민족에 대한 확인 작업에 나서 소수민족들이 자발적으로 자신들의 민족성과 민족명을 규정해 보고하도록 했다. 그 결과 1953년까지 등록된 민족 명칭이 무려 400개가 넘었고 중국 정부는 이를 바탕으로 네 단계에 걸쳐 소수민족을 구별하였다.

1949년부터 1954년까지 제1단계에서는 등록된 자료를 토대로 멍구족(蒙古族), 후이족(回族), 짱족(藏族), 위구르족 등 38개 소수민족에 대한 실사를 벌였다. 이어 1954년부터 1964년까지 제2단계에서는 1단계에서 확인하지 못했던 나머지 소수민족에 대한 식별 작업을 진행하여 투자족(土家族), 다간얼족(达干尔族), 허저족(赫哲族) 등 15개 소수민족을 새로 확정 지었다. 제2단계까지의 식별 작업 결과 모두 53개 소수민족의 민족성이 확인되어 민족 식별 작업이 일단락되었다. 그 뒤 1965년에 티베트(西藏) 뤄위(珞瑜)지구에 거주하는 뤄바족(珞巴族), 1979년에 윈난(云南) 지눠산(基诺山)에 거주하는 지눠족(基诺族)이 추가로 확인되면서 중국 정부가 인정하는 중국 내 소수민족은 총 55개가 되었다. 현재에도 남은 소수민족을 대상으로 정체성을 규명하고 귀속을 결정짓는 식별 작업이 진행되고

현재 중국의 소수민족은 총 55개 민족으로 한족과 함께 생활하고 있다.

있다. 아울러 이미 인정된 소수민족들에 대해서는 그들의 전통성을 복원·수정하고 발전시키는 방향이 강구되고 있다. 2020년에 시행된 제7차 인구조사 현황을 보면 한족 인구는 12억 8,631만 명으로 전체 인구의 91.11%를 차지하고 있고, 소수민족은 1억 2,547만 명으로 총인구의 8.89%를 차지한다. 인구만 놓고 볼 때, 중국의 소수민족 인구는 우리나라 인구의 2배 이상이나 된다. 한족보다 인구가 적을 뿐, 수치상으로는 결코 적은 인구가 아니다. 또한, 한족에게 집중됐던 한 자녀 정책으로 인해 소수민족의 인구 비중은 꾸준히 증가하고 있다. 1990년에 시행한 제4차 인구조사 결과와 비교해 보면, 한족은 30년간 2억 4,383만 명이 늘어났으나 총인구수에서 차지하는 점유율에서는 오히려 0.85% 하락했다. 반면 소수민족은 1990년에 비해 3,427만 명 늘어났으며 인구 점유율도 8.04%에서 8.89%로 증가했다. 2020년 인구조사 결과 중국 내 소수민족의 인구 현황은 다음과 같다.

:: 중국 내 소수민족의 인구 현황

인구 100만 명 이상의 18개 소수민족	좡(壮), 멍구(蒙古), 후이(回), 짱(藏), 위구르(维吾尔), 먀오(苗), 부이(布衣), 조선(朝鲜), 만(满), 이(彝), 둥(侗), 야오(瑶), 바이(白), 투자(土家), 하니(哈尼), 하싸커(哈萨克), 다이(傣), 리(黎)
인구 10만 이상 100만 이하의 18개 소수민족	리쑤(傈僳), 와(佤), 서(畲), 라후(拉祜), 수이(水), 둥샹(东乡), 나시(纳西), 징포(景颇), 커얼커쯔(柯尔克孜), 투(土), 다워얼(达斡尔), 무라오(仫佬), 창(羌), 거라오(仡佬), 시보(锡伯), 부랑(布朗), 싸라(撒拉), 마오난(毛南)
인구 1만 이상 10만 이하의 13개 소수민족	아창(阿昌), 푸미(普米), 타지커(塔吉克), 누(怒), 우즈베크(乌孜别克), 러시아(俄罗斯), 어원커(鄂温克), 더앙(德昂), 바오안(保安), 위구(裕固), 징(京), 지눠(基诺), 먼바(门巴)
인구 1만 이하의 6개 소수민족	어룬춘(鄂伦春), 두룽(独龙), 타타얼(塔塔尔), 허저(赫哲), 뤄바(珞巴), 가오산(高山)

＊ 자세한 소수민족 별 인구수는 100페이지의 〈중국 내 소수민족 인구현황 및 분포지역〉을 참고

이 중 좡족(壮族)의 인구수는 소수민족 가운데 가장 많은 1,956만 명이고, 가오산족(高山族)은 인구가 가장 적은 소수민족으로 3,479여 명에 불과하다. 이 밖에 아직 민족성이 확인되지 않은 인구만 해도 64만여 명에 이른다.

일부 소수민족들은 아직도 고유의 건축양식으로 생활하기도 한다.

전반적인 생활수준과 소득수준이 향상되고 의료서비스가 개선되면서 소수민족의 인구수는 점진적으로 증가세를 보이고 있다. 1990년부터 2020년 사이 30년간 투자(土家)·창(羌)·마오난(毛南)·바오안(保安)·둥샹(东乡) 등 13개 민족이 연평균 2% 이상의 인구성장률을 나타냈으며, 인구 백만 명 이상인 멍구(蒙古)·짱(藏)·위구르(维吾尔) 등 8개 민족도 연평균 1.4~2%의 인구성장률을 나타내 전국 평균보다 0.91% 높은 인구성장률을 기록하였다. 이에 따라 중화인민공화국 건국 초기 5.8%에 머물렀던 소수민족의 인구점유율은 2020년에 8.89%까지 높아졌다.

:: 1~6차 전국인구조사 현황

	1953년	1964년	1982년	1990년	2000년	2010년	2020년
전체인구	5억 8,260만 명	6억 9,458만 명	10억 818만 명	11억 3,368만 명	12억 6,583만 명	13억 3,972만 명	14억 1,178만 명
한족인구	5억 4,728만 명	6억 5,456만 명	9억 4,088만 명	10억 4,248만 명	11억 5,940만 명	12억 2,593만 명	12억 8,631만 명
비중	93.94%	94.24%	93.32%	91.96%	91.59%	91.51%	91.11%
소수민족인구	3,532만 명	4,002만 명	6,730만 명	9,120만 명	1억 643만 명	1억 1,379만 명	1억 2,547만 명
비중	6.06%	5.76%	6.68%	8.04%	8.41%	8.49%	8.89%

＊ 중국국가통계국 〈전국인구조사 기본 현황〉

:: 중국 내 소수민족의 인구 현황 및 분포 지역

❶ 19,568,546	❷ 11,774,538	❸ 11,377,914	❹ 11,067,929	❺ 10,423,303
쫭족(壮族)	위구르족(维吾尔族)	후이족(回族)	먀오족(苗族)	만주족(满族)
广西, 云南, 广东	新疆	宁夏, 甘肃, 河南, 新疆, 青海, 云南, 河北, 山东, 安徽, 辽宁, 北京, 内蒙古, 天津, 黑龙江, 陕西, 贵州, 吉林, 江苏, 四川	贵州, 湖南, 云南, 广西, 重庆, 湖北, 四川	辽宁, 河北, 黑龙江, 吉林, 内蒙古, 北京

❻ 9,830,327	❼ 9,587,732	❽ 7,060,731	❾ 6,290,204	❿ 3,576,752
이족(彝族)	투쟈족(土家族)	짱족(藏族)	멍구족(蒙古族)	부이족(布依族)
云南, 四川, 贵州	湖南, 湖北, 重庆, 贵州	西藏, 四川, 青海, 甘肃, 云南	内蒙古, 辽宁, 吉林, 河北, 黑龙江, 新疆	贵州

⓫ 3,495,993	⓬ 3,309,341	⓭ 2,091,543	⓮ 1,733,166	⓯ 1,702,479
둥족(侗族)	야오족(瑶族)	바이족(白族)	하니족(哈尼族)	조선족(朝鲜族)
贵州, 湖南, 广西	广西, 湖南, 云南, 广东	云南, 贵州, 湖南	云南	吉林, 黑龙江, 辽宁

⓰ 1,602,104	⓱ 1,562,518	⓲ 1,329,985	⓳ 774,947	⓴ 762,996
리족(黎族)	하싸커족(哈萨克族)	다이족(傣族)	둥샹족(东乡族)	리쑤족(傈僳族)
海南	新疆	云南	甘肃, 新疆	云南, 四川

㉑ 746,385	㉒ 677,521	㉓ 499,167	㉔ 495,928	㉕ 430,977
서족(畲族)	거라오족(仡佬族)	라후족(拉祜族)	수이족(水族)	와족(佤族)
福建, 浙江, 江西, 广东	贵州	云南	贵州, 广西	云南
㉖ 323,767	㉗ 312,981	㉘ 281,928	㉙ 277,233	㉚ 204,402
나시족(纳西族)	창족(羌族)	투족(土族)	무라오족(仫佬族)	커얼커쯔족(柯尔克孜族)
云南	四川	青海, 甘肃	广西	新疆
㉛ 191,911	㉜ 165,159	㉝ 160,471	㉞ 132,299	㉟ 127,345
시보족(锡伯族)	싸라족(撒拉族)	징포족(景颇族)	다워얼족(达斡尔族)	부랑족(布朗族)
辽宁, 新疆	青海	云南	内蒙古, 黑龙江	云南
㊱ 124,092	㊲ 50,896	㊳ 45,012	㊴ 43,775	㊵ 36,575
마오난족(毛南族)	타지커족(塔吉克族)	푸미족(普米族)	아창족(阿昌族)	누족(怒族)
广西	新疆	云南	云南	云南

㊶ 34,617	㊷ 33,112	㊸ 26,025	㊹ 24,434	㊺ 22,354
어원커족(鄂温克族)	징족(京族)	지눠족(基诺族)	바오안족(保安族)	더앙족(德昂族)
内蒙古	广西	云南	甘肃	云南
㊻ 16,136	㊼ 14,706	㊽ 12,742	㊾ 11,143	㊿ 9,168
러시아족(俄罗斯族)	위구족(裕固族)	우즈베크족(乌孜别克族)	먼바족(门巴族)	어룬춘족(鄂伦春族)
新疆, 黑龙江	甘肃	新疆	西藏	黑龙江, 内蒙古
㉛ 7,310	㉜ 5,373	㉝ 4,237	㉞ 3,544	㉟ 3,479
두룽족(独龙族)	허저족(赫哲族)	뤄바족(珞巴族)	타타얼족(塔塔尔族)	가오산족(高山族)
云南	黑龙江	西藏	新疆	台湾, 福建

＊ 중국국가통계국 2020년 제7차 〈전국 인구조사현황〉에 근거한 통계 자료다.

중국 소수민족의 지리적 분포에는 두 가지 특징이 있다.

첫번째로, 중국의 소수민족은 전체 인구의 8%에 불과하지만, 이들이 거주하는 지역의 면적이 전 국토의 60% 이상이라는 점이다. 다양한 지리적·역사적 원인으로 인해 소수민족은 주로 내륙 변경 지역 곳곳에 흩어져 살고 있으며 인구가 밀집해 있는 연해안 지역과 비교했을 때 인구밀도에서 큰 차이를 보이고 있다. 예를 들어 중국 동부에 자리한 장쑤성(江苏省)의 인구밀도는 683.5/km² 명에 달하지만 티베트자치구(西藏自治区)의 경우 인구밀도는 겨우 1.8/km² 명에 불과하다. 또한, 55개 민족 가운데 29개 민족은 중국 경내의 모든 성(省)에 분포하고 있으며, 11개 성에는 56개 민족이 모두 함께 거주하고 있는 것으로 나타났다.

특히 광시(广西), 윈난(云南), 구이저우(贵州), 신장(新疆) 등 4개 성에는 전체 소수민족 인구의 절반 이상이 거주하고 있고, 민족의 유형별로는 윈난성에 가장 많은 35개 소수민족이 거주하고 있다. 또한, 대부분 소수민족은 중국의 국경선 지역에 있다.

두 번째로, 소집거(小聚居)와 대잡거(大杂居) 형태의 지리적 분포 특징을 취하고 있다는 점을 들 수 있다. 즉, 중국의 소수민족은 고립적으로 자기 민족들만 모여 살기보다는 한족과 함께 섞여 사는 형태를 많이 취하고 있다. 중국 정부는 자치구(自治区), 자치주(自治州), 자치현(自治县)을 소수민족의 집단 거주 지역으로 구분해 지정했는데, 소수민족은 네이멍구, 신장, 티베트, 닝샤 등 5개 자치구와 30개 자치주, 120개 자치현을 중심으로 집단 거주하고 있다.

그러나 자치 지역에 거주하는 소수민족은 적은 수이고, 이외 나머지 다수 인구는 기타 민족 사이에 흩어져 거주하는 혼합 거주 형태를 보이고 있다. 또한, 한족 이주정책에 의해 소수민족 집단 거주 지역에도 적지 않은 수의 한족이 살고 있으며 그 비율도 상당히 높아지고 있다. 네이멍구와 광시, 닝샤 3개 지역에서는 한족 인구가 소수민족 인구를 훨씬 초과했으며 신장에서는 한족 인구가 전체 인구의 40%에 이른다. 조선족(朝鲜族)은 약 170만 명으로 소수민족 중 15번째로 인구가 많다. 옌볜(延边)의 조선족 자치주는 중국 내 조선족의 43%인 79만여 명의 조선족이 모여 사는 최대 집거지이지만, 조선족의 인구는 자치주 전체 인구의 35.1%밖에 되지 않으며 한족이 약 62%, 기타 민족이 2.9%를 차지하고 있다. 지난 20년 동안 한족과 한데 어울려 사는 소수민족의 수는 빠른 증가 추세를 보이고 있으며 민족 화합과 단결을 강조하는 중국 정부 당국의 태도를 고려하면 민족 간의 혼합 거주 형태는 앞으로 더욱 보편화될 것으로 예상된다.

:: 민족자치구내 소수민족 인구비율

소수민족 지역	자치정부 내 소수민족 인구비중(%)
허베이(河北)	59.77
네이멍구(内蒙古)	21.78
랴오닝(辽宁)	50.36
지린(吉林)	34.27
헤이룽장(黑龙江)	20.82
저장(浙江)	11.06
후베이(湖北)	56.90
후난(湖南)	77.04
광둥(广东)	36.82
광시(广西)	37.94
하이난(海南)	51.02
충칭(重庆)	71.05
쓰촨(四川)	60.63
구이저우(贵州)	58.85
윈난(云南)	56.57
티베트(西藏)	91.83
간쑤(甘肃)	58.99
칭하이(青海)	65.07
닝샤(宁夏)	36.32
신장(新疆)	62.05

＊ 민족자치정부는 5개의 민족자치구와 30개 자치주, 120개 자치현(기)의 모든 민족자치지역을 포함한다. 중복하여 계산하지는 않았다.

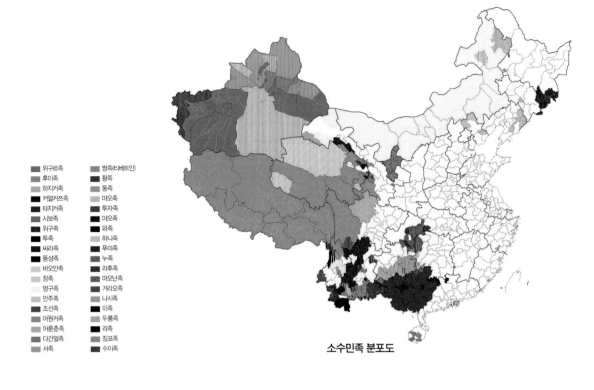

<table>
<tr><td>위구르족</td><td>짱족(티베트인)</td></tr>
<tr><td>후이족</td><td>창족</td></tr>
<tr><td>하자커족</td><td>둥족</td></tr>
<tr><td>커얼커쯔족</td><td>야오족</td></tr>
<tr><td>타지커족</td><td>투자족</td></tr>
<tr><td>시보족</td><td>야오족</td></tr>
<tr><td>위구족</td><td>와족</td></tr>
<tr><td>투족</td><td>하니족</td></tr>
<tr><td>싸라족</td><td>푸미족</td></tr>
<tr><td>둥샹족</td><td>누족</td></tr>
<tr><td>바오안족</td><td>라후족</td></tr>
<tr><td>창족</td><td>마오난족</td></tr>
<tr><td>멍구족</td><td>거라오족</td></tr>
<tr><td>만주족</td><td>나시족</td></tr>
<tr><td>조선족</td><td>이족</td></tr>
<tr><td>어원커족</td><td>두룽족</td></tr>
<tr><td>어룬춘족</td><td>리족</td></tr>
<tr><td>다간얼족</td><td>징포족</td></tr>
<tr><td>서족</td><td>수이족</td></tr>
</table>

소수민족 분포도

② 중국의 소수민족정책

중국의 소수민족정책은 중화인민공화국 건국 이후 본격적으로 입안·시행되었기 때문에 그 역사는 그리 길지 않다. 사회주의를 국가의 근본이념으로 채택한 역대 중국 지도부는 강력한 한족 단일성에 기초한 인구 상황과 문화적 관습, 혈연 및 종교 등의 상부구조는 쉽게 바꾸기 어렵다는 점과 강압적인 통제정책은 도리어 민족 분열을 가져올 수 있다는 점 등을 고려해 강압적인 통치보다는 유화책을 사용하면서 소수민족의 한족 동화(同化)전략을 꾀해 왔다. 중국이 취하고 있는 이 같은 소수민족정책은 5가지 기본 원칙 위에 세워졌다. 첫 번째, 통일된 다민족 국가를 지향한다. 두 번째, 민족의 평등과 단결을 굳건히 유지한다. 세 번째, 소수민족 지역의 자치제도를 시행한다. 네 번째, 각 민족의 공동 발전을 추진한다. 다섯 번째, 소수민족 문화를 보호하고 발전시킨다.

첫 번째 기본 원칙 속에는 오랜 역사를 통해 이루어진 한족과 소수민족 사이의 관계 변천이 함축되어 있다. 기원전 221년 진시황이 중국을 통일하고 최초의 중앙집권적 국가를 세운 이래 오늘날까지 대일통(大一统)의 다민족 국가 체제를 유지하고 있다. 2000년 넘게 지속된 이 오랜 과정에서 명구족과 만주족은 중국 영토 내에 각각 원(元)과 청(淸)을 건국해 소수민족이 중국 역사의 주인공으로 등장하기도 했다. 이처럼 한족 이외의 민족들이 항상 일방적으로 지배만 받아온 것은 아니었으나 통합보다는 분열이, 융화보다는 대립이 많았던 관계였다고 할 수 있다. 민족성이 각기 다른 소수민족들을 한 국가 체제하에 통합하기 위해 전제되는 '하나의 중국'이라는 인식은 굴곡진 근현대사의 소산이었다. 반봉건 투쟁과 영국, 프랑스 등 제국주의 열강의 침략, 항일전쟁 등의 중국 근현대사의 주요 사건에 많은 소수민족이 대거 참여함으로써, 한족과 소수민족 모두 하나의 운명을 공유한다는 공동체 의식이 공고해졌던 것이다.

두 번째 기본 원칙은 소수민족에 대한 평등을 천명한 것으로, 평등정책은 중국이 다민족 국가를 형성하고 유지하기 위한 핵심적인 제도이다. 중국 〈헌법 제4조〉에는 '중화인민공화국 각 민족은 모두 평등하다. 국가는 소수민족의 합법적 권리와 이익을 보장하며 각 민족의 평등, 단결, 상호 협력관계를 유지하고 발전시켜야 한다. 특정 민족에 대한 핍박과 멸시를 금지한다.'라고 민족의 평등권을 명시하고 있다. 이에 따르면, 각 민족은 선거권 및 피선거권, 공무담임권, 민족 고유의 언어와 문자를 사용할 수 있는 권리, 민족 고유의 풍속 습관을 보호·개혁할 수 있는 권리, 인신(人身)의 자유, 종교의 자유 등을 평등하게 누릴 수 있다.

현재 중국 정부는 소수민족이 국가 업무에 더욱 적극적으로 참여할 수 있게 하려고, 더욱 많은 대표 선출권을 부여하고 있다. 현재의 관련 선거법에 따르면, 전국인민대표대회(全国人民代表大会/전인대)의 대표 선출 시 규정된 인구수에 따라 대표를 선출하게 되어 있으나, 소수민족 지역에는 기준에 미달하더라도 대표 선출권을 부여하도록 하고 있다. 즉, 모든 민족이 자신들의 대표자를 가질 수 있도록 보장한 조치이다. 이에 따라 소수민족은 전체 인구의 8%에 불과하지만 전국인민대표 정원수의 14% 이상을 차지하고 있다. 2018년에 선출된 제13기 전인대 대표 2,980명 중 소수민족 대표는 총 438명으로 전체의 14.70%를 차지하고 있으며, 55개 소수민족 모두가 자신들의 대표를 보유하고 있다.

각 소수민족들은 자치구 내의 인민대표를 선출할 수 있다.

소수민족들은 자치구 내에서 민족어와 민족 문자로 교육받을 수 있다.

또한, 중국 정부는 일찍부터 소수민족 간부 육성에 힘을 기울였다. 국공(国共) 내전 시기에 옌안(延安)에 창설된 민족학원(民族学院)은 중국의 소수민족 간부를 양성하기 위한 최초의 학교였다. 중화인민공화국 건국 이후인 1950년에는 소수민족 간부를 양성하기 위하여 〈소수민족 간부 양성 시행 방안〉을 공포하였으며 일반대학 외에 중앙 민족대학, 윈난 민족대학, 칭하이 민족대학, 네이멍구 민족대학 등과 같은 민족대학 12개를 전국 각지에 별도로 설립하였다. 현재는 약 270여만 명의 소수민족 간부들이 중앙과 지방의 권력기관, 행정기관, 심판기관 등에서 국정과 지방업무 관리에 참여하고 있다.

세 번째 원칙인 민족의 자치제도는 복잡한 중국의 실제 민족 상황을 고려하여 만들어진 것으로 민족 평등을 구현하는 데 있어 가장 중요한 핵심 제도라 할 수 있다. '민족 지역 자치제도'란 국가의 통일된 지도로 각 소수민족의 집거(聚居) 지역에 지방자치정부를 설립해 해당 민족이 직접 지방 사무를 보도록 하는 것이다. 중국의 민족자치 지역은 자치구(自治区), 자치주(自治州), 자치현(自治县)의 세 등급으로 구분되어 있으며 현재 5개의 자치구, 30개의 자치주, 120개의 자치현으로 되어 있다. 가장 먼저 설립된 자치 지역은 네이멍구자치구로서 1947년에 건립되었다. 1955년 10월에는 신장위구르자치구, 1958년 3월에는 광시좡족자치구, 1958년 10월에는 닝샤후이족자치구가 설립되었고, 마지막으로 1965년 9월 티베트자치구가 세워졌다. 1952년 8월 8일에는 〈중화인민공화국 민족 지방자치 시행 요강(中华人民共和国民族区域

自治实施纲要》을 반포해 민족자치에 대한 규정을 전면적으로 제정하였으며, 1984년에는 〈중화인민공화국 민족 지역 자치법(中华人民共和国民族区域自治法)〉을 제정·반포해 소수민족 지방자치에 따른 정치·경제·사회 각 방면의 권리와 의무를 체계적으로 규정하였다. 현재는 55개 소수민족 가운데 44개 민족만이 자치정부를 건설해 자치제를 시행하고 있다. 중국의 민족자치제도는 일률적으로 중앙의 지도로 이루어진다.

즉, 최종적인 통제권은 한족이 중심이 된 중앙정부에 있다. 또한 '소수민족에 의한 지역 자치제는 국가의 통일과 사회 안정에 이바지해야 한다.'라고 못 박고 있으므로, 중국의 현행 소수민족자치제도는 '제한적인 자치제'라는 점을 성찰해야 할 것이다.

네 번째, 모든 민족의 공동 발전을 도모한다는 네 번째 기본 원칙은 소수민족의 낙후되고 열악한 사회·경제적 배경에서 비롯된 것이다. 소수민족 거주 지역은 대부분 변경 지역에 있어 교통이 불편하고 인적 교류도 드물어 한족 거주 지역보다 모든 면이 상대적으로 낙후되어 있었다. 이 때문에, 중화인민공화국 건국 이후 소수민족 지역에 남아 있었던 농노제(农奴制) 등의 봉건제도 해체와 함께, 낙후된 농업 생산성 향상과 현대화된 공업을 적극적으로 육성하는 방향으로 소수민족 지역 발전이 이루어졌다.

이에 따라 소수민족 지역에는 철도와 도로를 개통해 접근성을 쉽게 하였고 각종 농기계와 물자 조달, 세금 감면, 생산자금 지원 등 다양한 경로의 지원책을 연구해 농업과 목축업의 생산성을 향상시켰다. 또한 강철이나 전력, 기계, 화학 등 각종 중공업육성을 적극적으로 지원·육성하고 있다.

소수민족 지역은 지역 면적이 넓고 고원 및 삼림 지대에 석유나 석탄 등의 지하자원 매장량이 풍부하다. 이 같은 천혜의 자연조건과 중앙 및 지방정부의 노력이 결합해 중서부 지역을 필두로 한 소수민족 지역은 빠른 속도로 개발되고 있다. 바오더우철강회사(包头钢铁公司), 커라마이유전(克拉玛依油田), 리우자샤수력발전소(刘家峡水电站)가 대표적인 성과로 꼽힌다.

다섯 번째, 소수민족 문화를 보호·발전시키기 위해 정부에서는 소수민족의 전통문화를 존중하고 그들의 문화유산을 보호하는 시책을 취하고 있다. 중국 정부는 각 소수민족이 명절에 맞춰 휴가 제도를 제정하거나 종교적

관광객을 기다리고 있는 소수민족 가이드들.

일부 소수민족들은 자신들의 전통문화를 관광자원으로 개발하기도 했다.

전통에 맞는 행사를 진행하도록 구체적으로 조치하고 있다. 돼지를 먹거나 취급하는 것을 금하고 있는 이슬람 신앙의 소수민족에게는 돼지 사육을 권장하지 않고 있으며, 열차 등의 교통시설이나 식당과 숙박시설 등 공공장소에서 이슬람식으로 제조된 음식을 섭취할 수 있도록 생산과 유통에 관련된 규정을 두어 세심히 배려하고 있다. 각 소수민족의 문화유산은 오랜 시간 역사적 발전과정을 통해 얻어진 산물로서 소수민족의 문화적 다양성은 중국문화를 더욱 풍부하게 할 수 있다. 독특하고 다양한 소수민족들의 고적(古籍), 음악, 무용, 미술 등의 작품을 수집·정리하고, 번역·출판하기까지 중국 정부는 집중적으로 지원하고 있으며, 명승고적과 진귀한 문물의 보수 및 보존에도 투자를 아끼지 않고 있다.

③ 소수민족의 문화

1. 소수민족 언어와 문자정책

중국 정부는 1950년대에 소수민족의 언어와 문자사용에 관한 전반적인 조사를 했다. 최근 연구 결과 중국에서 사용되던 소수민족의 언어는 130여 종에 이르렀던 것으로 밝혀졌으나, 상당수가 이미 소멸했거나 소멸이 진행 중인 것으로 나타났다. 한족어(汉语/한어)를 사용하는 후이족과 만주족을 제외한 기타 53개 민족은 모두 자신들만의 언어를 가지고 있으며 일부 소수민족은 두 종류 이상의 언어를 사용하기도 한다. 소수민족 언어의 계통 분류는 민족의 기원을 밝히고 민족 간의 근친관계를 설정하는 데 매우 유용한 근거를 제공할 수 있다.

중국 내 소수민족의 언어를 언어학적으로 분류해 보면 다음과 같이 크게 5가지 어계(语系)로 구분될 수 있다.

:: 중국 내 소수민족 언어의 5가지 어계(语系)[8]

한짱어계(汉藏语系) 31종	쫭뚱어족(壮侗语族)
	짱몐어족(藏缅语族)
	먀오야오어족(苗瑶语族)
아얼타이어계(阿尔泰语系) 17종	투줴어족(突厥语族)
	멍구어족(蒙古语族)
	만주·퉁구쓰어족(满·通古斯语族)
남아시아어계(南亚语系)	와어(佤语)·부랑어(布朗语)·더앙어(德昂语)
남도어계(南岛语系)	가오산어(高山语)
인도·유럽어계(印欧语系)	타지커어(塔吉克语)·러시아어(俄罗斯语)

반면 문자 보유 면에서 살펴보면 다소 복잡한 양상을 띤다. 예를 들어 문자를 가지고 있는 29개 민족 중 다이족(傣语)은 4종류의 문자를, 징포족(景颇族)은 2종류의 문자를 가지고 있다. 하나의 민족이 여러 개의 문자를 가지고 있는 경우가 많아서 문자를 가지고 있는 민족 수보다 문자가 더 많은 현상이 일어나는 것이다. 따라서 이를 모두 합산해 보면 소수민족의 문자는 총 54개가 있는 것으로 확인된다. 그 중 쫭족(壮族), 부이족(布衣族), 먀오족(苗族), 나시족(纳西族), 리쑤족(傈僳族), 하니족(哈尼族), 와족(瓦族), 둥족(侗族), 징포족(景颇族), 투쟈족(土家族) 등 10여 개의 민족이 사용하고 있는 13종의 문자는 중국정부의 도움으로 창제되거나 개정되었다. 문자 중에는 쫭족과 같이 한자의 음을 빌려와 쓰는 방괴장자(方块壮字)라 불리는 문자방식도 있다. 네이멍구 지역에서 쓰이는 멍구문(蒙古文)과 같이 지금도 보편적으로 사용되고 있는 문자가 있지만, 최근에는 한자 교육이 확대됨에 따라 민족문자를 쓸 줄 아는 사람들이 점차 줄어들고 있다.

1 동파문자는 예로부터 제사장만 쓸 수 있던 문자로 현재는 쓸 줄 아는 사람이 50명 내외만 남았다.

2 동파문자는 윈난성 관광지에서 쉽게 접할 수 있다.

3 그림처럼 보이지만 나시족들이 자신의 언어를 표현하기 위해 사용하는 동파문(东巴文)이다.

---

8) 자세한 설명은 PART 3 중국의 언어와 문자 125페이지 참고.

1 멍구족이 사용하는 몽골문(蒙古文)
2 신장에 있는 멍구족이 사용하는 신장몽골문(新疆蒙文)

이 밖의 소수민족 언어는 아얼타이어계에 속하는 것이 통설이기는 하지만 어족이 확실치 않은 조선어(朝鲜语)와 어계조차 불분명한 경어(京语)는 아직 귀속이 명확히 규명되지 않았다. 민족자치제가 시행되는 자치 지역에서는 고유한 언어와 문자를 사용하고, 전국인민대표를 비롯하여 중요한 정부 회의나 업무에서는 멍구어, 짱어, 위구르어, 하싸커어, 조선어 등의 민족 언어와 문자로 된 자료 및 통역이 제공된다. 또한, 17종의 소수민족 문자로 백여 종의 신문이 발행되고 11종의 문자로 73종의 잡지가 출간되고 있을 뿐만 아니라, 중국 관영방송인 CCTV와 지역 방송국은 일정한 채널이나 시간을 할애하여 16종의 소수민족 언어로 방송을 진행하고 있다.

민족의 언어와 문자는 그 민족 정체성의 근간을 형성하기 때문에 민족의 형성과 유지 차원에서 대단히 중요하다. 그러나 중국 정부가 비록 소수민족의 문화를 존중하고 보존하는 데 앞장서고 있지만, 소수민족 언어와 문자에 대한 중국 정부의 언어정책은 전적으로 소수민족 언어만을 보호·육성해 주는 우대정책이 아니라는 점에 유념해야 한다.

소수민족 지역에서는 정규방송 이외에 자체 언어로된 방송도 하고 있다.

즉, 민족 언어 사용을 중시하면서도 다른 한편으로 중국어의 사용을 의무화하여 소수민족 언어와 중국어를 모두 잘하는 '민한겸통(民汉兼通)'의 이중언어 교육(双语教育) 방침을 표방하고 있다. 신중국 건국 초기부터 〈제1차 민족교육 업무회의 보고(第一次民族教育工作会议报告)〉를 통해 '현지 소수민족의 자발적인 요구와 희망에 따라 중국어 교과를 설치한다.'라는 방침을 내세웠으며, 이후 〈민족 지역 자치법〉과 〈의무교육법〉에서는 보다 명확하게 '소수민족 학생 위주의 학교나 학급에서는 해당 민족의 언어와 문자를 사용하여 교육 할 수 있으나, 아울러 전국에서 통용되는 언어와 문자를 사용해서도 가르쳐야 한다. 해당 민족의 문자가 없는 경우 전국에서 통용되는 언어와 문자로 가르쳐야 하고, 이 경우 해당 민족의 언어는 보조적으로 사용될 수 있다.'라고 규정하였다.

문화대혁명 시기에는 그나마 제도적 울타리 안에서 보호받고 있었던 소수민족의 언어·문자 교육이 위기를 맞기도 했다. 문화대혁명 당시 소수민족의 언어는 존재 자체가 불필요한 것으로 인식되어 민족의 언어 사용 및 교육이 핍박받고 민족의 문자로 써진 서적들이 불태워지기도 했다. 즉, 이중언어 교육정책이 부활된 것은 문화대혁명이 종식된 1977년 이후의 일이다.

이와 같은 이중언어 교육정책의 목표는 중국어와 소수민족 언어를 똑같이 교육함으로써 소수민족의 교육 수준을 높여 각 분야에서 필요한 인재를 육성하고 이를 통해 민족 공동 번영의 기초를 마련하겠다는 것이다. 그 배경에는 이미 경제나 문화, 생활 전반을 통해 통용어로 쓰이고 있는 중국어의 지배력과 영향력에 대한 자신감이 깔려 있다고 할 수 있으며, 소수민족 언어가 점차 사라지는 추세로 볼 때 궁극적으로는 언어의 한족 동화(同化)를 목표로 한 것으로 보인다.

의무교육의 보급과 더불어 소수민족 아이들이 학교에서 소수민족 언어와 함께 중국어를 배우게 되면서, 소수민족의 언어와 문자를 사용하는 인구는 늘어나지 않고 오히려 표준중국어인 보통화(普通话)와 한자의 사용이 보편화되었다. 같은 예로 닝샤후이족자치구에서는 한자의 해독률을 의미하는 문맹률이 1949년 이전에는 무려 95% 이상에 달했으나 2010년에는 6.22%로 대폭 낮아졌다.

정부가 소수민족에게 고유한 언어 문자를 사용할 권리를 보장하고 그에 대한 각종 연구와 지원을 실행하고 있음에도 이중언어 교육의 시행과 정치, 사회, 경제 각 방면에서 유무형의 여러 혜택과 지위를 누리기 위해서 표준중국어인 보통화를 선택하는 인구가 증가하고 있으며 소수민족 언어와 문자를 사용하는 인구는 점차 줄어들고 있다.

2. 소수민족의 종교와 문화

중국은 다종교 국가이기도 하므로, 중국 국민으로서 소수민족도 종교와 신앙의 자유를 가진다. 종교를 가질 수 있는 자유와 종교를 가지지 않을 자유가 모두 있으며, 어떠한 종교든지 선택할 자유도 있다. 또한, 종교를 가지는

기도하는 후이족

국민과 종교를 가지지 않는 국민 모두 정치적으로 평등하다. 이러한 종교의 자유를 보장하기 위해 중국 정부는 정당한 종교 활동에 간섭하지 않고 사찰이나 사원 등의 종교 장소를 설치하는 것을 허용하고 있다. 하지만, 사회 질서 유지를 위해 예배나 기도, 종교적 주장과 같은 신앙 활동은 해당 종교 장소에서만 가능하게 제한되어 있다. 세계 3대 종교인 불교, 기독교, 이슬람교는 중국의 소수민족에게도 많은 영향을 끼쳤다.

이외 두룽족, 누족, 와족, 징포족 등 일부 소수민족은 조상숭배, 토템숭배 등을 포함한 원시 샤머니즘 형태의 신앙을 가지고 있으며, 이러한 원시신앙은 3대 종교를 수용하기 이전에 오랜 시간 여러 소수민족에 의해 널리 믿어져 왔기 때문에 정도의 차이는 있지만 3대 종교를 믿는 소수민족의 신앙에도 그 흔적이 남아 있다. 하지만 사회·경제적 발달과 현대화의 흐름에 따라 원시신앙은 점차 사라지고 있다.

소수민족 간의 풍속과 삶의 방식은 매우 다르다. 소수민족들은 복식과 음식, 주거 양식, 관혼상제, 명절, 금기 등 각 방면에서 고유의 전통적인 특징을 가지고 있다. 예를 들면, 이슬람교를 믿는 10개의 소수민족은 종교적인 이유로 돼지고기 먹는 것을 금기하고 있다. 윈난성의 대부분 소수민족은 서로 노래를 주고받으면서 가사를 통해 자신의 감정과 의사를 전달하는 방식인 답가(対歌)의 형태로 연애한다. 좡족(壯族), 하니족(哈尼族), 짱족(藏族) 등의 소수민족에게는 '쿠훈(哭婚/곡혼)'이라는 혼인풍습이 있으며, 일반적으로

좡족, 하니족 등의 쿠훈

다이족의 포수이제

결혼하기 며칠 전이나 결혼하는 날 신부의 어머니와 그 가족들 가운데 여성들이 신부와 함께 크게 소리 내서 우는 형식으로 진행된다. 윈난성에 사는 모쒀족(摩梭族)은 아직까지 모계사회를 유지하고 있는 민족으로 결혼이라는 풍습이 없다. 이들은 동성(同性)끼리 모여 살며 가정을 꾸리지 않는다. 10대 후반이 되면 여자는 남자를 자신의 방에 들일 수 있게 되는데, 마음에 드는 남자가 밤에 자신의 방문을 두드리면 문을 열어주고 동침을 한다. 마음에 들지 않는 남자가 왔을 때는 문을 열어주지 않는 것으로 거절을 표시한다. 이것을 줘훈(走婚) 또는 야사혼이라 한다. 몇 명의 남자를 방에 들이더라도 문제로 삼지 않고 아이가 생겨도 누가 생부인지는 중요하지 않다. 태어난 아이는 엄마의 성을 따르고 여자가 맡아 키우는데, 생부라 할지라도 부양의 의무를 지지 않는다. 따라서 이들에게는 아버지라는 호칭조차 없다. 모쒀족은 철저한 여자 중심의 모계사회로 재산은 어머니에게서 맏딸에게로 대물림되고 맏딸은 가족을 이끄는 가장의 역할을 한다. 와족(佤族)과 라후족(拉祜族)도 모계사회를 유지하고 있는 민족으로 모든 재산은 여성에게만 상속되고 자녀도 어머니의 성을 따르는 풍습을 유지하고 있다. 이전에는 가오산족처럼 일부다처제이거나 짱족처럼 일처다부제와 같은 혼인 풍습이 있었으나 현대사회의 윤리의식과 맞지 않아 모두 사라지고 일부일처제로 전환되었다

모쒀족

모쒀족의 줘훈

　　중국 소수민족의 고유 명절 중에 대표적인 것으로 다이족(傣族)의 포수이제(泼水节/발수절), 이족(彝族)의 훠바제(火把节/화파절), 짱족(藏族)의 쉐둔제(雪顿节/설돈절)가 있다.

　　다이족의 포수이제는 다이족 최고의 명절로 윈난 소수민족의 여러 명절 가운데 가장 큰 명절로도 손꼽히며 명절 축제에 참가하는 사람수도 가장 많다. 포수이제는 다이족의 신년(新年)으로 다이력(傣历/다이족의 전통적 역법) 6월, 양력 4월 중순에 해당하고 보통 3일에서 7일 정도 축제가 계속된다. 명절 아침에 남녀노소를 막론하고 다이족 사람들은 모두 명절 옷차림을 한 후, 깨끗한 물을 들고 절에 찾아가 불상을 씻는다. 때문에 포수이제는 다른 이름으로 '위포제(浴佛节/욕불절)'라고도 한다. 그런 다음 서로에게 물을 뿌리는데 행복과 건강을 기원하고 액운을 물리치기 위한 행위이다. 다이족, 아창족, 더앙족, 부랑족, 와족 등의 소수민족이 모두 포수이제 명절을 쇤다.

이족, 바이족 등의 훠바제

　훠바제(火把节)는 이족, 바이족, 나시족, 지눠족, 라후족의 전통 명절로 구체적인 날짜는 민족마다 약간씩 차이가 있지만 대부분 음력 6월 24일에 지내며 3일간 명절을 쇤다. '훠바'는 우리말로 '횃불'이란 뜻으로 이날 횃불을 밝힘으로써 귀신과 악운을 쫓고 해충을 없애 풍성한 한 해 수확을 기원한다. 횃불을 밝히고 노래하며 춤추는 것 외에 소싸움, 경마, 씨름 등의 행사도 벌어진다.

　짱족(藏族)의 쉐둔제(雪顿节)는 짱력(藏历/짱족의 전통적 역법) 6월 말에서 7월 초에 쇠는 티베트(西藏)의 전통 명절이다. 짱족 언어로 '쉐(雪)'는 '요구르트'를 뜻하고 '둔(顿)'은 '먹다' 혹은 '연회'를 뜻하므로 쉐둔제는 '요구르트를 먹는 명절' 또는 '요구르트 축제'라고 해석할 수 있다. 쉐둔제 기간에는 짱족의 전통극을 성대히 공연하고 불상이나 불화를 밖으로 내어 전시하는 의식도 함께 행해지기 때문에 '티베트 전통극 축제(藏戏节)', '불상 전시 축제(展佛节)'라고 부르기도 한다. 일반적으로 불상 전시로 시작되어 티베트 전통극을 관람하고 야크 경주, 기마술 공연 등을 하며, 요구르트를 비롯한 명절 음식을 먹으면서 즐긴다.

　중국 정부는 자국 내 다양한 민족문화를 보호하기 위해 2006년 국가무형문화재(国家级非物质文化遗产)를 지정해 포수이제와 훠바제, 쉐둔제를 제1차 '국가무형문화재' 리스트에 포함했다.

1, 2, 3 짱족의 쉐둔제

05 소수민족과의 분쟁

　　중국 정부가 민족 단결과 통일 국가 유지를 위해 중국 내 소수민족들에게 여러 가지 우대정책을 펼치고 있지만, 이는 56개 민족이 모여 사는 중국의 특성을 반영해 내부분열을 억제하려는 정책에 불과하다. 55개 소수민족이 중국 전체 인구에서 차지하는 비율은 매우 낮다. 하지만 이들이 분포한 지역은 지정학상으로는 국경 지역을 접하고 있어 국가안보 차원에서의 전략적 가치가 크다. 주변 국가들과 충돌이 발생할 경우 소수민족 지역은 이를 일차적으로 막아주는 완충지대 역할을 한다. 또한, 이들 지역의 자연환경은 비록 척박하지만 전 국토 자원의 50~60%가 소수민족 거주지역에 분포되어 있고 특히 세계 최대의 우라늄 광산과 주요 유전지가 소수민족 지역에 있다. 중국정부의 입장에서 소수민족 지역은 국가의 경제와 안보상에 있어 매우 중요한 전략지인 셈이다.

경제적 원인	안보적 원인
■ 전 국토 자원의 50~60%가 소수민족 거주지역에 있음	■ 전체 국토면적의 64%
■ 수력 자원은 52.3%	■ 소수민족 지역은 중국의 변방에 위치하고 있음
■ 초지 면적은 89.6%	■ 미얀마, 인도, 네팔 등 국가와 한족이 직접 접촉하지 않아도 되는 군사 전략적 완충지
■ 세계최대의 우라늄 광산	
■ 목재 및 석탄 등 광물질 자원	
■ 중국의 주요 유전지	

　　그러나 중국정부의 '하나의 중국'정책에 대한 소수민족의 불만은 점차 고조되어 분리 독립 움직임이 눈에 띄게 활발해지고 있다. 역사적으로 일부

소수민족은 한족과 적대관계였으며, 자신들의 의지와는 상관없이 강제로 합병된 민족들이 있어 이들의 독립의지는 매우 강하게 표출되고 있다. 특히 티베트의 독립문제는 국제적인 인권문제로 대두하여 중국 정부가 촉각을 곤두세우고 있다. 티베트는 이민족이 세운 나라인 원(元)과 청(淸)의 영향권에 있었지만 18세기까지는 달라이라마가 지도하는 자치정부에 의해 운영되었다. 청이 쇠락하기 시작한 18세기 말부터는 사실상 다른 나라의 간섭이 없는 독립국이었지만 국공내전에서 승리한 마오쩌둥이 1950년 10월 티베트의 농노(農奴)를 해방한다는 명목하에 군대를 보내 점령하였다. 이후 1951년 중국정부가 '17조 협의'를 체결하도록 강제하면서 티베트는 주권을 잃게 되었다. 이 협의는 티베트의 주권귀속, 민족자치의 실행, 종교자유, 풍속습관, 종교지도자의 지위보장 등을 명시하고 있지만, 실질적으로는 중국의 지배를 명문화한 것이었다. 티베트를 합병한 후 중국정부가 달라이라마의 정치적 권위를 중국 측으로 넘겨오려고 하였기 때문에 많은 티베트인의 분노를 사게 되었다. 이에 티베트인들이 1959년 독립을 요구하는 저항 운동을 일으키게 되었고 무장한 군인과 군중들이 충돌하면서 많은 이들이 죽거나 다치게 되었다. 중국 측 통계로만 인민군의 진압과정에서 87,000명의 사상자가 발생한 것으로 보고되었다. 중국정부의 강경 진압에 위협을 느낀 달라이라마는 자신을 따르는 8만여 명과 함께 인도로 망명하였고 1965년 티베트는 시장(西藏)자치구로 편입되었다. 1966년부터 시작된 문화대혁명 기간에는 티베트의 3,700여 개나 되던 종교시설이 파괴되어 단 13개만 남게 되었고 많은 사람이 정치적 탄압을 받았다. 티베트의 독립요구는 현재진행형이다. 최근에는 중국 정부가 이들의 독립의지를 희석하고자 한족 이주정책을 시행하면서 그만큼 충돌도 잦아지고 있다. 인도로 망명한 달라이라마는 인도에 티베트 망명정부를 세우고 티베트의 독립을 위해 활동하고 있다.

신장위구르 지역의 동투르키스탄 독립요구도 1990년대 들어 활발하게 전개되고 있다. 신장위구르 지역도 중국에서 가장 첨예한 민족분쟁이 발생하는 곳으로 청이 터키계 무슬림들의 거주지역인 신장을 강제 편입하면서부터 시작되었다. 위구르 민족은 본래 투르키스탄이라는 국가를 형성하고 있었지만

2009년 위구르 민족의 집단 시위로 많은 사람이 죽거나 다쳤다

1727년에 청나라와 러시아가 '캬흐타 조약[9]'을 맺게 되면서 중국 신장 지역의 동투르키스탄과 러시아의 서투르키스탄으로 분할되었다. 독립국가였던 투르키스탄이 강제적으로 분할 흡수되면서 중국의 소수민족이 된 것이다. 위구르 민족은 이슬람을 믿는 민족으로 한족과는 인종적 문화적으로도 큰 차이를 보이고 있어 쉽게 융합하지 못하고 있다. 또한 최근에는 한족 이주정책에 의해 경제권마저 빼앗겨 버리자 충돌이 더욱 잦아지고 있다. 2009년 7월 5일에는 우루무치에서 위구르 청년과 한족 청년 사이에 폭력사건이 일어나 결국 민족적인 감정으로 확대되어 대규모 유혈사태가 발생하게 되었다. 양측의 충돌로 공식 집계로만 197명이 숨지고 1천 700여 명이 부상하였다. 위구르족은 이전부터 신장 분리독립을 주장하며 중국 전역을 무대로 테러를 일으켰었다. 소련이 붕괴된 이후 독립한 중앙아시아 이슬람계 국가들과의 유대관계가 최근 강화되면서 이들의 독립의지는 더욱 확고해지고 있다. 이러한 분리 독립운동은 정부 당국을 향한 각종 테러로 표출되고 있어 긴장상태가 이어지고 있다. 그러나 소수민족의 분리 독립문제에 대한 중국 정부의 입장은 매우 단호하며 일체의 분리, 독립을 허락하지 않고 있다.

이 모든 민족 문제의 핵심 원인은 절대다수의 인구를 차지하며, 중국의 정통 민족으로 자부하고 있는 한족의 한족 중심주의, 즉 중화주의라고 할 수 있다. 중화주의는 곧 힘의 위계 관계가 성립되는 일방적인 민족관이다. 중국이라는 하나의 큰 틀을 놓고 생각해 보면 소수민족 우대정책 이면에는 중국 국민으로서 이행해야 하는 의무도 함께 존재한다. 그래서 중국의 소수민족

---

9) 청나라와 러시아가 몽골지역의 국경이 불명확해 교역 분쟁이 일어나자 국경을 확정하기 위해 맺은 조약이다.

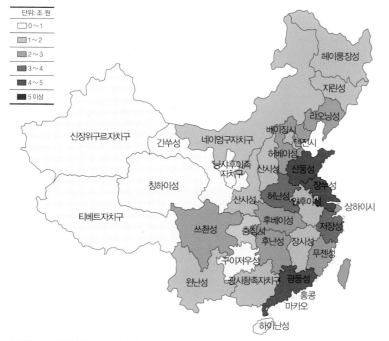

단위: 조 원
☐ 0 ~ 1
1 ~ 2
2 ~ 3
3 ~ 4
4 ~ 5
5 이상

2022년 지역간 평균 GDP 격차

정책은 명목상의, 제한적인 한족의 배려로 읽힌다. 이와 같은 소수민족 정책의 한계를 가장 먼저 깨달은 사람은 당연히 소수민족 자신들이다.

　소수민족들의 불만 사항은 정책상 보장받은 각종 소수민족 우대정책이 실질적으로는 허울뿐이라는 점이 제일 크고, 개혁개방 이후 경제 발전이 급속도로 이루어지면서 드러난 민족 간의 경제적 불평등도 큰 비중을 차지하고 있다. 한족들이 주로 모여 사는 동부연해지역은 개혁개방이 가장 먼저 시작됐으며 공업화·도시화가 빠르게 진행되어 높은 소득수준에 이르렀다. 반면 중·서부 소수민족 지역은 가장 늦게 개방이 되어 여전히 공업화에 뒤처져 있고 아직도 1차 산업이 주를 이루고 있다. 최근에는 교통이 발달하면서 지역간 거래도 늘어났지만, 소수민족 지역의 농산품은 동부지역에 낮은 가격으로 팔리고 소수민족들은 비싼 가격으로 동부의 공산품을 구매해야 하는 불평등 교역이 발생하게 되었다. 또한, 경제발전에 필요한 천연자원은 서부에서 동부로 꾸준히 빠져나가고 있지만, 경제발전의 혜택은 동부연해지역에만 국한되어 있다. 역사적·민족적인 감정을 배제하더라도 경제적으로 큰 불평등을 받고 있는 소수민족들이 불만을 느끼는 것은 당연하다.

:: 2021년 행정구역별 평균 GDP현황과 순위 – 달러

동부지역(东部地区)			중부지역(中部地区)			서부지역(西部地区)			동북지역(东北地区)		
지역	지역 순위	GDP(US$)	지역	지역 순위	GDP(US$)	지역	지역 순위	GDP(US$)	지역	지역 순위	GDP(US$)
베이징(北京)	1	23,908	허난(河南)	22	8,025	충칭(重庆)	8	11,309	헤이룽장(黑龙江)	30	6,236
톈진(天津)	6	14,726	산시(山西)	17	7,330	쓰촨(四川)	18	8,421	랴오닝(辽宁)	16	8,549
상하이(上海)	2	22,560	후베이(湖北)	9	10,906	구이저우(贵州)	28	6,702	지린(吉林)	26	7,414
저장(浙江)	5	14,508	후난(湖南)	14	9,117	윈난(云南)	23	7,531			
장쑤(江苏)	3	17,573	안후이(安徽)	13	9,189	네이멍구(内蒙古)	10	10,466			
광둥(广东)	7	12,743	장시(江西)	15	8,243	광시(广西)	29	6,408			
푸젠(福建)	4	15,323				시짱(西藏)	25	7,562			
허베이(河北)	27	7,036				산시(陕西)	12	9,603			
하이난(海南)	19	7,956				간쑤(甘肃)	31	5,225			
산둥(山东)	11	10,443				칭하이(青海)	24	7,357			
						닝샤(宁夏)	20	7,892			
						신장(新疆)	21	7,738			
평균		14,677	평균		8,801	평균		8,017	평균		7,399

＊ 출처: 중국신문망, https://www.chinanews.com.cn/cj/2021/05-13/9476004.shtml에서 발췌하여 정리함.

여러 가지 요인으로 인해 심각해지는 소수민족 문제에 대해 중국정부는 다양한 형태로 대응하고 있다. 소수민족에 대한 정치교육 강화와 한족 관점의 역사교육, 反 분리주의 캠페인, 시위관련자 체포 및 무력진압, 한족 이주, 서부대개발 등 다양한 방식을 적절히 사용하면서 소수민족의 응집력을 약화하고자 한다. 또한, 국제사회의 비난에 대해서는 강력해진 경제력을 바탕으로 간섭을 저지하고 있다. 2008년에는 중국의 반대에도 불구하고 사르코지 프랑스 대통령이 달라이라마를 접견하자 100억 유로(18조 8천억 원)에 이르는 에어버스 항공기 구매를 연기하고 중국 내 프랑스 제품 불매운동이 벌어지면서 프랑스가 곤혹을 치렀었다. 결국 중국의 압박에 "앞으로 달라이 라마를 만날 때는 중국정부와 사전 협의하겠다"는 문서에 서명하면서 마무리되었지만, 중국의 보복조치에 프랑스가 백기를 들었던 사건이었다. 2013년에도 캐머런 영국 총리가 달라이라마를 만나면서 80억 파운드(13조 6천억 원)에 이르는 중국의 對영국 투자가 연기되는 등 양국의 외교관계가 급속히 냉각된 적도 있다. 이렇듯 국제사회에서 입김이 세진 중국은 국력을 바탕으로 소수민족을 동요시킬 수 있는 국제사회의 움직임을 제압하고 있다.

중국정부는 소수민족들의 분리운동을 저지하는 것이 중국의 미래와 직결되어 있다고 생각한다. 소련 붕괴 당시 연방공화국이 해체되면서 국력이 약화되었던 사실은 중국정부에 시사하는 바가 크다. 따라서 민족분리에 대한 요구는 어떠한 방법으로도 용인하지 않고 있다. 민족 간 교류가 증대되면서도 다른 한편으로 희석되리라 예측되던 민족의식, 민족적 응집력이 확대되는 모순된 현상이 병존하고 있다. 중국 정부는 '다양성'과 '동화'라는 두 가지 주제를 놓고 딜레마에 빠져 있다. 이제까지는 정부가 중앙 통제력을 유지하면서 강경책과 온건책을 적절히 사용해 하나의 중국을 효과적으로 실현해 왔으나 민족 문제가 정치, 경제와도 연관되어 복잡다단하고 변화의 속도도 빠른 만큼 획일적인 해결방법에서 탈피하여 유연한 관점과 자세가 필요하다. 중국이 갈 길은 요원하지만 '대가정'을 꿈꾸고 중국식 사회주의를 실현하고자 한다면 소수민족의 협력이 반드시 필요하므로 각 민족 사이에 서로 긴밀한 협력 체제를 구축하고 공존과 화합의 길을 모색해 나가야 할 것이다.

部首：丨　　笔画：4画

中

成语：秀外慧中　中流砥柱

巧记　一口。

独体结构

PART 3

중국의 언어와 문자

01 중국의 언어

1 중국의 언어와 종류

중국인들은 전통적으로 자신들의 말을 언어의 차원보다 문자의 차원에서 인식하려는 관념을 가지고 있다. 한자는 탄생에서부터 다른 문자와는 달리 언어를 그대로 옮겨 적을 수 있는 표음적 기호 체계가 아닌 어떤 사물의 형태나 특성을 형상화한 문자이다. 중국의 언어와 문자는 중국의 역사 속에서 문화적 통일의 가장 유력한 상징물 가운데 하나였다. 중국어가 문화적·정치적 통일의 상징물로 역할을 수행하기에 적합하였던 것은 동일한 문자를 사용함으로써 가능했던 것이다.

중국인들은 이처럼 독특한 문자 체계를 언어적으로 표기하려는 노력을 부단히 진행하였다. 현대중국에 이르러서는 중화민국 건국 이후 출현한 '주음부호(注音符号)'와 현재 국제적으로 통용되는 '한어병음자모(汉语拼音字母)'

에 이르기까지 한자의 표음과 표준어 보급을 위해 많은 노력이 진행되고 있다. 현재 중국에서 사용되고 있는 언어들을 분류해 보면 세계 5대 어족에 속하는 언어가 모두 나타나는데, 단일언어를 사용하는 단일민족으로 구성된 우리나라에서는 상상하기 힘든 복잡성을 가지고 있다.

중국에서 사용되고 있는 언어들을 구분하면 표와 같다.

:: 어족에 따른 중국 언어의 분류

한짱어계 (汉藏语系) 31종	쫭둥어족 (壮侗语族)	쫭어(壮语)·둥어(侗语)·다이어(傣语)·부이어(布依语)·수이어(水语)·무라오어(仫佬语)·마오난어(毛南语)· 거라오어(仡佬语)·리어(黎语) 등
	짱몐어족 (藏缅语族)	짱어(藏语)·먼바어(门巴语)·투자어(土家语)·창어(羌语)·푸미어(普米语)·두룽어(独龙语) 누어(怒语)·이어(彝语)·리쑤어(傈僳语)·나시어(纳西语)·하니어(哈尼语)·라후어(拉祜语) 바이어(白语)·지눠어(基诺语)·징포어(景颇语)·아창어(阿昌语) 등
	먀오야오어족 (苗瑶语族)	먀오어(苗语)·서어(畲语) 등
아얼타이어계 (阿尔泰语系) 17종	투줴어족 (突厥语族)	위구르어(维吾尔语)·하싸커어(哈萨克语)·커얼커쯔어(柯尔克孜语)·우즈베크어(乌孜别克语) 타타얼어(塔塔尔语)·싸라어(撒拉语)·서부위구어(西部裕固语)
	멍구어족 (蒙古语族)	멍구어(蒙古语)·다간얼어(达斡尔语)·둥샹어(东乡语)·동부위구어(东部裕固语)·바오안어(保安语)
	만주·퉁구쓰어족 (满·通古斯语族)	만주어(满语)·시보어(锡伯语)·허저어(赫哲语)·어원커어(鄂温克语)·어룬춘어(鄂伦春语)
남아시아어계(南亚语系)		와어(佤语)·부랑어(布朗语)·더앙어(德昂语)
남도어계(南岛语系)		가오산어(高山语)
인도·유럽어계(印欧语系)		타지커어(塔吉克语)·러시아어(俄罗斯语)

② 중국 언어의 특성(현대 중국어의 음운학적 특징)

1. 단음절어

중국어는 단음절어인데 이는 중국어의 형태소가 주로 하나의 음절에 의해 대표되고 있는 것을 의미한다. 즉, 중국어를 표기하는 한자는 글자가 하나의 음절로 되어 있으며 또 글자마다 각각의 의미를 가진다. 하지만 현대 중국어에서는 명사 접미사나 준 접두어를 붙여 점차 다음절화하는 추세이다.

:: 중국어의 명사 접미사와 준 접두어

子 [zì]	鼻子 [bízi]	桌子 [zhuōzi]	橘子 [júzi]
头 [tóu]	木头 [mùtou]	骨头 [gǔtou]	石头 [shítou]
老 [lǎo]	老虎 [lǎohǔ]	老鼠 [lǎoshǔ]	老鹰 [lǎoyīng]
第 [dì]	第三 [dìsān]	第七 [dìqī]	第九 [dìjiǔ]

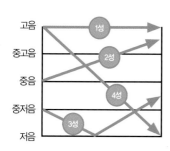

제1성: 妈 mā 엄마
제2성: 麻 má 마(삼)
제3성: 马 mǎ 말(동물)
제4성: 骂 mà 욕하다, 꾸짖다

2. 성조언어

중국어는 글자마다 고유의 음 높낮이를 지니고 있는 성조언어이며, 한 글자가 2개 이상의 음을 가지고 있는 다음(多音)사들이 많다. 따라서 같은 글자라도 음절과 성조가 다를 수 있고, 같은 음절의 글자라도 성조에 따라 의미가 달라진다. 표준중국어는 경성을 포함한 5가지 종류의 성조를 지니고 있다.

:: 중국어의 음절·성조 변화에 따른 의미 변화

还	1. 되돌려주다 [huán]	2. 아직 [hái]	3. 그런대로 [hái]
	还书 [huánshū]	还没决定 [hái méi juédìng]	还好 [hái hǎo]/还行 [hái xíng]
好	1. 좋다 [hǎo]	2. 아주, 매우 [hǎo]	3. 좋아하다 [hào]
	好酒 [hǎojiǔ]	好久 [hǎojiǔ]	爱好 [àihào]
乐	1. 즐겁다 [lè]	2. 음악 [yuè]	3. 좋아하다 [yào]
	快乐 [kuàilè]	乐队 [yuèduì]	乐山乐水 [yàoshān yàoshuǐ]

3. 고립어

중국어는 낱말들이 대개 형태소를 한 줄로 엮어 놓은 식으로 구성되어 있는 고립어이다. 즉, 중국어는 우리말이나 영어와 같이 인칭과 시제 같은 각종 어법 관계가 다양한 접사의 활용이나 낱말 자체의 내적 변화에 의해서가 아니라 낱말의 배열순서나 개별적인 어법 어조사의 활용을 통하여 결정된다. 즉, 일정한 한 형태의 글자를 사용하되 문장 내의 위치나 부사 등의 사용으로 다른 시제와 다른 문장성분 등을 표현할 수 있다. 따라서 문장의 어순은 매우 중요하며, 어순이 바뀌면 뜻도 달라진다.

:: 중국어의 어순 변화에 따른 의미 변화

명사 → 다른명사	边上 [biānshang] 가장자리	➡	上边 [shàngbian] 위쪽
	后门 [hòumén] 뒷문	➡	门后 [ménhòu] 문 뒤
명사 → 동사	楼下 [lóuxià] 아래층	➡	下楼 [xiàlóu] 내려가다
	车上 [chēshang] 차에서	➡	上车 [shàngchē] 차에 타다

또한, 중국어에는 각 단어마다 고유하게 사용되는 양사가 있으며, 문장 끝에 어기조사를 사용하여 다양한 어투를 표현할 수 있다. 양사가 다른 품사와 함께 사용될 때 순서는 아래와 같으며 어순이 바뀌면 안 된다.

- 중국어의 양사가 다른 품사와 함께 사용될 때 어순

지시사 +	수사 +	양사 +	형용사 +	명사
这 [zhè]	三 [sān]	本 [běn]	新 [xīn]	书 [shū]
那 [nà]	一 [yī]	瓶 [píng]	老 [lǎo]	酒 [jiǔ]

- 중국어의 어기조사 변화에 따른 의미 변화

这是你的书 吗 ？ Zhè shì nǐ de shū ma ？ 이것은 너의 책이니? 불확신

这是你的书 吧 ？ Zhè shì nǐ de shū ba ？ 이것은 네 책이지? 확신

---

4. 양사의 필수 불가결성

중국어는 위 표의 예문에서 볼 수 있듯이 수사와 지시사가 명사를 꾸밀 경우 반드시 양사가 필요하다. 즉 수사나 지시사가 단독으로 명사를 수식할 수 없다. 양사의 필수 불가결성은 비교적 근래에 생성되었으며 중국어의 영향으로 국어와 일어에도 파급되었지만, 이 두나라의 언어는 양사가 필수 불가결한 것은 아니다. '양사'란 사물의 수나 동작의 횟수를 세는 단위를 말하며 중국어 대부분 명사들은 각기 특정한 양사를 갖는다. 대표적인 양사는 아래 표와 같다.

:: 중국어 주요 양사

양사	용법	예제
把	손잡이, 손으로 쥘 수 있는 물건(자루, 한 움큼)	(一)把刀 [칼](一)把伞 [우산] (一)把花生 [땅콩]
杯	잔에 담아 셀 수 있는 물건(잔)	(一)杯茶 [차](一)杯酒 [술] (一)杯牛奶 [우유]
本	서적류(권)	(一)本书 [책](一)本小说 [소설]
遍	처음부터 끝까지(번)	看(一)遍 [보다] 说(一)遍 [말하다]
次	사물·동작의 횟수(번)	看(一)次 [보다] (第一)次会议 [회의]
个	가장 보편적으로 사용되는 양사(개)	(一)个人 [사람] (一)个故事 [이야기] (一)个鸡蛋 [계란]
封	편지류(통)	(一)封信 [편지] (一)封电报 [전보]
块	덩어리, 돈 단위(덩이, 원)	(一)块手表 [손목시계] (一)块面包 [빵] (一)块钱 [돈]
双	짝을 이룬 물건(짝, 쌍)	(一)双鞋 [신발] (一)双袜子 [양말]

양사	용법	예제
张	얇거나 편평한 물건(장)	(一)张报纸 [신문] (一)张桌子 [책상] (这)张脸 [얼굴]
支(枝)	가늘고 긴 물건(자루), 악곡(곡)	(一)支铅笔 [연필] (一)支歌 [노래]
条	길이가 긴 사물, 개나 물고기(마리), 소식이나 생명(가지)	(一)条裤子 [바지] (一)条河 [강] (一)条鱼 [생선] (一)条消息 [소식] (一)条狗 [개] (一)条命 [생명]

3 보통화와 한어병음

1. 보통화

중국의 표준어이며, 인구 구성원 92%를 차지하는 한족의 언어로 구어(口语)와 서면어 등을 포함한다. 1955년 국가 언어 공식 명칭으로 표준어를 '보통화(普通话)'라 명명하였고, 지금은 현대 한어사전(现代汉语词典), 현대 한어 중심(现代汉语中心)처럼 '현대 한어'라는 명칭으로 더 많이 쓰인다. 즉, 현대 한어는 베이징어음(北京语音)을 표준음으로, 베이징어언(北京语言)을 기초 방언으로, 모범적인 현대 백화문(现代白话文)저작물을 어법의 기초로 하는 보통화이다.

2. 한어병음

중국어는 표의(表意)문자로 한자 자체로는 정확한 음을 알 수 없으며, 각 지방에 따라 하나의 글자가 여러 소리로 읽힌다. 이러한 독음의 통일을 위해 1918년 중화민국 교육부에서 한자의 획선으로 만든 발음 표시 부호인 '주음부호(注音符号)'를 제정하였다. 주음부호는 타이완에서 사용되다가 2009년 폐지되었고, 중국 대륙에서는 현재 로마자를 이용해 중국어의 발음을 표기하는 한어병음이 사용되고 있다.

4 중국의 외래어

외래어는 보편적인 언어 현상으로 모든 민족의 각종 언어에서 사용되고 있다. 또한 외래어는 언어학의 중요한 연구 대상인 동시에 문화와도 긴밀한 연관성을 지니고 있다. 어느 민족을 막론하고 외부와의 교류와 발전과정 속에서 부단히 외래문화를 흡수함으로써 자신의 문화를 더욱 풍성하게 만들어 간다. 이런 외부와의 교류 속에서 언어는 문화교류의 핵심적인 역할을 수행하는데 이것이 바로 '어휘의 교류'이다.

중국이 외래어를 수용하는 양상은 음역 중심 시기, 음역·의역 병행 시기, 의역 중심 시기로 나누어 볼 수 있다. 타 언어에서 보이는 외래어는 모두 음역 중심이기 때문에 중국의 이러한 수용 방식은 다른 언어에서는 찾아볼 수 없는 희귀한 현상이다. 이처럼 외래어 수용 과정에서 중국어는 의역을 선호하고 있는데 그것은 아마도 한자의 표의문자적 특징으로 음성을 표기함과 동시에 의미도 전달하기 때문일 것이다.

그러므로 중국어의 의역 방식은 언어 현상일 뿐만 아니라 중국인이 가지고 있는 독특한 사유 방식으로 이해해야 할 것이다. 중국은 의역을 통해 외래어휘를 중국 자신의 어휘로 완전히 변형시켜 소화해내는데, 이러한 관점에서 의역을 일종의 '문화적 동화현상'으로 이해할 수 있는 것이다. 중국의 외래어 표현 방법은 다음의 표처럼 다섯 가지로 나누어 볼 수 있다.

알아두기

중국어의 외래어 수용사
1. 선진 양한 시기 – 중앙아시아 언어에서 유입
2. 위진 남북조 시기 – 범어에서 유입
3. 당송원 시기 – 투쿼어, 멍구어에서 유입
4. 무술정변 신해혁명 시기 – 일본어에서 유입
5. 5·4운동 시기 – 영어에서 유입
6. 신중국 건국 시기 – 러시아어에서 유입

:: 중국의 외래어 표현 방법

음역	순수하게 외래어의 음만 중국어로 옮긴 경우 例 咖啡[커피], 模特儿[모델], 的士[택시], 沙发[소파], 扑克[포커]
의역	순수하게 외래어의 뜻만 중국어로 옮긴 경우 例 电脑[컴퓨터], 传真[팩스], 减肥[다이어트], 复印[복사], 手机[휴대전화]
음역 + 의역	음과 뜻을 함께 부여해 중국어로 옮긴 경우 例 可口可乐[코카콜라], 百事可乐[펩시 콜라], 雷射[레이저], 基因[유전자], 维他命[비타민]
음역 + 종류명	음과 종류명을 함께 중국어로 옮긴 경우 例 啤酒[맥주], 因特网[인터넷], 意大利面[스파게티], 吉普车[지프], 冰淇淋[아이스크림]
신조어	전혀 새로운 말로 만들어 사용하는 경우 例 蚁族[개미족(중국판 88만원 세대)], 月光族[월광족]

:: 중국에 진출한 한국 기업과 외국 기업의 상호 표현

易买得	이마트	家乐福	까르푸	乐天	롯데
宝马	BMW	奔驰	벤츠	派派思	파파이스
必胜客	피자헛	肯德基	KFC	麦当劳	맥도날드

연습문제

다음은 중국의 외래어 표현 방법 다섯 가지 중 어디에 해당하는가?

1. 电脑 传真 减肥 复印 手机
2. 咖啡 模特儿 的士 迪斯科 扑克
3. 啤酒 因特网 意大利面 吉普车 芭蕾舞
4. 可口可乐 百事可乐 雷射 基因 维他命

5 중국의 방언

중국에는 다양한 방언(사투리)이 있다. 보통 방언이라 하면 표준어가 아닌 경우를 말하고 억양의 차이만 있을 뿐 의사소통에는 지장이 없을 것으로 생각한다. 그러나 중국은 지역이 방대하기 때문에 우리가 생각하는 방언의 상식을 크게 벗어난다. 마치 외국어처럼 들려 서로 의사소통이 불가능할 정도를 방언으로 구분하고 있기 때문이다. 이를 크게 나누었을 때만 해도 총 7가지로 분류된다. 이중 사용인구가 가장 많은 것은 전체 인구의 70%가 사용하고 있는 '관방언'이다.

:: 중국의 7가지 방언

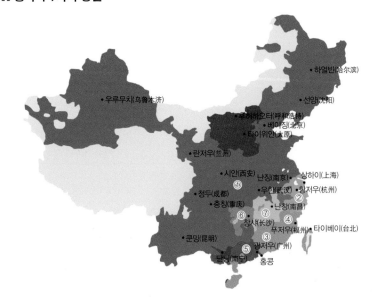

종류	사용률	사용 인구
① 관방언(官话)	70%	9억 2천만 명
② 오방언(吴方言)	8.4%	1억 1천만 명
③ 객가방언(客家方言)	5%	6,600만 명
④ 민방언(闽方言)	4.5%	5,900만 명
⑤ 월방언(粤方言)	5%	6,600만 명
⑥ 상방언(湘方言)	5%	6,600만 명
⑦ 감방언(赣方言)	2.4%	3,200만 명

그러나 관방언 조차도 지역에 따라 조금씩 발음의 차이는 존재한다. 다만 소통이 불가능할 정도는 아니기 때문에 굳이 방언으로는 구분하지 않을 뿐이다. 만약 지도와 같이 색깔로 구분되는 지역이라면 서로 소통이 불가능하기 때문에 중국에서는 이를 방언으로 구분하고 있다. 예를 들어 '홍콩'을 관방언으로 읽었을 때는 '샹강(香港)'으로 발음이 되지만 광둥어에 속하는 '월방언'으로 읽었을 때는 '횡꽁'으로 발음이 된다. 이러한 발음의 차이를 문장형식으로 말한다면 전혀 알아들을 수 없는 상황이 된다. 이렇게 지역 간의 방언 차이가 크기 때문에 고대부터 지금까지 보편적인 의사소통에 대한 필요성이 있어왔다. 그래서 중화인민공화국이 건국된 이후인 1955년에는 다음과 같은 기준을 정해 표준어인 '보통화(普通话)'라는 것을 제정하게 되었다.

보통화(普通话)란?

1. 북경어음을 표준음으로 한다.
   (以北京语音为标准音)
2. 북방어을 기초 방언으로 한다.
   (以北方话为基础方言)
3. 모범적인 현대 백화문(구어체)으로 쓰인 저작을 문법의 기준으로 삼는다.
   (以典范的现代白话著作为语法规范)

이렇게 '보통화'라는 표준어 정책을 제정한 이후 중국 정부는 초·중·고 교육에서 보통화를 필수적으로 가르치게 함으로써 모든 중국인들이 보통화를 구사하거나 들을 수 있도록 하고 있다. 그래서 현재 중국의 라디오나 TV, 신문, 교육 등에서 공식적으로 쓰이는 말은 보통화이다. 물론 일상생활에서는 자신들의 지역 방언으로 소통하는 경우가 많지만 서로 다른 지역에서 온 사람들이 만났을 때는 정규교육에서 배운 보통화로 소통이 가능하게 됐으니 매우 성공적인 전략이었다 할 수 있다.

∷ 번체자와 간체자

뜻	번체자	간체자
전화	電話	电话
학생	學生	学生
한자	漢子	汉字

6 번체자와 간체자

1. 번체자(繁体字)

예전부터 써오던 한자로써 고대의 한자 모습 그대로 갖춘 한자이다. 즉, 간체의 상대적 개념으로 한자 자체를 말한다. 현재는 한국과 일본, 타이완, 홍콩에서 사용하고 있다.

2. 간체자(简体字)

중국어를 처음 접하게 되면 어떤 한자는 우리나라에서 사용하고 있는 한자와 다른 점을 발견하게 된다. 중국에서 사용하는 한자의 자체는 우리나라보다 간략한 간화자를 사용하고 있다. 자체의 간략화는 문자 상호 간의 변식력을 감소시키는 문제점이 있지만, 서사(书写)의 편리라는 관점에서 보면 긍정적인 면을 배제할 수 없다.

'간화자'란 해서체 한자를 간화한 글자를 말한다. 한자가 장기간 사용되는 과정에서 일찍이 번체에서 간화된 간화자가 생성되어 일반인들에 의해 지속적으로 사용되었다. 중국의 한자 간화사업은 한자의 복잡한 자체로 인한 문맹률을 줄이려는 목적으로 시작되어 적지 않은 세월을 거쳐 확립된 것이다.

즉, 간화자는 현재 중국에서 정자(正字)로 제정된 한자로써 복잡한 한자(汉字)의 자획(字划)을 간단히하여 쓰기 편하게 하기 위해 1955년 중국문자개혁위원회가 〈한자간화방안초안〉을 발표하고 1956년 1월 〈한자간화방안(汉字简化方案)〉을 정식 발표하여 514개의 간화자와 54개의 간화된 변과 방이 채용되었다. 그 뒤, 간화자는 1959년까지 네 번 발표되어, 1964년 〈간화자 총표(简化字总表)〉로 정리되어 발표되었고, 1986년 본격적인 추진을 위해 약간의 수정을 거친 후 다시 공포하여 2,236개의 상용 간체자가 발표되었다. 정리하면, 한자 전체를 간략화한 것을 '간체자', 변이나 방을 간략화한 것을 '간화자'라고 한다.

3. 간체자 채용 방식과 예

간체자는 오랜 기간 비공식적으로 사용되어 오던 상당수의 글자를 바탕으로 몇 가지 규칙에 따라 만들어진 것이다. 예를 들면 다음과 같다.

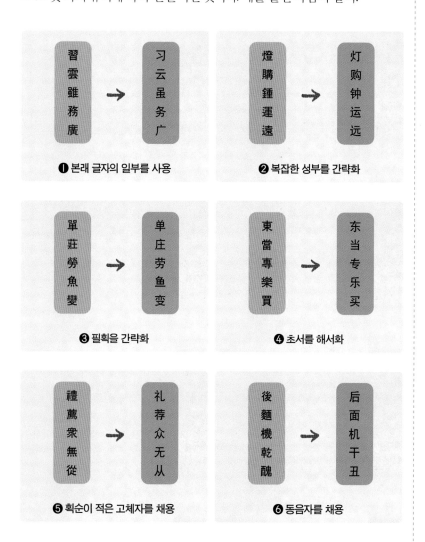

❶ 본래 글자의 일부를 사용

❷ 복잡한 성부를 간략화

❸ 필획을 간략화

❹ 초서를 해서화

❺ 획순이 적은 고체자를 채용

❻ 동음자를 채용

02 중국의 문자

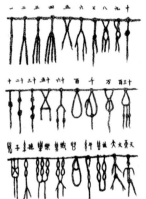

끈을 엮어 문자를 만들었다는 결승조자
설의 예

한자를 창제했다는 창힐의 상상도. 전설 속
의 그는 눈이 넷 달린 사람으로 묘사됐다.

① 한자(汉字)의 기원과 전래

문자는 언어를 기록하는 시각적인 부호이자 사상을 교류하는 도구이며, 언어를 공간적·시간적으로 전달하는 기능을 가진 매개체이다. 인류 사회에서 사상 교류의 필수적 도구인 언어는 어느 민족이든 보유하였으나, 문자는 반드시 그런 것은 아니었다. 따라서 문자는 특정사회의 문화성숙도를 나타내는 표지가 될 뿐만 아니라, 축적된 문화를 보존하고 전달하는 주요 도구의 하나라고 할 수 있다. 우리가 현재 사용하는 한글은 지금부터 약 500여 년 전 세종대왕 때 만들어졌다. 한글은 세종대왕 때 한글을 만든 동기와 목적, 그리고 반포시기가 명확하게 기록된 것이 있지만 이에 비해 한자는 처음 만들어졌을 당시의 기록이 전혀 없다.

따라서 한자가 사용된 최초의 시기가 어느 때인지는 대략적으로만 추측할 수 있다. 그렇다면 한자는 언제 어떻게 만들어졌으며, 어떠한 과정을 통해 발전하고 변화하였는지 살펴보기로 하자.

1. 한자의 기원

한자의 기원에 관해서는 옛날부터 많은 설이 전해 내려오고 있다. 그 가운데 대표적인 것이 '결승조자설(结绳造字说)'과 '창힐조자설(仓颉造字说)'이다. 결승조자설은 노끈을 매듭지어 기호로 나타내는 방식으로 만들어졌다는 설을 말하고 창힐조자설은 한자가 '창힐(仓颉)'이라는 인물에 의해 만들어졌다는 설을 말한다. 창힐조자설에 의하면 한자는 고대 중국의 사관(史官)인 창힐이 새 발자국을 보고 만들었다고 전해지고 있다. 창힐이란 사람이 누구이며 어느 시기의 사람인가에 대해서는 의견이 분분하다. 그러나 창힐이 실재 인물인가에 대해서는 아직 믿을만한 증거가 없다. 만일 실재 인물이라 하더라도 혼자서 한자를 만들었다는 말은 믿을만하지 못하다. 문자는 어느 한 시기 혹은 특정인에 의해 갑자기 창조될 수는 없으며, 축적된 문화의 구체적인 산물이므로, 창힐조자설은 다른 고대문자의 기원이 그러하듯이 전설에 불과하다. 순자(荀子)는 창힐이 한자를 창제하였다는 학설에 대해 문자는 '약정속성(約定俗成)'의 결과물이며, 창힐은 단지 당시 통용되던 문자를 정리한 사람이라고 하였다. '약정속성'이란 문자의 창제과정에 수반하는 부호에 대한 약속과 사회적 승인을 축약한 말로 문자의 탄생과 사회적 공인에 대한 개념을 가장 합리적으로 표현한 것이다.

2. 한자의 전래

한자가 우리나라에 전래된 것은 기원전 2세기경으로 추정되며, 아직 문자를 가지지 못했던 우리 선조들은 음(音)과 훈(訓)을 빌어 말을 적기도 하고 직접 한자로 뜻을 나타내기도 했다.

2 한자(汉字)의 발전

한자가 만들어지기 이전에 사람들은 그림이나 다른 방법으로 자기의 의사를 표현하고 전달해 왔다. 그것이 점차 발달하여 글자가 만들어지게 된 것이며, 맨 처음 만들어진 한자는 부호 형태의 한자였다. 이후 한자는 점차 변하여 요즘 우리가 사용하는 한자의 형태로 바뀌어 온 것이다. 중국의 역사와 문화를 최초로 기록한 문자는 갑골문(甲骨文)으로, 현재 우리가 사용하는 한자 자체는 갑골문에서 발전과 변화를 거듭하여 형성된 것이다.

1. 갑골문(甲骨文)

갑골문(甲骨文)은 중국 허난성(河南省)의 은(殷)나라 때 유적에서 발견된 거북이 등이나 짐승의 뼈에 새겨진 문자를 말한다. 거북의 껍질이나 소와 같은 짐승의 뼈에 새겨진 것이 가장 많아 쓰여진 재료의 이름을 본 떠

鼠 Mouse	牛 Ox	虎 Tiger
兔 Hare	龙 Dragon	蛇 Snake
马 Horse	羊 Sheep	猴 Monkey
鸡 Chicken	狗 Dog	猪 Pig

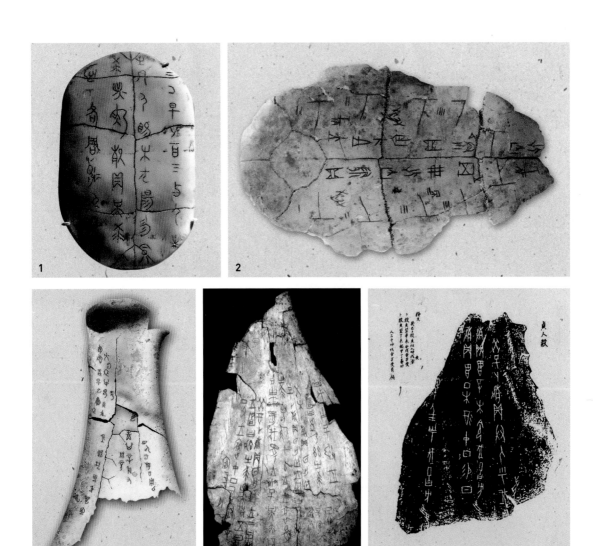

1, 2, 3, 4 **갑골문**(甲骨文)
5 **갑골문자**(탁본)

'귀갑수골문자(龜甲獸骨文字)'라 했는데, 요즘은 줄여 '갑골문'이라고 부른다.

중국 상고시대(上古時代)에 탕(湯) 임금이 하(夏)나라를 멸망시키고 상(商)나라를 세워 도읍을 은(殷)으로 옮기게 되었다. 그 후 273년이 지나 주(周)나라 무왕(武王)이 상나라를 멸망시키자 은(殷)은 폐허가 되었다. 사서에서는 이곳을 은허(殷墟)라고 하는데 지금의 허난성 안양현 일대이다. 갑골문은 바로 은허에서 발견된 상나라 후기의 복사(卜辭)를 기록한 현존하는 중국 최초의 문헌인 갑골편에 사용된 문자로 기원전 1300년쯤부터 기원전 1100년까지 사용되었다.

그 당시 왕실에서는 거북이의 껍데기나 짐승의 뼈를 불로 지져 갈라진 흔적을 보고 길흉을 점치는 습속이 있었으며 점을 친 날짜, 사람, 내용, 결과에 대한 판단 등의 사항들을 거북 껍데기나 뼈 위에 칼로 새겨놓았다. 이렇듯 갑골문은 칼로 새긴 문자가 많아 필획이 날카롭고 직선과 모가 난 것이 많다. 갑골문은 사용된 재료의 이름을 본뜬 '갑골문', 발견된 장소에 기인한 '은허문자', 내용을 따라 지은 '복사(卜辭)', 서사 방식으로 인한 '계문(契文)'이라는 명칭으로도 불린다.

1899년 갑골문이 발견된 이후 학계에서 갑골문은 한자 자형 중 가장 오래된 형태로 인정받긴 했으나, 글자 수가 상당히 많고 복잡한 자형 구조를 지니고 있으며, 일련의 어법 구조까지 지니고 있다는 점이 밝혀졌다. 따라서 갑골문처럼 성숙한 문자 체계가 사용되기 위해서는 이전 상당기간에 문자가 발전해 왔을 것으로 추정되었다. 또한, 1930년대 이후 황허 유역을 중심으로 신석기 시대의 것으로 추정되는 도기 파편에서 문자로 볼 수 있는 기호들이 발견되면서 그 추정은 사실로 받아들여지게 되었다.

2. 금문(金文)

은주(殷周)시대부터 진한(秦汉)시대까지 각종 청동기상에 주조하거나 새겨 넣은 문자로 주된 사용 시기는 서주(西周)시대이며, 일반적으로 '서주 금문'이라고 한다. 금문(金文)은 주로 청동기물에 주조되어 있기 때문에

금문(탁본)

'종정문(鐘鼎文)' 또는 '이기명문'이라고도 하며, 당시에 청동을 '길금(吉金)'이라 하였기 때문에 '길금문자(吉金文字)'라고도 한다.

금문은 정벌, 책명, 상사, 사전, 계약 등 당시의 역사와 문화에 대한 내용을 풍부하게 반영하고 있다. 원래 예악기, 생활도구 등으로 사용된 청동기는 한편으로는 왕권의 상징으로 대표되기도 하였다. 먼저 붓으로 쓴 다음 다시 칼로 새기는 방법인 갑골문이 날카롭고 각이 지며 가느다란 것에 반하여, 청동기에 주조된 금문은 굵고 둥글어서 중후한 풍격을 지니고 있다.

그 후의 금문(金文)은 오늘날 우리가 사용하고 있는 한자의 원형이라고 볼 수 있으며, 그 후 글자체가 전서(篆书)에서 예서(隷书)로, 예서는 다시 오늘날에 많이 쓰이는 초서(草书)와 해서(楷书), 그리고 행서(行书)로 발전해 나갔다.

3. 소전(小篆)

상나라 갑골문과 서주의 금문이 당시의 표준문자를 대표하면서 전국문자의 자체(字体)는 그 지역성만큼이나 통일되어 있지 않았다. 그 후 진시황의 전국통일로 인해 모든 문물의 인위적통일과 문자통일정책에 의해 대전(大篆)을 기초로 한 소전(小篆)이 만들어졌다.

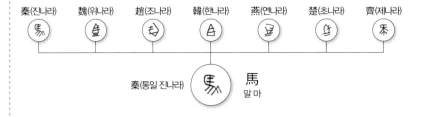

소전은 필획이 복잡한 대전 자체를 상당히 간략화하여 고쳐 만든 진나라 통일 국가의 표준 자체이다. 체계적인 소전 위주의 자서는 동한 허신(許慎)의 '설문해자(说文解字)'로 모두 9,353자를 수록하고 있다. 물론 설문에 수록된 소전 자체가 모두 진나라 소전의 면모를 그대로 반영하고 있다고는 할 수 없지만, 소전의 풍격을 고찰하는 데 가장 귀중한 자료이다.

소전의 특징은 한자의 부호적인 성질을 정립함으로써 도화(图画)의 색채를 탈피했다는 것이다. 또한 한자결구를 정형화하여 편방(偏旁)의 위치와

1

2

3

4

5

6

7

8

1, 2, 3 금문(金文)
청동기에 새겨진 금문

4 금문(대련)

5, 6 서예로 쓴 금문
금문은 굵고 둥글어서 중후한 풍격을
지니고 있다.

7, 8 종정문(钟鼎文)
금문으로 주로 청동기물에 주조되어 있
기 때문에 '종정문' 또는 '이기명문'이라
고도 한다.

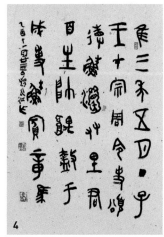

1 소전(小篆)
2 소전(탁본)
3 소전체 12자 벽돌
4, 5 대전(大篆)
6 대전(탁본)

형체를 고정하였으며, 윤곽을 모두 묘사한 갑골문과 윤곽 내부를 다 메운 금문 자체를 일률적으로 선형화하였다. 따라서 소전은 이전의 한자에 비하여 상형(象形)성이 약화되었고, 자체를 통해 한눈에 객관대상을 인식하는 한자 특유의 표의성을 상실하게 하는 시발점이 되었다.

4. 예서(隷书)

예서는 일반적으로 진예(秦隷)와 한예(汉隷)로 나뉜다. 진나라 관리들이 늘어나는 행정업무에 발맞추어 편의를 위해 소전 대신 사용한 자체가 '진예'이고, 한나라에서 본격적으로 사용되었으며 지금 우리가 사용하고 있는

1, 2, 3, 4, 5 예서(隸书)

소전이 감싸는 필체인데 비하여 예서는 마지막 부분이 갈라져 날아갈 듯한 빼침 획을 형성하고 있다.

해서의 직접적 모체가 되는 자체가 '한예'이다. 진나라의 일급 자체인 소전에 비해 보조적인 이급 자체 역할을 담당했던 '진예'는 한나라에 와서 국가의 공식적인 표준 자체가 되었다.

현재 일반적으로 예서라고 하는 것은 바로 한나라의 예서를 말한다. 예서는 한자 자체의 변화와 발전에 있어서 대변혁이라고 할 수 있는데, 이러한 까닭으로 문자학에서는 소전에서 예서로 자체가 변화 발전한 것을 '예변(隸變)'이라고 부른다.

소전이 직사각형의 형체를 하고 있는 것에 반해 예서는 옆으로 넓게 퍼진 모양을 하고 있다. 또한, 소전이 감싸는 필체인데 비하여 예서는 마지막 부분이 갈라져 날아갈 듯한 삐침 획을 형성하고 있다. 따라서 예서의 자체는 곡선의 자형에서 탈피한 직선의 부호적 성격을 지닌 서체로 새로이 발전하였고, 오늘날 한자가 직선의 획이 주종을 이루며 정사각형 형태로 자리 잡은 것이 바로 예서에서 비롯된 것이다.

5. 초서(草书)

예서나 해서의 규격성과 복잡함을 해소하기 위해 글자의 윤곽이나 일부분만 표현하고 전체적으로 획을 연결해 신속하게 쓸 수 있는 서체로, 한(汉)나라 시기 예서 이외에 초서가 사용되었다. 고문자에도 이런 현상이 발견되는데, 일반적으로 초서란 한나라 때 형성된 예서를 간략하게 흘려 쓴 자체를 말한다. 다시 말하면, 한나라의 공식적인 일급 자체는 예서이고 보조적인 성격의 이급 자체는 초서이다.

초서는 장초(章草), 금초(今草), 광초(狂草) 세 종류가 있으며 가장 오래된 것이 장초이다. 예서에서 탈변해 필획이 서로 연이어져 있지 않은 초서를 '장초'라고 하고, 동진 이후에 필획이 연이어진 초서를 '금초'라고 하는데 서예가인 '왕희지(王羲之)'의 글씨가 대표적이다.

당대(唐代)에 이르러서는 '광초'가 나타났다. 이 자체는 너무 간략화되고 글자와 글자도 연이어진 형태를 하고 있어 일반적인 정보교환의 수단으로는 쓸 수 없는 지경에 이르러 서예라는 예술적인 경우에만 사용되었다.

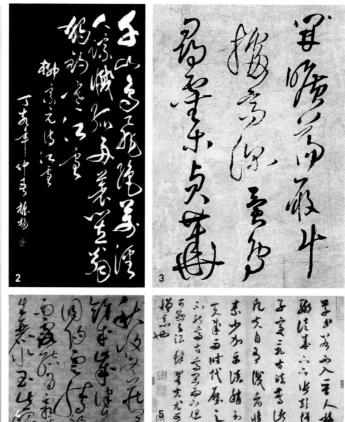

1. 2. 3. 4. 5 초서(草书)

예서에서 탈변한 필획이 서로 연이어져 있지 않은 초서 '장초(章草)'라 하고, 동진 이후 필획이 연이어진 초서를 '금초(今草)', 당대 필획이 간략화되고 연이어진 초서를 '광초(狂草)'라고 한다.

6. 해서(楷书)

해서는 예서와 기본적으로는 같지만 예서의 삐침을 생략한 단정한 서체이다. 동한 후기에 점차 해서의 필체를 지닌 자체가 생겨 삼국을 거치면서 '해서'라는 자체가 완성되었고, 그 후 위진남북조를 거치면서 본격적으로 사용되었다. 해서는 예서와 초서의 단점을 보완함으로써 본보기가 되는 모범 자체가 되어 지금까지 쓰이고 있다.

7. 행서(行书)

행서는 초서와 해서가 나온 뒤에 형성된 자체이며, 해서와 초서의 장점을 겸비한 중간 성격을 지닌 자체이다. 해서는 한 획 한 획 또박또박 써야 하기 때문에 빨리 쓸 수 없는데 반해 행서는 자형의 원래 모습을 잃지 않는 범위 안에서 초서의 필획인 연이어 쓰는 장점을 취하여 서사(书写)의 편리를 실현한 자체이다. 해서가 비록 예서에 비해 쓰기 편하다고는 하나, 여전히 불편함을 가지고 있었다. 그래서 해서의 명확함과 초서의 편리함을 취해 그 중간 형태의 자형으로 만든 것이 행서이다.

∷ 문자와 글자체의 발전 (예서 이후에는 학자마다 견해가 조금씩 다르다.)

시기	분류	서체		말 마	수레 차	물고기 어
商朝(殷朝) 상나라(은나라)	古文字 고문자 단계	갑골문		羆	𝄐	𩵋
周朝 春秋戰國時代 주나라, 춘국전국시대		금문		𩡓	車	𩵋
秦朝 진나라(B.C 221)		전서	대전(大篆)	馬	車	𩵋
			소전(小篆)			
漢朝 三國時代 한나라, 삼국시대	今文字 금문자 단계	예서 진나라 때 등장 한나라 때 유행		馬	車	魚
魏晉南北朝 隨朝 위진남북조, 수나라				馬	車	魚
唐朝 당나라		해서	초서 한나라 때 등장	馬	車	魚
			행서 동한 때 등장	馬	車	魚

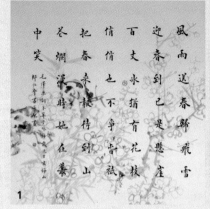
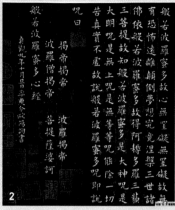

1, 2, 3 해서(楷书)

예서와 기본적으로는 같지만 예서의 삐침을 생략한 단정한 서체이다.

1, 2, 3 행서(行书)

자형의 원래 모습을 잃지 않는 범위 안에서 초서의 필획인 연이어 쓰는 장점을 취한 자체이다.

3 한자(汉字)의 형성

1. 한자의 짜임(육서)

한자는 사물의 형상을 본떠 만든 글자이기 때문에 '상형(象刑)문자'나 '표의(表意)문자'라고 한다. 하지만 눈에 보이지 않는 감정이나 미묘한 느낌까지 문자로 표현하기는 어려웠기에 사물의 형태를 본떠 글자를 만드는 데는 한계가 있었다.

갑골(甲骨)문이 등장했던 초기에는 단순히 해나 달·사람의 형상을 본떠 문자로 표현하는 것이 가능했지만, 인구가 늘어나고 사회가 복잡해지면서 좀 더 다양한 뜻을 표현할 문자가 필요했다. 그래서 초기에는 기존에 만들어 놓은 문자를 활용하는 방식으로 뜻을 확대하였다.

예를 들면 밝은 빛을 내는 해와 달을 결합해 '밝을 명(明)' 자를 만들어내는 것과 같은 방식을 말한다. 또 기존에 만들어 놓은 문자에 새로운 뜻을 부여하는 방식으로 활용도를 높이기도 했다. 한자의 이러한 생성원리를 분류해 놓은 것을 육서(六書)라 한다. 쉽게 말하면, 육서는 한자를 만드는 여섯 가지 방법이자 원칙을 말한다.

육서의 원칙을 분류해 보면 하나는 만드는 원리, 다른 하나는 운용의 원리로 구분할 수 있다. 먼저 만드는 원리로는 상형·지사·회의·형성이 있는데, 지금의 한자는 이러한 4가지 방식을 통해 만들어진 것으로 구분하고 있다.

그리고 운용의 원리인 전주(轉注)와 가차(假借)는 이미 만들어진 한자를

상형문자

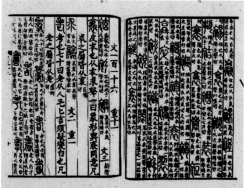
설문해자

활용하는 방법을 말한다. 고대 중국인들도 한자마다 독특한 생성원리가 있다는 것을 알고는 있었다. 하지만 이를 좀 더 체계적으로 분류해 정리한 사람은 허신(許愼)이다. 후한 시대 학자였던 허신은 한자의 자형을 분석해 여섯 가지로 분류하고 이를 육서라 했다.

허신은 당시에 사용하던 9천여 자 이상의 한자를 정리해『설문해자(說文解字)』라는 책을 집필했다. 설문해자는 문자를 해설한다는 뜻으로, 허신이 한자를 정리하는 방식을 제시하면서 후대 학자들도 이를 바탕으로 한자를 분류하고 풀이하는 연구를 하기 시작했다.

2. 한자의 발전

육서(六书)는 글자를 만드는 조자(造字)의 원리로 상형(象形), 지사(指事), 회의(会意), 형성(形声)이 있고, 활용하는 운용(运用)의 원리로 전주(转注), 가차(假借)가 있다. 아래에서는 상형지사(象形指事), 회의형성(会意形声), 전주가차(转注假借)를 둘씩 묶어 설명하였다.

3. 글자를 만드는 기본 방법인 상형(象形)과 지사(指事)

● 상형(象形) 분류 방법을 통하여 한자의 생성원리를 살펴보면, 첫째로 우리가 가장 잘 알고 있는 방식이 바로 상형문자이다. 상형(象形)문자라는 것은 눈에 보이는 사물의 형상을 본떠 만든 글자를 말하며 눈에 보이는 사물의 형태를 본떠 만들었기 때문에 상당히 직관적이다.

예를 들면 '밭 전(田)'자는 논의 경계선에 착안해 만든 글자로 고대부터 지금까지 원형 그대로를 유지하고 있으며, '나무 목(木)'자 역시 같은 방식으로 나무의 가지와 뿌리를 함께 묘사해 나무를 뜻하는 글자가 만들어졌고, '배 주(舟)'자는 조그만 배를 그린 것으로 이 세 글자 모두 상당히 직관적으로 그려져 있음을 알 수 있다. 이외에도 해나 달·사람 등 당시 사람들이 쉽게 접하곤 했던 사물의 형상을 본떠 문자로 만들었는데, 이처럼 사물의 모양을 본떠 그린 것을 상형문자라 한다. 한자를 찾는 기초인 부수(部首)의 대부분은 상형문자라 할 수 있다.

● **지사(指事)** 이처럼 사물을 본떠 만든 상형문자는 추상적인 대상을 표현하는 것이 어려웠다. 예를 들면 '맛있다'나 '쓰다'같은 것은 형태가 없기에 상형으로 표현하기엔 한계가 있었다. 그래서 상형문자에 점이나 부호를 넣어 뜻을 표현한 문자가 등장했는데, 그것이 바로 지사(指事)문자이다.

여기서 '指(손가락 지)'자는 손가락, '事(일 사)'자는 사물을 의미한다. 따라서 '지사'는 사물을 손가락으로 가리킨다는 뜻으로, 상형자(象形)의 한 부분에 포인트를 주는 방법으로 만든 글자라 할 수 있다.

예를 들면 '나무 목(木)'자의 뿌리 부분에 획을 긋는 방식으로 '밑 본(本)'자가 만들어졌는데, 여기에 쓰인 '한 일(一)'자는 나무의 아래쪽을 강조하고 있다. 그래서 '밑 본(本)'자는 나무의 뿌리를 뜻하기도 하고 또 어떤 것의 가장 기초가 된다는 뜻으로도 쓰인다.

또 반대로 나무 윗부분에 획을 그어 꼭대기라는 뜻을 나타내게 된 '끝 말(末)'자는, 나무의 끝부분을 가리키는 식으로 '끝'을 표현한 것이므로 '꼭대기'나 '끝'이라는 뜻으로 쓰인다.

'칼 도(刀)'자는 단순히 칼을 뜻하긴 했으나 칼의 날카로움까지는 표현하지 못했기에 '칼 도'자의 칼날 부분에 점을 찍어 날카로움을 표현한 한자도 만들어졌다. 갑골문이 등장했던 시기에는 이러한 방법으로 다양한 뜻을 표현하였다.

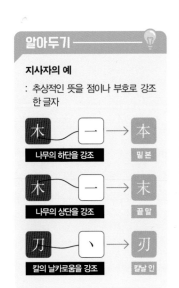

4. 만들어진 글자를 결합하는 방법인 회의(會意)와 형성(形声)

● **회의(會意)** 상형과 지사라는 방식으로 글자의 수는 늘릴 수 있었지만,

이 역시 한계가 있었다. 그래서 회의(會意)라는 방식이 도입되었는데 여기서 '회'자는 '합하다'를, '의'자는 '뜻'을 의미한다. 즉 '회의'라는 것은 뜻을 합하고 결합한다는 것을 가리킨다.

회의(會意)는 만드는 방식에 따라 총 4가지로 구분된다.

첫 번째는 동체회의(同體會意)이다. 이는 말 그대로 같은 글자를 결합하는 방식을 말한다. 같은 글자를 두 개나 세 개 결합해 '매우 많다'는 의미 혹은 이와 연관된 뜻을 표현한다.

예를 들면 '나무 목(木)'자 두 개를 결합해 나무가 매우 많은 모습의 '수풀 림(林)'자를 만들었고, '나무 목(木)'자 세 개를 결합해 나무가 무성한 모양의 '수풀 삼(森)'자를 만들었다. 그래서 삼림이라 하면 나무가 빽빽하게 들어서 있는 숲을 의미하게 된 것이다.

'쇠 금(金)'자 역시 마찬가지로 하나일 경우에는 단순히 '쇠'나 '금'을 뜻하지만, 3개를 겹쳐놓으면 '기쁘다'라는 뜻의 '기쁠 흠(鑫)'자가 된다. 금이 많아 '기쁘다'라는 뜻으로 우리나라보다는 중국이나 타이완에서 많이 쓰이는 한자이다.

두 번째는 이체회의(異體會意)이다. 이것은 서로 다른 글자를 결합한다는 뜻으로, 각각의 글자가 지니고 있던 뜻이 결합하며 파생될 수 있는 의미로 글자를 만들었다.

가장 대표적인 것으로는 '밝을 명(明)'자와 '쉴 휴(休)'자가 있다. '밝을 명(明)'자는 하늘에서 빛을 내던 해와 달을 결합해 매우 밝음을 뜻하고, '쉴 휴'자는 '사람 인(人)'자와 '나무 목(木)'자를 결합해 사람이 나무에 기대 휴식을 취한다는 것을 의미한다.

세 번째는 이체회의가 조금 변형된 변체회의(變體會意)이다. 변체회의는 '변형되어 결합한다'는 뜻으로 가장 대표적인 한자로는 '효도할 효(孝)'자가 있다. 이 한자는 늙으신 부모에게 자녀가 효도한다는 뜻으로 만들어졌는데, 글자를 결합할 때 모양을 반듯하게 만들기 위해 '비수 비(匕)'자를 생략하는 형태로 결합되었다. 이렇듯 글자가 결합하는 과정에서 일부가 변형되거나 생략되는 것을 변체회의라고 한다.

마지막은 겸성회의(兼聲會意)로 이는 소리를 겸한다는 뜻이다. 한자를 만들 때의 고민 중 하나는 어떻게 발음할지도 정해야 한다는 것이었다. 글자를

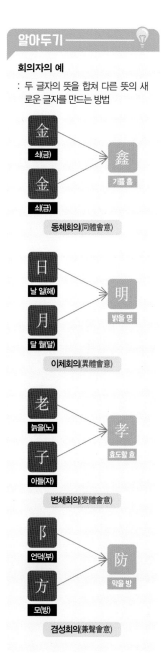

알아두기

회의자의 예

: 두 글자의 뜻을 합쳐 다른 뜻의 새로운 글자를 만드는 방법

金 쇠(금)
金 쇠(금)
→ 鑫 기쁠 흠

동체회의(同體會意)

日 날 일(해)
月 달 월(달)
→ 明 밝을 명

이체회의(異體會意)

老 늙을(노)
子 아들(자)
→ 孝 효도할 효

변체회의(變體會意)

阝 언덕(부)
方 모(방)
→ 防 막을 방

겸성회의(兼聲會意)

결합하면서 연상될 뜻과 소리를 함께 고민해야 했기에 겸성회의를 통해 글자를 결합할 때, 그중 하나는 발음도 겸하는 역할을 하도록 하였다.

이렇게 서로 다른 글자를 결합해 새로운 의미를 만드는 방식인 회의 문자는 매우 획기적인 아이디어였다. 그래서 상(商)나라 때는 기존에 만들어 놓은 상형(象形)자로 상당히 많은 양의 회의문자(會意文字)를 만들어냈다. 서로 다른 글자의 결합으로 파생될 의미를 유추하는 것이 재미있기 때문에, 이것이 한자를 공부할 때 흥미를 유발하기도 한다. 예를 들면 '좋을 호(好)'자는 '여자 여(女)'자와 '아들 자(子)'자가 결합된 형태로 일반적으로 여자와 남자가 함께 있으니 '좋다'라고 설명하곤 한다. 하지만 본래는 엄마가 아이를 안고 있는 모습을 표현한 것으로 '엄마가 아이를 안고 있는 모습이 보기 좋다'는 뜻이다. 또 다른 예로 '믿을 신(信)'자는 '사람 인(人)'자와 '말씀 언(言)'자를 결합해 '믿을 수 있다'는 뜻의 '믿을 신(信)'자가 만들어졌다. 이렇듯 두 자 이상이 결합해 새로운 의미를 연상케 하는 것을 회의(會議)문자라 한다.

:: 회의자의 형태

동체회의	같은 글자로 이루어진 한자 * 木 + 木 → 수풀 림 林(나무가 모여 숲을 이룬다)
이체회의	서로 다른 글자로 이루어진 한자 * 人 + 木 → 쉴 휴 休(사람이 나무에 기대에 쉰다)
변체회의	구성요소의 획이 줄거나 변하여 이루어진 한자 * 老 + 子 → 효도할 효 孝(아들이 부모를 모셔 효도함)
겸성회의	구성요소 중의 하나가 뜻과 음을 모두 가지고 있는 한자 * 人 + 士 → 벼슬 사 仕(벼슬을 한 사람)

● **형성(形聲)** 한자는 이렇게 발전하는 과정에서 상형문자와 지사문자, 회의문자와 같은 다양한 방식을 이용해 수를 늘려갔다. 이런 방식으로 글자의 수를 늘릴 수밖에 없었던 것은 한자가 표의문자이기 때문이다. 표의문자는 각 상황에 필요한 문자가 있어야 하기에 시간이 지날수록 글자의 수 또한 늘어나야 했다. 문명이 발전할수록 더 많은 글자가 필요했지만 회의라는 방식으로 글자의 수를 늘려나가는 것도 한계가 있었다.

그래서 좀 더 신속하게 문자를 만드는 방법을 고안했는데, 새롭게 고안된 방법이 바로 형성(形聲)의 방법이다. 형성으로 만든 문자는 하나는 '뜻'을,

그리고 다른 하나는 오로지 '발음'역할만 하는 것이다. 이것은 '형태'와 '소리'가 결합한다는 의미이기에 형성(形聲)문자라고 한다. 한쪽 부분은 오로지 '뜻'에 부합하는 글자만 가져오면 되고 다른 하나는 '음'만 빌려오니 글자를 만드는 방식이 이전의 방식들 보다는 훨씬 쉬워졌다.

형성이라는 방식은 한자를 만드는 조자(造字) 방법의 획기적인 전환점이 되었다. 글자를 만드는데 큰 고민이 필요치 않아졌기 때문이다. 이 방법이 고안된 이후 한자는 기하급수적으로 늘어나게 되어, 지금까지 만들어진 한자는 약 8만 5천 자 정도로 추정되고 있다. 이 중 약 80~90%가 형성문자라는 개념으로 만들어졌으니, 형성문자가 한자 발전에 얼마나 많은 영향을 미쳤는지를 짐작할 수 있다.

형성이라는 조자 방법이 고안된 이후 중국인들은 좀 더 다양한 뜻을 글자로 표현할 수 있게 되었다. 형성문자는 하나는 '뜻'을 그리고 하나는 '음'을 담당한다. 예를 들면 '물 수(水)'자와 '푸를 청(靑)'자가 결합하면 맑은 물이라는 뜻의 '맑을 청(淸)'자가 된다. 여기서 '물 수(水)'자는 '맑다'는 뜻을 전달하고, '푸를 청(靑)'자는 '발음'역할을 하는 것이다. 또한 한자의 80~90%가 형성문자이기 때문에 처음 보는 한자가 있더라도 대략적인 발음과 뜻을 유추할 수 있다는 장점이 있다. 예를 들면 '청어 청(鯖)'자에는 '물고기 어(魚)'자가 쓰였으니 이 한자는 '물고기'와 관련됐음을 유추할 수 있으며, '푸를 청(靑)'자로 발음까지도 유추가 가능한 것이다.

그런데 사실 형성문자로 구분되어 있는 상당수의 한자는 겸성회의에 속하기도 한다. 겸성회의는 결합한 글자 모두 '뜻'을 전달하면서 그중 하나는 '소리'도 함께 전달하는 조자 방식이다. 한자의 부수를 만들고 이를 분류하는 작업을 했던 시대에는 갑골문의 존재를 몰랐고 방대한 자료를 세세하게 해석하는 작업도 쉽지 않았다. 또한 한자가 변천하는 과정에서 모양이나 결합이 바뀐 경우가 많다. 이와 같은 여러 원인으로 해석이 잘 안 되는 경우에는 형성문자로 구분해버린 경우가 많다.

하지만 지금은 방대한 자료와 다양한 시각으로 연구가 진행되면서 글자 해독에 많은 성과가 나타나고 있다. 예를 들면 앞에서 설명한 '맑을 청(淸)'자는 '푸를 청(靑)'자가 발음역할을 한다고 했는데, 사실 발음 외에 뜻도 함께

알아두기

형성자의 예
: 모양과 소리를 함께 가지고 있는 글자

뜻을 담당

水	言	日	魚
물 수	말씀 언	날 일	물고기 어

＋

발음이나
뜻을 함께
담당

靑
푸를 청

淸	請	晴	鯖
맑을 청	청할 청	갤 청	청어 청

물고기와 관련된 한자로 발음은 '청'이라 한다.

犭 개 견 →

豹 [표범 작]
犼 [고슴도치 강]
狑 [오소리 영]
狐 [여우 호]
獅 [사자 사]
狌 [족제비 광]
獱 [수달 편]
獴 [몽구스 미]

虫 벌레 충 →

蚜 [진딧물 아]
蚐 [노래기 균]
蚣 [지네 공]
蚊 [모기 문]
蠐 [구더기 제]
蛄 [땅강아지 고]
蚲 [풍뎅이 병]
蜂 [벌 봉]

전달하고 있다. '푸를 청(靑)'자의 금문은 지금과는 달리 푸른 초목과 우물이 결합 된 형태였다. 우물은 맑고 초목은 푸르니 '푸를 청(靑)'자는 매우 푸름을 뜻하게 된 한자이다. 그러다 보니 다른 글자와 결합할 때도 '푸르다'나 '맑다'라는 뜻을 전달한다. 그러니 '맑을 청(淸)'자는 '매우 맑은 물'이라는 뜻으로 해석된다. '푸를 청(靑)'자가 발음 외에도 의미도 함께 전달하고 있는 셈이다. 또 날씨와 관계된 뜻을 전달하는 '날 일(日)'자에 '푸를 청(靑)'자를 결합해 '맑게 개인 날'이라는 뜻의 '갤 청(晴)'자도 만들어졌다. '청어 청(鯖)'자는 푸른 물고기로 해석된다. 그래서 등 푸른 생선과를 청어(鯖魚)라 한다. 즉, 형성문자로 구분된 한자 중 일부는 겸성회의로도 해석이 가능하다 보니 해석에 따라 겸성회의로 볼 것인지 아니면 형성(形聲)문자로 볼 것인지에 대한 논쟁이 남아 있는 경우도 있다.

형성문자가 가장 잘 활용된 예는 동물이나 곤충의 종류와 관계된 한자이다. 과거 중국에서는 '개 견(犬)'자나 '벌레 충(虫)'자를 사용해 동물이나 곤충의 종류를 구분했다. 그리고 다른 부분은 발음역할만을 하도록 했다. 이런 경우에는 발음역할을 담당하는 부분이 뜻을 전달하지 않는다. 일반적으로 말하는 형성문자라는 것은 이러한 것을 말한다.

5. 문자의 운용 방법인 전주(轉注)와 가차(假借) 운용원리

● **전주(轉注)** 육서(六書)에서는 이렇게 4가지 방식으로 한자가 만들어진 것으로 구분하고 있다. 그리고 이렇게 만들어진 한자를 활용한 방법은 두 가지로 구분한다.

한자는 시간이 지나면서 사용법이 확장되고 다양하게 활용되었는데 이것이 운용의 원리이다. 즉, 만들어 놓은 것을 어떻게 활용하는지의 방법을 말하는 것이다. 그 중 첫 번째인 전주(轉注)라는 것은 오랜 시간이 흐르면서 여러 의미가 담긴다는 뜻으로 해석된다. 한자 사전을 찾아보면 하나의 글자에 다양한 뜻이 담겨있는 것을 볼 수 있으며, 또 발음이 다른 경우도 볼 수 있다.

사실 한자는 단 하나의 뜻을 표현하기 위해 만들어졌다. 하지만 시간이 흐르면서 다양하게 활용되다 보니 여러 의미를 갖게 된 것이다. 우리도 매우 답답한 상황을 '고구마'라고 하고, 매우 통쾌함을 '사이다'에 비유하곤 한다.

또 '불'이라는 단어는 본래 열을 내면서 타는 것을 뜻했었지만 요즘에는 상당히 '맵다'라는 뜻으로도 쓰이기도 한다. 우리말에서도 이러한 사례는 수도 없이 많다. 이렇게 본래의 의도와는 달리 활용되거나 확장되어 복합적인 뜻을 갖게 된 것을 전주문자라고 한다.

　그렇게 본다면 사실 대부분의 한자는 전주문자에 해당한다고 볼 수 있다. 이런 전주문자와 관련된 사례 중 '음악 악(樂)'자는 거문고를 표현한 한자이다. 여기에 쓰인 '나무 목(木)'자는 거문고의 재질을 의미하고 '실 사(絲)'자는 거문고의 현을 표현한 것이라 할 수 있다. 거문고는 음악을 연주할 때 사용하던 악기로, 거문고를 글자로 표현한 것은 음악을 뜻하기 위해서였다. 그래서 이 한자는 지금도 '음악 악(樂)'이라고 한다. 그런데 시간이 지나면서 음악에서 연상되는 다양한 의미들이 더해지게 되었다. 음악 소리를 들으면 즐거우니 '즐겁다'라는 뜻도 파생되었는데 이때는 '즐거울 락(樂)'이라고 한다. 또 악기 반주에 맞춰 노래도 부른다하여 '노래하다'라는 뜻도 파생되었다.

　'길 도(道)'자는 본래 길을 뜻하기 위해 만든 한자였다. 물론 지금도 길과 관련된 뜻으로도 쓰이긴 하지만 길이 인생의 여정에 비유되면서, 사람은 올바른 길로 가야한다는 의미로 '도리'나 '이치' 또는 '깨달음'이라는 뜻을 갖게 되었다. 이렇듯 오랜 시간이 흐르면서 원래의 의미에서 연상되는 다양한 뜻이 결합되는 것을 '전주문자'라고 한다. 한자가 만들어지고 오랜 시간 동안 다양하게 활용되다 보니 이렇듯 여러 가지 뜻을 갖게 된 것이라 할 수 있다.

알아두기

전주자의 원리
: 이미 만들어진 글자를 가지고 유추하여 다른 뜻을 끌어 냄

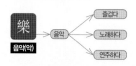

∷ 뜻만 바뀌는 경우

注 [물댈 주]	본뜻 [물을 댄다]	'주목한다'는 뜻으로 전의 예 注目, 注視
		'자세히 푼다'는 뜻으로 전의 예 注解, 注释
天 [하늘 천]	본뜻 [하늘]	'자연'이라는 뜻으로 전의 예 天然
		'출생하다, 발생하다'의 뜻으로 전의 예 先天, 后天

∷ 뜻과 음이 바뀌는 경우

说 [말씀 설]	본뜻 [말씀]	'말로 다른 사람을 설득한다'는 뜻으로 전의 예 游说 [유세]
乐 [풍류 악]	본뜻 [풍류]	'즐긴다'는 뜻으로 전의 예 享乐 [향락], 快乐 [쾌락]
		'좋아한다'는 뜻으로 전의 예 乐山乐水 [요산요수]
恶 [악할 악]	본뜻 [악하다]	'미워한다'는 뜻으로 전의 예 憎恶 [증오]

알아두기

조자원리

사물을 본뜬 글자
↓
• 구체적인 모양을 본뜬 글자 – **상형자**
• 추상적인 부호로 표시한 글자 – **지사자**
↓
독체자

독체를 합친 글자
↓
• 뜻과 뜻을 합친 글자 – **회의자**
• 뜻과 소리를 합친 글자 – **형성자**
↓
합체자

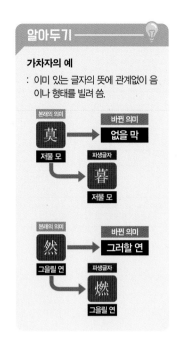

알아두기

가차자의 예

: 이미 있는 글자의 뜻에 관계없이 음이나 형태를 빌려 씀.

알아두기

가차원리

● **가차(假借)** 한자를 활용하는 두 번째 방법은 '가차(假借)문자'이다. 여기서 '가차'라고 하는 것은 가짜로 빌려온다는 뜻이다. '거짓 가(假)'자가 옛날에는 '임시'라는 뜻으로 쓰였으니 가차문자는 임시로 빌려 쓴다는 뜻으로도 해석된다. 한자가 가진 문제 중 하나는 말보다 늦게 만들어진다는 것이다. 우리는 발음을 한글로 표기하면 그만이지만 한자는 필요에 따라 글자를 만들어야 하는 불편함이 있다. 때문에 어떠한 사물이나 상황을 표현하는 말은 만들어졌지만 이를 표기할 문자는 연구가 필요했고, 기록을 해야 하니 발음이 같은 기존의 글자를 빌려 쓰는 경우가 있었다.

예를 들면 '오다'라는 뜻의 '올 래(來)'자는 보리를 그린 것으로 본래 의미도 '보리'였다. 하지만 '오다'라는 뜻을 가진 한자가 없자 기존에 만들어 놓은 이 한자를 '오다'라는 뜻으로 빌려 썼다. 그러다가 시간이 흐르면서 '보리'라는 뜻은 점차 약해지게 되었고 지금은 아예 '오다'라는 뜻으로만 쓰이게 되었다.

또 '일만 만(萬)'자는 본래 '전갈'을 그린 것으로 '전갈'을 표현하려 했던 것이었지만 후에 숫자 '일만(一萬)'으로 빌려 쓰게 되었다. 본래의 생성 의도와는 달리 쓰이고 있는 것이다. 즉, 가차문자는 글자를 임시로 빌려 쓰다가 뜻이 고착화된 경우에 해당한다.

'어찌 하(何)'자도 갑골문을 보면 어깨에 보따리를 짊어 멘 사람이 그려져 있었다. 그래서 본래의 의미는 '메다'였으나 후에 '어찌'나 '어디'로 빌려 쓰이면서 뜻을 빼앗기게 되었다. 이처럼 생성 의도와는 관계없이 쓰이는 경우가 많은데, 동서남북과 같이 방향을 뜻하거나 숫자에 쓰이는 한자가 이러한 경우에 해당한다. 전주와 가차가 등장하면서 한자를 활용하는 방법이 다양해졌지만, 다른 한편으로는 뜻이 중복되는 경우가 많아졌고 생성 의도와는 다른 뜻을 가진 한자도 생겨나 한자를 배우기가 매우 까다로워지기도 했다.

대부분의 한자는 이 6가지 방식으로 풀이하면 대략적인 뜻을 이해할 수 있다. 그래서 한자를 풀이할 때 상형자와 같이 글자 자체를 이해하는 방법, 회의자와 같이 2자 이상이 결합할 때 나타낼 수 있는 뜻을 유추하는 방법, 형성자처럼 하나는 뜻으로 해석하고 다른 하나는 발음으로 이해하는 방법도 있다.

그런데 때로는 육서에 속하기 어려운 형태의 것도 있다. 예를 들면 '같을 약(若)자 같은 경우는 '풀 초(草)'자와 '오른쪽 우(右)'자가 결합한 형태이지만, 이 한자의 갑골문을 보면 머리를 정돈하는 여자로 그려져 있다. 그런데 이런 경우에는 독립적인 형태이기 때문에 대체할 한자가 없었다. 이후 소전(小篆)에서는 '풀 초(草)'자와 '오른쪽 우(右)'자가 결합 된 형태로 바뀌었는데, 이는 그림 형태를 문자로 표현하려 했기 때문이다.

'의심할 의(疑)'자도 '비수 비(匕)'자와 '화살 시(矢)'자 등 같은 다양한 조합으로 이루어져 있지만, 갑골문(甲骨文)과 금문(金文)을 보면 그저 길 가운데 지팡이를 짚고 있는 사람이 그려진 형태이다. 이는 어디로 가야 할지 몰라 어리둥절한 모습을 표현한 것으로, 여기서 '의심하다, 헷갈리다, 머뭇거리다'라는 뜻을 갖게 되었다. 이러한 모양은 후에 변천하는 과정에서 다양한 문자의 조합으로 그림 형태를 표현하게 되었다.

한자는 변천 과정에서 다양한 이유로 변형이 되기도 하고, 또 의미와는 관계없이 모양만 빌려 쓰기도 하며, 이외에도 본래의 뜻을 살리기 위해 다른 글자를 더하기도 한다. 가차문자에서 설명한 '올 래(來)'자는 본래 보리를 뜻했던 한자였지만, 뜻을 빼앗기게 되자 '뒤져올 치(夊)'자를 더해 보리를 뜻하는 '보리 맥(麥)'자가 만들어졌다. 여기에 쓰인 '뒤져올 치(夊)'자는 단순히 본래의 의미를 살리기 위한 용도일 뿐 의미를 전달하지 않는다. 또 '어찌 하(何)'자도 본래는 '메다'를 뜻했지만, 본래의 뜻을 잃게 되자 '풀 초(草)'자를 더해 뜻을 살린 경우이다. '풀 초(草)'자는 아무런 의미도 전달하지 않을뿐더러 '옳을 가(可)'자도 단순히 모양자로 쓰였을 뿐이다. 한자는 뜻과 뜻이 합쳐지거나 뜻과 발음이 합쳐지는 것뿐만 아니라 변형된 경우도 있기 때문에 다양한 시각으로 이해해야 한다. 이때 갑골문이나 금문과 같은 옛 글자로 본래의 의미를 이해해보는 것도 많은 도움이 될 것이다.

④ 한자(汉字)의 부수

1. 부수(部首)의 의미

부수(部首)는 옥편이나 자전에서 한자를 찾는데 기본이 되는 글자로, 수많은 한자의 체계적인 분류를 위해 만들어진 것이다. 부수라는 건 한자를 찾기

알아두기

외래어 표기에 사용된 가차

가차문자는 한자가 뜻글자로 발생하는 한계를 극복하고, 외래어, 부사어적 표현(의성어, 의태어)등을 표현한다.

1. 달러(DOLLAR) → 불(弗)
2. 인디아(INDIA) → 인도(印度)
3. 프랑스(FRANCE) → 법랑서(法朗西) → 프랑스(法国)
4. 도이칠란트(DEUTSCHLAND) → 독일(德国)
5. 잉글랜드(ENGLAND) → 영격란국(英格兰国) → 영길리(英吉利)→영국(英国)

위한 기본자로 허신(許愼)과 후대 학자들이 한자를 배열하기 위해 고안한 개념이다. 이는 한자를 찾기 위한 기본적인 획이라는 뜻으로, 글자의 중심이 된다는 의미는 아니다.

부수는 표의(表意)문자인 한자의 특성으로 인해 기하급수적으로 늘어나 버린 문자를 체계적으로 분류하고 정리할 필요성을 인식하고, 이에 착안하여 한나라 때 허신이 창안한 것이다. 이때부터 부수에 의해 한자는 같은 계통의 여러 글자가 한 군으로 묶이게 되었다. 허신은 한자를 정리할 때 가장 많이 등장하는 부분을 부수로 지정하였다. 한자의 구성을 잘 살펴보면 유난히 자주 등장하는 글자가 있는데, 허신이 여러 글자를 정리하던 중 이러한 패턴에 주목해 부수를 지정하였다. 각 글자의 구성요소를 분석해 공통적으로 들어가는 글자를 부수로 지정하고 이를 중심으로 원하는 한자를 찾을 수 있도록 색인을 만든 것이다.

한자는 표의문자이기 때문에 시간이 흐를수록 수가 늘어날 수밖에 없었다. 또한 동일한 뜻을 가진 다양한 이체자도 등장하면서 문자에 혼란도 많았고, 심지어 학자들조차도 글자를 잘못 해석하는 경우가 빈번하게 발생하였다. 허신은 이를 정리하기 위해 『설문해자(說文解字)』라는 책을 집필하였고, 여기에 더해 한자의 특성을 분류하고 이를 쉽게 검색할 수 있도록 고안한 방법이 바로 부수인 것이다.

부수는 글자의 기본자를 찾고, 그리고 그 안에서 나머지 획의 수와 일치하는 글자를 찾는 방식이다. 지금은 마우스나 손가락으로 획만 그으면 쉽게 한자를 찾을 수 있지만, 부수를 통한 한자의 분류는 당시에는 매우 획기적인 발상이었다. 허신이 고안했던 부수는 총 '540자'로, 당시에 쓰이던 '9,000자' 이상의 한자에 대해 일일이 자료를 모으고 수기로 정리하였다. 부수는 1획부터 17획까지 있다.

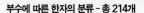

알아두기

부수에 따른 한자의 분류 – 총 214개

- 상형자 – 149자
- 지사자 – 17자
- 회의자 – 21자
- 형성자 – 27자

1획(6)	一 丨 丶 丿 乙 亅
2획(23)	二 亠 亻 儿 入 八 冂 冖 冫 几 凵 刀 力 勹 匕 匚 匸 十 卜 卩 厂 厶 又
3획(31)	口 囗 土 士 夂 夊 夕 大 女 宀 寸 小 尢 尸 屮 山 巛 工 己 巾 干 幺
4획(34)	心 戈 戶 手 支 攴 文 斗 斤 方 无 日 曰 月 木 欠 止 歹 殳 毋 比 毛 氏 气 水 火 爪 父 爻 爿 片 牙 牛 犬

5획(23)	玄 玉 瓜 瓦 甘 生 用 田 疋 疒 癶 白 皮 皿 目 矛 矢 石 示 内 禾 穴 立
6획(29)	竹 米 糸 缶 网 羊 羽 老 而 耒 耳 聿 肉 臣 自 至 臼 舌 舛 舟 艮 色 艸 虍 虫 血 行 衣 襾
7획(20)	見 角 言 谷 豆 豕 豸 貝 赤 走 足 身 車 辛 辰 辵 邑 酉 釆 里
8획(9)	金 長 門 阜 隶 隹 雨 靑 非
9획(11)	面 革 韋 韭 音 頁 風 飛 食 首 香
10획(8)	馬 骨 高 髟 鬥 鬯 鬲 鬼
11획(6)	魚 鳥 鹵 鹿 麥 麻
12획(4)	黃 黍 黑 黹
13획(4)	黽 鼎 鼓 鼠
14획(2)	鼻 齊
15획(1)	齒
16획(2)	龍 龜
17획(1)	龠

2. 부수(部首)의 분류

사실 부수는 시대에 따라 다르게 구분되기도 한다. 최초에 허신이 540자로 분류하였으나 당나라 때는 320자로 압축했었고, 요나라 때는 242자로 줄이기도 했다. 그러다 명나라에 와서는 314자로 늘어나기도 했다. 이것이 청나라 때 다시 214자로 압축되면서 지금의 부수체계에 이르게 되었다.

이렇듯 부수는 그 시대에 맞춰 탄력적으로 늘기도 하고 줄기도 하였다. 현대 중국어에서는 189개의 부수를 지정해 놓고 있지만, 지금 우리가 사용하는 부수 214자가 한자를 이해하는 절대적인 기준은 아니라는 의미이다.

지금 우리가 한자를 배울 때 사용하는 부수는 청나라 때 지정된 것을 기준으로 삼고 있다. 부수 214자에는 상형자와 지사자, 회의자, 형성자 등 다양한 방식의 한자가 지정되어 있는데 이 중 가장 큰 비중을 차지하는 것이 바로 상형자이다.

『설문해자』나 '부수'는 갑골문이 발견되기 이전에 만들어진 것으로 허신도 '갑골문'이나 '금문'이 아닌 이전 단계의 '소전'으로 한자를 연구하고 분류하였다. 청나라 때 만들어진『강희자전(康熙字典)』역시 마찬가지로 갑골문이 발견되기 이전에 만들어졌다. 이러한 연유로 부수 구분이나 한자 해석은 그 이후의 연구 결과와 다른 경우가 종종 있다.

알아두기

시대별 부수

한나라(허신)	540자
당나라	320자
요나라	242자
명나라	314자
청나라	214자
현대중국어	189자

편방 머리

: 머리부분의 특징이 있는 한자는 '머리'에 해당하는 부수로 찾는다.

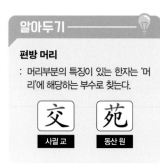

허신은 각 글자마다 빈번하게 등장하는 부분을 분류하고 획순대로 정리했다. 이러한 발상은 후에 옥편을 만드는 데 많은 도움을 주기도 하였다.

부수는 글자마다 위치가 다르게 구분되어 있어서 원하는 한자를 찾기 위해서는 먼저 글자의 기본적인 구성을 살펴봐야 한다. 또 위치에 따라 명칭도 다르다. 예를 들면 한자 중에는 '사귈 교(交)'자나 '동산 원(園)'자처럼 상단의 획이 눈에 띄는 한자가 있다. 이런 것들은 머리 부분에 해당하는 부수이다. 또 '빛 광(光)'자나 '세찰 렬(烈)'자처럼 글자의 발에 해당하는 한자가 있다면 '어진 사람 인(儿)'자나 '불 화(火)'자를 먼저 검색해야 한다. 그래서 한자의 어느 부분이 부수인지를 찾아내는 연습이 필요하다.

3. 부수(部首)의 명칭

부수 중 일부는 생성원리와는 관계없이 이름이 붙여진 경우도 있다. 그중 하나가 '돼지머리 계(彐)'자이다. '돼지머리 계(彐)'자는 일부 한자의 자형에서 돼지의 머리 부분에 해당하기에 붙여진 이름인데, 이 한자는 '돼지 시(豕)'자와 결합되는 경우가 있어 돼지의 머리를 표현한 것이라 하여 이름 지어졌다.

때문에 부수를 공부할 때 각 부수마다 붙여진 이름에 연연해 할 필요는 없다. 예를 들어 '새 을(乙)'자는 생긴 모습이 새를 닮았다 하여 붙여진 이름이지만, '새 을(乙)'자가 부수로 지정된 한자의 갑골문과 금문을 찾아보면 새와 전혀 관계없음을 알 수 있다. 글자가 변천하는 과정에서 지금의 형태로 바뀌었고, 단지 이름뿐이기 때문에 다른 글자와 결합할 때 새와 관련된 뜻을 전달하지 않는다. '쉬엄쉬엄 갈 착(辶)'자나 '조금 걸을 척(彳)'자 역시 단순히 길을 가는 것과 관련된 뜻만 전달할 뿐, 천천히 가는 것과는 아무 관계가 없다.

부수에 이러한 뜻이 담긴 이유는 한자를 분리해서 설명하기 위한 목적 때문이다. '일 사(事)'자를 예를 들어 살펴보자. 이 한자는 '한 일(一)'자에 '입 구(口)'자와 '돼지 머리 계(彐)'자, 그리고 '갈고리 궐(亅)'자로 구성되어 있다. 여기서 부수는 한자의 구성이 이렇다는 것을 설명하기 위한 용도인 것이다.

부수가 만들어질 당시의 일부 한자는 해독(解讀)이 완전하지 못한 경우도 있었다. 예를 들어 '들 입(入)'자의 경우, 갑골문이 발견되기 이전까지는 '사람 인(人)'자를 반대로 적어 놓은 것으로 해석했다. 그래서 사람이 다시 돌아오는 모습이기 때문에 '들어오다'라는 뜻을 갖게 되었다고 해석했고, '들 입(入)'자가 쓰인 '안 내(內)'자는 집 입구로 사람이 들어오는 모습으로 해석했다. 이는 '안 내(內)'자를 쓸 때 반드시 '들 입(入)'자를 그려야 하는 이유이기도 했다. 하지만 갑골문이 발견된 이후 '안 내'자에 쓰인 '들 입(入)'자는 이러한 해석과는 전혀 관계가 없다는 것을 알게 되었다. '안 내'자는 집 내부의 모습을 그린 것이고 여기에 쓰인 '들 입(入)'자는 지붕을 받치던 대공과 도리를 표현하고 있는 것이었다. '들 입'자의 갑골문을 보면 '사람 인'자를 반대로 그린 것이 아닌 단순히 뾰족한 모양을 그려 무언가에 끼워진다는 뜻을 표현한 것으로, 결국 '안 내'자와는 관계가 없고 단순히 한자가 변천하는 과정에서 모양자로 채택됐을 뿐이다. '안 내'자가 폰트에 따라 '사람 인'자로 쓰이는 것도 이 때문에 생긴 현상이다.

4. 부수(部首)의 변형

한자의 부수는 단독으로 쓰일 때와 글자의 일부로 쓰일 때 글자 모양이 다른 경우가 많다. 이것은 부수가 글자에 포함될 때 모양이 변형되기 때문이다.

알아두기

획 구분

한 일		입 구
돼지머리 계	事	갈고리 궐
	일 사	

변형 부수가 등장하게 된 것은 서로 다른 글자를 결합할 때 정사각형을 유지하기 위해서였다. 한자는 여러 글자가 결합하는 방식으로 발전했기 때문에 모양이 들쑥날쑥해지는 경우가 발생하였고 이를 피하기 위해서 모양을 변형시키는 경우가 있었는데, 이렇게 만들어진 것이 '변형부수'이다. 한자는 발전 과정에서 다양한 '변형 부수'가 등장하였다.

대표적으로 '고기 육(肉)'자가 변형되어 쓰일 때는 '달 월(月)'자로 바뀌니 해석에 주의해야 한다. '달 월(月)'자가 우측에 쓰인 경우만 달과 관련된 것이고, 이외의 위치에 있다면 이는 '고기 육(肉)'자가 변형된 것이다. 또 간혹 '푸를 청(靑)'자의 하단을 '달 월(月)'자로 쓰기도 하는데 본래는, '우물 정(井)'자가 변형된 것을 그려야 하지만 편의상 '달 월(月)'자로 쓰기도 한다. '그물 망(网)'자는 3가지 형태로 변형되지만, 주로 쓰이는 것은 '눈 목(目)'자를 옆으로 눕힌 형태이다. 그래서 때로는 '큰 덕(德)'자나 '꿈 몽(夢)'자와 같은 한자와 헷갈리기도 한다.

'구슬 옥(玉)'자가 변형될 때는 오른쪽 하단의 점이 생략되어 '임금 왕(王)'자로 바뀐다. 사실 '구슬 옥(玉)'자는 점이 없는 형태였으나 후에 '임금 왕(王)'자와 형태가 같아지자 점을 하나 찍는 식으로 구별한 것이다. 하지만 점이 찍히기 이전에 이미 많은 '파생자(派生字)'를 만들어냈고, 그 많은 '파생자(派生字)'들은 지금도 점이 없는 형태를 취하고 있다. 또한 옛날에는 임금을 상징하는 글자를 함부로 사용하지 못했기 때문에 대부분은 '구슬 옥(玉)'자와 관련된 한자이고, 진짜 '임금 왕(王)'자가 쓰인 한자는 거의 없다고 볼 수 있다.

부수는 예서(隷書) 이후에 형성된 것으로, 갑골문에서 금문과 예서에 이르기까지 많은 변형이 이뤄졌기 때문에 지금의 형태로 뜻을 유추하기 어려운 경우가 종종 있다. 즉 부수는 변형이 완료된 예서 이후의 형태로 분류됐기 때문에 본래의 의미와 맞지 않는 경우도 있다는 것이다.

乙[乚]	人[亻]	刀[刂]	卩[㔾]
새 을 예: 乳(유), 亂(란)	사람 인 예: 仁(인), 休(휴)	칼 도 예: 刑(형), 刊(간)	병부 절 예: 犯(범), 危(위)
巛[川]	彐[彑]	心[忄][㣺]	手[扌]
내 천 예: 州(주), 順(순)	돼지머리 계 예: 秉(병), 事(사)	마음 심 예: 忙(망), 添(첨)	손 수 예: 折(절), 投(투)
邑[阝]	阜[阝]	水[氵][氺]	犬[犭]
고을 읍 예: 郭(곽), 郞(낭) ★ 우측 변으로 쓰임	언덕 변 예: 防(방), 限(한) ★ 좌측 변으로 쓰임	물 수 예: 汚(오), 求(구)	개 견 예: 狂(광), 獄(옥)
攴[攵]	无[旡]	火[灬]	辵[辶]
칠 복 예: 放(방), 攻(공)	없을 무 예: 旣(기), 㤅(화)	불 화 예: 蒸(증), 熱(열)	쉬엄쉬엄 갈 착
艸[艹]	老[耂]	玉[玊]	示[礻]
풀 초 예: 芽(아), 花(화)	늙을 노 예: 孝(효), 考(고)	구슬 옥 예: 瑨(진), 珍(진)	보일 시 예: 視(시), 福(복)
网[罒][冂][皿]	肉[月]	衣[衤]	羊[䒑][⺶]
그물 망 예: 綱(망), 罕(한), 罰(벌)	고기 육 예: 肥(비), 有(유)	옷 의 예: 初(초), 衫(삼)	양 양 예: 羜(저), 羨(양)
臼[𦥑]	足[𧾷]	長[镸]	食[飠]
절구 구 예: 興(흥), 嫂(수)	발 족 예: 路(로), 躁(조)	길 장 예: 髟(표), 套(투)	밥 식 예: 飮(음), 蝕(식)

연습문제

1. 다음 한자의 부수를 말해 보시오.
❶ 信(믿을 신)
❷ 到(이를 도)
❸ 拒(막을 거)
❹ 惡(악할 악)
❺ 波(물결 파)
❻ 苔(이끼 태)
❼ 然(그럴 연)

2. 다음 한자의 부수를 말해 보시오.
❶ 道(길 도)
❷ 猫(고양이 묘)
❸ 防(막을 방)
❹ 邱(언덕 구)
❺ 爭(다툴 쟁)
❻ 被(이불 피)
❼ 社(모일 사)

3. 다음 한자의 부수를 말해 보시오.
❶ 肥(살찔 비)
❷ 罰(벌줄 벌)
❸ 亂(어지러울 란)
❹ 珍(보배 진)
❺ 孝(섬길 효)
❻ 飽(배부를 포)
❼ 放(놓을 방)

01 중국 음식문화의 특징

1 중국의 음식문화

카오야

둥포러우

마포더우푸

중국은 음식에 관해서는 세계 최고 수준을 자랑하고 있다. 중국음식은 다양한 종류와 요리법, 풍부한 재료와 향신료 등으로 세계적인 명성을 얻고 있는데, 그 종류가 너무 많아 중국인들조차 메뉴판에 적힌 이름만 가지고는 어떤 음식인지 알기가 어렵다고 한다. 이런 까닭에 중국인들은 음식을 주문하는 일을 하나의 학문이라고 말할 정도이다.

중국의 '한서(汉书)'에는 '백성이 먹는 것을 하늘처럼 여긴다.'는 말이 있다. 사람이 살아가는 데 있어 가장 중요한 것은 먹는 것이고 백성이 배불리 먹을 수 있도록 하는 것이 통치의 관건이라는 말이다. 실제로 중국 역사에서는 백성이 굶주리면 반란이 일어났고, 그 결과는 왕조의 변화로 이어졌다. 신중국 건국 이후 중국이 '샤오캉(小康)사회'[10]를 추구하는 이유도 인민을 굶주리지 않도록 하는 데 첫째 목표가 있다고 해도 지나친 말이 아니다.

중국에서는 의식주(衣食住) 대신 '식의주(食衣住)'라는 말이 쓰일 정도로 식생활에 가장 먼저 신경을 쓴다. 예로부터 중국인이 음식을 섭취하는

당나귀 혀 요리

10) 샤오캉(小康)사회는 덩샤오핑의 '3단계 발전(三步走)전략' 중의 하나로 여유로운 중산층의 생활에 들어서는 것을 말한다.

목적은 단순히 맛있는 음식을 탐하는 것이 아니라 건강과 장수에 초점을 두고 있기 때문에, 야생동물, 곰, 자라, 고양이, 쥐, 벌레에 이르기까지 독특한 재료를 사용하는 중국요리는 불로장생의 사상과 밀접한 관계를 맺고 발전해 왔다. 그리하여 중국인들은 일상생활 속에서 의식동원(医食同源)을 새기며 살아왔다. '의식동원'이란 '의약과 음식은 본래 그 뿌리가 하나'라는 의미로 중국에서는 음식으로 몸을 보신하고 병을 예방·치료하여 장수한

네이멍구 전통요리

다는 인식이 보편화되었다. 또한 하나의 왕조가 탄생하면 그에 따른 새로운 풍습과 음식문화가 형성되고 발전했다는 사실로 미루어 음식문화가 오랜 역사를 가졌음을 알 수 있다.

나라가 혼란스러울 때는 상대적으로 새로운 요리가 적게 개발되었고, 태평성대에는 왕실과 권력자들의 미식 욕구를 충족시키기 위해 맛있는 요리가 개발되었는데, 그 과정에서 다양하고 진귀한 요리가 발달하게 된 것이다. 즉, 중국요리는 왕실요리와 귀족요리, 입에서 입으로 전해 내려온 서민요리가 한데 어우러져 한층 더 발전한 것이라고 할 수 있다.

2 중국 음식의 특징

1. 재료의 선택이 매우 자유롭고 광범위하다.

개구리 꼬치구이

굼벵이 꼬치구이

뱀 꼬치구이

전갈과 지네 꼬치구이

각종 꼬치구이

중국의 음식문화는 풍부하고 다채로우며 중국의 지리환경 및 역사, 여러 민족 등의 각종 요소와 불가분의 관계에 있다. 중국요리에는 다양한 식물과 동물이 재료로 사용되고 있으며, 오리를 재료로 하는 요리만 해도 50여 가지가 된다.

:: 재료의 종류

小葱 [xiǎocōng]	尖椒/辣椒 [jiānjiāo/làjiāo]	松仁 [sōngrén]	芝麻 [zhīma]	花生 [huāshēng]	玉米 [yùmǐ]	土豆 [tǔdòu]	茄子 [qiézi]	番茄 [fānqié]
실파	고추	잣	참깨	땅콩	옥수수	감자	가지	토마토
海参 [hǎishēn]	鲤鱼 [lǐyú]	虾仁 [xiārén]	鸡肉 [jīròu]	猪肉 [zhūròu]	牛肉 [niúròu]	羊肉 [yángròu]	豆腐 [dòufu]	蘑菇 [mógu]
해삼	잉어	새우	닭고기	돼지고기	소고기	양고기	두부	버섯

:: 재료의 형태에 따른 분류

丝[sī]	丁[dīng]	条[tiáo]	卷[juǎn]	片[piàn]
채 썰다	깍둑 썰다	길게 썰다	말다	얇게 썰다

汤[tāng]	羹[gēng]	团[tuán]	丸[wán]	
국	수프	둥글게 빚다	완자 모양	

:: 재료의 가짓수에 따른 분류

什锦[shíjǐn]	八宝[bābǎo]	五香[wǔxiāng]	三鲜[sānxiān]
열 가지 진귀한 재료로 만든 요리.	여덟 가지 보배로운 재료로 만든 요리로 보신용의 느낌이 든다.	다섯 가지 다양한 맛의 향료를 가미해 삶은 요리.	세 가지 신선한 재료의 요리로 해산물 요리가 많다.

2. 맛이 다양하고 풍부하다.

중국인들은 단맛(甜/tián), 짠맛(咸/xián), 신맛(酸/suān), 매운맛(辣/là), 쓴맛(苦/kǔ)의 다섯 가지 맛 외에 향과 냄새를 미묘하게 배합한 요리를 만들었는데, 이러한 중국요리의 다양한 맛은 전 세계의 어떤 요리에서도 찾아볼 수가 없다.

3. 조미료와 향신료의 종류가 풍부하다.

중국요리에 쓰이는 조미료와 향신료는 그 종류가 다양하며 많은 요리에 사용하여 냄새 제거와 맛을 더욱 풍부하게 한다. 일반 식당에서 쓰는 양념의 종류만 해도 50여 가지가 되고, 조미료의 종류도 500여 종에 이른다. 중국요리의 맛이 독특하고 풍부한 것도 이처럼 많은 종류의 조미료와 산초, 계피, 파, 마늘 등의 향신료를 적절히 사용하기 때문이다.

4. 조리법이 다양하다.

중국요리의 조리기구는 간단하지만 조리법은 아주 다양하여 용어만 해도 100여 개가 넘는다. 일반적으로 많이 사용하는 조리법에는 국 요리, 기름에

1. 2 훠궈(火锅)
충칭(重庆) 지역의 훠궈(火锅)가 유명하며 지금은 중국 전역에서 사람들이 가장 즐겨 먹는 음식이 되었다.

∷ 조리법에 따른 분류

炸[zhá]	烤[kǎo]	煎[jiān]	炒[chǎo]	泡[pào]
튀기다	굽다	지지다	볶다	절이다

拌[bàn]	蒸[zhēng]	炖[dùn]	烧[shāo]	
무치다	찌다	삶다	기름으로 튀기거나 볶은 후 국물을 붓고 다시 볶거나 고는 요리법	

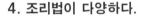

튀기는 법, 기름에 볶는 법, 팬에 약간의 기름을 두른 후 지지는 법, 직접 불에 굽는 법, 약한 불에 국물을 넣고 오랜 시간 쪄내는 법, 튀긴 다음 달콤한 녹말 소스를 얹어 만드는 법, 훈제하는 법 등이 있는데 이 중 중국인들이 일상생활에서 가장 많이 사용하는 방법이 볶는 방법이다.

5. 불의 세기가 중요하다.

중국요리는 불의 세기와 볶는 시간에 그 요리의 성패가 달려 있다고 할 만큼 불의 세기가 중요하다. 불은 성질에 따라 중화(中火), 소화(小火), 미화(微火), 비화(飞火), 왕화(旺火), 맹화(猛火) 등으로 나뉜다.

③ 중국요리 순서

'다리가 네 개 달린 것 가운데 책상만 빼고 다 먹고, 나는 것 중에는 비행기만 빼고 다 먹는다.'라는 우스갯말 때문에 중국인들은 종류나 형태를 불문하고 모든 음식문화에 대해 매우 관대하다고 생각할 수 있다. 하지만 중국인들은 사실 음식문화에 매우 까다로운 면이 있다. 이는 음식이 인간의 생사와 화복에 영향을 미칠 수 있는 중요한 요소라고 생각하기 때문이다. 또한, 얼핏 보면 질서없이 나오는 요리 같지만 사실 음식이 나오는 순서에는 일정한 격식이 있다.

음식이 나오는 순서를 살펴보면 먼저 간단하게 먹을 수 있는 소채(小菜)가 나오는데 이는 정식요리가 나오기 전에 차를 마시면서 함께 드는 가벼운 음식이다. 정식요리 전에 먹는 음식으로는 입맛을 돋구는 절인 땅콩이나 약간 짠 반찬들이 대부분이다.

그다음 정식요리의 첫 순서로 해산이나 육류가 포함된 량반하이셰피(涼半海蟹皮/게살 냉무침)나 피단(皮蛋/삭힌 오리알)과 같은 찬 요리인 냉채(冷菜) 몇 가지가 동시에 나오는데 총 4개의 냉반(冷盘)[11]이 나온다. 냉반은 주로 술에 대한 안주의 개념으로 대부분 맛이 담백하며, 사람이 많을 때에는 8개의 냉반이 차려진다.

---

11) 냉반은 차가운 냉채로 중국요리에서 가장 처음 나오는 큰 접시에 담긴 여러 가지 음식이나 술안주를 말한다.

다음으로, 4개 접시에 따뜻한 채소나 고기류의 볶음요리인 열채(热菜)가 나온다. 열채는 식사를 위한 요리이다. 차오샤(炒虾)와 차오지러우(炒鸡肉)와 같은 열채가 나오는데, 주로 하나씩 나온다. 양은 냉반에 비해 약간 많으며 기름기가 적어 느끼하지 않은 담백한 맛을 내는 요리들로 이루어진다.

이어서 재료에 전분을 풀어 걸쭉한 국물이 생기게 볶아낸 음식과 본격적인 산해진미의 각종 재료를 이용하여 만든 주요리인 주채(主菜)가 나온다. 주채는 일반적으로 4, 6, 8가지로 짝수로 나오는데 이는 중국 사람들이 짝수가 길한 숫자라고 여기기 때문이다. 많을 때에는 16가지에서 32가지까지 나오는데, 대부분 6가지에서 12가지가 가장 일반적이다. 주채가 나오는 순서는 대표 주채 중 가장 고급 재료를 사용하는 요리(头菜)가 가장 먼저 나오고 볶음요리(炒菜), 튀김요리(炸菜), 조림요리(烧菜), 찜요리(蒸菜), 볶아서 소스를 뿌리는 요리(熘菜), 구이요리(烤菜), 채소요리(素菜)의 순서로 나온다. 그다음 주채의 마지막에 꼭 빠지지 않는 요리가 나오는데 바로 생선이다. 생선은 중국 정식요리에서 절대 빠지지 않는 단골 메뉴이다.

정식요리에서 생선에 특별한 의미를 두는 것을 두 가지 의미로 볼 수 있다. 첫 번째는 중국인들의 길상물(吉祥物)에 대한 숭배의 목적으로 해석할 수 있다. 농사에 직접적으로 영향을 미치는 비(雨)를 관장하는 영적인 존재로는 용과 함께 물고기를 꼽았다. 즉, 물고기는 오곡의 풍성함으로 직결되는 존재이기도 한 것이다.

두 번째는 해음현상과 연관이 있다. 생선은 한자로 어(鱼)이며 중국어로는 '위(yú)'로 발음하는데, 발음이 '여유 있다, 풍족하다'의 위(裕/yù)와 같다. 즉, 생선을 특별히 선호하는 것은 항상 풍족함을 기원한다는 의미가 담겨 있는 것이다. 이와 같은 이유로 식사뿐만 아니라 제사를 지낼 때 혹은 명절이나 축하연에서 생선은 빠지지 않는 단골 메뉴이다.

특히 음력 설날 춘제에는 생선요리가 거의 필수코스인데 이날 특별히 잉어를 먹는 경우가 많다. 잉어의 한자 리(鲤/lǐ)의 발음이 '이익이 된다'라는 리(利/lì)와 같아서 새해에 좋은 일만 있으라는 기원을 담고 있다. 주채의 마지막으로 따뜻한 국인 탕요리(汤菜)가 나오면서 주채는 끝이 난다. 주채가 끝난 후 사탕무 같은 달콤한 요리인 단요리(甜菜)와 맛이 단 후식인 톈뎬(甜点)

알아두기

**중국코스요리 순서
(기본 연회요리 메뉴 구성)**

1. 전채 요리(前菜)
- 차가운 전채(冷菜)
- 뜨거운 전채(热菜)

2. 주채(主菜)
- 대표 주요 요리 중 가장 고급재료 사용(头菜)
- 볶음요리(炒菜) → 튀김요리(炸菜) → 조림요리(烧菜) → 찜요리(蒸菜) → 볶아서 소스를 뿌리는 요리(熘菜) → 구이요리(烤菜) → 채소요리(素菜)

3. 탕요리(汤菜)
- 훠궈(火锅)가 대신 제공될 때도 있다.

4. 단요리(甜点)
- 과자류(点心/小吃)
- 단맛의 음식(甜味)

5. 분식요리(小吃)
- 짠맛의 음식(咸味)

6. 과일류(水果)

리즈(荔枝)

또는 밥과 죽 같은 식사가 나온다. 계절에 따라 리즈(荔枝), 하미궈(哈密果) 같은 제철 과일도 나온다.

정리해 보면 식사를 하는 순서는 위에서 설명하였듯 일반적으로 소채(小菜) → 냉채(冷菜) → 열채(热菜) → 주채(主菜) → 탕요리(汤菜) → 단 음식/디저트(甜点) → 분식요리(小食) → 과일(水果)의 순이다. 물론 음료와 차(茶), 술(酒)은 식전에 주문한다.

:: 중국코스요리

냉채 [冷菜]	냉채 [冷菜]	열채 [热菜]	열채 [热菜]
주채 [主菜]	주채 [主菜]	주채 [主菜]	주채 [主菜]
주채 [主菜]	주채 [主菜]	주채 [主菜]	주채 [主菜]
탕요리 [汤菜]	단요리 [甜菜]	복음밥 [炒饭]	면 [面条]

4 중국의 식사예절

중국에서 손님을 초대하여 음식 대접을 하는 것을 '请客(qǐngkè)'라고 한다. 이때 손님을 초대하여 비즈니스 식사를 하는 경우 식탁 좌석의 배치는 서열에 따라 앉는 순서가 정해져 있다. 기본적으로 지켜야 할 식사예절을 살펴보면 다음과 같다.

1. 식탁 좌석의 배치

● **대접하는 사람** 문을 바라보는 가장 안쪽의 자리

● **손님** 서열에 따라 접대자의 오른쪽, 왼쪽에 위치

● **요리** 초대받은 손님 앞에 놓아 먼저 먹게 하는 것이 기본예절

● **술** 처음 음식이 나오게 되면 한 점씩 먹은 후 초청한 맨 윗사람이 바이주(白酒)로 첫 번째 환영주를 권하는데, 이때는 대부분 건배를 한다. 세 번째 환영주까지 하는 것이 최소한의 술 예절이다. 이 세 번째 환영주를 마시기 전에 손님 측에서 먼저 술을 권하게 되면 초청자 측의 정성을 받아들일 수 없다는 의미가 되므로 조심하여야 한다. 주최 측 1인자의 환영주 마시기가 끝나면 주최 측 2인자가 다시 세 번의 환영주를 손님들에게 권하고, 그다음에는 또 다른 주최 측 사람이 손님들에게 세 번의 환영주를 권하게 되어 모두 아홉 번의 건배를 하는 것이 상례이다.

알아두기

식탁 좌석의 서열

①번 자리: 주최측 1인자
②번 자리: 서열 1, 2위 손님
③번 자리: 서열 제일 아래 손님

2. 식사 시 예절

요리, 주식, 탕의 순서로 일반적으로 우리나라와 마찬가지로 쌀밥과 요리는 같이 먹지만, 탕류는 반드시 마지막에 먹는 것이 습관화되어 있다.

또한, 중국의 식탁에서는 숟가락과 젓가락을 사용하는 법이 엄격하게 구분되어 있다. 숟가락(汤匙)은 탕을 먹을 때만 사용하고, 젓가락(筷子)은 면, 쌀밥 등을 먹을 때만 사용한다. 특히 밥이나 탕류를 젓가락으로 먹을 때는 반드시 밥그릇이나 탕그릇을 손으로 들어 입에 대고 먹는 것이 기본 관습이다.

연회장에서는 도착 시 식탁 옆의 편안한 의자에 안내되는데, 처음 연회를 시작하면 일상적인 대화는 5분 정도밖에 이루어지지 않는다. 그다음으로 음식이 준비되면 연회장 직원이 신호를 넣으면서 주인이 식탁으로 자리를 옮길 것을 제안한다.

02 중국 각 지역의 음식문화

① 중국요리의 (지역적) 구분

1. 2분법

북방요리

창장(长江)

남방요리

중국요리는 넓은 땅만큼이나 그 요리의 종류도 지역별로 많다. 중국요리는 창장(长江/양쯔장)을 기준으로 크게 북방요리와 남방요리로 구분하기도 한다. 남방 지역은 쌀로 만든 음식을 주식으로 한다. 쌀밥과 채소나 탕 같은 반찬을 함께 먹고, 콩의 가공식품인 순두부나 콩국 및 쌀죽과 같은 간편식을 개발하여 요리하는 번거로움을 피하기도 했다. 북방요리와의 가장 큰 차이점은 남쪽이 바다와 강에서 많이 나는 해산물과 담수어를 이용한 음식이 다양하다는 점이다.

북방 지역의 주된 농작물은 밀이며, 이 지역 사람들은 주식으로 만터우(饅头), 젠빙(煎饼), 바오쯔(包子), 화쥐안(花卷), 몐탸오(面条), 자오쯔(饺子) 등 밀가루 음식을 즐겨 먹는다. 베이징이나 칭다오, 톈진과 같은 대도시의 가정에서는 아침에 집 근처의 가게에서 긴 꽈배기 모양의 요우탸오, 바오쯔, 더우장 등을 사서 먹는다. 또한, 북방 지역은 목초지가 많아 쇠고기나 양고기 등 육류를 이용한 요리가 남방보다 발달하였다.

2. 4분법

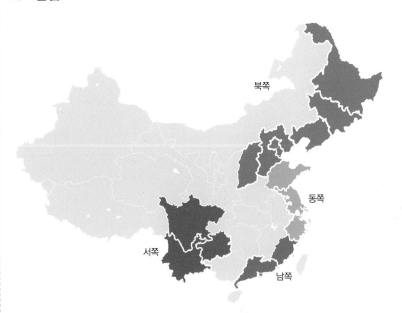

동서남북에 따라 동은 장난(장쑤·저장), 서는 쓰촨 일대, 남은 푸젠·광둥 일대, 북은 북방·산둥 일대로 나누기도 한다.

중국요리를 구분하는 기준을 맛으로 구분하면 동쪽요리는 시고, 서쪽요리는 맵고, 남쪽요리는 달고, 북쪽요리는 짜다. 색으로 구분하면 동쪽요리는 남쪽과 비슷하면서도 약간은 더 진한 색이 난다고 볼 수 있고, 서쪽요리는 고추를 많이 써서 붉은색을 띤다. 남쪽은 흰색이나 푸른색 등 재료의 원색을 그대로 살리는 경향이 있고, 북쪽은 대체로 검다.

3. 8분법

산둥성

장쑤성

안후이성

쓰촨성

저장성

후난성

푸젠성

광둥성

    중국의 지방요리를 '8대 요리계'로 분류하면, 장쑤, 저장, 쓰촨, 광둥, 푸젠, 산둥, 후난, 안후이로 나눌 수 있다.

2 중국의 4대 요리

1. 산둥요리(魯菜)

    4대 문명의 발상지인 황허를 중심으로 발달한 산둥요리는 한랭한 기후로 인해 추위에 견디기 위한 고열량의 음식이 발달하였으며, 강한 화력을 이용한 튀김과 볶음요리가 일품이다.

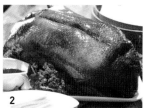

1, 2, 3, 4 카오야
베이징 카오야(北京烤鴨)는 전취덕(全聚德)의 카오야가 가장 유명하다.

산둥요리는 산둥의 옛 지명을 따 '루차이(鲁菜)' 또는 베이징을 중심으로 하여 '징차이(京菜)'라고도 부른다. 산둥(山东)은 춘추전국시대(春秋战国时代)부터 요리가 발달하여 공자, 맹자와 같은 중국 최고 유학자들이 제사를 지내기 위해 음식을 연구한 지역이기도 하고, 명·청 시대에는 산둥 출신의 많은 요리사가 황궁에 들어가 궁중요리인 만한전석(满汉全席)의 구심점이 되는 등 중국요리에 끼친 영향이 상당히 크다. 산둥요리는 조미료에 의한 것보다는 재료 본래의 맛을 중요시한다는 점에서 광둥요리와 비슷하다. 현재 한국에 들어와 있는 화교 대부분이 산둥성 출신으로, 우리가 먹는 중국요리는 산둥식 중국요리에 가깝다고 할 수 있다.

2. 장쑤요리(苏菜)

중국 중부지방의 도시인 난징(南京), 상하이(上海), 쑤저우(苏州), 양저우(扬州) 등지의 요리로 대표되기 때문에 '난징요리' 또는 '상하이요리(회양요리)'라고도 부르는 장쑤요리는 중국 대륙의 젖줄기인 창장 하구에서 오랜 옛날부터 풍부한 해산물과 쌀을 바탕으로 발전했다.

창장 하류 지역을 포함한 장쑤요리는 조리 방법이 섬세하고 맛이 독특하다. 양념을 적게 사용하여 재료 본래의 맛을 살리는 것으로 유명하며, 풍부한 해산물과 미곡(米谷) 그리고 따뜻한 기후를 바탕으로 하여 지방의 특산물인 중국식 간장(酱油)을 사용하여 만드는 것이 특징이다.

1, 2 **상하이 게요리**
풍부한 해산물과 따뜻한 기후를 바탕으로 이 지방의 특산물인 간장을 사용하여 만드는 것이 특징이다.
3 **상하이 단단몐(担担面)**
4 **화쥐안(花卷)**
5, 6, 7 **둥포러우(东坡肉)**
소동파가 즐겨 먹었다는 음식이다.

상하이요리는 이 중 서구의 영향을 가장 많이 받은 요리이다. 상하이
는 따뜻한 기후와 풍부한 농산물, 갖가지 해산물의 집산지로서 다양한
요리가 발달했고, 특히 간장과 설탕을 사용하여 달콤하게 맛을 내며, 기
름기가 많고 진한 것이 특징이다. 돼지고기를 살짝 볶은 다음 진간장을
넣어 다시 익혀 만드는 '훙사오러우(红烧肉)', 바닷게로 만드는 '푸룽칭샤
(芙蓉青虾)', 오징어를 볶아 만드는 '바오우화(爆乌花)', 두부로 만드는 '스진
사궈더우푸(什锦砂锅豆腐)'와 꽃 모양의 빵인 '화쥐안(花卷)' 등이 유명하다.

상하이 가재요리

쑤저우(苏州)와 항저우(杭州)는 동쪽이 바다이고 서쪽은 창장이 중부를
가로지르는 비옥한 토지를 가진 지역으로 '물고기와 쌀이 풍부하게 생산되
는 살기 좋은 고장(鱼米之乡/어미지향)'으로 불린다.

3. 쓰촨요리(川菜)

청두, 충칭 등의 도시를 중심으로 발달한 쓰촨요리는 독특한 매운맛으로
우리에게 잘 알려진 요리이다. 쓰촨 지역은 분지 지역으로 티베트(西藏)와 가
까우며 바다에서 멀어 날씨 변화가 심하다. 지세가 상대적으로 낮고 주위는
산으로 겹겹이 쌓여 있어 여름엔 날씨가 매우 무덥고 수증기가 쉽게 확산되
지 않는다. 그래서 고온다습하고 햇빛이 적다. 이러한 기후조건은 풍토병에
걸리기 쉬운데, 고추의 매운맛이 냉기를 제거하고 열을 보충해 주기 때문에
풍토병을 예방해주는 역할을 한다. 또한, 식욕을 돋우기 위하여 마늘, 파,
붉은 고추 등을 많이 사용하는 매운 요리가 발달하였다. 산악지대이기 때문
에 향신료, 소금절이, 건조시키는 것이 이 지역 음식의 특징이며, 요리 맛은
얼얼하고, 맵고 강한 향기가 있는 것이 특징이다.

마포더우푸(麻婆豆腐)

궁바오지딩(宫保鸡丁)

위샹러우쓰(鱼香肉丝)

중국의 속담 중에 '湖南人不怕辣, 贵州人辣不怕, 四川人怕不辣' 라는 말이 있다. 이는 '후난사람들은 매운 걸 두려워하지 않고, 구이저우 사람들은 매워도 겁내지 않지만, 쓰촨사람들은 맵지 않을까 두려워한다.' 라는 의미이다. 하지만 또 구이저우에서는 '湖南人不怕辣, 四川人辣不怕, 贵州人怕不辣' 라고 하기도 하며, 후난에서는 '贵州人不怕辣, 四川人辣不怕, 湖南人怕不辣' 라고도 한다. 이는 이 세 지역의 사람들이 매운 음식을 좋아하고 즐기며, 매운맛을 자기 지역 음식에 대한 특징이자 자부심으로 생각하고 있다는 것을 나타낸다.

쓰촨요리는 한국사람의 입맛에 가장 잘 맞는 음식이기도 하며, 우리나라 중화요리 식당의 음식 중에서 가장 많은 수를 차지하는 요리이기도 하다. 같은 매운 맛이지만 지역에 따라 매운 맛에 조금씩 다른 특징을 가지고 있다. 일반적으로 한국의 매운 맛은 달콤하면서도 매운 것에 비해, 쓰촨(四川)과 충칭(重庆)의 매운 맛은 얼얼하게 맵고(麻辣), 구이저우(贵州)의 매운 맛은 시큼 매콤하며(酸辣), 후난(湖南)의 매운 맛은 다른 맛이 섞이지 않은 본연의 매운 맛(鲜辣)이 그 특징 이라고 할 수 있다.

대표적인 쓰촨요리로는 다진 고기와 두부를 이용한 '마포더우푸(麻婆豆腐)', 회교도들의 양고기 요리인 '양러우궈쯔(羊肉锅子)', 새우고추장볶음인 '간사오밍샤(干烧明虾)', 닭 가슴살, 땅콩, 말린 고추를 주재료로 해서 볶아 만든 '궁바오지딩(宫保鸡丁)' 등이 유명하다.

4. 광둥요리(粤菜)

위츠(鱼翅/샥스핀)

중국 남부지방의 요리를 대표하는 광둥(广东)요리는 광저우(广州)요리를 중심으로, 푸젠(福建)요리, 차오저우(潮州)요리 등의 지방 요리 전체를 일컫는다. 광둥요리는 조미료를 중시하며 향기롭고, 개운하고, 부드럽고, 미끄러운 것이 특징이다. 또한 요리의 종류와 재료의 다양성에서는 타의 추종을 허락하지 않는다. 우스갯말로 '다리가 네 개 달린 것 가운데 책상만 빼고 다 먹고, 나는 것 중엔 비행기만 빼고 다 먹는다.'라고 할 정도로 그 재료가 다양하다. 광둥(广东) 지역은 중국의 남쪽에 있어 열대성 식물을 이용한 신선하고 담백한 요리가 특징이며, 대륙에서 먹는 것에

뎬신(点心/수정만두)　　구라오러우(咕咾肉)

사오마이(烧麦)　　포탸오창(佛跳墙/불도장)　　뎬신(点心)

가장 큰 비용을 지출하는 지역이기도 하다. 16세기부터 스페인과 포르투갈 등 세계의 상인들이 모여드는 무역항이었기 때문에 중국요리 방법을 모체로 외지의 향신료를 첨가한 국제적인 요리법이 다양하게 개발되었다. 광둥요리는 자연의 맛을 잘 살려내고 신선하고 부드러운 맛과 시원하면서도 매끄러운 맛을 강조하며, 특히 탕요리를 중요하게 생각한다.

　　또한 '중국요리의 꽃'이라 불리는 뎬신(点心)이 대표적인 음식이다. 그밖에 뱀, 곤충, 원숭이, 너구리 등 희귀한 재료를 이용하는 것도 광둥요리의 특징인데 2004년 사스 발생으로 야생동물을 요리 재료로 사용하는 것이 법으로 금지되었다. 대표적인 요리로는 구운 돼지고기인 '차사오(叉烧)', 광둥식 탕수육 '구라오러우(咕咾肉)', '사오마이(烧麦)', '차오판(炒饭)' 등이 있다.

3 중국의 대중음식

　　통상적으로 중국인들이 가장 중시하는 식사는 저녁이며 아침은 가장 간단하게 먹는다. 출근 시간 무렵이면 중국의 길거리에는 아침을 파는 상인들과 가게를 쉽게 접할 수 있다. 일반적으로는 우리나라의 죽에 해당하는 시판(稀饭)을 셴차이(咸菜)와 같이 먹기도 하고 바오쯔(包子), 만터우(馒头), 요우탸오(油条), 더우장(豆浆), 훈툰(馄饨) 등의 음식을 즐겨 먹는다. 최근 들어서는

알아두기

8대 지방요리 중 4대 요리를 제외한 나머지 지역의 특징은 다음과 같다.

1. **저장(浙江)요리** – 항저우(杭州), 닝보(宁波), 사오싱(绍兴)의 요리가 유명하며 주로 단맛의 민물요리가 발달하였다.
2. **푸젠(福建)요리** – '민(闽)차이'라고도 하며 담백한 해산물요리가 유명하다. 특히 푸저우(福州), 샤먼(厦门) 지역의 요리가 유명하다.
3. **후난(湖南)요리** – '샹(湘)차이'라고도 하며 매운 요리가 주를 이룬다. 후난성 둥팅호(洞庭湖) 일대는 중국 제일의 곡창지대를 형성하여 '어미지향(鱼米之乡)'이라는 별명을 낳게 했는데, 생선과 쌀이 풍부한 곳이라는 뜻이다.
4. **안후이(安徽)요리** – '후이(徽)차이'라고도 하며 진한 맛과 푸짐함이 특징이다.

우유와 시리얼, 토스트, 계란, 햄과 같은 서양식 아침 역시 대도시에 사는 중국인들이 즐겨 먹는 음식들이다.

1. 아침

중국인들이 보편적으로 즐기는 대표적인 아침 식사는 요우탸오(油条)와 더우장(豆浆)이다.

● 요우탸오(油条) 밀가루를 길쭉하게 빚어서 기름에 튀겨 만든 것이다.

● 더우장(豆浆) 콩을 갈아서 만든 두유의 일종으로 찬 것과 따뜻한 것이 있다. 집에서 직접 만들어 먹지 않고 대부분 아침을 파는 가게에서 사서 먹는다.

1 요우탸오를 튀기는 모습
2 요우탸오와 더우장
3 요우탸오

● 바오쯔(包子), 만터우(馒头) 집에서 먹는 아침은 주로 바오쯔(包子)나 만터우(馒头)를 시판(稀饭)과 짭짤하게 절인 채소인 셴차이(咸菜)와 곁들여 먹는다.

자오쯔(饺子)

바오쯔(包子)

만터우(馒头)

거우부리바오쯔(狗不理包子)

● **훈툰(馄饨)** 새우젓으로 간을 한 육수에 손가락 한 마디 정도의 작은 물
만두를 넣고 끓인 음식으로 아침에 길거리나 작은 음식점에서 먹을 수 있다.

훈툰(馄饨)

● **마오단(毛蛋/곤계란)** 달걀이 병아리로 부화하기 전
에 끓아버린 달걀을 '곤달걀' 혹은 '곤계란'이라고 하는
데 끓은 달걀이라는 뜻으로, 날것으로도 먹고 삶아
서도 먹는다. 중국어로는 '마오단(毛蛋)'이라고 하며 중
국은 물론, 동남아에서도 즐겨 먹는 음식 중 하나이다.

우리나라에도 아직 태어나지 않은 새끼돼지를 꺼내 요
리를 한 '애저구이'란 음식이 있다. 나라마다 고유의 음식문화가 있으니, 혐오스
럽다는 편견을 가질 필요는 없다.

2. 점심

점심은 아침과 큰 차이는 없으나 주식인 쌀과 국수 이외에 볶음요리 등
을 먹는다. 최근 대도시에서는 서양식 패스트푸드를 파는 가게에서 젊은 연
령층을 위주로 햄버거나 치킨, 피자 등을 즐기기도 한다.

3. 저녁

저녁 식사는 보통 가족과 함께 집에서 먹는데 모임이 있을 때에는 밖에서
사서 먹기도 한다. 중국인들이 즐겨 먹는 음식 중에 우리나라의 신선로와 유
사한 훠궈(火锅)에 고기를 얇게 썰어 넣어 살짝 익혀서 먹는 '솬양러우(涮羊
肉)'를 즐기기도 한다.

● **훠궈(火锅)** 훠궈(火锅)는 얇게 썰어 놓은 양고기나 소고기를 채소와 함께 살짝 데쳐 장에 찍어 먹는 음식으로 기호에 따라 갖은 채소와 두부, 당면, 해산물 등을 넣어 끓여 먹는다. 본래는 양고기의 효능 중 추운 계절에 몸을 따뜻하게 해주는 효과 때문에 입추(立秋)가 지난 이후에 즐겨 먹었는데, 현재는 중국 거리를 걷다 보면 몇 집 걸러 하나씩 있을 정도로 체인점과 가게들이 즐비하고 때와 관계없이 사시사철 즐기는 음식이 되었다.

1 북방식 훠궈
2, 3 충칭훠궈

● **궈톄(锅贴)** 우리나라의 군만두와 비슷한 대표적 길거리 음식으로 한쪽 면만 굽는 게 특징이다.

궈톄(锅贴)

182

● **양러우촨(羊肉串)** 양러우촨(羊肉串)은 가장 대중적인 칭전(清真)요리이다. 칭전요리는 이슬람식의 회교요리를 말하는데, 양고기를 잘게 썰어 꼬치에 끼워서 구워먹는 꼬치요리로 신장성의 성도인 우루무치(乌鲁木齐) 길거리뿐 아니라 현재는 중국 전역 어디서나 발견할 수 있는 대중 음식이다.

4. 면(面)

면은 중국의 대중 음식 중에 빼놓을 수 없는 음식 중 하나이다. 중국 사람들은 국수의 가늘고 길며 쫀득쫀득한 성질 때문에 길게 오랫동안 살라는 의미로 생일이 되면 창서우몐(长寿面)을 반드시 챙겨 먹는다.

중국에는 지역이 넓은만큼이나 면의 종류도 다양하며, 우리의 '춘천 닭갈비' 또는 '전주비빔밥'처럼 지금은 어디서나 즐겨 먹지만, 그 지역의 음식이 유명하여 고유명사처럼 되어버린 음식들도 있다.

중국 사람들이 즐겨 먹는 면으로는 '다오사오몐(刀削面)', '신장차오몐(新疆炒面)', '우한러간몐(武汉热干面)', '자장몐(炸酱面)', '니우러우몐(牛肉面)', '양춘몐(阳春面)' 등이 있으며 지금은 중국 전역에서 맛볼 수 있다.

수타면을 뽑는 모습.

V자형으로 깎으며 다오사오몐(刀削面)을 만들고 있는 모습.

1 다오샤오멘(刀削面)
2 신장차오멘(新疆炒面)
3 우한러간멘(武汉热干面)
4 자장멘(炸酱面)
5 니우러우멘(牛肉面)
6 양춘멘(阳春面)

5. 기타

● **젠빙(煎饼)** 젠빙(煎饼)은 중국 사람들이 아침 식사로 즐겨 먹는 대중음식 중 하나이다. 아침에 길거리에 나가면 젠빙을 굽는 모습을 어렵지 않게 볼 수 있다.

젠빙(煎饼) 만드는 모습.

● **칭정위(清蒸鱼), 칭둔위(清炖鱼)** 생선요리는 본래의 신선한 맛을 느끼기 위해 양념을 강하게 하지 않고 찌거나 푹 고는 칭정위(清蒸鱼)와 칭둔위(清炖鱼)를 으뜸으로 치며 설탕과 간장을 넣고 볶는 홍사오(红烧)와 시고 달콤한 탕추(糖醋)도 많은 중국인이 즐기는 요리 방식이다.

칭정위(清蒸鱼)

칭둔위(清炖鱼)

● **처우더우푸(臭豆腐)** 처우더우푸(臭豆腐)는 이름처럼 '냄새나는 두부'라는 뜻이다. 중국의 길거리를 지나다 보면 기름에 노란빛으로 튀겨 낸 두부를 볼 수 있는데 보기에는 먹음직스러우나 특이한 냄새가 코를 찌른다. 두부를 썩힌 채소 물에 며칠간 담가 발효시킨 후 튀긴 두부로, 절인 채소와 간장에 찍어 먹는다.

4 대중음식이 된 명절음식

1. 쫑쯔(粽子) - 단오 (음)5월 5일

쫑쯔(粽子)는 찹쌀을 댓잎 또는 갈잎에 세모나게 싸서 찐 찹쌀떡이라고 할 수 있다.

2. 라바저우(腊八粥) - 섣달 초여드레 (음)12월 8일

석가모니가 성불하기 이전, 각지를 떠돌며 유학을 했는데 어느 날 인적이 드문 황량한 들판에서 피로와 배고픔으로 쓰러졌다고 한다. 이때 마침 양치는 아가씨가 그곳을 지나다가 자신의 찹쌀죽을 석가모니에게 주었고, 죽을

먹은 석가모니는 기운을 차렸다고 한다. 후에 석가모니는 보리수나무 아래에서 득도하였는데, 그날이 바로 음력 12월 8일이다. 중국의 불교도들은 이 날을 기념하여 법회를 열고 찹쌀, 콩, 과일 등을 넣어 끓인 죽을 먹는데, 음력 12월이 음력 섣달이기 때문에 '라바저우'라고 한다.

5 중국 음식의 향신료

1. 샹차이(香菜)

샹차이(香菜)는 우리나라에서 '고수'라 불리는 식물인데 중국에서는 일반적으로 요리나 탕, 국수 위에 뿌려져서 나온다. 그 독특한 향기 때문에 잘 습관이 되지 않았다면 주문할 때 '부야오팡샹차이(不要放香菜)'라고 말하여 빼달라고 부탁하는 것이 좋다.

2. 화쟈오(花椒)

화쟈오(花椒)는 산초나무 열매의 화초인데 중국음식을 조리할 때 매콤하고 알싸한 맛을 내기 위해 첨가되는 일종의 향신료이다. 샹차이와 화쟈오 향신료 모두 우리에게 그리 잘 적응이 되는 향신료는 아니다.

03 중국의 술

갑골문 　 금문 　 소전 　 해서

酉의 모양

1 중국의 술 역사

술을 뜻하는 한자 주(酒/㴰)는 유(酉)라는 글자에서 비롯된 것이다. 유(酉)는 술 두루미(목과 입구가 좁고 배는 크고 둥근 병) 밑이 뾰족하고 주둥이가 긴 항아리의 겉모양에서 따온 상형문자로 이 항아리에 물을 뜻하는 삼 수(氵)변이 붙어 오늘의 주(酒)자를 이루게 되었다.

중국 술의 역사는 차의 역사보다 더 오래된 전통을 지니고 있다. 중국 술의 역사를 살펴보면 두강(杜康)을 양주(釀酒)의 시조라고 보아 왔는데 이는 약 4,200여 년의 역사를 가지고 있음을 짐작할 수 있다. 진조(晋朝)시기 강통(江统)은 두강이 술의 시조라는 것을 부인하고, 중국 술의 기원은 두강보다 1,000여 년 이전이라고 주장하였다. 이처럼 증명되지 않았던 술의 역사는 1983년 10월에 산시성(陝西省) 메이(眉)현 양자(杨家)촌에서 한(汉)조의 오지그릇이 출토함으로써 6,000여 년 이상의 술의 역사를 가지고 있는 것으로 추정된다. 이처럼 오랜 역사를 지닌 만큼 술은 중국인의 생활 속에 깊이 자리 잡고 있으며, 사람을 사귀고 인격을 논하는 중요한 수단으로 인식되고 있다.

2 중국의 술 문화

　중국인들은 술자리를 마련할 때 손님을 마음껏 취하고 충분히 즐기게 했다는 기분이 들어야 비로소 손님을 제대로 대접했다고 생각하고 만족한다. 남녀를 막론하고 술을 즐기는 사람들이 많지만 술 마시는 관습이 잘 절제되어 있어 술주정을 하거나 술로 인해서 사회질서를 어지럽게 하는 일은 많지 않다. 또한, 밤늦게 술에 취해 거리를 돌아다니는 사람도 드물고, 술집을 순례하는 습관도 우리나라보다 적다고 할 수 있다. 하지만, 근래에 들어 급속한 경제발전과 유흥 문화의 발달로 예전보다는 다소 늘어난 모습을 보이고 있다.

　중국에서는 우리의 음주문화와 달리 술잔을 다른 사람에게 돌리지 않으며, 상대의 술잔이 조금이라도 비어 있으면 계속해서 첨잔하는 것이 예의이다. 술을 따르면 술을 받는 사람은 식지(食指)와 중지(中指)를 구부려 탁자를 가볍게 두드리는 감사의 뜻을 표한다.

:: 중국과 한국의 술 예절 비교

중국	한국
손님을 존경한다는 뜻으로 윗사람이 먼저 따르기 시작하며 술잔에 술을 가득 채운다. • 위터우주(鱼头酒) – 중국요리에 꼭 올라오는 생선요리는 머리부분이 자리한 손님 중 가장 지위가 높은 사람을 향하도록 놓는데, 이때 상석에 앉은 손님은 '위터우주'라 하여 먼저 술 한 잔을 비워야 한다.	술잔이 넘치지 않을 정도로 담아준다.
첨잔도 무방하다. 이차다이주(以茶代酒/차나 음료로 술을 대신)가 가능하다.	상대방이 권한 술을 다 비우고 다시 잔을 권한다.
술을 마실 때 상대방 눈을 보며, 같이 술잔에 입을 대고 같이 입을 떼야 한다.	어른 앞에서는 옆으로 돌아서 마시며, 두 손으로 공손히 따르고 받는다.
술잔을 돌리지 않는다.	자기 잔을 상대방에게 주고 그 잔에 술을 채움으로써 마음을 전한다.
술잔을 부딪친 후에는 한번에 다 마시는(干杯) 것이 예의다. 마신 후에는 상대방에게 술잔을 보여 다 마셨다는 것을 증명한다. 특히 첫 잔은 잔을 다 비우는 것이 예의이다. 단, 상대가 술잔을 권하는데 한 번에 거절하면 존경하지 않는다는 의미이다.	술을 마실 때 나이가 많거나 직위가 높은 사람이 먼저 마시는 것이 예의이다. 특별한 경우가 아니고는 한 번에 다 마실 필요는 없다.

이러한 습관은 청대부터 유래된 것으로 알려졌는데 청 건륭제가 민간인 복장으로 순행을 떠나 차의 고향으로 유명한 장시, 저장 일대의 어느 찻집에서 룽징차를 맛보게 되었는데 뛰어난 차 맛에 흡족한 건륭제가 신하에게도 차를 권하였다. 황제의 하사를 받은 신하는 바로 머리를 조아려 예를 갖출 수 없자 손가락을 구부려 탁자를 세 번 두드리는 것으로 예를 갖추어 은총에 대한 감사의 표시를 했다고 한다. 이러한 관습이 지금까지 전해 내려와 중국인들은 술잔을 받을 때 일반적으로 이처럼 행동한다.

③ 술에 관련된 단어

시주(喜酒/xǐjiǔ)는 본래 결혼식 축하주를 의미하는데 그 뜻이 확대되어 결혼식 축하연을 말하는 대명사가 되었다. 통상적으로 결혼식 축하연과 같은 술자리에서 주인은 손님이 모두 자리에 앉으면 손님을 향해 '셴간웨이징(先干为敬)'이라고 말하며 자신이 먼저 술잔을 비우는 것으로 예의를 나타낸다. 또한, 상대에게 술을 권할 때는 '제가 한잔 올리겠습니다.'라는 의미로 '워징니이베이(我敬你一杯)'라고 말하는데 이때는 이에 응하며 '간베이(干杯)'하는 게 예의이다. 만약 커다란 원형식탁에서 술을 마셔 상대방과 직접 간베이를 하기 어려우면 식탁 위 회전판을 두드려 대신하기도 한다.

중국에서 술을 마실 때 보통 '간베이(干杯)'와 '수이이(随意)'라는 말을 하는데 이 두 단어에는 의미적 차이가 있다. 간베이는 '건배'라는 의미로 잔을 비우라는 뜻이고 수이이는 '마시고 싶은 만큼 마십시다.'라는 뜻이다. 만약 술을 전혀 마시지 못한다면 먼저 양해를 구하거나 '이차다이주(以茶代酒)'라고 말하고 주스나 차로 술을 대신한다.

④ 중국의 술 종류

중국 전통술은 바이주(白酒/증류주), 황주(黄酒/양조주), 야오웨이주(药味酒/혼성주), 기타 재조주 등으로 구분할 수 있는데 지방에 따라 제조법과 원료에 차이가 있어 제각기 독특한 풍미가 있다.

술의 종류를 살펴보면 역사가 오래된 만큼 4,500여 종의 술이 있다. 그리하여 전국 평주회(评酒会)를 개최하여 금메달을 받은 술을 이른바 '명주'라 칭하며 중국 정부에서는 8대 명주에 '중국 명주'라 쓰인 붉은 띠나 리본을 달아 이 술이 명주임을 알리고 있다. 통상적으로 8대 명주, 10대 명주를 손꼽는데, 중국 각지에서 생산되는 술의 종류가 다양하기 때문에 8대 명주와 10대 명주에도 역시 차이가 있다. 8대 명주 중 대표적인 술은 바이주 5가지, 황주 2가지, 야오웨이주 1가지로 나뉘는게 일반적이다.

바이주의 대표적 술로는 루저우라오자오터취(泸州老窖特曲/여주노교특곡), 젠난춘(剑南春/검남춘), 장쑤양허다취(江苏洋河大曲/강소양하대곡) 등이 명주로 유명하며, 일반적으로 이를 8대 명주와 10대 명주로 꼽는다. 황주의 대표적인 술로는 사오싱주(绍兴酒/소흥주), 라오주(老酒/노주), 뉘얼훙(女儿红/여아홍) 등이 유명하다.

:: 8대 명주

바이주(白酒/증류주) 5가지	황주(黄酒/양조주) 2가지	야오웨이주(药味酒/혼성주) 1가지
① 마오타이주(茅台酒/모태주) ② 우량예(五粮液/오량액) ③ 펀주(汾酒/분주) ④ 구징궁주 　(古井贡酒/고정공주) ⑤ 둥주(董酒/동주)	① 사오싱자판주 　(绍兴加饭酒/소흥가반주) ② 룽옌천강주 　(龙岩沉缸酒/용암침항주)	① 주예칭주 　(竹叶青酒/죽엽청주)

1. 바이주(白酒/증류주)

바이주(白酒)는 우리의 소주처럼 가열하여 증류시킨 대표적인 증류주로 밀이나 보리로 만든 누룩에 수수나 쌀을 원료로 하여 만들며 술의 도수가 40~80℃가 될 정도로 대단히 높다. 대략 송대에서 원대 무렵 중국에 증류주가 등장한 것으로 알려지는데 서역으로부터 전해 내려온 증류기의 도입은 중국의 양조(酿造)역사에 있어 대단히 중요한 계기가 된다.

근대에 이르러서는 서양 선진기술이 결합된 대규모의 생산능력을 갖춘 양조공장이 등장하게 되었는데 중국 서남부에 있는 구이저우(貴州)의 마오타이주(茅台酒)와 쓰촨(四川)성의 우량예(五粮液) 등이 중국에서 가장 뛰어난 바이주를 생산하는 곳으로 유명하다.

● **가오량주(高粱酒)와 바이간얼(白干儿)** 가오량주(高粱酒)와 바이간얼(白干儿)은 사실 바이주(白酒)의 다른 명칭으로 그 원료가 되는 수수의 한자어가 가오량(高粱)이기 때문에 붙여진 이름이다.

이 밖에도 바이주를 '얼궈터우(二锅头/이과두)'라고도 부르는데 이는 중국 북방에서 전통적인 방법으로 바이주를 만드는 오래된 명칭에서 유래된 것이다. 그러나 지금은 일반적으로 증류할 때 처음과 마지막 나온 술을 제거한 나머지 술을 지칭한다.

가오량주는 중국의 전통적인 양조법으로 빚어지기 때문에 모방이 어려울 정도로 독창성을 갖고 있다. 누룩의 재료는 대맥, 작은 콩이 일반적이지만 소맥, 메밀, 검은 콩 등이 사용되는 때도 있으며 숙성 과정의 용기는 반드시 흙으로 만든 독을 사용한다. 지역적 특성이 높은 중국요리에 적합하며 색은 무색이다. 장미 향을 함유하는 것도 있고, 가오량주 특유의 강함이 있으며 독특한 맛으로 유명하다. 주정(酒精)은 59~60% 정도이며 톈진(天津)산이 가장 유명하다.

바이주를 과거에는 '사오주(烧酒)'나 '가오량주'라고 불렀고 지금은 일반적으로 '바이주'나 '바이간얼'이라고 부른다. '바이주'라는 명칭은 그 색이 투명한 무색이고, 물이 섞이지 않아서 붙여진 이름이다. 또한, 사오주는 '발효된 원료를 증류시켜서 만든 술이라는 의미이다.

● **마오타이주(茅台酒)** 바이주(白酒)의 대표적인 술 마오타이주(茅台酒)는 1915년 파나마 만국 박람회에서 3대 명주로 평가받은 후 세계 곳곳 애주가들의 사랑을 받고 있는 술로 중국인들은 '중국인의 혼을 승화시켜 빚어 낸 나라의 술'이라고 말한다. 마오쩌둥이 중국혁명을 승리로 이끈 정부 공식 만찬에도 반드시 나오는 술이며, 닉슨 전 대통령과 마오쩌둥이 미·중 국교

정상화를 위해 만찬 시 한 번에 마시고 그 맛에 감탄했다는 술로 유명하다.

산지는 구이저우(貴州)성이고 원료인 가오량(高粱/수수)을 누룩으로 발효시켜 10개월 동안 9차례 증류시킨 후 술독에 넣어 밀봉한 후 최저 3년을 숙성시킨다. 주정은 약 53~55% 정도로 무색투명한 것이 특징이다.

● **우량예(五粮液)** 중국 남서부 쓰촨성(四川省)과 원난성(云南省)을 경계로 구이저우성이 자리 잡고 있다. 구이저우성은 창장의 상류 지역으로, 산수가 빼어나고 기후가 온난하며 물자가 풍부하다. 삼국지에서 유비의 본거지였던 바수(巴蜀)가 바로 이 지역이다. 구이저우성에서는 중국의 명주가 많이 생산되는데, 그 중 우량예(五粮液)가 유명하다. 이 술은 중국의 바이주 가운데 판매량이 가장 많다. 우량예는 명(明)나라 초부터 생산되기 시작했으며, 처음 빚은 사람이 '진씨'라는 것만 알려졌다.

우량예의 독특한 맛과 향의 비결은 곡식 혼합 비율과 첨가되는 소량의 약재에 숨어 있으며, 이것은 수백 년 동안 진씨 비방으로 알려져 내려왔다. 1949년 현재의 중국 정부가 들어선 뒤 해마다 열리는 주류 품평회에서도 우량예는 마오타이주(茅台酒)와 함께 중국을 대표하는 명주로 꼽힌다.

2. 황주(黃酒/양조주)

곡물을 발효시켜 술을 만드는 양조 기술은 중국 술의 대표적인 특징 중하나이다. '미주(米酒)'라고도 불리는 중국의 황주(黃酒)는 포도주 그리고 맥주와 더불어 양조 기술로 만든 '세계 3대 술'로 알려졌다.

북방에서는 황주의 생산 원료로 수수, 좁쌀, 기장 쌀을 사용하고 남방에서는 보편적으로 쌀이나 찹쌀을 사용한다. 일본 사람들이 즐기는 청주의 제조 과정 역시 기본적으로 황주와 비슷하다.

황주의 주정은 대략 15% 내외로 비교적 약하며 그윽한 향기를 풍기는 데만든 기간이 오래될수록 그 맛과 향이 더해진다. 술의 빛깔은 황색뿐만 아니라 흑색 또는 붉은빛을 내기도 하는데, 황주는 우리의 막걸리처럼 누룩 등을 발효시킨 다음 술지게미를 걸러내어 만든 술로 사용하는 원료와 촉매제로 인해 황색 등의 색을 띤다.

황주 저장창고

사오싱(绍兴)현의 황주 창고

대표적으로 청나라 때 저장성(浙江省)의 사오싱(绍兴)지방에서 생산된 것이 가장 유명하며 지금까지도 황주의 으뜸으로 저장의 사오싱주를 꼽는다. 보통 따뜻하게 데워서 마시는데 술의 도수가 적당하여 식사할 때 반주용으로 입맛을 돋우는 술이라는 의미로 '자판주(加饭酒)'라고도 한다.

● 사오싱자판주(绍兴加饭酒) 중국 굴지의 산지인 저장(浙江)성 사오싱(绍兴)현의 지명에 따라 명명된 것으로 중국 8대 명주의 하나이다. 주정은 14~16% 정도로 약하며 색깔은 황색 또는 암홍색으로 4,000년 정도의 역사를 갖고 있다. 오래 숙성하면 향기가 더욱 좋아 상품가치가 높은데 주원료는 찹쌀에 특수한 누룩을 사용하는 방법이 일반적이며, 누룩 이외에도 신맛이 나는 재료나 감초를 사용하는 때도 있다. 제조 방법은 찹쌀에 누룩과 술약을 넣어 발효시키는 복합 발효법이 사용되며, 독창적인 방법에 따라 독특한 비법이 내포되어 있다. 사오싱주는 다른 중국 술보다 저 알코올 술로써 약한 술을 선호하는 애주가에게 인기가 있다.

● 뉘얼훙(女儿红) 저장(浙江)성 사오싱(绍兴) 지방의 민간에서는 딸을 출산하면 술을 빚어 앞마당에 술 단지를 묻어 두었다가 딸이 결혼하게 되면 파내어 손님에게 접대하는 풍습이 전해져 내려오는데, 이렇게 담근 술을 '뉘얼훙(女儿红)' 또는 '뉘얼주(女儿酒)'라고 한다.

3. 야오웨이주(药味酒/혼성주)

야오웨이주(药味酒)의 대표적인 술로는 우자피주(五加皮酒/오가피주), 주예칭주(竹叶青酒/죽엽청주), 메이구이주(玫瑰酒/장미주), 루룽주(鹿茸酒/녹용주) 등이 유명하며 그 중 주예칭주는 1,400년 전부터 유명한 양조 산지로 알려진 행화촌의 약미주로 수수를 주원료로 하고 녹두, 대나무 잎 등 10여 가지 천연약재를 사용하였다. 연황빛 색을 띤 향기롭고 풍미가 뛰어난 술로 한 입 대면 탁 쏘는 맛이 나고 그 후 단맛이 입에 퍼진다. 술의 효능은 혈액을 맑게 순환시켜, 간 비장의 기능을 상승시키는 작용을 하여 정력 유지에 좋은 술로 평가되고 있다.

● 우자피주(五加皮酒/오가피주) 가오량주를 기본 원료로 하여 목향과 오가피 등 10여 종류의 한방약초를 넣어 발효시킨 침전법으로 정제하고 탕으로 맛을 가미한 술이다. 주정은 53% 정도이고 색깔은 자색이나 적색이다. 허베이성(河北省)에서 생산되며 광택을 띠고 신경통, 류머티즘, 간장강화에 약효가 있는 일명 불로장생주이다.

● 주예칭주(竹叶青酒/죽엽청주) 대국주에 대나무 잎과 각종 초근 목피(한약재)를 침투시켜 만든 술로 연한 노란색의 빛깔을 띠고 대나무 특유함을 느낄 수 있다. 주정은 48~50%의 최고급 정력 유지에 좋은 술로 널리 알려졌다. 또한 이 술은 오래된 것일수록 향기가 난다.

4. 최근 개발된 명주

최근에는 중국 8대 명주에 주구이(酒鬼/jiǔguǐ), 수이징팡(水井坊/shuǐjǐngfāng)을 넣어 중국 '10대 명주'라고 한다.

● 주구이(酒鬼/jiǔguǐ) 원산지는 중국 후난성(湖南省)이며 흙으로 빚어 구운 병에 담겨 있어 토속적인 느낌을 준다. 맛은 약간 강한 맛이 난다.

● 수이징팡(水井坊/shuǐjǐngfāng) 원산지는 중국 쓰촨성(四川省)이며 주구이와는

달리 수이징팡(水井坊)은 투명하고 깔끔한 유리병에 담겨 있어 세련된 현대적 감각을 자랑한다. 맛은 깨끗한 맛을 가지고 있다.

5. 지역별 선호 주류

중국에서는 쌀, 보리, 수수 등의 곡물을 원료로 해서 그 지방의 기후와 풍토에 따라 만드는 법도 각기 다르며, 같은 원료로 만드는 술도 그 나름대로 독특한 맛을 지니고 있다. 북방 지역은 추운 지방이라 독주가 발달하였고 남방 지역은 순한 황주를 애용했으며, 산악 등 내륙지역은 초근목피를 이용한 한방 차원의 야오웨이주를 즐겨 마시고 있다.

손님대접과 식사를 할 때 지역마다 술의 산지와 지역적 습성에 따라 선호하는 술이 조금씩 다른데, 장쑤(江苏), 저장(浙江) 지역은 비즈니스나 술을 잘하는 경우 바이주를 마시기도 하나 사오싱주 같은 황주를 즐기는 경우도 많다. 북방 지역의 일반 서민들은 바이주를 마시는 경우 가격이 저렴한 얼궈터우주(二锅头酒)를 즐기기도 한다.

근래에는 맥주나 포도주를 많이 마시며 술을 못하는 경우 차나 다른 음료로 술을 대신하기도 한다. 보편적인 특징으로 북방은 독한 바이주를 호방하게 마시며, 남방 지역은 약한 황주를 음미하며 즐긴다고 할 수 있다.

04 중국의 차

① 중국의 차와 문화

약용, 식용으로 사용되어 온 중국차(茶)는 수천 년의 역사 동안 다양한 모습과 형태로 이어져 내려오면서 중국인들에게는 없어서는 안 될 생활필수품이 되었다. 중국인에게 차는 단순한 갈증 해소 차원이 아닌, 예의와 풍습과 문화가 담긴 것으로 인식되고 있기 때문에 지금도 중국인들은 차를 생활의 일부로 생각한다. 중국의 가정을 방문하면 가장 먼저 나오는 것이 차이며, 중국의 거리나 공원을 걷다 보면 보온병을 가지고 다니며 차를 마시는 사람들을 쉽게 볼 수 있다.

또한, 학교나 생활공간 곳곳에 뜨거운 물을 받을 수 있는 카이수이팡(开水房)이 따로 마련되어 있는 곳도 쉽게 찾아볼 수 있으며, 겨울이면 많은

뜨거운 물을 받을 수 있는 중국의 카이수이팡(开水房).

사람이 보온병이나 유리병에 차를 가지고 다니는 모습을 볼 수 있다. 기차를 타도 승무원이 주전자를 들고 승객들의 보온병이나 찻잔에 뜨거운 물을 따라준다.

　중국은 성(省)의 크기가 우리나라의 몇 배나 되는 땅덩이가 큰 나라이다. 그래서 좋은 물이 나오는 곳도 많지만, 석회질을 함유해 냉수로 마시기에 적당하지 않은 물만 나오는 곳도 많다. 그러다 보니 아무 물이나 마시면 몸에 해로울 수 있어 뜨거운 물을 받을 수 있는 카이수이팡이 따로 마련되어 있는 곳을 쉽게 찾아볼 수 있는 것이다.

　차를 마시면 여러 가지로 몸에 좋은 효과가 있다. 갈증을 없애 주고, 텁텁한 맛을 내는 타닌 성분이 위장의 소화작용을 도우며, 몸의 분비 작용을 활발하게 해줄 뿐만 아니라 숙취 해소와 정신을 맑게 해주는 기능도 갖고 있다. 따라서 차에 습관이 안 된 사람이 갑자기 진한 차를 마시게 되면 잠을 못 이루게 된다. 또한, 차는 니코틴을 희석하는 작용이 있어 담배를 피우는 사람에게도 도움이 되며 몸 안의 지방질을 분해하는 기능이 있어 살이 빠지는 효과가 있는데 특히 '우룽차(乌龙茶)'와 '푸얼차(普洱茶)' 등이 이런 기능이 뛰어나다.

　중국차에는 기름기를 없애주는 기능이 있어 중국음식을 먹은 다음 차를 마시면 개운하여 음식 궁합이 잘 맞는다. 하지만 한국 음식처럼 짜고 매운 음식을 먹은 후에는 그다지 입에 맞지 않는다. 이렇게 차는 오랜 세월 중국인의 삶에 깊이 스며들어 일상생활과 불가분의 관계를 맺고 있으며, 차가 중국에서 발전할 수 있었던 것도 음식의 궁합과 연관이 있다고 할 수 있다.

중화민족은 긴 세월 동안 차의 재배와 제조 및 음용 방법을 개발하고 차 문화를 형성·발전시켰다. 현재 세계 각국에서 재배되고 있는 차종과 재배 방식, 가공 방식, 찻잎을 음료로 마시는 방법 등은 직접 혹은 간접적으로 중국에서 전파되어 나간 것으로 중국차가 세계 차 문화에 끼친 영향은 실로 상당하다고 할 수 있다.

차가 상품으로 거래되기 시작한 것은 2천 년 전인 서한(西汉) 시대로 추정된다. 차는 사대부들 사이에서만 유행하다 당대(唐代)에 들어선 이후 민간인들에게도 보편화 되었으며 이때부터 중국 국내와 세계 각국으로 전파되었다. 중국에서 시작된 차는 불교의 전파와 함께 전해지거나 통상무역의 발전에 따라 세계 각국으로 전해지게 되었는데, 당시 수양을 하는 승려들이 정신을 맑게 하고 피로를 없애준다고 하여 차를 애용하였기 때문에 사원에는 항상 차가 준비되어 있었다. 당나라의 문성공주가 티베트(西藏)와의 화친을 위해 티베트왕에게 시집을 가면서 차를 가지고 가 차 마시는 풍습을 전한 것이 계기가 되어 차가 외국으로 전해지기 시작했다. 육우(陆羽)가 지은 다경(茶经)에 따르면 신농(神农) 시대부터 차를 마셨고, 다른 기록에 따르면 한대(汉代)에 차를 재배하고 상품으로 거래하기 시작하였으며 당대(唐代)에는 차가 티베트를 거쳐 서양에 전해지기 시작하였다고 한다.

차의 북방식 표준 중국어 발음은 '차'이지만 일부 남방 방언으로는 '데'라고도 읽는다. 이러한 연유로 인해 중국의 북방에서 차를 수입한 일본과 인도 등지에서는 여전히 차와 비슷한 발음으로 읽으며, 중국 남부 연해지구에서 차를 수입한 영국 등에서는 차를 데와 비슷한 '티'로 발음하게 되었다.

일반적으로 북방인들은 향이 강한 화차(花茶)나 홍차(红茶)를, 강남(江南)사람들은 룽징차(龙井茶)나 비뤄춘(碧螺春) 같은 뤼차(绿茶)를 선호하고 서남(西南)사람들은 맛이 진한 푸얼차(普洱茶)를 푸젠(福建), 광둥(广东), 타이완(台湾) 지역 사람들은 우룽차(乌龙茶)를 선호한다고 한다.

중국에서 차를 수확하는 시기는 주로 봄과 여름 그리고 가을이다. 일반적으로는 이른 봄에 수확한 뤼차(绿茶)를 가장 으뜸으로 치는데 수확시기가 빠른 것이 가격도 비싸다.

칭밍(清明)[12] 전에 수확된 것은 중국인들이 '밍첸차(明前茶)' 또는 '터우차(头茶)'라고 부르는 데 찻잎의 색깔이 엷은 녹색을 띠고 맛은 순하나 약간 떫다.

칭밍이 지나고 2주 정도가 되면 곡우(谷雨) 기간이 되는데 이 시기가 되면 가랑비인 세우(细雨)가 내려 뤼차를 수확하는 적기가 된다. 칭밍이 지나고 곡우가 되기 전에 채취한 차를 '위첸차(雨前茶)'라고 하고, 그 이후 수확한 춘차(春茶)를 '위허우차(雨后茶)'라고 부른다. 주로 봄에는 뤼차를 가을이나 겨울에는 우룽(乌龙), 푸얼(普洱), 톄관인(铁观音)을 즐겨 마신다.

② 차의 형태에 따른 분류

1. 싼차(散茶)

싼차(散茶)는 차나무 잎을 그대로 볶거나 찌어서 발효시킴으로써 찻잎의 모양을 변형시키지 않고 원래대로 보존한 것을 말한다. 싼차는 '잎차'라고도 하며 송대 말엽에 시작되어 명·청대를 거쳐 현재는 거의 모든 차가 잎차 형태로 가공된다.

2. 모차(抹茶)

모차(抹茶)는 잎차와 같은 방법으로 만든 찻잎을 맷돌에 갈거나 기계로 갈아 분말로 만든 것이다. 모차(抹茶)는 송대(宋代)에 가장 유행했는데 제조 방법이 복잡하고 까다로워 폐단이 많았다. 명대(明代) 주원장(朱元璋)부터는 공물(贡物)을 모두 싼차(散茶)로 바치게 하여 모차가 쇠퇴하였으나, 일본차 문화에 큰 영향을 주어서 일본은 지금도 모차가 주류를 이루고 있다.

---

12) 칭밍제에 대한 자세한 설명은 PART 5 중국의 생활문화 217페이지 참고.

3. 진야차(緊压茶)

진야차는 찻잎을 시루에 찐 다음 절구에 넣어 진이 생길 때까지 찧은 후 틀에 넣어 딱딱하게 만든 차를 말한다. 벽돌 모양으로 만든 것을 좐차(砖茶), 둥근 원형으로 납작하게 만든 것을 빙차(饼茶) , 단자·경단 모양으로 둥글게 반죽해 만든 것을 퇀차(团茶), 덩어리 사발 모양으로 압축시킨 차를 퉈차(沱茶)라고 한다.

③ 차의 발효도, 제조공정, 색상으로의 분류

다양한 차의 종류를 분류하는 여러 가지 방법 중 가장 보편적인 방법이 발효의 정도에 의한 차의 분류이다. 찻잎에 가장 많이 함유된 성분은 떫은맛을 내는 폴리페놀(polyphenol)이다. 이 성분은 찻잎에 존재하는 산화 효소의 작용에 의해 황색이나 홍색을 띠는데 '아플라빈'이나 '데아루비긴'이라는 성분으로 바뀌면서 수색과 맛, 향 등이 변화되는 과정을 '발효'라 한다.

분류	발효방법	색상	발효도	제조법	차 종류
불발효	산화 효소를 파괴해 발효를 제지하여 녹색이 그대로 유지되게 한 차	绿茶	0%	부초차	룽징차(龙井茶) 비뤄춘(碧螺春) 마오펑차(毛峰茶)
				증제차	모리화차(茉莉花茶)
경발효	인위적으로 볶지 않고, 천연의 햇빛으로 건조한 차	白茶	10~20%	미약 발효	바이하오인전(白毫银针) 바이무단(白牡丹) 궁메이(贡眉)
반발효	햇볕이나 실내에서 수분을 증발시키다 찻잎을 볶아 반 발효하여 찻잎의 폴리페놀 성분을 20~65% 발효시켜 만든 차	清茶	20%	부분 발효	바오중차(包种茶)
		青茶	30%		둥팅우룽차(洞庭乌龙茶) 아리산차(阿里山茶)
			40%		톄관인(铁观音)
			70%		바이하오우룽차(白毫乌龙茶)
전발효	발효 정도가 85% 이상으로 떫은맛이 강하고 등홍색의 수색(水色)을 나타내는 차	红茶	80~90%	완전 발효	치먼훙차(祁门红茶) 닝훙궁푸차(宁红功夫茶)
후발효	뤼차의 제조 방법과 같이 효소를 파괴한 뒤, 찻잎을 퇴적하여 공기 중에 있는 미생물의 번식을 유도해 다시 발효가 일어나게 한 차	黄茶		퇴적 발효	쥔산인전(君山银针) 멍딩간루(蒙顶甘露)
		黑茶			푸얼산차(普洱山茶) 푸얼진야차(普洱紧压茶) 윈난치쯔빙차(云南七字饼茶)

1. 뤼차(绿茶)

뤼차(绿茶)는 발효가 되지 않은 차를 말한다. 뤼차의 제조방법은 잎을 딴 후에 발효되는 것을 막기 위해 찌거나 볶는다. 즉, 찻잎 속 타닌 성분이 효소에 의해 발효되지 않도록 차의 새싹을 따 솥에서 볶거나 증기를 쏘여 살청(杀青)한다. '살청'이란 가열을 하여 찻잎의 발효를 제지시키는 기술을 말한다.

뤼차는 발효하지 않은 불발효차이고 동시에 덜 익히는 차이기 때문에 차 본래의 영양분이 많이 남아 있으며 정통 중국식으로 볶아 떫은맛과 쓴맛이 덜하고 향기가 상쾌하다. 그러나 동시에 자극성이 상대적으로 강하기 때문에 야간에 먹으면 잠을 이루지 못하는 사람도 있다. 유명한 뤼차로는 항저우(杭州) 서호(西湖)의 '룽징차(龙井茶)', 장쑤(江苏)의 '비뤄춘(碧螺春)', 안후이(安徽) 황산(黄山)의 '마오펑차(毛峰茶)'가 있다.

룽징차(龙井茶)

차 볶는 모습.

차나무에서 차를 따는 모습.

2. 바이차(白茶)

찻잎에 흰털이 많은 것이 특징이며 발효도가 10~20% 정도로 가벼운 경발효차다. 제조 방법은 인위적으로 볶지 않고, 천연의 햇빛으로 건조한다. 차의 잎은 새하얗고 찻물은 연한 색을 띠며 향이 맑다. 생산량이 많지 않아 귀하며 '바이하오인전(白毫银针)', '바이무단(白牡丹)' 등이 유명하다.

바이무단(白牡丹)

3. 칭차(清茶)

톄관인(铁观音)

중국 남부와 타이완이 주산지이며, 제조방법은 발효 도중 가마에 넣고 볶아 발효를 멈추게 한 발효도 20~70% 정도의 반발효차이다. 반발효차는 찻잎을 발효시키는 과정에서 특유의 향과 맛이 생긴다. 이런 방법으로 제조된 차를 보통 '우룽차(乌龙茶)'라고 하는데 찻잎을 딴 후 약간 놔두어서 수분을 증발시키며, 아울러 반발효시킨다. 우룽차는 뤼차의 산뜻함과 홍차의 깊은 맛을 합친 중국 특유의 차로 '톄관인(铁观音)', '둥팅우룽차(洞庭乌龙茶)', '바이하오우룽차(白毫乌龙茶)' 등이 유명하다.

둥팅우룽차(洞庭乌龙茶)

4. 홍차(紅茶)

찻잎을 발효하게 되면 원래의 녹색에서 점차 붉은빛으로 변하게 되는데 그 발효 정도에 따라서 더욱 더 붉어진다. 발효도가 80~90%되는 완전 발효차인 홍차는 찻잎과 찻물의 색이 모두 붉은빛이다. 홍차라는 명칭 역시 이러한 연유로 얻게 되었다. 현재 전 세계인들이 즐겨 마시는 홍차는 중국 송(宋)나라 때 처음 생긴 것으로 전해지고 있지만, 오늘날의 홍차와 비슷한 제조법으로 제조된 것은 17세기 중반이다. '치먼홍차(祁门红茶)'와 '닝훙궁푸차(宁红功夫茶)'가 유명하다.

기문홍차

5. 황차(黃茶)

뤼차의 제조법과 동일하게 효소를 파괴한 뒤 찻잎을 퇴적하여 미생물의 번식을 유도해 다시 발효되게 한 차를 말한다.

찻잎이 완전히 건조되기 전 곰팡이의 번식을 통해 다시 발효시켰기 때문에 '후발효차'라고 한다. 뤼차를 만드는 과정에서 잘못되어 생겼다는 황차(黃茶)는 송대(宋代)에는 하등제품으로 취급되었으나, 연한 색과 맛 때문에 중국 고유의 차 제품군을 형성하게 되었다. 이것 또한 생산량이 적고 차 애호가가 좋아하는 차로 '쥔산인전(君山银针)', '멍딩간루(蒙顶甘露)' 등이 유명하다.

쥔산인전(君山银针)

6. 헤이차(黑茶)

제조방법이 찻잎을 건조시키기 전에 발효시킨 차로 찻잎은 흑갈색이며 찻물은 갈황색이다. 특이한 곰팡이 냄새가 나 마시기 나쁜 점이 있지만,

익숙해지면 독특한 풍미와 감칠 맛에 반하게 된다. 발효기간이 길수록 맛이 부드러워져 가격도 상대적으로 올라간다. 대체로 20년 이상 숙성한 것을 상품으로 치며, '푸얼산차(普洱山茶)',와 '푸얼진야차(普洱緊壓茶)' 윈난(云南)의 '치쯔빙차(七子饼茶)' 등이 유명하다.

알아두기

음다(饮茶) 방법

중국에는 여러 소수민족과 다양한 차가 있어 차 마시는 법도 다르지만, 일반적인 절차를 살펴보면 다음과 같다.

1. 다구(茶具)를 준비하고 차를 끓일 준비를 한다.
2. 탕관(汤罐/물 끓이는 그릇)으로 물을 끓인다. 최근에는 간편하게 주전자로 대신한다.
3. 끓는 물을 다호(茶壶/차 주전자)에 부어 다호를 데운 후 버린다.
4. 찻숟가락(茶匙)를 이용해 찻잎을 다호에 넣는다.
5. 뜨거운 물을 부은 후 다호 뚜껑으로 거품을 살짝 걷어낸다.
6. 찻잎이 우려지는 동안 뜨거운 물을 차해(茶海/찻물을 담아두는 그릇)에 옮긴 후 찻잔(茶杯)을 데운다.
7. 우려진 차를 공도배(公道杯/개인 찻잔에 나누어 따르기 위한 주전자 모양의 큰 잔)에 담는다
8. 공도배에 있는 찻물을 개인별 문향배(闻香杯/차의 냄새를 맡기 위한 긴 잔)에 나누어 따르고 문향배를 찻잔으로 덮는다.
9. 찻잔이 덮여 있는 상태에서 그대로 문향배를 뒤집어 찻물을 찻잔에 따르고 빈 문향배에서 풍기는 은은한 차 향을 코로 맡는다.
10. 손님에게 찻잔을 옮겨 차를 낸다.

:: 한국·일본·중국 차(茶)의 비교

	한국	일본	중국
가공구분	덖음차	증제차	덖음차
대표제품	우전	옥로, 전차	룽징차, 비뤄춘, 마오펑차
침출속도	느림	보통 – 빠름	느림
맛의 특징	구수한 향과 맛	단맛, 떫은맛, 쓴맛, 감칠맛의 조화	향을 중요시함
찻잎모양	곡선상	침상	곡선상

④ 음다(饮茶) 방식 및 다구(茶具)

중국의 대부분 지역에서는 명·청대의 전통적 음다법을 따르는데 주로 끓는 물을 붓고 우린 충파오차(冲泡茶)를 많이 마신다. 지역마다 약간씩 차이가

있지만, 일반적으로 북방에서는 '화차(花茶)'를 선호하고, 남방에서는 '뤼차(緑茶)'를, 동남 연해에서는 '우룽차(乌龙茶)'를 즐기며, 후난(湖南) 지역에서는 찻잎까지 씹어 먹기도 한다.

당대(唐代) 이전에는 다기(茶器)와 식기(食器)의 구분이 없었지만 차를 마시는 것이 보편화되면서 다구(茶具) 역시 날로 발전하기 시작하였다. 그 중 당대 말기에 등장한 가장 대표적인 다구는 바로 붉은빛이 감도는 '자사호(紫砂壺/자사로 만든 차 주전자)'이다. 일반 도자기제품과 달리 아주 곱고 부드러운 자홍색 진흙을 섭씨 1,100℃의 고온에서 구워 만드는 자사호는 안팎에 모두 유약을 바르지 않아 현미경으로 관찰하면 공기는 통하지만 물은 새지 않는 대단히 미세한 숨구멍을 관찰할 수 있는데 이 때문에 차의 맛을 더욱 잘 보존할 수 있다.

중국 장쑤성 이싱(宜兴)의 자사호는 북송(北宋) 중기 때 시작되어 1000년이 넘는 역사를 갖고 있다. 이싱 주변의 자사진흙(紫砂泥)은 가소성(可塑性)이 좋아 소성 시 수축률이 매우 낮기에 제작 단계에서 소성 후의 완성미를 미리 파악할 수 있어, 정교하고 아름다운 조형미를 가능하게 한다. 또한 투기성(透气性)과 흡수성이 좋아 차의 색(色), 향(香), 미(味)를 잘 발휘하고 보존시키는 장점이 있어, 예로부터 다인(茶人)들에게 많은 사랑을 받아 왔다.

특히 역사상 유명한 자사도공(紫砂陶工)으로는 이공(逸公), 멍천(孟臣), 다빈(大彬)을 꼽고 있는데, 이 3인을 '다구(茶具)의 3대 장인'이라 한다. 이들의 작품을 모방한 것을 '방고호(仿古壺)'라고 불렀고 많은 이들이 만들어 왔으며 지금까지도 만들어지고 있다.

자사진흙의 색깔은 매우 풍부하고 다채롭지만, 그 중에서 주(朱)·자(紫)· 미황(米黄)색의 3가지 색깔이 자사다구(紫砂茶具)의 기본색이다. 그런데 주색의 짙고 옅음의 차이, 자색의 깊고 얕음의 차이, 그리고 미황색에 의해 풍부한 색깔의 변화가 일어나 새파란(铁青)색, 천청(天青)색, 해당홍(海棠红)색, 자수정(水碧)색, 냉진황(冷金黄)색, 진녹(黑绿)색 등 수십 가지 다채로운 색상을 갖게 되었다.

01 전통명절

∷ 중국의 주요 명절

元旦	(양)1월 1일	'칭주위안단(庆祝元旦)'이라고 쓴 등을 걸고 하루 쉰다.
春节	(음)1월 1일	녠화(年画)와 춘롄(春联)을 붙이고 바오주(爆竹/폭죽)를 터뜨린다. 일반적으로 집에서 가족과 함께 춘제 프로그램(春节晚会)을 시청하면서 당일 아침 북방 지역은 자오쯔(饺子/만두)를 먹고 남방은 녠가오(年糕/설떡)와 탕위안(汤圆)을 먹는다. 법정휴일은 3일이나 약 7일을 쉰다.
元宵节	(음)1월 15일	'덩제(灯节)'라고도 하며 온 가족이 모여 위안샤오(元宵)를 먹고 달 구경을 한다.
清明节	(양)4월 5일 전후	본래 성묘를 하고 한스(寒食/한식)를 먹는 날로 지금은 선열의 묘를 찾아 헌화를 한다.
中秋节	(음)8월 15일	웨빙(月饼/월병)을 먹으며 달 구경을 하고 가족이 함께 모인다.
重阳节	(음)9월 9일	높은 곳에 올라 산천초목을 감상하고 충양가오(重阳糕)와 쥐화주(菊花酒)를 마신다.

1 춘제(春节/음력 설 – 음력 1월 1일)

춘제(春节)를 지내는 것을 '궈녠(过年/새해를 맞다)'이라고 말하는데, 그 역사는 대략 3,000년 정도가 된다. 본래는 '위안단(元旦)' 혹은 '위안르(元日)'라고 했으나 신해혁명(1911년) 이후 양력을 채용하면서 양력 1월 1일을 '위안단'이라고 칭하게 되었고, 대신 음력 1월 1일은 '춘제'라고 부르게 되었다.

춘제를 맞이하여 며칠 전부터 대청소를 하고 음식을 준비하며, 춘롄(春联), 녠화(年画), 복(福)자 등을 써서 집을 장식한다. 춘제 때는 흩어졌던 가족이 한자리에 모여 한 해의 마지막 시간에 온 가족이 함께 제야 음식을 먹고 이야기로 밤을 지새우는데, 이러한 풍습을 서우쑤이(守岁) 라고 한다. 추시(除夕: 12월 31일 설달그믐) 밤에는 온 가족이 모여 폭죽을 터뜨리고 함께 축하주를 건배하며 식사를 하는데, 그 해의 마지막 날 밤에 먹는 밥이라 하여 녠예판(年夜饭)이라고 한다.

다른 지역에서 오는 가족 구성원들은 일반적으로 추시 전에 집에 도착한다. 이 때문에 녠예판을 퇀위안판(团圆饭)이라고도 부르는데, 퇀위안은 가족이 흩어졌다가 다시 모인다는 의미를 가지고 있다. 옛날에는 녠예판을 먹을 때 상 위에 불길이 왕성한 화로를 올려두었는데, 온 가족이 둘러앉아 먹었기에 웨이루(围炉)라고도 불렀다. 넓은 땅만큼이나 명절에 먹는 음식 또한 지역에 따라 다르다. 중국에서는 춘제 음식으로 물만두와 중국식 떡을 먹는데 일반적으로 북방에서는 물만두를 먹고 남방에서는 떡을 먹는다.

북방에서는 춘제가 되면 모여 앉아 만두를 빚는다. 만두를 빚을 때 속을 채운 후 만두피를 서로 맞붙이는 것은 입을 봉해 모든 나쁜 일을 없앤다는 의미를 내포하고 있다. 만두소에는 필수적으로 들어가야 하는 것이 있는데 배추와 두부이다. 배추의 파란 부분은 평화를 상징하고, 두부의 하얀색은 안전을 상징해서 일 년 내내 무사고로 산다는 뜻이 있다. 또한, 중국에서는 만두를 '자오쯔(饺子)'라고 하는데 자시가 바뀌는 시간, 즉 자오쯔(交子)되는 시간에 먹는 음식이라 하여 자오쯔이며, 이는 송구영신의 의미를 갖는 음식이라는 뜻이 된다. 또한, 자오쯔의 모습이 옛 화폐인 원보(元宝)와 모양이 흡사해 새해에는 돈을 많이 벌라는 축복의 의미도 내포하고 있다.

알아두기

새해인사(拜年/bàinián)

묵은해를 버리고 새해를 맞아 서로에게 행복을 축원하는 의미로 인사를 하며, 두 손을 모아 가슴 앞에 놓고 묵례를 한다.

회화 祝你万事如意!
[Zhù nǐ wànshì rúyì!]
모든 일이 뜻대로 되세요!

身体健康! [Shēntǐ jiànkāng!]
몸 건강하세요!

恭喜发财! [Gōngxǐ fācái!]
부자되세요!

춘롄(春联)
춘롄은 봄에 붙이는 두이롄(对联)을 말하며 대문 양쪽에 집안의 평안을 빌거나, 새해에 돈을 많이 벌게 해달라는 내용을 써서 붙이는 것이다.

남방의 설음식인 떡은 동그랗게 만드는데, 동그란 모양은 평화와 영원성을 상징하며, 떡의 노란 빛깔은 풍요를 상징한다. 이렇듯 먹는 음식은 달라도 남방과 북방 모두 일 년 내내 좋은 운세를 기원하는 음식이라는 점에서 그 의미가 같다고 하겠다.

또한, 섣달 그믐밤에 폭죽을 터뜨리며 축하하는 것은 나쁜 기운을 몰아내고 한 해 동안 순조롭기를 바라는 것으로 이것은 爆竹(bàozhú)가 '복을 알리다'는 报祝(bàozhù)와 발음이 비슷하기 때문이기도 하다. 폭죽놀이는 화재의 위험성과 경제적 낭비로 한동안 금지됐으나, 2005년 9월부터는 정해진 날에 한해 부분적으로 허용하고 있다.

춘제 때 아이들은 어른들에게 세배하고 세뱃돈을 받는데, 중국인들은 붉은색이 사악한 기운을 쫓아준다고 믿기 때문에 빨간 봉투에 세뱃돈을 넣어 준다.

1. 야쑤이첸(压岁钱)과 비세(避邪)

과거에 중국은 아이의 나이만큼 동전을 붉은 실에 꿰어 가슴 앞에 걸어 주었고, 이렇게 함으로써 사악한 기운을 막을 수 있다고 생각했다. 오늘날에는 제야밥을 먹은 후 춘제 전날 밤에 집안 어른들이 자손들에게 붉은 종이에 싼 '홍빠오(红包/hóngbāo)'라는 돈을 나누어 주는데, 이를 '야쑤이첸(压岁钱/yāsuìqián)'이라고 하며 한국의 세뱃돈에 해당한다. 岁(suì)의 발음이 '귀신의 화'를 뜻하는 祟(suì)와 같아, 야쑤이첸은 곧 귀신의 화를 눌러 막는 돈의 뜻을 지닌 것이다. 즉, 귀신으로부터 아이들을 보호하기 위해 주는 돈이라는 뜻이 담겨 있음을 알 수 있다. 홍빠오는 오늘날 이 밖에도 경사스러운 일에 쓰이며 상여금, 뇌물 등을 지칭하는 말로도 쓰인다.

이외에도 칭밍제(清明节) 때 버드나무 가지를 대문에 걸어 두거나 혹은 머리에 꽂는 것과 돤우제(端午节) 때 쑥이나 창포를 사용해서 귀신을 몰아내는 등 중국인들의 일상생활 속에 등장하는 비세(避邪/bìxié)를 위한 상징물은 이루 헤아릴 수

야쑤이첸(压岁钱)
사악한 기운을 물리치게 하는 빨간색 종이를 사용한다.

없다. '비세'란 금기, 제사, 기도, 축원 등 특이한 행위 및 방식을 통해 재난으로부터 인간을 보호하고 귀신을 몰아내어 행복을 추구하는 이른바 액땜과 같은 생활 양식을 의미한다.

원래 '비세행위'란 문명이 비교적 덜 발달하여 과학적 지식이 부족하였을 때 생긴 관념적 행위로, 중국 고대에는 비세와 관련된 행위나 의식이 매우 성행하였다. 하지만 과학이 발달한 오늘날에도 그 문화적 전통은 그대로 계승되어, 현대를 살아가는 중국인들의 일상생활에 비세와 관련된 습관들이 남아 있다. 이러한 비세행위는 중국인의 일상생활과 밀접한 관계를 맺고 있고, 또 보편적으로 지켜지는 부분이 많아 비세문화는 중국문화의 한 특색이라 이야기할 수 있으며, 동시에 중국인 혹은 중국 사회를 이해하는 데 필수불가결한 부분이라 생각된다.

이들의 비세행위 대부분은 재난에 대한 인간의 두려움에서 기인하기 때문에 각종 비세행위 속에 흐르는 기본 맥락은 심리적 전환에 있다고 하겠다. 중국인의 비세문화 특징 중 하나는 길상물(吉祥物)숭배에 있다. 길상은 사악함이나 흉조의 반대 개념으로 중국인의 길상물숭배는 명절, 주거, 복장, 음식 등에 관련된 각종 풍속에 등장하고 있다. 대표적인 것으로 거울을 들 수 있는데, 고대 민간사회에서는 비세를 위한 길상물로 거울을 많이 사용하였다. 이는 귀신이 거울에 비친 자신의 모습을 보고 정체가 탄로나 도망간다고 믿었기 때문이며, 거울을 대문이나 창가에 걸어 두어 귀신이 접근하는 것을 막았다.

또한 길상물로 사용되는 거울들을 요괴를 비추는 거울이라 하여 '자오 야오징(照妖镜/조요경)'이라 칭하였다. 그래서 옛사람들은 거울을 만들 때 거울의 두 가지 기능을 함께 고려하여 한 면은 평평하게 갈아서 사물을 비추는 면을 만들고, 또 한 면에는 악귀를 몰아내기를 기원하는 각종 도안과 글 등을 새겨 넣었다.

거울 이외에 '소' 혹은 '소뿔'도 중국인들이 애용하던 비세를 위한 길상물이었다. 이들은 음양설(阴阳说)에 의하면 강한 양에 속하는 존재여서 음에 속하는 귀신들의

황허철소
비세행위를 하는 데 쓰인 길상물 중 하나로 수재를 방지하는 데 쓰였다.

존재를 억누르는 능력을 갖추고 있다고 믿었다. 그래서 중국 각지에서는 쇠로 소를 주조해 홍수를 일으키는 사악한 용을 누르고 수재를 방지하는 풍속이 있었다. 실제로 중국 황허 유역에서 종종 쇠로 만든 소의 동상을 발견할 수 있다.

2 위안샤오제(元宵节/정월대보름 – 음력 1월 15일)

위안샤오제(元宵节)는 중국의 전통 명절 중 대절(大节)로서 비교적 중요한 자리를 차지한다. 위안샤오제가 이름난 것은 그 명절의 민속 활동을 그 해 음력 첫 달의 15일 밤에 진행하는 데 있다. 사람들은 갖가지 등을 달아 감상하고, 위안샤오(元宵)를 먹으면서 밤을 보낸다. 이런 이유로 위안샤오제를 '덩제(灯节)', '덩시(灯夕)'라고도 하는데, 그것은 이 명절의 축제 활동이 저녁에

1, 2 위안샤오제의 하이라이트 등불놀이
3, 4 사자춤

위안샤오(元宵)

등불을 장식하는 것으로 유명하기 때문이다. 등의 종류는 용등, 꽃등, 금수등, 역사인물등으로 여러 종류가 있으며 최근 동북 지역에서는 얼음등(冰灯)이 유행이다. 또 이날에는 용등춤을 추는 풍습이 있는데 '룽우(龙舞)'라고 불리는 이 춤은 중국의 전통 민간 무용으로, 징과 북의 음악에 맞춰 춤을 춘다. 민간에서는 사자춤을 추거나 높은 나무다리를 타는 춤, 배를 타는 춤, 모내기춤 등을 즐기기도 한다.

서기 1세기 한(汉) 명제(明帝) 이후부터 등불을 장식하는 행사인 '덩후이(灯会)'를 시작하였고, 베이징에서는 '위안샤오덩후이(元宵灯会/정월보름 관등대회)'를 개최하여 관광객을 끌고 있다.

위안샤오제에는 깨와 설탕 소를 넣어 찹쌀로 동그랗게 빚어 만든 위안샤오(元宵)를 먹는다. 처음에는 '푸위안쯔(浮圆子)'라 부르다가 온 가족이 한자리에 모여 화목하게 지낸다는 의미의 퇀위안(团圆)과 발음이 비슷한 '탕위안(汤圆)'이라고 불렀다. 위안샤오를 '탕위안'이라고 부르는 또 다른 이유는 위안스카이(袁世凯)가 군주제 복고 음모를 꾸민 것에서 유래되었다고 한다. 위안스카이는 중화민국의 총통이 되자 군주제를 복고 하여 황제에 오르고자 하였는데, 당시 베이징에서 이를 비꼬기 위해 '위안샤오를 사시오.'라는 노점상들의 외침이 있었다. 발음이 위안(元)과 위안(袁)이 같고, 샤오(宵)와 샤오(消)가 같아서 마치 '위안스카이를 소멸시키자.'라는 의미처럼 들린 것이다. 이를 알고 위안스카이는 위안샤오를 탕위안으로 바꿔 부르라고 명령하였는데, 이는 이미 명나라 때 쓰던 이름이었다.

③ 돤우제 (端午节/단오 – 음력 5월 5일)

'돤양제(端阳节)'라고도 부르며 초나라 애국 시인 굴원(屈原)을 기념하기 위해 만들어졌다고 하여 '시인절'이라고도 한다.

굴원이 강에 뛰어든 후 많은 사람이 그를 구하러 배를 타고 서둘러 갔으나

1, 2 룽촨(龙船/용선)
굴원(屈原)이 강에 뛰어 들자, 많은 사람들이 그를 구하러 급히 노를 저어 간 것이 유래가 되어 오늘날 중국인들은 돤우제 때 룽촨(龙船/용선)대회를 열어 굴원을 기란다.

3, 4, 5 쭝쯔(粽子)
찹쌀에 대추 따위를 넣어 대나무 잎이나 갈대 잎에 싸서 쪄 먹는 음식이다.

구할 수 없었고 물고기들이 굴원의 시신을 손상하지 않게 하려고 죽통에 쌀을 담아 강에 던졌는데, 이것이 바로 최초의 쭝쯔(粽子)인 퉁쭝(筒粽)의 유래이다. 이후 죽통 대신 대나무 잎이나 갈댓잎을 사용하였고, 이것이 오늘날 중국 사람들이 즐겨 먹는 쭝쯔(粽子)가 되었다.

4 중추제(中秋节/추석 – 음력 8월 15일)

중추제(中秋节)는 음력 8월 15일로 중국인들이 춘제(春节) 다음으로 중요시하는 명절이다. 가을의 한가운데 있다 하여 붙여진 이름으로 본래는 풍년을 기원하기 위해 달에 제사를 지내고 보름달이 동녘에 뜨는 시각 마당에 웨빙(月饼/월병)이나 각종 과일을 차려 놓고 달을 감상하였다. 현재는 이런 풍습들이 거의 사라졌고 도시에서는 가게에서 웨빙을 사서 서로 선물하는 것으로 대신한다.

중추제에 둥근 달의 모양을 본떠 만든 웨빙을 먹는 풍습은 당나라 때부터 시작되었다고 한다. 웨빙은 둥글게 생겨서 가족들의 단결과 원만함을

웨빙(月饼/월병)

상징한다. 남쪽의 웨빙은 작고 정밀하며 달면서도 짭짤한 속을 넣고, 북쪽의 웨빙은 비교적 크고 거의 한 가지 맛으로 만든다.

5 기타 명절 및 국경일

1. 칭밍제(清明节 – 양력 4월 5일 전후)

음력 24절기 중의 하나인 칭밍제(清明节/청명절)는 양력 4월 5일 전후에 해당한다. 시기적으로 날씨가 따뜻하고 만물의 싹이 돋아나 '칭밍제'라 칭하였고, 봄의 경치를 감상하기도 하여 이를 '타칭(踏青)'이라 하였다. 이로 인해 '타칭제(踏青节)'라고도 한다. 예로부터 중국인들은 칭밍제가 되면 조상의 산소에 찾아가 묘를 말끔히 청소하는 풍습이 있다.

칭밍제는 춘추시대 진(晋) 문공(文公)인 중이(重耳)가 개자추(介子推)를 애도한 것에서 비롯되었으며, 대략 칭밍제 이틀 전으로 한스제(寒食节/한식절)에는 3일간 불을 쓰지 않고 쑥떡, 쑥단자, 쑥탕, 유밀, 콩국수, 어포, 식혜 등과 같은 차가운 음식인 한스(寒食/한식)를 먹고 줄다리기, 연날리기와 같은 오락을 즐긴다.

2. 충양제(重阳节 – 음력 9월 9일)

음력 9월 9일을 '충양제(重阳节/중양절)'라 한다. 주역에서 9를 양수로 정하였는데, 9월 9일은 양수인 9가 중복되므로 '충양제'라 한 것이다. 중국인이 좋아하는 숫자 9의 발음 주(九/jiǔ)가 주(久/jiǔ)와 같아서 九九는 즉, 久久(오래오래)의 뜻이 되는 것이다. 따라서 충양제는 경치 좋은 곳에 올라가 나쁜 기운을 몰아내고 국화주를 마시며 오래 살기를 기원하는 명절이다. 현대 중국에서는 '오래오래'라는 의미를 살려 양력 9월 9일을 '노인절'로 정하였다.

충양가오(重阳糕)

3. 라바제(腊八节 – 음력 12월 8일)

음력 12월 초파일은 '라바제(腊八节)'로 '성도절'이라고도 부른다. 이날이 되면

라바저우(腊八粥)

집집이 향기롭고 맛있는 라바저우(腊八粥/납팔죽)를 먹는데, 그 유래는 석가모니와 관련이 있다. 석가모니가 성불하기 이전, 각지를 떠돌며 유학을 했는데, 어느 날 인적이 드문 황량한 들판에서 피로와 배고픔으로 쓰러졌다고 한다. 이때 마침 양을 치는 아가씨가 그곳을 지나가다가 자신의 찹쌀죽을 석가모니에게 주었고, 죽을 먹은 석가모니는 기운을 차렸다고 한다. 후에 석가모니는 보리수나무 아래에서 득도하였는데, 그날이 바로 음력 12월 8일이다. 중국의 불교도들은 이날을 기념하여 법회를 열고 찹쌀, 콩, 과일 등을 넣어 끓인 죽을 먹는데, 음력 12월이 음력 섣달이기 때문에 이 죽을 '라바저우(腊八粥)'라고 한다.

4. 중국의 국경일

妇女节 (3월 8일)	劳动节 (5월 1일)	青年节 (5월 4일)
약칭 三八, 세계 여성의 날, 여직원들은 오전에만 근무한다.	세계 노동절, 법정 휴일은 3일이지만 경우에 따라서는 약 5~7일 쉴 수 있다.	5·4운동 기념일, 만 14세 이상 청년은 오전에만 근무한다.

儿童节 (6월 1일)	建党节 (7월 1일)	建军节 (8월 1일)
세계 아동의 날, 만 13세 이하 어린이는 쉰다.	1921년 중국 공산당 창당 기념일이다.	1927년 중국인민 해방군의 건군 기념일이다.
教师节 (9월 10일)	国庆节 (10월 1일)	双十节 (10월 10일)
스승의 날, 1985년 9월 10일 새롭게 제정되었다.	1949년 신중국 건국 기념일로 법정 휴일은 3일이지만 경우에 따라서는 약 5~7일 쉴 수 있다.	1911년 신해혁명 봉기가 일어난 날로, 타이완의 건국 기념일이다.

알아두기

■ **전통명절(农历/阳历)**

전체적으로 농업사회를 전제로 24절기를 기초로 하는데 태양의 주기를 가지고 날짜를 세는 양력과 달리 음력은 달의 운행주기를 계산하여 날짜를 센다. 이러한 음력은 농경과 밀접한 관련이 있다. 예로부터 중국인들은 '농력(农历)'이라고도 했고, 하(夏)나라 때부터 이미 있었다고 해서 '하력(夏历)'이라고도 했다.

전통명절은 역사적으로 저명한 인물과 신화, 전설 등의 요소를 가미하여 형성되었으며, 춘제(음력 설), 위안샤오제(정월대보름), 칭밍제(청명절), 돤우제(단오절) 등이 있다.

■ **국경일**

국가 권력 기관이 정하며 궈칭제(국경절), 얼퉁제(어린이날), 푸뉘제(부녀절), 자오스제(스승의 날) 등이 있다.

■ **지방명절**

지방의 특수한 역사적 혹은 풍물 등을 근거로 각 지방정부가 별도로 정한다.

02 해음현상과 다양한 금기문화

'해음(谐音)'이란 간단히 말해서 한자에서 음이 같거나 비슷하여 같은 이미지를 연상하게 되는 현상을 말한다. 중국어에는 같은 발음을 가진 글자가 너무 많기 때문에 해음현상에 의한 수많은 금기가 존재한다.

1 금기 음식

금기 음식은 중국 지역마다 약간의 차이가 있는데, 중국 후베이 지역에서는 제사를 지낼 때 닭고기를 쓰지 않는다. 그 이유는 닭(鸡/jī)의 중국어 발음이 '기아(饥饿)'의 지(饥/jī)와 같아서이다. 또 장쑤성(江苏省) 일대에서는 제사 때 콩이 들어 있는 음식은 사용하지 않는다. 콩(豆/dòu)은 '투쟁하다(斗争)'의 더우(斗/dòu)와 발음이 같기 때문에, 이런 음식을 공물로 쓰면 자손들 사이에 싸움이 난다고 생각한 것이다. 하지만 콩으로 만든 음식이라도 두부는 제사 공물로 사용된다. 두부는 중국어로 '더우푸(豆腐/dòufu)'라고 하는데 푸(腐/fu)의 중국어 발음이 '부자'의 푸(富/fù)와 같아서 재운을 상징하기 때문이다.

鸡 jī	饥 jī	豆 dóu	斗 dòu
닭	굶주리다	콩	싸우다

결혼식에 사용되는 음식에도 나름대로 의미가 담겨 있는 경우가 많다. 결혼이 진행되는 과정 중에는 다자다복(多子多福)에 대한 소망으로 이와 관련된 많은 음식과 과일이 단골 메뉴로 나타난다. 우리나라에서는 자식을 많이 낳으라는 뜻으로 결혼식이 끝난 후 폐백을 드릴 때 어른들이 신랑, 신부에게 대추를 던져주는데, 중국에서도 결혼식 날 대추, 밤, 땅콩 등을 신방 침대의 네 모퉁이에 올려놓는다.

대추는 중국어로 짜오(枣/zǎo)이고 밤은 중국어로 리쯔(栗子/lìzi)이다. 밤은 발음이 '아이가 들어서다'의 리쯔(立子/lìzi)와 같다. 그래서 대추(枣/zǎo)와 밤(栗子/lìzi)을 합치면 발음이 早立子(zǎo lìzi)가 되며 이는 '어서 아들을 낳아라'라는 뜻이 된다.

반대로 기피되는 음식도 있다. 결혼 연회식에서 등장하지 않는 채소 중 하나가 파이다. 파는 중국어로 '총(葱/cōng)'이라 하는데, 발음이 '충돌하다'의 충(冲/chōng)이 연상되어 새로 시작하는 신혼부부에게 좋지 않은 느낌을 주기 때문이다.

葱 cōng
파

冲 chōng
충돌하다

사과는 병문안뿐 아니라 일반적인 선물로도 많이 오고 간다. 사과(苹果/píngguǒ)의 중국어 발음이 '평안(平安)하다'의 핑(平/píng)과 같기 때문이다. 사과 이외에도 '길하다(吉/jí)'와 발음이 유사한 귤(桔子/júzi), '장수'를 상징하는 복숭아(桃子/táozi)도 무난한 선물에 속한다. 병문안을 갈 땐 가능하면 짝수보다 홀수로 준비하는 것이 좋은데 병에 걸리는 것이 이번으로 끝나기를 바라는 의미이다.

四	死
SÌ	SǏ

四와 死의 발음

알아두기 💡

중국의 에티켓과 금기

중국인들에게 써서는 안 되는 말, 직접 말하지 않고 돌려서 표현해야 하는 말, 주고받으면 안 되는 물건 등이 있다. 이러한 것들은 중국문화의 특이한 현상 중의 하나로, 중국인들과 실제적인 교류에서 반드시 알아야 할 예절이다. 하지만, 중국의 속담 중에 '10리마다 풍습이 다르고, 100리마다 풍속이 다르다.'라는 말이 있을 정도로 일상생활 속에 나타나는 금기의 종류는 다양하다.

分梨 fēnlí	배를 나누다
分离 fēnlí	헤어지다

하지만 짝수 중 4는 죽을 사(四)가 연상되어서 피해야 하는 숫자이다. 중국 남성들은 일반적으로 술, 담배, 차, 필기구 등의 선물을 선호하며, 여성들은 화장품이나 액세서리 등을 좋아한다.

ᎥᎥ 금기시 되는 선물

괘종시계	钟(挂钟/送钟) ➡ 终(送终)	끝나다, 마치다
손목시계	表(手表) ➡ 婊	기녀
거북 무늬가 들어간 물건	龟(乌龟) ➡ 鬼	귀신
배(과일)	梨 ➡ 离	떠나다
우산	伞(雨伞) ➡ 散	흩어지다, 분산되다

❷ 해음현상과 관련된 숫자문화

중국인들은 기본적으로 짝수를 선호하고, 홀수를 기피한다. '好事成双, 成双成对'라는 말처럼 좋은 일이 한 번으로 그치지 않고 계속 되기를 기원하는 마음을 담고 있는 것이다.

기피하는 홀수	선호하는 짝수
• 7월 7일 • 3일 삼일장(3일 후 장례) • 7일 소칠(烧七) • 49제/칠칠제(七七祭) • 병문안 과일 수	• 선물 • 부조금 • 손님접대음식

1. 좋아하는 숫자

6(六/liù)	流利(순조롭다, 일이 잘 풀린다/liúlì)의 流, 一路顺风(가는길 내내 순조롭다/yílù shùnfēng)의 路와 발음이 유사해 '순조롭다'는 의미가 연상되어 자동차 번호로 선호하며, 俸禄(급료/fènglù)의 禄와도 유사해 좋아함
8(八/bā)	发财(돈을 벌다/fācái)와 恭喜发财(돈 많이 버세요/gōngxǐ fācái)의 发(fā)와 발음이 유사해 좋아함
9(九/jiǔ)	永久(영원한/yǒngjiǔ)의 久(jiǔ)와 발음이 같아 좋아하며 '황제의 숫자'라고도 함
66(六六/liùliù)	六六大顺(모든 일이 뜻대로 잘 풀리다, 만사형통하다/liùliùdàshùn)의 의미가 연상되어 전화번호, 자동차번호, 결혼 일자 등 중요한 숫자로 사용함
218(二一八/èryāobā)	儿要发(아들이 부자가 될 것이다/ér yào fā)와 발음이 유사해 좋아함
5888(五八八八/wǔbābābā)	我发财(나는 부자가 될 것이다/wǒ fācái)와 발음이 유사해 좋아함
520(五二零/wǔèrlíng)	我爱你(당신을 사랑합니다/wǒàinǐ)와 발음이 유사해 좋아함
1314(一三一四/yīsēnyīsì)	一生一世(한평생/yīshēngyīshì)와 발음이 유사해 좋아함

알아두기 💡

중국인이 좋아하는 숫자 6

중국에서 숫자 6(六/liù)은 해음(谐音)현상에 의해 流利(liúlì), 一路顺风(yílùshùnfēng), 六六大顺(liùliùdàshùn)의 의미로 선호되는 숫자 중의 하나로 자동차 번호, 결혼 일자 등에 중요한 숫자로 사용되며, 6666 같이 6이 많이 들어간 자동차 번호판은 비싼 가격으로 팔린다.

현대 중국어에서 八의 발음은 바(bā)이고 发의 발음은 파(fā)이다. 그런데 광둥 지역에서 사용하는 민난(閩南)방언에는 경순음이 없기 때문에 f를 b로 발음하여, 八의 발음이 '发财(큰돈을 벌다)'의 发와 완전히 같다. 또 一(yī)는 전화번호나 방번호 등을 읽을 때는 혼돈을 피하고자 야오(yāo)로 발음하며 '~해야 한다'의 要(yào)와 발음이 같다.

2. 싫어하는 숫자

4(四/sì)	死(죽다/sǐ)와 발음이 같아 싫어함
7(七/qī)	生气(화나다/shēngqì)의 气, 妻子(부인/qīzi)의 妻와 같아 싫어함
14(一四/yāosì)	要死(죽고 싶다/yào sǐ)와 발음이 같아 싫어함
74(七四/qīsì)	气死(화나 죽겠다/qì sǐ), 妻死(부인이 죽다/qī sǐ)와 같아 싫어함
214(二一四/èryāosì)	儿要死(아들이 죽을 것이다/ér yào sǐ)와 발음이 같아 싫어함

3. 그 밖에 기피하는 숫자

● 73(七三), 84(八四) 중국 속담에 '73세와 84세에 염라대왕이 당신을 불러 의논 좀 하자고 한다.'라는 말이 있다. 73과 84는 각각 공자와 맹자가 죽은 나이이다. 공자와 맹자 같은 성현도 그 나이에 죽었는데 일반 사람들은 더 넘기가 어려울 것이라는 생각에서 이 숫자를 싫어한다.

● 250(二百五), 13시(十三点) 둘 다 '바보, 얼간이'라는 의미가 있어 아파트나 건물에서는 13층을 피하고 실제로도 13층의 가격이 다른 층에 비해 떨어진다.

● 24(二四), 45(四五) 24(二四/èrsì)는 중국어 발음이 '아이가 죽는다.'는 의미의 儿死(érsǐ)와 비슷해서 중국 사람들이 피하는 숫자이다. 또한, 중국 사람들은 45세가 되면 '작년에 44살이었다.' 혹은 '내면이면 46세이다.'라고 말한다. 그 이유는 판관 포청천이 45세에 사건 해결을 위해 거짓으로 죽었기 때문이다. 즉 45세에 큰 어려움을 당할 수 있다는 미신 때문에 나이를 말할 때 45세라고 말하는 것을 꺼린다.

알아두기

해음(諧音)

중국어에는 '해음현상'에 의해 수많은 금기가 존재하는데, 중국어에는 같은 발음을 가진 글자가 너무 많기 때문이다. 현존하는 한자는 약 6만~7만 자 정도이지만, 일반적으로 상용되는 한자는 대략 4,500자 정도이다. 중국어에는 약 400여 개의 음절이 있으므로 글자는 다르지만, 발음이 같은 글자가 많을 수밖에 없다. 해음(諧音)현상에 의한 중국인의 금기나 선호 중 가장 두드러지는 것이 숫자에 의해 길흉과 연계시키는 것이다.

알아두기

중국인이 싫어하는 숫자 7

숫자 7(七/qī)는 원래 싫어하는 숫자이지만 발음이 같은 어휘 중 漆(qī)가 '칠하다'는 뜻을 가지고 있어 페인트회사에서는 전화번호로 선호하는 숫자이다.

03 중국의 혼례와 장례

1 중국의 혼례

1. 혼인제도

과거 중국의 젊은 남녀들은 유가의 영향으로 자유롭게 연애를 할 기회나 권리가 없었다. 혼례 절차와 관련해 일찍이 주(周)나라 때부터 '육례(六礼)'라는 것이 존재했는데, 육례는 신중국 건국 이전까지 중국의 젊은 남녀들이 결혼하기 위해 반드시 거쳐야 할 과정과 절차를 의미한다. 이 과정은 시대와 지역에 따라 차이가 있지만 대체로 납채(纳彩)·문명(问名)·납길(纳吉)·납징(纳徵)·청기(请期)·친영(亲迎)의 여섯 단계로 이루어져 있다. 이러한 전통혼례는 송(宋)나라 때 주자(朱子)에 의해 간소화되기 시작하였고, 신중국 건국 이후 중국 정부가 결혼식 간소화를 제창하였다.

▐▌ 신 중국 건국 전후 중국의 결혼문화 비교

건국 이전	건국 이후
• 신분 차별 엄격 • 남녀불평등한 사회구조 • 겁탈혼, 매매혼, 납첩, 강제결혼 등 • 일부다처제 • **결혼연령**: 남자 20세, 여자 18세	• 혼인법 공포 • 봉건주의 혼인제도를 폐지 • 남녀 혼인의 자유 • 일부일처, 신민주주의 혼인제도 • **결혼연령**: 남자 22세, 여자 20세

1950년 4월 13일, 중국 정부는 새로운 〈혼인법〉을 공포했고, 제1조에서 '부모의 독단적인 강요와 남존여비, 자녀의 이익을 경시하는 봉건주의 혼인제도를 폐지한다. 남녀 혼인의 자유, 일부일처, 남녀 권리평등, 여성과 자녀의 합법적인 이익을 보호하는 신민주주의 혼인제도를 실행한다.'라고 규정했다.

이로써 중국 남녀의 결혼은 자유롭고, 동등한 권리가
보장되는 것으로 변화되었다.

오늘날의 결혼 절차는 법적인 결혼 절차만 밟으면 된다. 결
혼할 남녀는 해당 지역 담당 부서에서 혼인등록을 해야 하는데,
이를 위해서 우선 결혼 의사를 각자의 직장에 보고하여 미혼증명
서를 발급받은 뒤, 부부생활에 영향을 주는 질병이 없는가를 검사하여 건강
진단서를 발급받은 후 시청이나 구청에 혼인신고서를 제출하면 결혼 증명서
가 발급된다.

1. 2. 3 중국 전통 결혼식
4 중국 전통 결혼 복장
5 중국 현대 결혼식
6 결혼 증명서

2. 혼인풍습

우리는 결혼식 당일에 신랑 신부가 예식장에 모여 함께 혼인 준비를 하지만
중국에서는 결혼 당일에 신랑이 신부를 데리고 식장으로 가는 풍습이 있다.
이때는 보통 8대 이상의 고급 웨딩카를 대동해 신부 집으로 향한다. 8이라는
숫자가 중국에서는 길(吉)한 의미를 갖기 때문이다. 중국에는 전문 결혼식장이
따로 없다. 대부분은 호텔 식당이나 대형 음식점(饭店)에 하객들을 초대해 식
을 올리면서 음식을 대접하는 것이 관례이다. 우리와 달리 초대에 응한 하객들

혼인 풍습

만이 참석할 수 있는데, 음식점에 도착하면 자신의 이름이 적힌 자리에 앉으면 된다. 그래서 신랑 신부는 사전에 미리 참석할 하객의 명단을 정리한다.

주례와 주례사는 없고 사회자의 안내에 따라 결혼증명서를 하객들에게 낭독하면서 결혼이 성사됐음을 공식적으로 인정받는다. 하객들이 신랑 신부를 위한 들러리 역할을 하는 한국과 달리 중국의 결혼식은 하객들에게 피로연을 제공하면서 함께 즐기며 어울리는 것이 특징이다. 결혼식에서 신랑은 하객들과 함께 술을 마시면서 축하를 받고 신부는 시탕(囍糖: 결혼사탕)을 나눠주며 답례를 한다. 그래서 중국에서는 "언제 사탕 줄 거야"가 "언제 결혼 할 거야"의 의미로 쓰인다. 재미있는 것은 신부가 하객들에게 담뱃불을 붙여주는 풍습이 있다는 것이다. 담배는 중국문화에 있어 사교의 의미를 갖는다. 그래서 신부는 신랑 친구들에게 담뱃불을 붙여주면서 앞으로의 관계가 돈독해지기를 바란다. 즐거워야 할 결혼식이기에 신랑 친구들은 신부의 담뱃불을 쉽게 받아주지 않는다. 교묘하게 불을 꺼트리며 신부를 놀리는 즐거움을 얻는다. 중국 결혼문화의 일종이기 때문에 담배를 못 피우더라도 예의상 불을 받아주는 것이 좋다.

3. 축의금

축의금은 현대 중국인들에게 있어 가장 고민거리인 문제이다. 중국에는 체면을 중시하는 미옌즈(面子: 체면)문화가 뿌리 깊게 박혀 있기 때문에 소득수준에 비해 축의금 액수가 크다. 축의금과 같이 좋은 일이 있을 때 주는 돈은 홍빠오(红包)라고 한다.[13] 일반적인 홍빠오는 가까운 사이인 경우에는 1,000위안(약 18만 원) 이상이고 그렇지 않으면 500위안 정도를 내고 있지만 매우 친한 사이일 경우에는 2,000위안, 가까운 친인척은 5,000위안을 축의금으로 낸다. 중국대도시의 월 평균 소득이 5,000위안 정도이니 결혼식 참석이 많은 때는 소득의 절반 이상을 축의금으로 지출할 수도 있다. 그래서 청첩장을 '홍빠오 고지서'라고 말하기도 한다.

축의금

---

13) 축의금과 같이 좋은 의미에 쓰이는 봉투가 붉은색(红包)이기 때문에 홍빠오라고 한다. 붉은 색은 행운과 길조를 상징하고 흰색은 불길함을 나타내기 때문에 문상을 갈 때를 제외하고는 흰 봉투를 쓰지 않는다.

② 중국의 장례

중국인들은 전통적으로 죽음을 매우 중요하게 생각하였다. 하늘이 주신 천수를 다 누리고 집안의 정실에서 죽음을 맞는 것을 가장 축복된 죽음으로 여겼고, 가족들은 망자의 임종을 곁에서 지키는 것을 가장 중요한 효의 덕목으로 여겼다.

주(周)나라 때부터 장례와 관련된 엄격한 절차가 생겨났으며, 전통적으로 사람이 죽으면 먼저 목욕을 시켜 시신을 청결하게 한 후, 수의로 갈아 입히는데, 이를 '샤오렌(小殮/소렴)'이라 한다. 그다음 망자의 입에 돈이나 옥을 넣어 빈손으로 이승을 떠나지 않도록 한다. 이어 시신을 관에 넣은 다음 제단을 설치하고 친지들의 조문을 받는 '다렌(大殮/대렴)'을 한다. 마지막으로 망자가 생전 가장 좋아했던 물건과 썼던 물건을 함께 관에 넣어주는 '루관(入棺/입관)'은 순장의 풍습에서 유래한 것이다. 가정 형편과 신분의 고하에 따라 3일, 5일, 7일 동안 지속되는 조문기간에는 즈첸(纸钱/지전)을 태우고, 유족들이 밤새워 영구를 지키는 의식이 진행된다. 이후 시신을 묘지에 안장하게 되는데, 이를 '쏭짱(送葬/장송하다)'이라 한다.

즈첸(纸钱 / 지전)

1. 신중국 건국 이전

중국에서 가장 일반적인 안장법(安葬法)은 토장(土葬)이다. 중국인들은 예로부터 '땅에서 낳았으므로 땅으로 돌아가야 평안함을 얻는다(入土为安).'라고 여겼고, '사람이 죽으면 반드시 땅에 묻어야 한다.'라고 생각했다. 이는 땅을 만물 생명의 근원과 귀결로 보는 시각을 대변해 주고 있는 것이다. 따라서 중국에서는 전통적으로 사람이 죽으면 땅에 매장하는 토장을 즐겼다. 중국에서 가장 오래된 토장의 흔적은 약 18,000년여 전으로 추정되며, 산정동인(山顶洞人)[14]들이 자신들이 살던 동굴의 깊숙한 곳에 흙으로 죽은 자를 덮어 매장을 하였다. 황허 유역을 위시하여 창장과 동남 지역의 연안 지역 등 중국 대륙의 대부분 지역에서 토장을 채택하고 있는 것으로 보아 중국에서

---

14) 중국 베이징 교외에 '산정동(山顶洞)'이라고 불리는 동굴 유적에서 발굴된 신인류에 속하는 화석 인골이다.

토장이 보편적으로 행해진 것이 적어도 4,000년 이상으로 거슬러 올라간다고 볼 수 있다.

다음으로 화장(火葬)은 전국시대 이전에 이미 행하여졌는데, 북송에 이르러 매우 성행하였다고 한다. 화장이 중국 사회에서 유행하기 시작한 것은 동한 때 불교가 전해 내려온 이후로 보며, 불교에서 원래 스님이 입적하게 되면 화장을 하는 것이 규범이어서 화장은 점차 중국 사회에 퍼져 나갔다. 하지만 송(宋)나라 이후 유가의 윤리 관념에 어긋난다고 하여 통치계급에 의해 강력한 금지 조치를 당하면서 화장의 비율은 현저하게 줄어들었다. 그러나 모든 경우에서 화장을 금지한 것은 아니다. 주로 불교계에서나 악성 전염병으로 사망한 자들에게는 여전히 화장의 방법이 행하여졌다. 특히 질병으로 인한 사망자들은 화장을 원칙으로 했는데, 땅에 매장하면 억울한 죽음으로 그 영혼이 산 사람들에게 해를 끼친다고 믿었기 때문이다.

2. 신중국 건국 이후

그러나 인구의 증가에 따라 토장으로 수많은 묘소가 국토를 잠식하고, 장례형식의 번잡함과 경비의 과다지출현상 등이 나타나자 이를 우려한 중국 정부는 1956년 화장을 다시 제창하였다. 결과 1990년대에 이르러서는 도시의 90% 이상이 화장시설을 갖추었고, 간단한 추도식으로 대체되었다.

화장의 보급에는 덩샤오핑(邓小平), 저우언라이(周恩来) 등 중국 정치 지도자들의 영향이 매우 컸다. 이들은 죽은 후 화장할 것을 유언하였고, 그 결과 대도시의 화장 비율은 현재 90%에 달한다. 또한, 최근에는 수장(树葬)을 널리 보급하고 있는데, '수장'이란 죽은 사람을 화장한 후 유골을 땅에 묻고 봉분 대신 나무 한 그루를 심어 묘지로 삼는 것을 말한다. 즉 우리의 수목장을 말하는데 산림의 훼손도 막고 토장의 효과도 누리는 두 가지 효과를 겨냥한 것이다.

:: 신중국 건국 전후 중국의 장례문화 비교

건국 이전	• 풍수지리 사상에 의해 토장제도 성행 • 적은 경작지에 비해 거대한 묘지가 문제됨 • 대표적인 토장 묘–진시황제릉
건국 이후	• 토장제도 금지 '장묘문화혁명' 시작 • 화장제도 실시 • 현재 베이징시에서는 '장묘문화 제2혁명'운동이 한창임 • 현재까지 후이족만이 토장제도를 고집함

③ 소수민족의 장례

중국 남쪽 지역의 일부 소수민족은 높은 절벽의 동굴 속에 관을 집어넣거나 절벽에 구멍을 뚫어 말뚝 위에 관을 올리는 '현관장(悬棺葬)'이라는 장례풍속을 가지고 있다. 현관장은 관을 절벽처럼 높은 곳에 걸쳐 놓기 때문에 사람이나 짐승의 접근이 불가능하다. 이러한 풍속은 일찍이 창장 이남 일부 지역과 쓰촨, 산시 산악 지역에서 행해졌으며 조상의 육체를 잘 보관해야만 조상신의 보호와 도움을 얻을 수 있다는 사상에서 유래했다.

현관장(悬棺葬)
왼쪽은 산시성 닝우현에 있는 현관장 사진이며, 그 외 사진은 관을 절벽에 안치하는 과정을 시현하는 장면이다.

토장이나 화장 이외에 '조장(鸟葬)'이라는 것이 있다. 이는 한족 사회에서는 행해지지 않고 주로 티베트 지역에서 행해지고 있으며, 다른 말로는 '천장(天葬)' 또는 '조수장(鸟兽葬)'이라고도 한다.

티베트족은 대다수가 라마불교를 믿는데 사람이 죽으면 죽은 자의 영혼이 극락왕생하도록 사원에서 천도의식을 행한다. 천도의식이 끝나고 나서 시신을 천장대(天葬台)로 옮겨 독수리들이 먹기 좋도록 칼집을 내고 독수리들이 시신을 깨끗이 먹어 치워야 좋은 일이라고 생각한다. 이는 죽은 자의 영혼이 독수리와 함께 하늘로 올라간다고 여기기 때문이다. 시신이 깨끗하게 먹어 치워지지 않으면 다시 화장해 재로 만들어 사방에 뿌린다.

천장(天葬)

04 화폐의 변천과정

　화폐는 인류가 잉여 생산물을 교환하는 과정에서 탄생했다. 초기 원시사회에서는 각자의 잉여 생산물을 물물 교환하는 방식으로 거래를 했지만, 이는 종류에 따라 제한이 있었고 교환 당사자가 수락하지 않을 때는 거래가 불가능하다는 단점이 있었다. 그래서 교환 당사자가 수락할 수 있는 거래 방식을 찾아야 했는데, 이때 소금이나 희귀 조개껍데기, 희귀 새의 깃털, 보석, 금속 등 대량으로는 쉽게 얻기 힘든 물건이 거래의 수단으로 쓰이기 시작했다.

　마찬가지로 중국도 소금이나 희귀 조개껍데기, 또는 금속 등을 거래의 수단으로 사용했다. 중국 역사에 기록된 화폐의 시초를 보면 서한(西漢)시대에 쓰인 『사기(史記)』와 『염철론(鹽鐵論)』에 '하(夏)나라 때는 조개를 화폐로 사용했다.'라는 기록이 있다. 실제로 하나라 시대 고분에서도 화폐로 쓰였던 조개껍데기가 발견되고 있어 이러한 기록을 뒷받침하고 있다. 여기서 명확히 알아둬야 할 것은, 이 시기에 화폐로 쓰였던 조개껍데기는 흔히 접할 수 있는 것이 아니었다는 점이다. 당시 쓰였던 조개 화폐는 중국 남부와 인도양에만 서식하던 마노 조개였다. 하나라는 중국 내륙 깊숙한 곳에 위치한 나라였기

마노조개

조개 패(갑골문)

조개 패(번체 한자)

때문에, 인도양에 서식하던 마노 조개는 희소성이 있어 화폐로서의 가치가 있었다. 이후 상(商)나라 시기까지 마노 조개는 화폐로서의 역할을 수행했다. 한자의 '조개 패(貝)'자가 돈이나 재화의 의미로 쓰이는 것도 이러한 이유 때문이다.

하지만 상나라 중·후기가 되자 상품교역의 규모가 확대되면서 마노 조개의 수가 부족해지기 시작했다. 이러한 과정에서 모조품이 등장하게 되고, 이를 대체할 수단으로 금속 화폐가 쓰이기 시작했다. 당시 금속을 얻기 위한 제련 과정에는 많은 노동력과 에너지가 필요했기 때문에, 금속은 희귀하고 비싼 물건(광물)이었다. 이렇듯 값비싼 금속은 훌륭한 물물교환 수단이 되었고, 잉여 생산물과 맞바꾼 금속으로 자신이 필요로 하는 물건을 만들 수 있었다. 하지만 단점도 있었는데, 거래량이 늘어날수록 맞바꿔야 하는 금속이 매우 무거워진다는 점이 그것이었다. 그래서 후에는 일반적인 금속보다 더 희귀하고 제련하기 어려운 금이나 은·구리 등이 주요 화폐 수단이 되었다. 하지만 금이나 은은 너무 희귀하다는 문제가 있었다. 그래서 균일한 무게와 크기를 정형화해 만든 금속 화폐가 등장했고, 이때 쓰인 금속이 바로 구리(銅)였다. 구리는 다른 금속에 비해 연하지만 부식이 적고 다른 금속과 잘 융합되는 성질이 있어 화폐로 만들기 적합했다. 구리로 만든 화폐는 위조를 피하고자 복잡한 문장이나 인장을 넣는 방식으로 만들어졌다. 문제는 이후 여러 제후국이 난립하던 전국시대(戰國時代:BC403~221년)가 되자 나라마다 독자적인 화폐를 가지면서 나타났다. 모양도 달랐고 통용되는 범위도 달랐다. 예를 들면 조(趙)나라에서는 삽자루 형태의 화폐(鏟幣)를, 제(齊)나라는 칼 모양의 화폐(刀幣)를, 초(楚)나라는 마노 조개를 닮은 화폐를, 진(秦)나라는 우리가 익히 알고 있는 둥근 쇠붙이 중앙에 네모난 구멍을 낸 형태의 화폐를 사용했다. 여기서 둥근 형태와 네모는 "하늘은 둥글고 땅은 네모나다."는 중국인들의 '천원지방(天圓地方)' 사상이 반영된 것이면서, 또한 많은 양의 동전을 끈으로 묶어 들고 다닐 수 있었기에 운반의 편리함도 고려한 디자인이기도 하다. 재미있는 것은 고대 그리스나 로마에서는 당시 최고 권력자의 얼굴을 넣는 방식으로 화폐를 만들었다면, 중국에서는 화폐에 글자를 새기는 방식으로 만들었다는 점이다.

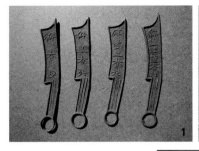

1 제나라 도전(刀錢)
2 주나라
3 진나라
4 초나라

이렇게 다양한 형태로 사용되던 금속 화폐는 진나라가 중국을 통일한 이후(BC 210년) 진나라 화폐의 형태를 기준으로 만든 반냥전(半兩錢)으로 통일되었다. 이로써 다양한 형태로 통용되던 화폐는 청(淸)나라 말기까지 그 형태와 기준이 유지되었다. 하지만 이러한 금속 화폐도 불편한 점이 없는 것은 아니었다. 대규모 거래에는 무게와 크기가 부담스러웠기 때문이다. 게다가 오래 사용하면 표면이 마모되어 가짜로 오해를 받는 일도 있었고, 무게 때문에 주머니가 닳거나 이동에 불편함이 있었다. 때문에 대규모 거래에 쓰일 화폐의 중요성이 인식되기 시작했다.

북송(北宋, 960년) 시기 교역이 발달하면서 화폐 유통이 증가하자 화폐 제조에 필요한 구리가 부족해지는 문제가 발생했다. 이때 1023년 쓰촨(四川) 지역에서 구리화폐를 대신한 종이 화폐가 등장했는데, 이것이 최초의 지폐인 교자(交子)이다. 교자는 청동판에 그림과 액수를 새겨 종이에 찍는 방식으로 만들어졌다. 하지만 실제로는 상인들 간에 거래 명세를 입증하는 민간 차원의 약속어음에 불과했기 때문에 지금 우리가 사용하는 지폐와는 다소 성격이 달랐다. 다만 종이 화폐의 개념을 만들었다는 점에서는 그 의미가 있다 하겠다.

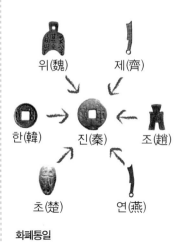

위(魏)　제(齊)

한(韓)　진(秦)　조(趙)

초(楚)　연(燕)

화폐통일

이후 몽골 제국이 북송을 무너뜨리고 원(元)나라를 세웠다. 중국을 지배하게 된 원나라는 교자의 단점을 보완한 형태의 교초(交鈔)를 만들어 보급했다. 교초는 동판화로 인쇄한 종이에 황제의 옥새를 찍어 만들었다. 황제의 인장이 들어가는 지폐를 위조할 시에는 사형에 처하는 등 강력하게 관리했기 때문에 화폐로서의 가치를 인정받을 수 있었다. 국가가 발행하고 가치를 보장하는 형식의 지폐는 원나라와 교역을 하던 나라를 통해 서구세계에도 알려지게 되었다. 13세기 말 마르코 폴로가 쓴 『동방견문록』이나 이븐 바투타의 『이븐 바투타 여행기』 등에서도 교초의 존재에 대해 언급하고 있다. 이로 인해 서구세계에서도 종이나 천으로 만들어 통용하는 화폐라는 개념이 생기게 되었다.

교자   교초

1368년 명(明)나라를 건국한 주원장(朱元璋)은 원(元)나라 시기에 사용하던 교초를 본떠 보초(宝鈔)라는 지폐를 만들고 이를 금속 화폐와 병행해 사용하고자 했다. 하지만 발행에 제한이 없다 보니 통화팽창이 일어나 사회와 경제가 혼란에 빠지는 문제가 발생했다. 그래서 후에 발행을 중단했고 대신 민간에서는 은(銀)이나 엽전을 화폐로 사용했다. 이때 사용하던 '은'은 제조방식에 있어 일정한 기준이 있었고 수량도 제한적이었기 때문에, 통화로서의 가치를 인정받을 수 있었다. 이렇게 만들어진 은덩이는 반장(班匠)이라 명명했지만, 은정(銀錠)이라 불리기도 했는데 그 모양은 말발굽을 닮았다. 참고로 중국인들은 지금도 돈을 세는 화폐단위를 塊(kuài)라

말굽은

말하는데, 여기서 塊는 '덩어리'나 '조각'을 세는 양사이다. 은덩이를 화폐로 사용하던 시기에 쓰이던 단위를 지금도 습관으로 사용하는 것으로 볼 수 있다. 물론 돈을 보관하는 은행(銀行)도 은이 화폐로 쓰이던 방식에서 유래했다.

1636년 명(明)나라가 무너지고 청(淸)나라가 들어섰지만 청나라도 엽전과 은덩이를 함께 사용하는 등 명나라와 크게 다르지 않았다. 오히려 은덩이가 엽전보다 더 많이 쓰였다 할 수 있다. 사실 은덩이는 여러모로 쓸모가 많았다. 명나라 시기부터 사용된 은덩이는 대외무역을 하는 데 있어 지폐나 엽전보다 신뢰성이 높았다. 예로부터 금이나 은은 동서고금을 막론하고 화폐로서의 가치를 인정받았기 때문이다. 명나라 시기 중국에는 많은 외국 상인들이 비단이나 차(茶)·도자기 등을 사들이고자 중국을 방문했는데, 이때 은덩이는 상호 신뢰 가능한 통화 수단이었다. 외국 상인에게 비단이나 도자기 등을 팔고 받는 은덩이는 명나라나 청나라의 든든한 재정수익이 되었다. 그러다 보니 청나라 때 역시 은덩이가 주요 화폐 수단으로 사용됐다. 하지만 은덩이가 가진 광범위한 통화 수단은 후에 청나라가 몰락하는 원인이 되기도 했다. 청나라 말기 영국은 중국으로부터 많은 양의 비단과 차를 수입했지만, 수출은 매우 부진했다. 무역수지 적자가 심해지자 중국산 차를 수입할 결제 대금으로서의 은마저 부족해지게 되었고, 영국은 이를 만회하고자 중국에 아편을 팔았다. 아편에 중독된 중국인들이 늘어나자 이번에는 청나라의 무역수지 적자가 심해졌다. 영국이 아편을 팔아 벌어들인 은덩이를 모두 영국으로 가져갔기 때문이다. 이로 인해 1840년 아편전쟁이 벌어졌고 전쟁에서 패배한 청나라는 영국과 불평등 조약인 〈난징조약〉을 체결했다. 하지만 문제는 전쟁 배상금이었다. 영국에게 전쟁 배상금을 지급해야 하는 청나라에는 이미 은이 고갈된 상태였기에, 광서제(光緖帝)는 영국의 주조 기계를 수입해 은과 구리로 만든 돈을 발행하기 시작했다. 이렇게 하면 적은 양의 은으로도 화폐를 만들 수가 있었다. 영국의 주조 기계로 만든 화폐는 전통적인 중국 엽전과는 전혀 다른 형태로, 거의 서구식에 가까웠다. 이 시기엔 지폐도 통용되긴 했으나 관(官)에서 발행한 것과 민간에서 발행한 것이 있는 등 쓰임과 사용범위가 상당히 복잡했다.

청말기 서구식 기술로 만들어진 '은원'

　　1911년 신해혁명이 일어난 후 국민당이 창당되고 중화민국 건국이 선포되면서, 위안스카이(袁世凱)가 대총통 자리에 임명됐다. 총통에 부임한 위안스카이는 자기 얼굴을 넣은 화폐를 발행하게 했는데, 당시 영국식 화폐와 매우 유사한 형식이었음을 알 수 있다. 이후 위안스카이가 총통 자리에서 물러나고 쑨원(孫文)이 총통 자리에 오르자 이번에는 쑨원의 초상이 들어간 지폐가 발행되었다. 하지만 공산당과의 내전에서 국민당이 패배하게 되면서 이역시 오래 통용되지는 못했다.

위안스카이의 초상화가 들어간 화폐

쑨원의 초상화가 들어간 지폐

1948년, 국공내전이 아직 진행 중인 시기에 중국공산당이 통치하던 지역을 중심으로 새로운 화폐가 발행되었다. 1948년 12월 1일 중국인민은행이 세워진 후 처음으로 화폐가 발행되었는데 총 12개의 금액, 62종의 서로 다른 화폐가 발행되었다. 1위안은 2종 5위안은 4종, 100위안은 10종, 10,000위안은 4종 등과 같이 같은 액수라도 도안이 다른 화폐가 발행된 것이다. 도안은 주로 농민이나 공업과 관련된 것이었다.

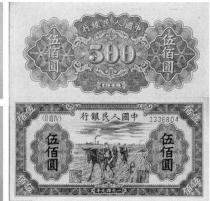

제1차 인민폐

이후 1955년 3월 1일 중국인민은행은 기존에 발행했던 화폐를 모두 회수한 후 새로운 화폐를 발행했다. 새로운 화폐는 기존에 발행한 액수의 1:10,000 수준으로 절하했다. 일종의 화폐개혁이 시작된 것이다. 그래서 기존에는 없던 펀(分)·자오(角) 등의 단위가 새로 생겼고, 상위 단위로는 위안(元)이 그대로 쓰였다. 이때는 같은 금액이라 할지라도 동전과 지폐를 함께 발행하는 방식으로 운용했다. 이후 대약진운동이 끝나는 1962년까지 다른 도안을 가진 화폐가 추가되었는데, 주로 대약진운동이나 번영한 중국 사회를 그려낸 것들이다. 참고로 당시에 발행된 화폐는 모두 소련에서 제작되었다.

대약진운동이 실패로 끝난 1962년 중국 정부는 기존과는 다른 도안을 가진 화폐를 새로 발행했는데, 과거에 비해 좀 더 연한 색채와 단순한 디자인으로 변경되었다.

1987년 4월 27일, 중국 정부는 새로운 도안의 화폐를 발행했다. 이때

제2차 인민폐

제3차 인민폐

제4차 인민폐

총 9종의 금액이 설정되었으며, 하나의 금액에 하나의 도안만이 사용됐다. 이 외에도 기존과 달라진 것으로는 50위안과 100위안이 새로 등장했다는 점이다. 1987년 이전에는 10위안이 가장 높은 금액이었으나, 이 시기부터 100위안이 가장 높은 화폐단위가 되었다. 이는 개혁개방 이후 중국 경제가 발전하면서 소득과 물가상승, 무역 규모가 늘어났기 때문이다. 고액권이 등장하자 위조지폐가 유통되는 상황이 발생해, 1990년에는 50위안과 100위안에 위조지폐를 식별할 수 있는 장치를 삽입했다. 덩샤오핑 시대에 발행된 지폐 도안은 중국의 특성과 정치 색깔을 잘 표현했다고 평가받았다. 우선 100위안에는 마오쩌둥과 저우언라이, 류샤오치, 주더 등 중화인민공화국 초기 핵심 지도자들의 초상화를 채택해 중국이 중국공산당의 통치 아래에 있음을 표방했다. 그리고 50위안에는 중화인민공화국이 사회주의 국가임을 명시하기 위한 노동자와 농민, 지식인을 상징하는 초상화가 그려져 있다. 또 10위안부터 1자오까지는 중국의 다양한 소수민족을 그려놓았는데, 이는 중국이 다민족 국가임을 표방한 것이다. 또 각각의 지폐 뒷면에는 징강산(井岡山, 정강산)이나 창장, 만리장성 등 중국을 대표하는 명승지를 그려 넣었다. 종합적으로 보면 이 시기의 화폐는 액수 면에서도 큰 변화가 있었고 다민족 사회주의 국가라는 중국의 특성을 잘 반영했다고 볼 수 있다.

1999년 10월 1일, 중국인민은행은 중화인민공화국 건국 50주년에 맞춰 건국 이래 5번째로 화폐 도안을 변경했다. 이때 처음으로 20위안이 추가되었고 2위안짜리는 폐기하여 총 8종의 금액이 설정되었다. 새로운 지폐에는 위조 방지를 위한 다양한 기술이 들어갔는데, 이는 그동안 위조지폐를 만드는 기술 역시 발전했기 때문이었다. 덩샤오핑 사후에 제작된 새로운 지폐는 기존에 표방하던 중국의 다양한 색채를 삭제하고 마오쩌둥 단일 초상화로 통일되었다. 다시 말하면 금액별로 채색과 액수만 다를 뿐 지폐의 인물은 모두 마오쩌둥이 실린 것이다. 개혁개방은 중국 경제를 비약적으로 발전시키고 있지만, 중국공산당의 정체성은 그 어느 때보다 큰 난관에 직면해 있다. 중국공산당이 일당 지배를 유지하는 데 가장 필요한 것은 바로 정통성을 확보하는 것이다. 중국공산당은 국가권력을 효과적으로 유지하기 위해 사회주의 혁명을 이끌었던 공산당의 업적을 찬양하고, 자신들이 마오쩌둥의 적통임을 강조하고 싶어 한다. 하지만 개혁개방 이후에 성장한 세대들에게 마오쩌둥의 이미지를 각인하기란 쉽지 않다. 이러한 인식하에 중국공산당은 건국 50주년에 맞춰 중국의 모든 지폐에 마오쩌둥의 초상화를 각인하기로 결정했다.

4차와 5차 화폐 비교

최근 중국에 생긴 가장 큰 변화로는 결제방식이 점차 모바일 중심으로 바꾸어 나가고 있다는 점이다. 2008년 아이폰 출시 이후 중국의 스마트폰 사용인구는 꾸준히 증가해왔다. 스마트폰의 장점은 언제 어디서나 인터넷 사용이 가능하다는 점을 꼽을 수 있다. 중국은 지역이 광대해 인터넷망 구축과 유지비용에 많은 부담이 있는 것이 현실이다. 하지만 무선 인터넷이 가능한 스마트폰이 보급되면서, 이것이 농촌이나 서부지역까지 인터넷 사용 인구를 확대하는 계기가 되었다. 이와 함께 등장한 것이 QR코드 결제 시스템이다. 1994년 일본 토요타 자동차의 자회사인 덴소(DENSO)사가 개발한 QR코드는 'Quick Response'에서 유래했으며, 자동차 부품을 빠르게 구분하기 위한 목적으로 개발되었다. 이후 QR코드는 인터넷 정보 검색 수단으로 발전했고, 이것이 중국에서는 대금을 빠르게 결제하는 방식으로 활용되고 있다. 그동안 중국은 신용카드 보급률이 매우 낮은 국가 중 하나였다. 일반 개인은 신용카드를 발급받기 어렵기 때문에 통상 현금이나 캐시카드 결제가 선호되었다. 하지만 QR코드 결제방식이 등장하면서 중국의 결제방식은 빠르게 모바일 페이로 대체되었다. 중국 정부도 2014년부터 4차 산업혁명의 기반인 핀테크 산업을 육성하기 위한 다양한 정책을 제시하고 있다.

QR코드 결제방식은 기존의 시스템을 바꿀 필요 없이 은행 계좌만 있으면 쉽게 결제가 가능하다는 장점이 있다. 게다가 위조지폐를 걱정할 필요도 없고 홍채 인식이나 지문인식 등의 기능 등으로 보안 측면에서도 신뢰받고 있다. 또한 수수료가 없거나 매우 적다 보니 온·오프라인의 크고 작은 상점에서 사용인구가 더욱 증가했다. QR코드로 가장 대표적인 회사로는 우리나라의 카카오톡과 같은 메신저 프로그램인 웨이신(微信)의 위챗페이가 있는데, 전체 시장의 38%를 점유하고 있다. 또 알리페이의 즈푸바오(支付宝)가 있는데 이는 시장의 55%를 차지하고 있다.

중국 인민은행에 따르면 2020년 현금 이외의 지급수단에 의한 거래 건수는 총 1,251억 1,100만 건이었고, 액수로는 3,687조 2,400억 위안(약 62경 9,411조 원)에 달한 것으로 나타났다. 2022년에는 소비자의 90% 이상이 QR코드 결제를 사용하고 있는 것으로 조사됐다. 중국에서의 사용인구가 증가하면서 현재는 한국이나 일본·홍콩 등을 비롯한 20개국에서도 중국의 웨이신 결제가 가능하고, 즈푸바오는 38개국에서 사용이 가능하다. 이처럼 QR코드 결제가 사용 가능한 지역은 점차 확대되고 있다.

알리페이와 위챗페이 로고

국내 위챗페이 가맹점

01 중화인민공화국의 건국 과정

① 중국공산당 창당과 1차 국공합작

중국공산당이 창당되기 이전의 중국은 정국이 매우 혼란스러웠다. 청 왕조가 쇠퇴함에 따라 각지의 군벌들이 할거해 중국을 혼란 속으로 몰고 갔으며, 열강들의 중국 침략은 본격화되고 있었다. 이러한 정세 속에 등장한 쑨원(孙文)은 중국의 국제적 지위 평등과 정치적 지위 평등, 그리고 경제적 지위 평등을 촉진하는 구국주의(救国主义)를 외치며 중국을 통합하기 위한 작업에 돌입하였다. 쑨원은 1912년 1월 1일 중국 남부 지역의 난징(南京)에서 중화민국(中华民国)을 건국하고 임시 대총통으로 선출되는 한편 군벌들을 토벌하기 위한 북벌계획에 착수하였다. 그러나 1919년 이후에는 러시아의 공산혁명에 영향을 받은 공산주의자들이 중국에 등장하더니 1921년 7월 중국공산당이 창당되었다. 이로써 중국에는 쑨원의 국민당과 천두슈(陈独秀)의 공산당이 서로 공존하는 형국이 되었다. 당시 중국공산당의 주요간부로는 위원장인 천두슈를 비롯하여 리다자오(李大钊), 리한쥔(李汉俊), 리다(李达), 장궈타오(张国焘), 탄핑산(谭平山), 마오쩌둥(毛泽东), 린쭈한(林祖函), 취추바이(瞿秋白), 위수더(于树德), 저우언라이(周恩来), 리우런징(刘仁静) 등이 있었다. 그러나 초기의 공산당원은 극소수에 불과했고, 조직체계도 정비되지 못했으며, 투쟁 경험과 훈련도 전혀 없었다. 이들이 본격적인 활동을 시작한 것은 1922년부터로 이때부터 공산당은 훈련과 경험을 통해 본격적인 투쟁운동을 전개하기 시작하였다.

당시의 중국은 관료와 군벌 세력이 정권을 장악했던 시기로 전국이 분열되어 산업발전이 저지되었으며, 외세에 의한 식민지적 지배 상황이 심각했다.

1 쑹칭링(宋庆龄)과 쑨원(孙文)
정치자금을 지원해 주던 친구의 딸이자 자신
의 비서였던 쑹칭링과 일본에서 결혼했을 당
시의 쑨원

2 국공합작 시절 장제스(蒋介石)와 마
오쩌둥(毛泽东)

특히 각지에서 할거 중인 군벌들은 외세와 결탁하여 중국을 분열시키고 있었다. 이러한 군벌 세력을 토벌하기 위해 쑨원은 1922년부터 북벌을 개시하였으나, 곧 일어난 쿠데타로 정권을 잃고 상하이(上海)로 도주하게 되었다. 이 사건을 계기로 쑨원은 자신에게 군벌이나 열강에 대항할 조직이 없음을 깨닫고 공산당과의 합작을 통해 이들을 몰아낼 전략을 모색하였다. 이렇게 탄생된 것이 1924년 1월에 시작된 국민당과 공산당 간의 '제1차 국공합작'이다.

물론 내부적으로도 많은 반대가 있었다. 특히 국공합작은 공산당 세력 확장을 촉진해 국민당의 지배적 위치를 위협할 수 있었기에 많은 국민당원이 반대했다. 그러나 당시 상황에서 국민당의 북벌에 힘을 줄 수 있는 세력은 중국공산당이 유일했기에 쑨원의 의견대로 제1차 국공합작이 강행되었다.

1925년 쑨원이 갑자기 병사하게 되자 장제스(蒋介石)가 그의 후임으로 국민당을 이끌게 되었다. 장제스는 쑨원의 유지대로 북벌에 나선 6개 군과 함께 중국 남부의 34개 군벌 세력들을 패배시키거나 흡수·통합하면서 통일중국에 대한 염원을 이루어나가기 시작했다. 그러나 1926년 3월 20일에 발생한 중산함(中山艦)사건은 국민당과 공산당 간의 합작을 분열시키는 계기가 되었다. 이 중산함사건은 중국 국민당 우파가 꾸민 공산당 탄압사건으로 중산함이 황푸(黄埔)에 입항하자, 공산당이 정부 전복을 꾀하고 있다는 유언을 퍼뜨려 장제스가 오십여 명의 공산당원을 체포한 사건이다. 후에 이 사건은 거짓이었음이 밝혀졌으나, 장제스는 이를 수습한다는 명목으로 당내의 공산당 세력을 제거하려 하였다. 장제스는 중산함의 회항을 자신에 대한 공산당의 반란음모라고 규정하고 광저우(广州)와 상하이(上海) 지역의 공산당을 숙청하여 난징(南京)에 우파의 국민당정부를 수립하였다.

철저한 반공주의자로서 지주와 상인, 대자본가들의 절대적인 지지를 받고 있던 장제스는 난징정부 수립 이후 난징과 상하이의 공산당원과 노동자들을 대량 학살하기 시작했다. 공산당은 결국 대(对)시국선언을 발표하고, 국민당의 파쇼화를 공격하는 동시에 국공합작의 해체를 선언하였다. 이로써 국민당 및 공산당의 동맹은 완전히 붕괴하였고, 1927년 7월 15일 국민당이 공산당과의 결별을 선언하면서 국공합작은 공식적으로 해체되었다.

② 대장정

국공합작이 결렬되고 장제스 중심의 국민당이 통일정부를 수립하는 동안 공산당은 생존의 길을 모색하였다. 공산당은 국민당과의 결별 후인 1927년 8월 1일 3만 명의 봉기군을 이끌고 '난창봉기(南昌起义)'를 일으켰다. 난창봉기는 국민당과 공산당 사이에 벌어진 최초의 전투였지만, 국민당의 역습으로 실패하였다. 연이어 시도한 노동자와 농민의 무장봉기도 하나같이 실패하자 공산당은 난창을 포기하고 광둥(广东)으로 피신하였다. 무장봉기는 공산당이 국민당의 탄압에 무력으로 저항하면서 혁명을 이끌어 낸다는 것이 목적이었으나, 막강한 군사력을 보유하고 있던 국민당에 의해 공산당은 오히려 큰 전력손실을 입게 되었다. 난창봉기가 실패한 후 공산당은 1927년 8월 7일 주장(九江)에서 긴급회의를 열어 다시금 농촌과 도시에서의 대규모 무장봉기를 시도하였다. 그러나 이마저도 실패로 돌아가자 마오쩌둥은 패배한 봉기군을 이끌고 징강산(井冈山)에 들어가 근거지를 구축하게 되었다.

농촌을 근거지로 하는 공산혁명은 장시성(江西省)과 후난성(湖南省)의 경계지대에 있는 징강산에서 시작되었다. 마오쩌둥과 주더(朱德)는 이곳에서 세력을 규합해 영토와 주민, 군대를 소유할 수 있게 되었고, 장시(江西), 후베이

(湖北), 푸젠(福建), 광둥(广东), 광시(广西), 후난(湖南) 등 11개 성까지 공산당 세력을 확대해 중국혁명 과정에서 결정적인 역할을 하게 되는 '홍군(红军)'을 창설하게 되었다. 근거지 건설은 홍군의 창설과 동시에 진행되었으며, 공산당은 근거지에서 법령, 토지제도, 군대편성을 정비하였다. 특히 토지제도 개혁에 심혈을 기울였으며, 당시 공산당이 생존할 수 있는 유일한 방법은 대중과 철저히 결합하는 것이었다.

대중과의 결합은 인구의 대다수였던 빈농을 지지하는 것으로 공산당은 토지제도 혁명을 통해 지주의 토지를 몰수하고 토지가 없는 농민, 병사, 농촌수공업자에게 분배했다. 토지제도 혁명에 의한 토지의 재분배와 생산조직의 재정비는 농업생산력을 증대시켰다. 1933년 장시성 남부와 푸젠성 서부 지역은 1932년에 비해 생산성이 15% 증가했고 푸젠, 저장, 장시 지역에서는 20%나 증가했다. 이 같은 결과로 공산당이 농민세력들의 열렬한 지지를 받았다는 것을 알 수 있다. 그러나 중국공산당의 이 작은 실험도 오래가지는 못하였다. 장제스는 북방의 군벌 세력을 토벌한 뒤 1930년 12월부터 공산당에 대한 포위공격을 시작하였다. 장제스가 공산당군을 포위하여 대규모 공격을 감행하자 공산당군은 게릴라 전법이나 매복전술로 대응하였다. 즉, 국민당군을 기지로 유인해 공격하였고, 5차례의 포위공격을 모두 승리로 이끈 공산당 지도부는 자신감에 크게 고무되었다.

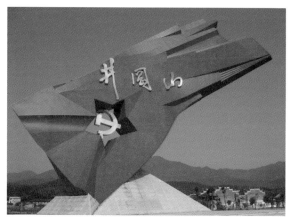

중국공산당이 처음으로 사회주의 혁명을 실험하고 리더십이 발휘된 곳이 바로 징강산(井冈山)이다. 위기에 빠졌던 중국공산당이 대중의 지지를 기반으로 일어설 수 있었던 곳도 바로 이곳으로, 중국공산당에게 있어 징강산은 성지와 다름없다.

그러나 모스크바 중앙위원회에서 공산당군에게 적극적인 전면전을 요구하면서 위기가 찾아오기 시작하였다. 적극적인 전면전을 반대하던 마오쩌둥을 정치적으로 고립시키고 국민당군과 전면전을 개시한 공산당군은 연이어 패배하게 되어 결국 6만여 명의 병력을 잃으며 궤멸 직전에 이르게 되었다. 공산당군은 하는 수 없이 살아남은 홍군 8만여 명과 함께 10월 15일부터 국민당의 포위망을 뚫고 탈출을 감행하는 '대장정'을 시작하였다. 홍군은 국민당군을 피해 포위망이 약한 중국 남서부 지역을 지나 서북 지역에 있는 옌안(延安)까지 대장정을 시작했는데, 홍군이 옌안에 도착할 때까지 이동한 거리는 무려 9,600km나 되었다. 이 과정에서 국민당군의 공세는 더욱 가열되어 홍군이 대장정을 시작한지 3개월 뒤에는 처음 병력의 절반만 살아남았다. 결국 1년 뒤 옌안에 도착했을 때는 처음 병력의 10분의 1도 안 되는 7,000여 명만 살아남았다.

그러나 이 대장정은 마오쩌둥이 중국공산당 내에서의 지도력을 확립하는 계기가 되었으며, 이를 통해 공산당은 국민당의 지배력이 닿지 않는 농촌

대장정에 지친 마오쩌둥이 말을 타고 이동하는 모습.

대장정 중 산베이의 군사간부들과 함께 찍은 사진

대장정 중 홍군간부들에게 강연을 하고 있는 마오쩌둥.

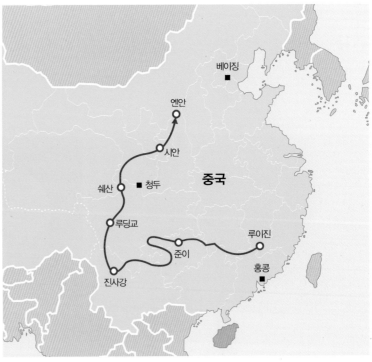
마오쩌둥 홍군의 대장정 경로

근거지에서 전열을 가다듬을 수 있었다. 또한, 대장정 과정에서 소수민족과 빈농계층을 포섭할 수 있는 계기를 마련함으로써 후에 공산당이 국공내전을 승리로 이끄는 역사적 전환점을 마련할 수 있었다.

③ 시안사변의 발생

독재적인 지도체제를 강화한 장제스는 북벌을 재개했으나, 1931년 9월 18일에 발발한 만주사변은 국민당의 중국 내 입지를 곤란하게 만들었다. 난징(南京)을 수도로 하는 국민당의 장제스정부는 국내에서의 주적(主敵)인 중국 공산당 세력을 괴멸시킬 것을 선결 방침으로 삼고 있었기 때문에 일본군에게는 저항하지 않고 시종 무저항주의로 일관했다. 이것은 한편으로는 공산당과의 내전에 전력투구하기 위한 것이었으나, 장제스의 전략은 일반인은 물론이고 지식인과 당내 간부들의 반발을 불러일으켰다. 만주사변이 일본의 침략전쟁이었다는 것은 틀림없는 사실이었다. 또 그 결과로 만들어진 만주국이 일본의 식민지라는 것도 부정할 수 없었음에도 불구하고 국민당은 공산당 공격에 전력을 기울이면서 일본침략에 대해서는 시종 무저항주의를 취했다.

각 지역에서는 일본침략과 국민당의 무저항주의에 대한 시위가 벌어졌고, 공산당의 항일 호소는 국민당 내부로부터도 어느 정도 지지를 받아가고 있었다. 이 당시 산시성(陝西省) 북부의 근거지를 향해 진격하던 국민당군의 지도자는 동북군의 장쉐량(張學良)과 서북군의 양후청(杨虎城)이었다. 장쉐량은 국민당의 대일타협정책에 불만을 품고 장제스에게 '내전정지'와 '일치항전'을 강하게 요구하였다. 만주군벌이었던 아버지를 일본군에게 잃고 시안(西安)에 정착한 장쉐량은 항일여론에 동조하고 구국을 요구했으나 장제스는 여전히 공산당 토벌 우선주의를 선결과제로 삼고 있었다. 장쉐량이 공산당 토벌에 적극적이지 않자 장제스는 독전(督戰)을 위해 시안으로 시찰을 오게 되었다. 시안에 도착한 장제스에게 장쉐량은 다시금 '일치항일'을 권유했지만, 단호히 거절되었다. 이에 장쉐량은 1936년 12월 12일 사병들을 동원해 시안에 머물던 장제스와 휘하 간부들을 감금하고 여덟 항목의 항일요구를

장쉐량(張學良/우)과 그의 아버지 장쭤린(张作霖).

장쉐량(좌)이 장제스에게 대항하여 시안사변을 일으켰다.

노년시기의 장쉐량

발표했다. 이것이 국민당과 공산당에게 역사적 전환점이 되었던 '시안사변'이다.

장쉐량 군부에서는 장제스의 구금을 놓고 후환을 없애기 위해 장제스를 처형할 것을 주장했지만, 항일전쟁을 위해서는 장제스의 지도력이 절실했다. 또한, 장제스 사망으로 인한 국민당 분열은 자칫 항일전쟁에서 패할 수도 있었기 때문에 타협을 하는 쪽으로 방향을 정하였다. 장제스 구금 6일 후인 12월 17일에는 마오쩌둥이 파견한 저우언라이(周恩来)가 시안에 도착하였고 저우언라이와 장제스는 협상에 들어가기 시작하였다. 장쉐량의 요구대로 국민당과 공산당은 내전 종식에 합의하였고, 12월 25일 장제스는 감금에서 풀려나 난징으로 돌아갔다. 며칠 후 장제스는 저우언라이와의 협상에서 공산당을 공식적으로 인정하는 한편 공산당과 공동으로 항일투쟁에 나서기로 합의하였다. 그러나 장쉐량은 이 사건으로 지휘권이 박탈되었고 10년형의 금고에 처했다. 후에 석방되었으나 1949년 국민당의 본토 퇴각과 함께 타이완으로 끌려와 가택연금을 당했다. 장제스 사망 2년 후인 1977년에 풀려난 장쉐량은 1993년 12월 15일 출국금지가 해제된 후, 1995년부터 하와이에서 살다가 2001년 10월 노환으로 사망했다.

시안사변은 국민당의 기본정책에 있어서 공산당의 항일민족통일전선의 구체화에 획기적인 전환을 가져왔다. 이는 국민당의 '공산당토벌 우선주의'를 '민족저항'으로 바뀌게 한 출발점이 되었으며, 국공내전으로 궤멸직전에 이른 공산당을 구출한 사건이었다. 특히 1937년 7월 7일 일본에 의해 조작된 노구교사건은 제2차 국공합작을 급속도로 구체화해 공산당의 중국 내 입지를 강화시키는 계기가 되었다.

4 제2차 국공합작

만주사변 이래로 꾸준히 지속되어 온 일본군의 중국침략은 1937년 7월 7일 베이징 교외의 노구교(卢沟桥)[15] 사건을 계기로 전면 전쟁으로 확대되었다. 노구교 사건은 중·일 전쟁의 발단이 되는 사건으로 '7·7사변'이라고 부르기도 한다. 일본은 이 사건을 계기로 화베이(华北) 지역을 공격해 베이징을 점령했다. 일본군은 대규모 공격을 감행해 중국의 항일군, 난징의 국민당을 항복시키고 중국을 장악하려 했다. 일본군의 지속적인 공격으로 11월에는 상하이가 함락되자 장제스는 80만 대군을 편성하여 상하이부터 항저우(杭州)까지 방어선을 치고 일본군의 진출을 막아 보려 하였다. 그러나 일본군의 공격에 연어어 패전하게 되었고, 같은 해 12월에는 국민당의 수도인 난징까지 함락되어 일본군에 의한 '난징대학살'이 자행되었다.

이 같은 상황에서 국민당과 공산당은 서로 다른 전략을 모색하고 있었다. 국민당의 반공파는 '소극항일, 적극반공'의 노선을 주장하며 국공합작을 분열시키려 하였고, 마오쩌둥은 국공합작 이후 노동자와 농민, 군대, 지식인, 상공업자 등의 광범위한 대중을 포섭해 공산당의 세력기반을 확대하는 데 힘을 기울였다. 중국공산당은 우선 국공합작을 통해 공산당의 무장력을 강화하고 세력을 확장하기 위한 정치선전을 강화하였다.

---

15) 노구교는 베이징에서 10km떨어진 지역에 있는 다리의 이름으로 이 부근에서 실탄 소리가 난 후 일본군 병사가 실종되자 일본이 이를 핑계로 전면 전쟁을 선포하였다. 일본의 중국 침략 빌미가 된 이 사건을 '노구교사건'이라 한다.

국민당

- '소극항일', '적극반공'노선을 주장하며 국공합작을 분열시키려 함
- 군사력: 430만 명의 병력, 미국의 군사원조, 항복한 일본군 무기 획득
- 장제스는 일본의 패망을 예상하고 일본군이 물러난 이후의 내전을 준비함

공산당

- '국공합작을 통해 노동자·농민·군대·지식인·상공업자를 공산당으로 포섭함
- 군사력: 120만 명의 병력, 국공합작 당시 국민당으로부터 지원받은 노후한 무기 및 일본군과의 전쟁으로 병력이 약화됨
- '마오쩌둥은 지주의 토지를 몰수해 농민에게 나눠주는 등 친 공산당적인 대중운동을 전개하며 민심을 얻음
- 국공합작은 1937~1938년의 2년여에 불과했지만, 이 기간에 공산당은 적극적인 항일운동을 전개하며, 대중의 지지와 참여를 얻어냄

1 노구교(卢沟桥)
2 난징대학살
일본군에게 난징이 함락되면서 대학살이 자행되었다.

3 중국 난징에는 일본군에 의해 자행된 대학살을 기억하기 위한 기념관이 건립되어 있다.

국공합작 기간에 대중의 여론을 공산당으로 모으기 위해 제작된 포스터.

국민당이 일본군과의 전면전을 피하고 퇴각하는 사이 공산당은 일본군에게 점령된 지역에서 항일투쟁을 전개해 대중의 지지를 얻어갔다. 제2차 국공합작의 기간은 실제적으론 1937년~1938년으로 2년 여에 불과하다. 1939년부터 국민당은 공산당의 활동을 탄압하거나 방해하면서 항일전쟁보다는 공산당 탄압에 힘을 기울였다. 국민당이 일본과의 전쟁을 뒤로 미루고 전면적인 반공공세를 감행하면서 국공합작은 위기로 치닫기 시작하였다. 국민당이 1939년부터 1943년까지 공산당의 해산을 요구하면서 공격함에 따라 양측의 공식적인 국공합작 파기선언은 없었지만 실제로는 이때부터 국공합작은 이미 파기되었다고 볼 수 있다.

당시 장제스가 공산당토벌에 역점을 둔 이유는 제2차 세계대전으로 일본의 패배가 명확해져 가고 있었기 때문이다. 장제스는 일본이 패망하면 공산당과 다시 내전을 벌여야 했기 때문에 일본과의 전투에 전력을 소모하지 않고 힘을 비축하려 하였다. 장제스의 예상대로 미국에 의해 일본이 패전하면서 중국에 남아 있던 일본군도 무장해제를 할 수밖에 없었다. 그러나 적극적으로 일본군에게 대항했던 공산당과는 달리 소극적인 노선을 펼쳤던 국민당에게 민심은 이미 마음을 돌리고 있었다.

5 중화인민공화국 건국

1945년 8월 일본이 연합군에게 항복하자 국민당과 공산당의 관계는 급속히 악화되었다. 국민당은 430만의 군대를 재편성하고 전국의 주요 도시와 교통선을 확보하는 한편 무장 해제된 일본군의 무기와 미국의 대량 군사원조로 군사력을 강화해 나갔다. 공산당도 120만의 병력을 모으고 전열을 가다듬었지만 낡은 군사장비와 일본군과의 전쟁으로 전력이 많이 소모되어 있었다. 내전의 초기과정은 국민당군의 압도적인 승리였으나 얼마 후 '3개월 내지 6개월 내에 공산당을 전멸시킬 수 있다.'라고 장제스가 호언장담한 것과는 완전히 다른 상황이 전개되었다. 공산당은 국민당군으로부터 획득한 미국식 군사장비로 무장을 강화하면서 점차 적극적인 방어 작전을 펴고 있었다. 다수 노동자, 농민이 공산당에 합류하면서 군사력은 오히려 증가되고 있었고

1949년 10월 1일 마오쩌둥은 천안문에서 중화인민공화국 건국을 선포했다.

친공산당적인 대중운동이 각지에서 전개되어 국민당의 지배력은 점점 약화되어갔다. 공산당은 전후의 빈곤과 혼란, 부조리를 국민당의 무능함으로 여론을 몰아가는 한편 세력 지역의 토지를 지주에게 몰수하여 농민에게 분배하였다. 이러한 전략으로 대중의 지지를 얻게 된 공산당은 노동자, 농민을 공산당에 포섭할 수 있었고, 토지문제에 소극적이었던 국민당을 고립시킬 수 있었다. 대중의 지지를 얻지 못한 국민당이 고립되어 공산당에게 연이어 패배하자 결국 1949년 초에는 수도인 난징(南京)을 뺏기고 남하하게 되었다. 공산당이 1949년 말까지 국민당을 추격하여 타이완(台湾)으로 쫓아냄으로써 공산당은 타이완과 티베트(西藏)를 제외한 중국 전역을 장악하게 되었다.

1949년 10월 1일 중화인민공화국 건국에 맞춰 중국의 국가 '의영군진행곡'을 연주 중인 해방군악단.

국민당군을 타이완으로 몰아낸 공산당은 1949년 9월 21일부터 30일까지 베이징에서 '인민 전체협상회의'를 개최하였다. 회의에서는 〈중화인민공화국 중앙인민조직법〉을 채택하여 마오쩌둥을 중앙인민정부의 주석으로 선출하고, 부주석으로는 인민해방군 총사령관 주더(朱德), 중국공산당 중앙정치국 위원 류사오치(刘少奇), 중국국민당 혁명위원회 주석 리지선(李济深), 중국민주동맹 주석 장란(张澜), 동북인민정부 주석 가오강(高岗) 등을 각각 선출하였다. 중국공산당은 1949년 10월 1일 베이징에서 '중화인민공화국 건국'을 정식으로 선포하였다. 마오쩌둥이 천안문 광장의 상단에 올라 광장에 모인 인민들을 향해 중화인민공화국 건국을 선포함으로써 마침내 새로운 중국이 탄생하게 된 것이다.

무엇보다도 이날은 지난 시절 열강의 각축장이자 내전의 소용돌이에 휘말렸던 중국 대륙이 통일된 국가로 세계에 자신을 드러내기 시작한 날이었다. 신해혁명이 일어난 지 37년 만에, 그리고 오랜 기간에 걸친 국공내전의 귀결로서 중화인민공화국이 건국되었다.

02 대약진과 인민공사

① 대약진운동의 시작

혁명에서 승리한 중국공산당은 1950년 6월 30일 〈토지개혁법〉을 발표해 지주의 토지를 몰수하고 농민에게 분배하였다. 토지개혁을 통해 중국농촌의 전통적인 지주제를 타파한 중국공산당은 이후 국가기구, 군대, 무장 공안부대 등 대부분 사회조직과 언론매체 및 물질자원을 장악해 공산당의 국가 지배력을 강화해 나갔다. 내부에 대한 지배력을 강화해 나가던 중국공산당은 사회에 남아 있던 국민당 세력을 일소하기 위해 1951년 겨울부터 다음 해 봄까지 국가기관과 경제부문 등 각 기업과 사업단위마다 '3반운동(3反运动)'과 '5반운동(5反运动)'을 전개해 사회 일각에 남아 있던 국민당 세력과 부르주아 세력의 청산을 시도하였다. 3반운동은 '반탐오(탐관오리)·반낭비(물자낭비)·반관료주의'를 청산하는 당내 정화운동이며, 5반운동은 '뇌물수수·탈세·횡령·경제기밀누설·날림공사'를 추방하는 자본주의 청산운동이었다. 이러한 3반·5반운동을 통해 중국공산당은 사회주의 건설을 위한 기초를 다질 수 있게 되었다.

1953~1957년까지 시행된 '제1차 경제개발 5개년 계획'을 소련의 도움으로 성공리에 마치게 된 중국의 농·공업부문 연평균 성장률은 11.9%로 그 중 공업은 18%(연), 농업 4.5%(연), 경공업 12.9%(연), 중공업 25.4%(연)로 비약적인 발전을 이루었다. 계획의 마지막 단계에서는 농촌 지역과 도시 지역을 나누는 개혁을 시행했는데, 이 과정을 통해 중국공산당은 중국에 대한 지배권을 강화할 수 있었다.

:: 도-농 개혁안의 구체적인 내용

농촌 지역	토지개혁, 농업 합작화, 농촌 인민공사 등의 방식을 통해 소유제의 개혁을 추진
도시 지역	국민당정부가 운영하던 공영기업은 몰수하고 사영공상 기업은 '공사합영'으로, 개인수공업은 '합작화' 방식으로 소유제를 개조하였으며 사유재산제도를 기본적으로 폐지하였고 해마다 공유제의 비중을 높여감

제1차 경제개발 5개년 계획이 애초의 목표를 초과 달성하자 중국공산당은 자신감에 부풀어 국가경제를 단기간에 끌어올리는 국민경제의 '전면대약진(全面大跃进)'을 추진하기로 하였다. 1958년에 시작된 '대약진운동(大跃进运动)'은 일종의 군중운동으로 풍부한 인력자원을 바탕으로 단기간 내에 중국의 공업과 농업 발전을 꾀하는 전략이었다. 아울러 공(工), 농(农), 병(兵), 학(学), 상(商)을 결합한 '인민공사'를 설립해 사회주의 건설을 한층 가속화하고자 했다. 이 같은 계획과 함께 마오쩌둥은 중화인민공화국의 건국부터 사회주의로의 개조 과정을 하나의 과도시기로 간주하고, 국가의 공업화와 농업, 수공업 등 자본주의적 상업을 사회주의적 요소로 고치는 '과도시기의 총노선'을 제창하였다. 이는 3개의 붉은 깃발이라는 뜻의 '삼면홍기(三面红旗)운동'으로 대변되며, 이 운동은 중국인 내면에 잠재해 있는 봉건주의와 자본주의의 모순을 제거하고 그들의 사상과 인간개조를 앞당긴다는 목표 아래 '사회주의 건설 총노선(社会主义建设总路线), 농공업생산대약진(农工业生产大跃进), 인민공사(人民公社)' 등을 추진했다.

중국의 삼면홍기 중에서 사회주의 건설 총노선은 '사회주의를 강령으로 삼고, 대약진으로 사회주의 건설 속도를 가속화하며, 인민공사의 조직으로써 공산주의 사회로 진입한다'는 기본 형식을 갖고 있었다.

그러나 '제2차 경제개발 5개년 계획'은 1차 때와는 달리 소련의 원조가 중단된 상태에서 전개되었다. 당시 양국은 이론논쟁으로 불편한 상황에 놓여 있었는데, 1956년 소련공산당 제2차 대회에서 흐루시초프가 '반(反)스탈린운동'을 전개하자 중국이 이를 비판하면서 양국 간의 관계가

삼면홍기운동이 시작되면서 중국은 사회주의 체제로 전환되었다.

악화되어 있었다. 소련의 기술과 자금 지원 없이 경제개발을 추진하기 어려웠던 중국은 1957년 11월에 모스크바에서 열리는 세계 공산당 회의에 마오쩌둥이 직접 참석하여 소련에게 경제적인 원조를 요청하였다. 그러나 소련지도부는 중국공산당을 시종 냉담하게 대했고 마오쩌둥은 아무 성과 없이 돌아와야만 했다. 결국 중·소간의 이념대립이 점차 심화됨에 따라 소련은 중국에 파견된 소련기술자를 철수시킴과 동시에 공업부문에 대한 원조를 완전히 중단하게 되었다. 소련공산당에 대한 배신감에 반감을 품기 시작한 마오쩌둥은 공산주의를 향해 중국의 독자적인 노선을 추구할 것을 결심하고 대약진운동을 구상하게 되었던 것이다.

마오쩌둥의 대약진운동은 사회주의 건설에서 독자적인 노선 추구를 뜻할 뿐 아니라 중국이 소련의 영향권에서 과감히 탈피하는 것을 뜻했다. 마오쩌둥의 발전전략은 자본축적이 미약하고 농업이 주요산업인 중국의 현실을 고려한 것으로, 중공업 중심의 자본 집약적 산업과 더불어 농업의 노동집약적 산업에 대한 중요성을 인식한 것에서 출발한다. 마오쩌둥은 농촌의 인적·물적 자원을 총동원하여 생산력의 비약적 발전을 이룩하고 이를 바탕으로 공산주의 사회를 건설하는 것을 목표로 하였으며, 이는 대약진운동을 통해 구체화됐다.

대약진운동은 소련의 지원이 없는 상태에서 중국의 인력과 자원을 총동원한 일종의 '자력갱생운동(自力更生运动)'의 성격을 지녔으며, 중국의 방대한 인력을 총동원해 단기간에 영국과 미국의 공업을 따라잡는다는 목표를 세웠다.

② 대약진운동의 목표

제2차 경제개발 5개년 계획 시기에 진행된 대약진운동으로 미국과 영국을 뛰어넘자는 광범위한 대중운동이 전개되었다. 특히 노동자들에게 사회주의 건설에 대한 적극성을 유도하는 데 있어서 대약진운동은 확실히 커다란 매개체가 되었다. 당시 중국인민들은 장기간에 걸친 외세의 침략과 국민당의 수탈로 자신감을 상실했지만, 인민의 힘으로 건국한 신중국이 자본주의 국가들을 뛰어넘어 부강해진다는 목표를 설정했기 때문에 모든 인민의 힘을 대약진운동에 집중할 수 있었다. 마오쩌둥도 인민들과 대중운동의 역량을 믿고 15년 안에 영국과 미국을 따라잡는다는 목표를 세워 대중을 선동하였다.

1956년 당중앙정치국은 〈1956년부터 1967년까지 전국의 농업발전강령(1956年到1967年全国农业发展纲要)〉을 발표했다. 〈강령〉에서는 농업의 각 생산부문을 규정하고 있는 동시에 농민의 물질생활과 문화생활에 대한 여러 가지 사안들도 모두 규정화하였다. 이

집단농장으로 향하고 있는 농민들

는 마오쩌둥이 지적한 바와 같이 농촌사업과 발전에 꿈을 심어줌으로써 전국의 농민과 농업종사자들에게 하나의 목표를 제시하였던 것이다.

특히 〈강령〉에서 제시한 꿈은 미래 중국의 '번영한 농촌'이었다. 농민들로 하여금 풍요로운 미래에 대한 꿈을 그리게 하여 약진하도록 하는 것은 광범위한 대중의 빈곤상태를 변화시키고자 하는 절박한 요구와 바람을 반영하고 있었다. 당시에는 제1차 경제개발 5개년 계획이 목표를 초과하였기 때문에 할 수 있는 자신감도 커져 있었고, 낙후된 중국의 공업이 부흥하기를 인민 스스로 원했기 때문이다.

따라서 마오쩌둥은 광범위한 인민대중의 열정을 불러일으켜 이들이 최선을 다하여 대약진운동에 참여하도록 하였다. 실제로 영국과 미국을 뛰어넘자는 구호가 제시된 후 대중들의 반응은 뜨거웠다. 이는 구호에서 제시한 사회주의 건설 방침과 현대화된 중국의 건설은 인민대중의 바람을 반영했기 때문이다. 초기의 대약진운동이 비교적 성공적이어서 공산당 중앙위원회가 제출한 1958년의 강철 생산량은 1957년의 두 배나 되는 1,070만 톤이나 되었다.

❸ 대약진운동의 실패

대약진운동이 전개된 이후 전국 각 지역과 간부들은 높은 목표를 세우고 정진하였다. 특히 서방열강을 따라잡기 위해 중공업 위주의 우선 발전

전략을 채택하면서, 철강생산이 기간산업으로 추진되었다. 그러나 대약진운동이 시작된 지 얼마 지나지 않아 문제점이 드러나기 시작했다. 사회 전반에 '높은 목표, 맹목적인 지휘, 과도한 생산목표'가 설정되어 각 지역 간부들 간의 경쟁심을 불러일으킨 것이다. 문제는 업무성과를 과시하기 위해 생산량을 과도하게 부풀리면서 야기되기 시작하였다. 지방 간부들은 목표생산량보다 훨씬 많은 생산량을 달성했다고 허위보고를 남발하였고, 과장된 성과가 중앙에 보고되자 지도지 들은 생산량을 더 높이기 위해 과중한 목표량을 지시하였다. 이로 인해 제강부문에서 경제적 손실이 집중적으로 나타나기 시작했다. 과중한 할당량을 달성하기 위해 농업에 종사해야 할 농민들을 모두 제강운동에 동원하자 농업에는 인력이 크게 부족해졌으며, 식량생산이 줄어들게 된 것이다.

대약진운동 시기에는 각 마을마다 제련소를 건설해 철을 생산하였다.

또한, 각 마을에는 제강작업을 하기 위해 소규모 단위의 제련소가 마구잡이로 지어졌고, 철을 녹이기 위해 자행된 무분별한 벌목은 생태계 파괴로 이어져 농업생산을 하락시켰다. 이러한 일련의 행위들은 흉년과 심각한 물자공급 부족으로 이어졌고, 그 중에서도 심각한 식량부족 현상으로 3,000만여 명의 아사(餓死)자가 발생하게 되었다. 대약진운동 전후 3년간 발생한 대기근은 대약진운동의 결과가 가져온 것이었지만, 중앙에서는 사태의 심각성에 대해 정확히 인지하지 못하고 있었다. 질책을 두려워한 지방간부들은 사망자 수를 턱없이 낮게 보고했으며, 각 지역에서 보고되는 식량 생산량은 여전히 실제 생산량과는 다르게 크게 과장되어 있었다. 또한, 정부는 생산량에 대한 목표만 있었을 뿐 국내 생산조건에 따른 생산량 통계와 이에 대한

대약진운동이 실패하며 많은 아사(餓死)자가 발생하였지만 지방간부들의 허위보고는 멈추지 않았고, 중앙정부는 허위보고를 그대로 믿고 자신들의 성과를 자화자찬하는 오류를 범하였다. 하지만 현지에서는 식량이 부족해 많은 이들이 굶어 죽어갔다.

구체적인 계획이 없었다. 즉, 간부와 대중 사이에, 중앙과 지방 사이에 수확한 양에 대한 정확한 통계와 보고가 이루어지지 않아 중앙정부는 생산 목표만을 생각하고 식량을 공급해 실제 농촌에는 식량문제가 심각했던 것이다.

1. 농업생산량의 감소

1958년 대약진운동이 시작된 이후 1959년부터 농업생산은 전면적으로 감소하여 농업 총 생산량뿐만 아니라 주요 농산품의 생산량도 모두 감소하였다. 그 중 농업생산에서 가장 영향이 컸던 것은 식량생산의 감소였다. 대약진운동이 처음 시작된 1958년 일 인당 평균 식량 소비량은 402g이었으나, 1959년에는 366g, 1960년 321g, 1961년 307g으로 차츰 감소하였다.

:: 1958~1962년 농업생산 및 식량생산 현황

구분	1958년	1959년	1960년	1961년	1962년
농업 총 생산액(억 위안)	550	475	415	405	430
전년대비 증가량(%)	2.4	-13.6	-12.6	2.4	6.2
식량 총 생산량(억 근)	4,000	3,000	2,870	2,959	3,200
전년대비 증가량(%)	2.5	-15.0	-15.6	2.8	8.47

대약진운동이 1959년 종료됐음에도 농업생산량이 지속적으로 감소한 것은 이 여파가 지속적으로 미쳤기 때문이다. 제철업으로 인한 무분별한 벌목으로 토사가 유실돼 농업환경은 악화되었고, 이는 생산량 감소로 이어졌다. 대약진운동 전후에 발생한 3년간의 대기근은 계획적이고 과학적이지 못했던 농공업정책의 결과로 농촌사회를 피폐하게 만들었다.

결국, 농업생산량의 감소로 인한 4분의 1이나 감소된 식량생산량은 많은 아사자를 발생시켰지만, 중국지도부를 비롯한 마오쩌둥은 사태의 심각성을 대수롭지 않게 받아들이는 오류를 범하고 있었다.

마오쩌둥은 농업의 집단화를 통해 농업생산량이 크게 향상될 것으로 기대했지만, 오히려 생산의욕이 감소되는 큰 역효과를 내고 말았다.

1, 2, 3 대약진운동으로 공업생산량이 증가할 것으로 예상했으나, 농업생산량의 감소로 오히려 이전보다 하락하였다.

2. 공업생산량의 감소

당시 경공업의 전체 생산량 중 81%는 농산품을 원료로 하였기 때문에 농업생산량의 감소는 경공업생산도 함께 감소시키는 결과를 낳게 되었다. 대약진운동 첫해 경제작물의 생산량이 내려감에 따라 그다음 해의 경공업도 원료의 부족으로 생산량이 하락하였다. 1960~1962년까지 전체 경공업생산량의 감소는 상당히 심각해서 1962년은 1959년에 비해 총 생산량이 35.2%나 감소하였다. 농업과 경공업의 생산량이 지속적으로 감소함에 따라 중공업과 철강업도 1961년부터 대폭 감소하기 시작했다. 1961년 중공업의 총 생산액은 558억 위안으로 전년대비 46.5%나 감소하였다. 철강 부문은 더욱 심각하여 1961년에는 870만 톤으로 전년대비 53.3%나 하락해 전체적인 생산량이 대약진운동 이전의 수준으로 떨어졌다.

이는 당시 제철 생산에 대해 너무 높은 목표량을 설정해 중국의 모든 자원과 인력을 철강산업에 집중했기 때문이다. 철강산업이 국민경제를 향상시킬 것이라는 막연한 기대는 국민경제 전체의 균형을 파괴하여 심각한 불균형 현상을 가져왔다. 더 심각했던 문제는 제철기술도 없이 생산된 철은 공업용으로 사용할 수 없는 고철에 불과했다는 것이다. 그러나 전인민과 국가의 모든 역량을 쏟아 부었던 대약진운동은 결국 모든 자원과 인명이 희생된 다음에야 실패했다는 것을 깨닫게 되었다.

3. 국민경제의 악화

이처럼 농·공업부문의 생산력이 저하됨에 따라 도시노동자와 농업종사자들의 생활 수준도 악화되었다. 대약진이 시작된 이후 중국은 높은 저축과 낮은 소비정책을 추진하였다. 국가재정이 열악한 상황에서 중공업 우선발전 정책을 추진하기 위해서는 많은 자본이 필요했기 때문이다. 또한, 각 단위(単位)별로 노동자와 농민을 배치해 완전고용을 추구했기 때문에 실업률은 떨어졌지만, 도시노동자의 평균임금은 오히려 줄어들게 되었다. 대약진 이전 '전인민 소유제'가 시행됐을 당시와 비교했을 때 도시노동자의 평균임금은 연평균 26% 이상 하락하였다.

:: 1958년~1962년 도시노동자 평균임금

구분	1958년	1959년	1960년	1961년	1962년
연평균임금(위안)	550	524	528	537	592
실제평균임금(위안)	548.4	516.7	500.5	399.0	406.7
1957년 대비감소율(%)	-18.9	-18.9	-21.4	-37.4	-36.2

＊ 실제 평균임금은 1958년 이래 물가상승 요인을 고려한 것임.

더욱이 생산량 감소로 상품공급이 어려워져 주민의 생계비 중 60% 이상이 식량 구입에 소모되었으며 특히 식량, 식용유, 육류 등의 공급이 어려워져 국민가계에 큰 영향을 끼치게 되었다.

농촌 경제는 도시보다 더욱 심각하였다. 1959년부터 농업생산이 매우 감소함에 따라 농민의 소비수준도 급격히 하락하게 되었으나, 더욱 심각했던 문제는 수확량에 대한 정확한 통계와 보고가 이루어지지 않아 잘못된 식량공급을 한 것이다.

실제 생활에서 체감하는 식량부족 현상이 심각했음에도 불구하고, 문책이 두려웠던 지방간부들은 과장된 보고와 선전을 멈추지 않았다. 또한, 당시의 농촌은 '인민공사화'가 추진되고 있던 시기로

공동식당에서 식사 준비를 하고 있는 종사자들.

대약진운동 기간에는 모든 중국인들이 공동식당에서 함께 식사를 했다.

공동생산과 공동식사가 추진되고 있었다. 공동생산 후에 공동식당에서 무료로 급식하였기 때문에 식량이 과도하게 낭비되었고, 실제 생산량 이상을 중앙정부에서 공량(公糧)으로 징수해 갔기 때문에 농촌에는 예비식량 부족 문제가 심각했다.

4. 인민공사

인민공사는 농촌의 관개 수리시설을 건설하기 위해 조직되었으나, 후에는 농업 이외의 모든 활동을 총괄하는 '농촌조직체'로 전환되었다.

대약진운동은 경제발전과 농업집체화를 보다 크게, 빠르게 하여 큰 성과를 올리도록 추진한다는 원칙을 가졌다. 또한, 약 74만 개의 농업합작사를 2만 6,000개의 단위로 재편성해서 모든 농업활동과 가족생활까지 집단화할 수 있는 조직을 편성했는데 이것이 바로 인민공사(人民公社)다. '인민공사'라는 명칭은 1958년 8월 마오쩌둥이 허난성(河南省)의 한 농촌을 방문하면서 착안되었다. 마오쩌둥이 시찰한 그곳에는 '七里营人民公社'라는 표어가 붙어 있었는데, 마오쩌둥은 그 표어를 보고 각지에서 일어나고 있는 집단조직의 이름을 '인민공사'라 할 것을 결정했다. 그 후 전국적으로 인민공사 설립운동이 전개되어 농촌 전체에 보급되었다.

1957년 9월 지방농촌에서 진행된 관개수리 건설은 농업생산력을 증대시키기 위해 시작되었다. 관개수리 건설 담당은 당시 농촌 지역에 있던 '고급

농업생산합작사'가 맡아 시작했으나, 규모나 운영상태가 매우 후진적이었다. 기술적인 근간이 없는 상태에서 대규모 수리사업을 전개하기에는 문제가 많았기 때문에 분산되어 있던 개별적 합작사를 결합한 '결합된 합작사'가 등장하기 시작하였다. 이는 농촌지역에 새로운 조직형태를 만들어냈으며, 이것이 초기 농촌인민공사의 원형이 되었다. 이렇게 결합된 합작사의 성과가 마오쩌둥의 자신감을 고무시키자 그는 합작사 간의 합병을 추진하며, 급속적인 합병운동을 전개하였다. 결국, 1958년 4월부터 농업생산의 대약진운동을 위해 농촌에서는 합작사의 대규모 합병현상이 발생하였다. 이렇게 발생한 조직을 '인민공사'라고 불렀고, 8월 초에 이르러서는 정부에서도 정식으로 통용하게 되었다.

이 인민공사 제도는 농업은 물론 공업·상업·교육·근대행정·정당에 이르는 모든 활동을 총괄하는 완전무결한 전체주의적 농촌조직체로서, 그 기능을 농업생산 활동에만 국한하고 있는 소련의 집체농장제와는 성격이 달랐다. 기존의 고급합작사가 농업생산만을 담당하는 사회주의적인 농업협동조합체로서 경제적 기능을 담당한 데 반해, 인민공사는 농업·공업·상업의 사회주의적 경제활동은 물론 교육과 군사적 기능까지 담당함으로써 단순한 합작사 간의 합병이 아닌 정부 기능이 첨가된 조직으로 탄생한 것이다. 초기의 인민공사는 수리시설이나 댐 건설 등 농업에 관련된 대규모 사업을 추진하기 위해 조직되었으나, 대약진운동으로 농업부문뿐만 아니라 공업부문까지 임무가 확대되었다. 따라서 인민공사는 농업생산관리와 철강생산 임무를 동시에 추진해야 했으며, 소규모의 제철용광로와 재래식기법, 그리고 대량의 농민을 동원한 제강운동을 전개하였다.

그러나 제강작업에 필요한 노동력을 공급하기 위해 농업인력을 동원하면서 문제가 발생하기 시작했다. 노동력을 동원하면서 농업에 종사할 일손이 부족해졌으며, 제련을 위해 농기구와 일상용품의 쇠붙이를 공출해가면서 농업환경이 악화되었다. 이로 인해 농민들의 불만이 점차 증대하게 되었다.

계급사회가 타파되고 사회주의 국가가 들어서면서 농민들의 꿈도 커져만 갔다.

인민공사의 가장 큰 특징은 모든 방면에서 집단화를 추구했다는 것이다. 각 인민공사에서는 조직원을 위한 공동식당, 탁아소, 유치원, 재봉소 등을 설치하여 가사노동을 일원화했으며 나아가 집단생활을 위한 공동주택을 건설함으로써 생활의 집단화를 시도하였다. 이 같은 배경에는 인민공사의 공산주의적 소유·분배구조가 있다고 말할 수 있다. 고급농업합작사가 인민공사로 전이되면서 토지나 농기구 등의 모든 소유권이 '전인민소유제(全人民所有制)'로 전환되었고, 분배구조도 역시 공산주의적 분배형태로 전환됨에 따라 생활의 집단화가 불가피하게 되었다. 농촌주민의 집단거주와 공동소유는 중앙정부와 지방정부가 농촌 지역을 관리하고 통솔하기 쉬운 이점이 있었지만, 과도한 경제계획은 생산의욕을 하락시키거나 인민의 불만을 가중시키는 역효과를 낳게 되었다. 마오쩌둥은 농촌의 노동력을 집단화해 규합하고 배치하면, 잉여노동력이 창출될 것으로 생각한 것이다. 그는 이렇게 발생하는 잉여노동력을 사회간접자본의 시설 확충에 이용하려 하였으나, 이는 농촌사회의 기본단위인 전통적 가족제도를 해체하게 되어 농민들의 생산의욕과 개인의 경쟁의식을 저하시키는 원인이 되었다. 결과적으로 봤을 때 마오쩌둥의 이상주의적인 발상은 농촌경제와 개인생활을 피폐 시켰고, 대약진운동은 마오쩌둥에 대한 비판과 함께 쇠퇴하게 되었다.

03 문화대혁명

1 문화대혁명의 발단

마오쩌둥이 무모하게 시도했던 대약진운동이 파국으로 치달으면서 농민들과 노동자들의 반발이 거세게 몰아치기 시작했다. 결국 1959년 중국공산당과 마오쩌둥은 대약진운동의 실패를 인정하고 운동을 종결했다. 비록 운동이 종결되었지만 이로 인해 중국지도부는 정부에 대한 불신과 물적·인적 손실을 감내해야 했다. 대약진운동 실패에 대해 당 지도층 내부에서도 책임의 소재를 추궁하기 시작했다. 같은 해 8월에 개최된 중국공산당 8중 전회 루산회의(廬山会议)에서는 펑더화이(彭德怀)가 대약진운동과 인민공사의 실패를 비판하였다. 펑더화이는 마오쩌둥과 당이 사태를 인정하지 않는 주관주의를 버리라고 요구하였다.

그러나 마오쩌둥은 자신의 잘못을 인정하지 않고 오히려 당 간부들을 동요해 펑더화이에 대한 비판을 가하기 시작했다. 당 지도부도 펑더화이를 지지하면 중국공산당의 위신과 무산계급투쟁이 영향을 받을 것이라 여겨 마오쩌둥을 지지하고 펑더화이를 국방부장관에서 해임하였다. 이 사건은 다시 반우파 투쟁을 전개시키는 불씨가 되었지만, 대약진운동의 여파로 국민경제가 악화되자 당내에서는 펑더화이의 의견을 다시 재평가하였다. 결국, 모든 잘못을 인정하지 않을 수 없던 마오쩌둥은 국가 주석직을 사임하고 권력의 2선으로 물러나 대외적인 외교정책에만 참여할 수 밖에 없었다.

마오쩌둥의 대약진운동 실패를 비판하다가 해임당한 펑더화이(좌).

1959년 4월 마오쩌둥이 물러난 자리에는 행정 실무 능력이 뛰어났던 류사오치(刘少奇)와 경영 감각이 탁월했던 덩샤오핑(邓小平)을 중심으로 한 새 지도층이 형성되었다. 새 지도층의 임무는 하나였다. '어떻게 하면 마오쩌둥의 잘못을 청산하고 국민경제를 되살릴 수 있는가'하는 것이다. 새로 선임된 류사오치는 농촌경제를 회복시키기 위해 자유시장과 잉여농산물 매매를 개인에게 허용하는 자본주의적인 요소를 도입하고 당이 기업경영에 간섭하지 못하도록 하였다. 특히 악화된 농촌기능을 되살리기 위해 인민공사의 기능을 대폭 수정하였다. 류사오치와 덩샤오핑은 마오쩌둥과는 전혀 상반된 정책을 시행하였던 것이다.

그들은 경제를 발전시키는 것이 가장 급선무라고 생각했고, 그 결과 국민경제가 급속도로 회복되기 시작하였다. 일련의 개혁은 성공을 거두었지만, 마오쩌둥은 류사오치와 덩샤오핑이 자신이 주장하던 혁명이념의 순수성을 역행하고 있는 것으로 간주하였고, 개혁파에 의해 중국이 다시 자본주의와 사유재산 제도로 돌아가고 있다고 생각했다.

류사오치와 덩샤오핑은 마오쩌둥을 대신해 경제개혁을 단행했으나, 마오쩌둥은 이러한 조치가 중국을 다시 자본주의 사회로 되돌릴 것이라 우려했다. 맨 좌측은 저우언라이, 가운데부터 우측으로 류사오치와 마오쩌둥, 덩샤오핑 순이다.

이 와중에 개최된 당 지도자 대회는 마오쩌둥의 심기를 더욱 불편하게 만들었다. 1962년 1월에는 7천여 명의 당지도자가 모인 '7천인 대회'가 열렸다. 이 대회에서 류사오치는 대기아 원인(대약진 실패)의 30%는 천재(天灾)이고 70%는 인재(人灾) 때문이라고 지적하며, 펑더화이를 우익기회주의자로 몰아 해임한 것은 잘못된 판단이었다고 주장했다. 마오쩌둥은 류사오치가 말하는 70%의 인재는 자신을 우회적으로 말하는 것이라 여기며, 소련의 흐루시초프가 이미 사망한 스탈린을 비판했듯이 중국에도 자신을 비판하는 '제2의 흐루시초프'가 생길 것이라 우려했다. 이에 마오쩌둥과 그의 추종자 린뱌오(林彪)는 류사오치와 덩샤오핑을 '주자파(走资派)'라 비판하고 대규모 정풍운동을 전개할 것을 결심하였다. 마오쩌둥은 1962년 말 류사오치와 덩샤오핑을 겨냥한 사회주의 교육운동과 문화 및 교육개혁을 전개함으로써, 문화대혁명으로 이어지는 '정풍운동'을 추진하였다.

국내정세도 마오쩌둥의 뜻대로 움직일 조짐을 보이기 시작했다. 마오쩌둥은 대약진운동 시기의 문제점이었던 허위보고와 같은 보수적인 관료주의를 타파하기 위해 베이징시 부시장 우한(吴晗)에게 명나라 관리 해서(海瑞)의

알아두기

정풍운동
마오쩌둥이 주창한 당원활동 쇄신운동으로 '당원을 교육하고', '당 조직을 정돈하며', '당의 기풍을 쇄신'하기 위한 것으로 삼풍정돈(三风整顿)을 말한다.

해서파관 작가 우한

경극 해서파관

해서파관을 비판하는 내용의 신문 기사[16]

이야기를 신문사설로 써달라는 부탁을 했다. 본래의 의도는 충직한 관리 해서를 본받으라는 것이었으나 마오쩌둥의 처 장칭(江青)은 이 〈해서파관(海瑞罷官)〉이라는 이야기를 권력투쟁의 도구로 이용했다. 장칭은 사설에서 논평한 〈해서파관〉의 이야기가 마오쩌둥을 우회적으로 비난하는 것으로 규정하고 이를 정치적인 문제로 비화시켰다. 장칭의 계략으로 마오쩌둥은 대중의 여론을 몰아 류사오치와 덩샤오핑을 공격할 수 있는 기반을 마련할 수 있었다. 이처럼 마오쩌둥과 린뱌오, 장칭을 중심으로 한 강경파와 류사오치, 덩샤오핑이 주축이 된 온건파 간에 대약진정책을 수습하는 과정에서 일어난 갈등과 대립은 '문화대혁명'을 발단하게 한 직접적인 도화선이 되었다.

2 문화대혁명의 전개

장칭과 그 일당은 여론의 힘을 모으기 위해 일련의 행동에 나서게 되었다. 먼저 장칭은 1966년 5월 16일 공산당 중앙위원회 명의로 문화대혁명의 시작을 알리게 된 '5·16통지문'을 발표한다. 통지문은 반사회주의 부르주아계급과 이들을 추종하는 당내 실권파를 비판하는 내용을 담고 있었다.

---

16) 우한이 쓴 '해서(海瑞) 황제를 꾸짖다.'란 글은 본래 '해서'라는 관리가 명나라 황제에게 직언을 했다가 파관 당한 내용의 이야기를 사설로 쓴 것이었다. 마오쩌둥이 대약진운동의 실패를 관료주의로 몰아가기 위해 부탁해 쓴 이 사설을 '사인방'은 권력투쟁의 도구로 이용했다. 사인방은 명나라 황제를 마오쩌둥으로, 해서를 마오쩌둥을 비판했다가 해임된 펑더화이로 비유한 것으로 해석하였고 대중들은 마오쩌둥을 비난하는 당내 수정주의자들을 향해 대규모 정풍운동을 시작하였다. 이것이 바로 문화대혁명이다.

그러나 당초 류사오치와 당내 실권파들은 이 통지문에서 말하는 부르주아계급이 누구를 뜻하는지 전혀 모르고 있었기 때문에 별다른 저지를 하지 않았다. 마오쩌둥은 자신을 비판하는 제2의 흐루시초프가 나타나는 것을 두려워하며 정권탈환을 꿈꾸고 있었지만 당내 실권파들은 마오쩌둥과 장칭 일당의 음모를 알아차리지 못했던 것이다.

5·16통지문의 여파는 장칭과 그 일당의 계획대로 진행되었다. 중국 내에서는 5·16통지문을 계기로 사회주의국가를 전복시키려는 검은 세력에 대항해야 한다는 여론이 거세게 몰아닥쳤다.

결국 베이징대학(北京大学)에서 학내 당권파(党权派)를 비판하는 대자보가 먼저 게시되며 '문화대혁명'이라는 도화선에 불이 붙게 되었다. 대자보에서는 학내 학장과 당위원회, 베이징 시위원회를 반당 또는 반사회주의의 검은 패거리라 규정하며 이러한 세력들에게 맞서야 한다고 주장했다. 곧이어 마오쩌둥도 베이징대학에 게시된 대자보를 지지하는 사설을 발표하자 여론이 들끓기 시작했다. 마오쩌둥이 쓴 대자보 이후로 각 단위와 학교에서는 이와 유사한 대자보가 연이어 게시되었고, 각급 당 위원을 비판하는 비판대회가 열렸다. 여론의 힘이 자신에게 향하고 있다고 생각한 마오쩌둥은 좀 더 과감한 문장으로 당지도부를 공격하기 시작했다. 그는 1966년 8월 5일 '사령부를 폭파하라(炮打司令部).'는 글을 인민대회당 앞에 게시하였으며, 여기서 말하는 사령부는 류사오치를 중심으로 하는 당내 실권파를 말하는 것으로 이를 계기로 당내 여론도 마오쩌둥에게 기울기 시작했다. 같은 달 8일에는 당내의 여론이 '프롤레타리아(proletarian) 문화대혁명의 결정'에 관한 내용으로 기사화되면서 중국은 이내 혼란에 휩싸이게 되었다.

1, 2 해서파관을 비판하고 당내 반사회주의 세력을 비난하는 글이 실린 대자보.
3 자신에 대한 정치선전이 강화되자 마오쩌둥이 흐뭇한 표정으로 대자보를 쳐다보고 있다.

홍위병들은 대중을 선동하기 위해 마을을 돌며 선전활동을 하였다.

　이 당시 칭화대학(淸華大學) 부속 중학교에서는 '홍위병(紅卫兵)'이라는 조직이 처음으로 결성되었다. 홍위병은 부모세대의 '홍군(紅军)'을 모방한 것으로 자신들이 혁명의 계승자로 중국을 사회주의 국가로 이끌겠다는 뜻을 담고 있었다. 홍위병이 조직되면서 마오쩌둥은 자신을 지지할 수 있는 실질적인 권력을 쥘 수 있게 되었다.

　홍위병들은 마오쩌둥의 병사가 되기를 자처했고 이들은 전염병처럼 중국 전역의 중·고등학교 단위로 퍼져 나갔다. 홍위병들은 '계급을 착취하는 모든 구시대적 사상과 문화, 풍속, 관습을 타파하자.'라고 외치며 프롤레타리아혁명[17]과 조반(造反)정신을 지지해줄 것을 호소했다. 8월 19일을 기점으로 홍위병들은 거리로 뛰쳐나오기 시작했다. 베이징에서 시작된 '4대 구시대적 요소 타파운동'이 전국으로 퍼져 나가면서 계급사회의 잔재들을 파괴해 나가기 시작했다. 그들은 구습을 타파한다는 미명아래 잔인한 파괴를 단행했다. 공자묘를 파헤치고 문화재를 훼손하는 일도 서슴지 않았다. 불상이나

---

17) 무산계급이 주체가 되어 모든 자본주의적 관계를 철폐하고 사회주의 사회를 실현하기 위하여 일으킨 혁명으로 러시아의 '10월혁명'이 대표적인 사례이다.

1, 2, 3 문화재를 파괴하는 홍위병들.

홍위병들은 마오쩌둥 추종과 함께 당 간부들을 모독하고 비판하였다.

문화재, 외국 음반, 외국 의류 등 전통문화나 외국문화와 관련 있는 것들을 모조리 찾아내 파괴하던 홍위병은 심지어 이러한 물건을 소지한 사람들도 거리로 끌고 나와 비판하기 시작했다.

마오쩌둥에 대한 충성심을 표현하기 위해 이들의 행동은 점점 과격한 단계까지 치닫기 시작했지만, 마오쩌둥은 '사회주의 국가건설을 위해 혼란쯤은 대수롭지 않다'라며 오히려 '새로운 사회를 건설하기 위해 오래된 모든 전통문화를 파괴해야 한다'고 홍위병들을 부추겼다. 서로 경쟁적으로 과격해지는 홍위병에 놀란 류사오치와 덩샤오핑은 홍위병을 진압하려 했지만, 이들을 통제할 수 있는 군사권은 마오쩌둥의 추종자 린뱌오가 쥐고 있었다. 린뱌오가 국내 상황에 전혀 개입하지 않는 상태에서 류사오치와 덩샤오핑을 싫어하던 장칭은 홍위병들을 부추겨 이들을 비판하는 여론을 형성하였다. 파괴와 비난의 화살이 정치계까지 번지면서 실권자들의 안전도 보장되지 못했다. 홍위병들은 당 간부들을 '주자파(走資派)'로 몰아 모욕과 구타, 비판을 가했다. 반인륜적인 과정에서 일부 간부들이 사망하거나 자살을 했으나 홍위병들에게는 아무런 제재가 가해지지 않았다. 혁명이라는 미명아래 폭력이 정당화되었던 시기였기 때문이다.

그러나 이러한 조직적인 파괴 행위는 홍위병에게도 예외는 아니었다. 열기가 과열되면서 각기 다른 홍위병 조직 간에 무력 충돌이 일어나기 시작했다. 적과 아군을 분간할 수 없는 혼탁한 국면에 접어든 문화대혁명이 수십만 명의 사망자를 발생시켰지만, 마오쩌둥 자신도 이미 정세를 안정시키지 못하는 상황으로까지 치달았다.

거의 모든 반대파가 홍위병에 의해 숙청당하자 마오쩌둥은 1967년 1월 린뱌오에게 홍위병을 진압하기 위한 군사조직을 동원할 것을 명령했다. 군대가 개입하면서 홍위병들은 해산되었지만, 홍위병의 역량을 목격한 마오쩌둥은 오히려 이들의 힘이 두려워지기 시작하였다. 자신의 의도대로 홍위병들이 움직여 줬지만, 이들의 힘을 분산시키지 않으면 자신이 곤경에 처할 수 있었기 때문이었다. 이에 마오쩌둥은 1968년 〈인민일보〉를 통해 '지식청년들이 농촌으로 내려가 농민들에게 배움을 얻는 것은 매우 중요하다.'는 지시사항을 전달하였고, 이는 '상산하향(上山下乡)운동'으로 대변되었다. 이후 1969년부터 대규모의 상산하향운동이 본격적으로 시작되었으며, 마오쩌둥은 문화대혁명이 정식으로 종료된 1976년까지 연간 160만 명의 홍위병들을 농촌의 각 단위에 배치해 이들의 힘을 분산시켰다.

홍위병의 도움으로 거의 모든 반대파가 숙청되자 마오쩌둥은 1969년 4월에 열린 인민대회를 통해 다시 한 번 절대 권좌에 오를 수 있었다. 그러나 문화대혁명의 열기는 식어갔고 마오쩌둥의 건강도 점차 나빠지기 시작했다. 고령임에도 권력을 유지하기 위해 자주 시찰을 다녔던 마오쩌둥의 건강에 이상이 생겼지만 그가 가장 두려운 것은 자신의 권력을 유지하는 일이었다. 마오쩌둥은 자신의 열렬한 지지자였던 린뱌오를 후계자로 지명했지만, 내심 그가 주석이 될 만한 인물은 되지 못하다고 여겨 린뱌오의 권력을 분산시키기 위해 그의 주변 인물들을 교체하기 시작했다.

1971년 4월 7일 마오쩌둥에 의해 군사위원회에서의 입지가 좁아진 린뱌오는 자신에 대한 신임에 변화가 생겼다는 것을 알아차리게 되었다. 그는 자신이 마오쩌둥에게 버림받은 것을 직감하고 쿠데타로 정권을 탈취하려 하였다. 그러나 쿠데타를 눈치챈 마오쩌둥이 일정을 변경하여 암살에 실패하자 린뱌오는 그의 처와 아들을 데리고 해외로 도피했다. 하지만 린뱌오의 비행기는 비행한 지 얼마 되지 않아 연료부족으로 멍구의 운도르한에 추락하게 되었다.

1974년 9월 13일 린뱌오가 탑승했던 비행기는 이륙한지 얼마되지 않아 멍구(蒙古)에서 추락하였다.

마오쩌둥의 후계자로 등장한 화궈펑. 후에 덩샤오핑과의 세력다툼에서 밀려 권력에서 사라지게 된다.

③ 문화대혁명의 종결

린뱌오 사건으로 마오쩌둥은 충격을 받았지만 이를 정치적인 문제로 비화시키지는 않았다. 그는 저우언라이와의 협조하에 사건을 일단락 짓고 국내정세 안정에 전념하였다. 우선 저우언라이는 문화대혁명으로 파괴된 국내정세를 전환하기 위한 노력을 했다.

마오쩌둥도 하방(下放) 시켰던 덩샤오핑을 1975년 초 복권(复权)하고 그가 저우언라이를 도와 국민경제를 되살려주길 원했다. 마오쩌둥은 덩샤오핑을 군사위원회 부주석 겸 중국인민해방군 총참모장으로 임명하고, 3일 뒤 열린 제10기 2중 전회에서 덩샤오핑을 부주석 및 중앙정치국 상무위원으로 선출하였다. 그러나 국내정세는 이들이 원하는 방향으로 전환되지는 못하였다. 당 내부에는 아직도 장칭을 중심으로 한 사인방(四人帮)이 권력의 핵심에 있었고, 극좌 세력들은 저우언라이와 덩샤오핑을 몰아내기 위한 기회를 엿보고 있었다. 이 와중에 덩샤오핑의 가장 든든한 후원자였던 저우언라이 총리가 1976년 1월에 건강악화로 사망한다. 탁월한 외교가이자 중국의 핵심지도자였던 저우언라이가 사망함으로써 덩샤오핑은 자신을 지켜주던 보호막을 잃게 되었다. 저우언라이 사망 이후 마오쩌둥은 자신의 후계자로 화궈펑(华国锋)을 총리대리로 임명했다. 화궈펑은 당시 당내 서열 6위로 보수파나 개혁파 어느 쪽에도 속하지 않은 중립적인 사람이었다.

자신을 열렬히 지지하던 사인방이 아닌 당내 서열 6위의 화궈펑을 총리

1 린뱌오와 마오쩌둥(우)
2, 3 천안문 상단에서 마오쩌둥에게 환호하는 대중과 환호에 응답하는 마오쩌둥

대리로 임명한 이유에 대해서는 여러 추측이 있지만, 문화대혁명의 혼란을 경험한 마오쩌둥이 어떠한 파벌에도 속해 있지 않은 화궈펑을 선택함으로써 사회안정을 최우선 과제로 삼은 것으로 보인다.

화궈펑이 총리대리로 임명되기는 했으나 국내정치의 실권은 여전히 사인방이 쥐고 있었다. 사인방은 심지어 저우언라이 추도를 대중이 자발적으로 하지 못하게 막는 한편 언론을 통제해 애도 장면을 내보내지 못하게 했다. 장칭 등 사인방은 시종일관 저우언라이를 냉담하게 대했다. 심지어 장칭은 그의 추도식에서도 모자를 벗고 애도하지 않아 대중의 질타를 받았다. 그러나 장칭은 그에 아랑곳하지 않고 '주자파 척결운동'을 지속적으로 강행하였다.

1976년 3월 25일, 〈문회보〉의 1면 첫머리에 '주자파는 아직도 걸음을 멈추지 않고 있다. 우리는 그들과 싸우지 않으면 안 된다.'라는 기사가 실렸다. 여기서 말하는 주자파는 덩샤오핑을 겨냥한 것으로 그를 정권의 자리까지 올려놓은 저우언라이도 포함되어 있었다. 그러나 이미 국내의 여론은 사인방에게 불리하게 돌아가고 있었다. 기사가 나간 후 난징대학(南京大學)의 교수와 학생들이 저우언라이를 추모하기 위해 그의 사진과 화환을 들고 저우언라이가 살았던 메이위안신촌(梅园新村)으로 향했다.

이튿날 더 많은 사람이 거리로 뛰쳐나와 〈문회보〉 기사의 음모와 저우언라이 반대세력을 타도하는 시위가 벌어졌다. 문화대혁명을 일으킨 사인방에게 놀라난 대중은 이제 더 이상 그들을 지지하지 않고 있었다. 조상을 기리는 '칭밍제(清明节/청명절)'를 앞두고 저우언라이 추도와 사인방 타도를 외치는 목소리가 전국 각지로 퍼져 나가는 한편 베이징에서는 저우언라이를 추도하기 위해 천안문광장에 놓은 화환을 사인방의 지시로 공안이 수거해가자 시민과 군경이 충돌하는 '유혈사건'이 발생하게 되었다. 사인방은 이에 놀라 긴급회의를 열고 이를 덩샤오핑이 뒤에서 조종한 '반당사건'이라 규정하고 모든 책임을 덩샤오핑에게 전가했다.

마오쩌둥은 사인방의 뜻에 따라 덩샤오핑을 다시 권력에서 하방 시켰고, 얼마 되지 않아 마오쩌둥의 건강이 급속히 악화되었다. 근위축성 측색경화증 외에도 폐기종, 심장병 등의 합병증에 시달리던 마오쩌둥은 결국 문화대혁명이 시작된지 10년이 되는 해인 1976년 9월 9일 사망한다.

저우언라이가 사망하자 많은 사람들이 그를 추모하였다.

급진적인 혁명의 열정으로 시작한 문화대혁명은 마오쩌둥의 사망으로 막을 내렸지만, 그가 남기고 간 혁명의 잔재는 중국의 정치와 경제·사회·문화를 10년이나 후퇴시키는 결과를 낳게 되었다.

그는 인민들을 파벌이라는 대립관계의 소용돌이로 몰아갔으며 혁명이라는 핑계로 파괴를 정당화했다. 결국, 그가 남긴 잔재는 자신이 몇 차례나 숙청했던 덩샤오핑이 짊어지게 되었다. 문화대혁명은 공식적으로는 1977년 8월에 개최된 중국공산당 11중 대회에서 종결되었으나, 1976년 9월 마오쩌둥이 사망하고 사인방이 숙청됨으로써 사실상 이때에 종결되었다고 볼 수 있다.

마오쩌둥 사망

04 개혁개방

1 덩샤오핑의 복권(复权)

마오쩌둥이 사망하고 화궈펑을 국가주석으로 하는 새로운 체제가 들어섰지만, 중국은 여전히 사인방이 장악하고 있었다. 사인방에게 위협을 느낀 화궈펑은 군부를 장악하고 있던 예젠잉(叶剑英), 특무부대장 왕둥싱(汪东兴)과 연합하여 사인방 체포를 단행하였다. 화궈펑이 규정한 사인방의 체포사유는 반란죄였다. 사인방은 마오쩌둥 사망 6개월 전부터 간부들의 접근을 차단하고 마오쩌둥의 지시와 유언을 날조해 정국을 어지럽혔으며, 화궈펑 체제를 전복하려는 쿠데타를 기도했다는 것이 체포의 사유였다. 사인방을 체포한 화궈펑은 마오쩌둥과 사인방이 어지럽힌 정국을 수습하기에 나섰다.

당시 중국의 정치계는 사인방을 타도하면서 형성된 연합세력과 반(反)문화혁명, 비(非)문화혁명, 군세력 등 각기 다른 복잡한 세력이 얽혀져 있었기 때문에 화궈펑은 자신의 정치적 기반을 창출하는 것이 무엇보다 중요하였다. 혼자의 힘만으로 정국을 이끌기 어렵던 화궈펑은 자신을 도와 사인방

반란죄로 사인방이 체포됨으로써 '문화대혁명'이라는 10년 간의 동란이 끝을 맺게 되었다.

사인방 재판장면

장춘차오(张春桥)
2005년 위암으로 사망.

장칭(江青)
1991년 감옥에서 자살.

왕훙원(王洪元)
1992년 감옥에서 병사.

야오원위안(姚文元)
2005년 당뇨병으로 사망.

체포에 공헌한 예젠잉의 설득으로 1977년 7월 중국공산당 제10기 3중 전회에서 덩샤오핑 복권(复权)을 공식적으로 결정하였다.

1977년 8월에 열린 제11기 당 대회에서 화궈펑은 당 주석을 선두로 한 정치적 단결을 강조함과 동시에 자신의 영도 아래에 경제재건과 발전을 도모해야 한다고 말하였다. 덩샤오핑을 복권한 것도 이러한 정책상의 필요성에 따른 것이었다. 그러나 마오쩌둥의 사망과 사인방의 체포로 정치무대에 재등장한 덩샤오핑이 중국의 경제건설을 현실적인 실용주의 노선으로 정하면서 마오쩌둥 혁명사상의 과업을 받들려 했던 화궈펑의 빌딩은 덩샤오핑이라는 작은 거인에 부딪혀 무산되기 시작했다. 화궈펑과 덩샤오핑의 경제노선은 확연히 달랐으며, 양자 간의 정치적 인맥도 매우 달랐다. 극과 극을 달리던 양자 간의 경제노선은 다음 해 1978년 12월에 개최된 제11기 3중 전회를 통해 변화가 생기기 시작하였다. 이 대회를 통해 실권을 쥐게 된 덩샤오핑은 실용주의에 바탕을 둔 '실사구시(实事求是)사상'을 중국현대화의 노선으로 확정하였다. 그는 중국의 현실적 상황을 직시한 생산력 향상에 힘을 쏟았다. 특히 덩샤오핑은 저우언라이가 주장했던 '농업·공업·국방·과학기술의 4개 현대화'를 자신의 노선으로 확정하였고, 이는 곧 중국의 개혁개방을 의미했다.

② 덩샤오핑의 개혁개방

덩샤오핑이 복권은 했지만 아직 국가 최고주석은 화궈펑이었으며, 덩샤오핑은 그를 보좌하는 참모였을 뿐이었다. 마오쩌둥 노선을 추구하던 화궈펑과 실용주의를 추구하던 덩샤오핑은 서로 간의 상이한 노선으로 갈등을 겪게 되었다. 이 둘의 노선 갈등은 1978년 5월 11일 자 〈광명일보〉에 '실천은 진리를 검증하는 유일한 기준이다(实践是检验真理的唯一标准).'라는 기사가 게재됨으로써 촉발되었다.

화궈펑과 덩샤오핑은 쌍방 간에 이데올로기 논쟁을 전개해 마오쩌둥 사후의 중국을 이끌어갈 기준을 정하려 하였다. 그러나 얼마 후 일부 간부들과 군이 덩샤오핑을 지지함으로써 마오쩌둥 사상의 진리기준 문제는 제11기 3중 전회를 통해 정식으로 채택되었다. 이를 통해 자신의 입지를 확고히 다진

'실천은 진리를 검증하는 유일한 기준이다'라는 글이 실린 〈광명일보〉 지면으로 글 상단에 평양을 방문해 김일성을 만나고 있는 화궈펑의 사진이 눈에 띈다.

덩샤오핑은 사회주의 현대화 건설을 역설하며 개혁개방 정책을 추진하였다. 그러나 덩샤오핑이 미래 중국의 발전을 위해 '중국의 4개 현대화'를 표방했지만 사회주의 국가인 중국에서 자본주의를 표방하는 정책이 과연 정당한가의 문제점이 있었다.

이 같은 주변의 우려로 인해 덩샤오핑은 1979년 3월 이론공작자회의에서 '마오쩌둥의 중국혁명이 당시 중국의 상황에 적합했듯이, 지금 추구하고자 하는 것도 현재의 중국 상황에 적합하여야 하기 때문에 독특한 중국식 현대화 노선을 만들어나가야 한다.'라고 주장했다. 더불어 당의 경험을 총괄하는 네 개의 정치 행동준칙, 즉 첫째, 사회주의 노선 견지, 둘째, 프롤레타리아 노선 견지, 셋째, 공산당 영도 견지, 넷째, 막스-레닌주의와 마오쩌둥 사상 견지의 원칙을 밝히고 안정·단결된 정치추구를 개혁정책의 전제로 한다는 연설로 마무리했다.

덩샤오핑의 이 같은 연설은 마오쩌둥 사상을 부정하지도 않으면서 자신의 개혁노선을 정당화하는 모습을 갖추었기 때문에, 마오쩌둥 신봉자들과 개혁노선 지지자들을 모두 포섭할 수 있었다. 1978년 제11기 3중 전회를 통해 경제조정과 개혁을 시행하기로 결정함으로써 지속적인 경제성장을 위한 일련의 경제개혁조치들이 취해졌다. 중국의 경제개혁은 대내적인 경제개혁과 대외개방을 동시에 추구하는 것인데, 대내적으로는 가격, 조세, 금융, 환율 등 자본주의적 시장기구를 적극적으로 도입함으로써 계획경제가 지니는

1 정권에 복귀한 덩샤오핑은 권력에 대한 지배권을 점차 강화해 나갔다.
2 베이징대학 학생들이 1984년 10월 1일 국경일을 맞아 '샤오핑 안녕하세요.'라는 플랜카드를 들고 행사에 참여했다. 이 장면은 덩샤오핑 시대로 접어들면서 한 층 부드럽게 바뀐 사회분위기를 대변하고 있다.

천안문 사태로 개혁개방의 속도가 주춤해지자 덩샤오핑이 1992년 우한, 선전, 주하이, 상하이 등을 시찰하며 개혁개방을 독려하는 '남순강화'를 시작했다.

경직성을 수정하는 한편, 대외적으로는 대외개방을 통해 외자도입 및 무역 제도의 개선 등 경제를 활성화하는 방식을 택하고 있다.

대내적인 개혁으로는 우선 농업부문의 개혁과 국유기업의 개혁, 사유기업의 허용, 당·정 분리, 중앙정부와 지방정부의 분권 관리 등이 실행되었고, 대외적인 개방으로는 외국기업의 중국 내 진출허용과 외자도입 등을 위한 경제특구(経済特区) 설치가 있었다. 덩샤오핑은 개혁개방을 통해 중국의 체질을 개선하려 노력하였지만, 이러한 일련의 계획들이 일으키는 문제도 적지 않았다. 국내 사회주의 신봉자들의 반발은 물론이고 개혁개방으로 사회적 소외계층으로 전락한 민중들의 원성은 폭발 직전에 이르게 되었다.

결국, 이러한 서민들의 불만은 1989년 '천안문 사태'를 통해 촉발되었다. 후야오방의 갑작스러운 사망을 계기로 촉발된 천안문 사태는 결국 유혈 진압으로 막을 내렸지만, 이 사태가 가져온 여파는 개혁개방에 대한 의구심으로 번져나갔다. 천안문 사태 이후 권좌에서 물러나 있던 덩샤오핑은 개혁개방노선이 흔들리자 국내 분위기를 쇄신시키기 위한 '남순강화(南巡讲话)'를 시작했다. 덩샤오핑은 1992년 1월 18일부터 2월 22일까지 우한(武汉), 선전(深圳), 주하이(珠海), 상하이(上海) 등을 시찰하는 남순강화를 통해 중단 없는 개혁개방을 거듭 강조하며 독려하였다.

덩샤오핑은 당시 중국이 처한 상황에서 '사회주의의 길이냐 자본주의의 길이냐'를 논하는 '성사성자(性社性资)'의 논쟁은 중요하지 않고 일의 옳고 그름에서 삼개유리우(三个有利于)에 해당하는 '생산력 발전에 유리한가(有利于

生产力发展)', '종합국력을 키우는 데 유리한가(有利于综合国力增强)', '인민의 생활 수준을 끌어올리는 데 유리한가(有利于人民生活水平提高)'에 해당하는 것이 곧 중국에 유리한 것이고 중국이 가야 할 길이라고 주장하였다. 덩샤오핑의 이 같은 주장은 지식인들 간의 과열된 성사성자논쟁을 종식하고 개혁개방정책에 날개를 달아주었다. 이 세 가지 조건은 덩샤오핑 시대와 지금에 이르기까지 정치, 경제, 사회, 외교, 문화 등 모든 방면에서 시비(是非)의 표준이 되었다. 남순강화는 침체되어 있던 개혁개방을 재점화했다는 것에 큰 의미가 있지만 이를 계기로 사영기업 양산을 확대했다는 점에서 더 큰 의미를 지닌다. 사영기업은 중국의 가공무역에 큰 역할을 담당하고 있으며 연간 8%의 경제성장을 이끌어온 원동력이 되고 있다. 이 같은 노력에 힘입어 중국은 세계경제대국으로 부상하는 기회를 마련할 수 있었다.

③ 대내적 개혁

1. 농업부문의 개혁

중국은 전통적인 농업국가로 개혁개방이 선언된 1970년대 후반에도 전체 인구의 70% 이상이 농촌인구였다. 마오쩌둥이 그러했듯이 농촌부문의 개혁을 우선적으로 실천한 것은 어찌 보면 당연하다 할 수 있다. 마오쩌둥 시대의 중국농업은 '공유제의 시대'라 할 수 있었고, 모두가 공동으로 생산해서 공동소유를 하는 것을 기본원칙으로 하였다. 과거 중국은 빈농인구가 절대다수였기 때문에 경작지를 나누어 생산자가 고루 나누어 갖는 것은 매우 획기적인 사건이었다. 그러나 공유제도에는 한 가지 문제가 있었다. 바로 생산력 저하이다. 공동으로 생산해서 똑같이 나누어 갖다 보니 생산이 많거나 적거나, 열심히 일하든 그렇지 않든 관계없이 배급량은 같았다. 이렇다 보니 일의 능률이 저하되기 시작했고, 능률이 저하되면서 생산량도 줄어들었기 때문에 이 공유제를 개혁시키는 것이 가장 시급한 문제로 치부되었다.

덩샤오핑의 실용주의 노선이 본격적으로 추진되면서 농업부문에서는 집단농장 대신 '농업생산책임제'가 도입됐다. 농업생산책임제가 도입됨으로써 인민공사에 속해 있던 토지는 농민에게 고루 나누어졌고 농민은 할당받은 생산량을 정부에 판매하고 초과분을 자신이 소유할 수 있었다. 또한 농민들은 이를 자유시장에 거래하며 사유화할 수 있었다. 이 제도로 인해 농민들의 생산의욕이 고취돼 농업생산량이 비약적으로 증가하게 되었다. 초과량에 대한 거래가 자유로워지면서 농촌에는 자유시장이 많이 늘어났으며 도시에서도 사적인 농산물 시장이 합법화되었다.

농업생산책임제의 시행으로 농업의 경영주체는 인민공사 그리고 생산대내 및 생산대의 집체 형태에서 농민에게 이전되었다. 이에 따라 기능이 상실된 인민공사는 1984년 말까지 99%가 해체되고 향당(乡党)위원회가 전체 향(乡)의 생산과 각종 사업을 지도하고 관리하게 되었다.

농업생산책임제가 시행된 이후 농민들의 생산활동은 좀 더 자유로워졌고 소득도 급증하게 되었다. 이 제도가 시행되기 이전인 1978년 농민 1인당 연평균 소득은 134위안이었으나 1984년에는 354위안으로 불과 6년 사이 2.6배나 증가하였다. 농업생산액도 1978년의 1,117억 위안에서 1985년에는 2,506억 위안, 1994년에는 9,169억 위안으로 16년 사이에 무려 8배 이상 증가해 중국 정부가 추진하던 소위 원바오(温饱)[18]문제가 어느 정도 해결되기 시작했다.

덩샤오핑의 농업생산책임제로 농민들의 적극성이 확대되었고, 농업생산량도 늘어갔으며 농촌에도 부자농민이 등장하기 시작했다.

2. 기업부문의 개혁

덩샤오핑은 농촌경제에 대한 개혁과 더불어 도시경제의 개혁에도 착수

---

18) 원바오에 대한 설명은 PART 6 중국의 현대사 233페이지 각주 참고.

하였다. 국무원은 1979년 7월에 〈국영기업의 경영 관리 주주권 확대〉에 관한 규정을 발표해 일부 기업에 대해 자주권을 확대해주었다. 이 제도로 기업이 이윤을 얻을 수 있도록 신상품 개발 장려와 우수기술자를 고용하도록 독려하는 한편 1981년에는 '경제책임제'를 실시하여 본격적인 기업 경제개혁에 착수했다.

경제책임제는 농촌에서 실시하는 농업생산책임제와 마찬가지로 국가가 정해준 생산량을 기업이 초과 달성하면 초과 생산량을 일정비율로 기업에 이전시켜 주었다. 이 제도가 시행되면서 기업과 노동자의 생산

기업부분의 개혁으로 기업의 자주권이 확대되면서 기업 간의 경쟁력이 강화되었다.

의욕이 고취돼 생산량이 늘어났으며 기업이윤도 급속히 증가하였다. 이 제도를 성공적으로 실시하기 위해 기업의 자주권도 확대해 주었다. 기업의 자주권은 정부와 기업의 기능을 분리하여 국가가 경영에 간섭하지 않고 통제하는 대상의 범위를 축소하여 기업의 자율성을 유도하는 것을 말한다.

이로써 공장장과 당위원회의 관계는 분리되어 공장장은 종업원의 승급, 장려금 지급, 징계 등을 자율적으로 처리할 수 있게 되었다. 또한, 계획을 초과한 생산량에 대해서는 자율판매와 가격 조정을 허용함으로써 기업의 자주권 확대를 증명했다. 이 같은 일련의 제도개혁으로 공업부문의 국민소득이 1978년에 1,408억 위안에서 1984년에는 2,286억 위안으로 급증하게 되었다.

3. 개체호(个体户)경제의 허용

개체호(个体户)는 종업원 일곱명 미만의 자영업자를 말한다. 주로 제조업이나 판매업, 서비스업 등이 이에 해당한다. 중국은 공산당선언의 바탕 아래 '사유제'를 소멸하고 '국유제'를 국가경제의 기본 틀로 정하였으나, 개혁개방을 통해 자영업자의 활동을 허용하게 되었다.

1980년 8월 당중앙위원회가 발표한 '도-농노동자 취업 업무의 진일보 개선(进一步做好城镇劳动就业工作)'에서는 기존의 고용정책을 폐지하고 다양한 고용제도를 시행할 것을 발표했다. 그 중 새로운 고용정책의 일환으로

개체호경제의 허용으로 중국에도 서비스업이 활성화되기 시작했다.

개체경제를 채택하여 각 정부기관이 이를 적극 지원할 것을 지시하였다. 개체호는 급속도로 늘어나 1983년에는 총 580만 3천 호(户)의 개체공상호(个体工商户)에 754만 8천 명이 종사했으나, 2006년에는 2,505만 7천 호(户)로 늘어났고 종사자도 5,120만 9천 명이나 되었다. 이와 동시에 각 소유제별 점유비율에서도 국유기업과 집체기업의 비중이 현저히 감소되고 있는 반면 개체기업의 비중이 비약적으로 증가하였다.

④ 대외적 개방

1. 경제특구의 개발

대외개방은 외국자본의 중국 내 유입과 외국기업의 활동을 허용하는 것이다. 중국은 덩샤오핑이 주도하는 실용주의 노선에 따라 20세기 말까지 국민 총 생산량을 4배로 끌어올린다는 계획을 선언하였다.

이 계획을 성공하기 위해 대내적으로는 국내 경제체제 개혁과 대외적으로는 외국의 선진기술, 설비, 자본, 경영관리지식을 중국으로 끌어들이는 것이 중요했다. 그러나 성급한 대외개방은 국내 사회주의자들의 반발을 살 수 있었기 때문에 점진적인 개방 후에 내륙까지 확산시키는 방법을 경제발전의 모델로 구상하고 이는 '경제특구'로 대변된다.

중국은 이를 위해 상하이를 국제금융도시로 개발한 다음 태평양 연안 국가들과 경제교류를 강화하여 외국자본을 내륙자원의 개발에 끌어들인다는 소위 '북진남하(北进南下)전략'을 구상하였다.

경제특구의 조성은 1980년 8월에 개최된 전국인민대표대회 상무위원회 15차 회의에서 결정되었다. 이 회의를 통해 광둥성(广东省)의 선전(深圳), 주하이(珠海), 산터우(汕头)와 푸젠성(福建省)의 샤먼(厦门)에 경제특구를 설립하였고, 1984년에는 하이난(海南)을 경제특구 지역에 추가시켰다.

경제특구는 초기 '수출특구(输出特区)'로 불리었지만, 1980년 3월 국무원 부총리 구무(谷牧)가 주최한 광둥·푸젠 회의에서 경제특구로 이름이 바뀌었다가, 5월 16일 국무원 문서에서 정식명칭으로 확정되었다.

경제특구지역
- 푸젠성(福建省) – 샤먼시(厦门市)
- 광둥성(广东省) – 선전시(深圳市), 주하이시(珠海市), 산터우시(汕头市),
- 하이난다오(海南岛) 전체

개혁개방 초기 중국의 5대 경제특구

경제특구를 조성함에 있어 가장 중점을 둔 것은 인접성이다. 중국과 자본주의의 창구 기능을 할 수 있는 지역으로는 홍콩과 마카오, 타이완이 있었지만, 타이완과는 당시 교류가 거의 없었고 이념적인 문제가 있었기 때문에 홍콩과 가장 가까웠던 광둥성의 선전에서 시작하게 되었다. 영국의 식민지하에 있던 홍콩은 서방과의 연계성이 쉬웠고 금융도시로서 자본이 풍부했기 때문이다. 중국정부가 홍콩과 인접한 연해 지역에 경제특구를 조성한 또 다른 이유로는 경제적으로는 홍콩과 마카오를 통한 화교자본과 서방의 기술, 경영시스템을 도입하는 한편 정치적으로는 근거리에 있는 타이완과 홍콩을 중국의 영향권으로 포섭하려는 의도에서였다.

중국의 대외개방정책은 크게 4단계로 나누어 추진됐다. 1단계는 1979년 대외개방을 공식으로 결정하면서 광둥성(广东省)과 푸젠성(福建省)에 4개의 경제특구를 설치하는 것이며, 2단계는 경제특구에서 벗어나 연해 경제개발구의 범위를 확대하는 것, 3단계는 중국 전역으로 개혁개방을 확대하는 것이었다. 현재는 4단계 과정으로 개혁개방의 여파가 중국 전역으로 확대되는 서부 대개발 과정에 있다.

1단계 대외개방정책이 성공적으로 진행되자 자신감을 얻은 중국지도부는 2단계 개방정책을 실행했다. 2단계부터는 '사회주의 상품경제'라는 개념을 도입하여, 기존의 계획경제체제를 제한적으로 수정하였다. 이 시기부터 중국 국내에서는 배급제가 사라지고 '자본주의 상품경제'가 실행되었다. 동시에 상하이, 텐진, 칭다오 등 14개 연해 도시에 경제기술특구를 설치해 개방의 형태를 1단계 '점(点)'에서 2단계 '선(线)'으로 확대했다. 1단계에서 2단계까지 10년 간의 개방정책을 성공적으로 달성하자 중국지도부는 3단계

:: 중국의 대외적 개방정책의 단계별 변천과정

단계	일시	주요내용
1단계 (점)	1978.12	• 당 제11기 3중 전회에서 대외개방 공식 결정
	1979.06	• 〈중외합자경영기업법〉 공포 · 시행
	1980.08	• 광둥성과 푸젠에 대외경제에 관한 자율권 부여 • 경제특구(선전 · 주하이 · 샤먼 · 산터우)설립 결정
	1982.03	• 제5기 전인대 전체회의에서 외국기업의 중국투자 허용
2단계 (점 → 선)	1985.02	• 창장삼각주, 주장삼각주, 민난삼각주를 새로운 대외개방지구로 지정
	1987.10	• 〈외국기업의 투자 장려〉에 관한 규정 공포 · 시행
	1989.04	• 국무원, 연해 경제개발구의 범위를 확대
	1989.09	• 장쩌민 국가주석, 건국 40주년 기념연설에서 대외 개방견지 강조
3단계 (선 → 면)	1990.04	• 상하이 푸둥지구의 종합개발계획 발표
	1990.05	• 외국인에 대한 〈토지개발〉관련 법규 제정 · 공포
	1992.01	• 덩샤오핑 남순강화 시작
	1992.06	• 창장 연안의 28개 시 8개 지구를 종합적으로 개발 · 개방 방침 천명
	1992.08	• 국무원, 창장 연안 5개 도시와 15개 성도에 연해개방도시와 같은 우대정책 시행하기로 결정 • 〈대외무역법〉 제정
	1994.05	• 4천 9백여 품목에 대한 관세율 인하
	1996.04	• 전국인민대표대회에서 '서부 대개발계획'을 발표
	2000.03	• 서부 12개 성 · 시 · 자치구(四川, 贵州, 云南, 陕西, 甘肃, 青海, 重庆, 宁夏, 新疆, 内蒙古, 广西, 西藏) 대개발
	2001.11	• 중국 WTO가입
	2006.12	• 국무원 상무회의 심의를 통해 〈서부 대개발 '십일오' 계획(西部大开发"十一五"规划)〉이 원칙 통과됨 **주요 추진사업** -西气东输(东端工程완료), 西电东送(2,800만kw 건설완료) -칭짱철도(396Km 건설), 남수북조(2002년 동부부터 착공) -기타 철도, 간선도로, 공항, 가스수송관, 수리시설, 조림사업, 교육 · 의료기관 건설 등 추진 중 -서부 12개 성 · 시별 '특별경제(特色经济)'육성 추진

과정인 '면(面)'에 해당하는 '전방위(全方位)계획'을 시행해 경제개방을 낙후된 서부 지역까지 확대하였다. 1991년부터 전방위 개방방침이 시행된 이래 내륙지방까지 개방 지역을 확대함으로써 개방의 성과를 내륙으로 확산시켜 연해 도시와 내륙 간의 발전격차를 줄이고자 하였다. 이는 2000년에 시행한 '서부 대개발정책'으로 대변된다.

최근에는 개혁개방이 전방위로 확대되어 서부 지역의 인프라시설 확충에 힘쓰고 있다.

2. 경제특구에 대한 정책

경제특구는 그 역할과 기능이 원활히 수행될 수 있게 하기 위해, 중국 국내와는 다른 예외의 정책으로 관리를 받았다. 이러한 정책은 국내 마오쩌둥 신봉자들의 반대를 받았지만, '알을 낳기 위해 닭을 빌린다(借鸡下蛋).'는 비유가 설득을 얻으면서 강행되었다. 경제특구는 중국 국내법과는 다른 예외의 법률이 적용되었지만, 자본주의와 사회주의의 성격을 고루 갖춘 형태를 띠었다. 먼저 중국은 토지에 대해 국가가 소유권을 가지고 있었듯이 경제특구 내에서도 토지의 소유권과 사용권은 분리되었다. 즉, 외국기업들은 중국정부에 토지를 임차받아야 공장을 지을 수 있었던 것이다.

또한, 정치·사회제도에 대해서도 중국 국내와 똑같은 법률이 적용되었다. 경제특구는 단지 중국의 사회주의 경제에 대한 보완적 역할을 할 뿐이지 조계지(租界地)[19]와 같은 역할은 아니었다. 그러나 경제활동의 범위만을 놓고 본다면 경제특구는 상당 부분이 자본주의적 요소가 결합되어 있는데, 각종 경제관계는 시장 조절 중심으로 하고, 기업 활동에서는 자본주의적으로 운영되었다.

---

19) 외국인이 행정권이나 자치권과 같은 치외법권을 가지고 있는 지역을 말한다. 식민지와는 다른 개념으로 이 조계지에서는 중국인에 대한 사법권만 중국 측에 있고, 외국인에 대한 사법권은 행사할 권한이 없었다. 과거 상하이나 톈진과 같은 지역이 연합국에 의해 설정된 조계지에 속한다.

:: 경제특구 조성 당시의 정책

1. 중앙정부는 경제특구정부에 상당수준의 경제 관리권을 부여함
2. 중앙정부는 경제특구 내에 있는 기업에 지령성 계획을 알리지 않으며, 경제특구 내에 있는 기업은 경영 자주권을 가짐
3. 중앙정부는 경제특구 내의 기업에 세금에 대한 혜택을 부여함
   - 투자기간 초기에는 기업 소득세 15%감면
   - 투자기간 10년 이상 외자기업에는 이윤창출 시작일로부터 2년간 기업 소득세 전액면제 (기간 종료 후에는 3년간 기업 소득세 50% 감면)
4. 중국산 원자재로 생산한 상품을 수출할 때 일부 품목을 제외하고 전액 세금 면제
5. 경제특구건설용 설비를 합리적으로 수입할 때 면세혜택, 단 면세로 수입할 설비를 경제특구 이외의 지역으로 이동할 때 면세받았던 세금을 납부해야 함
6. 투자자는 규정에 의거 일정 기한의 토지사용권을 취득, 토지사용료는 투자협의서의 규정에 따라 분납 가능

경제특구는 투자환경이 양호하고 갖가지 특혜가 제공되었기 때문에 많은 외국인 투자자들과 화교자본을 끌어들일 수 있었다. 중국은 조세감면 혜택뿐만 아니라 행정상의 편의제공과 토지 및 사회 간접자본 사용상의 특혜 등 각종 우대제도를 마련하여 전방위 대외개방을 위해 노력했다. 이 경제특구의 성공으로 중국은 그 여세를 국내까지 전파하는 전방위 전략을 추진하는 틀을 만들 수 있었다.

3. 개혁개방의 명암

국내개혁과 대외개방이라는 덩샤오핑의 개혁개방정책은 국민경제와 사회발전을 크게 이끌었다. 국내개혁을 통해 국민경제는 빠르게 회복되었으며, 대외개방을 통해서는 외국의 선진시스템과 기술, 자본을 도입해 중국이 국제사회와 경쟁할 수 있는 기틀을 마련해 주었다. 1978년 중국의 1인당 GDP 규모는 462달러에 불과했지만, 2021년 중국의 1인당 GDP 규모는 12,551달러를 넘어, 개혁개방 이후 중국의 GDP 규모는 약 270배 이상이 늘어났다. 무역 규모도 6조 500억 달러를 넘어 이제는 명실상부 세계 경제 대국으로 우뚝 섰다. 개혁개방이 시작된 지 30년이 지난 오늘날, 중국인들은 기본적인 의식주를 해결하는 '원바오(溫飽) 단계'를 넘어 중산층의 생활에 들어가는 '샤오캉사회(小康社會)'로 진입했다고 자평했다. 이는 덩샤오핑이 1987년에 발표한 '3단계 발전(三步走)[20]론'과도 일치한다.

그러나 개혁개방이 일으킨 문제도 적지 않았다. 덩샤오핑이 주창한 '선부론(先富論)'은 먼저 부자가 된 자들이 그 효과를 확대해 모두가 잘사는 사회를 건설하는 것이었지만, 오히려 가진 자들이 못 가진 자들을 착취하는 사회적 불안요소를 양성하는 결과를 가져왔다. 또한, 통화팽창과 물가상승으로 서민들의 생활은 더욱 궁핍해지고 빈곤층이 늘어나는 결과를 가져왔을 뿐만 아니라 이에 따른 소득의 불균형 문제도 심각했다.

도-농 간의 이원화된 발전구조는 인구의 절대다수인 농촌주민의 소득과 권리를 경감시켜 농촌주민을 중국의 '2등 국민'으로 전락시키고 있다. 경제특구 이외의 지역과 경제적 격차에 따른 위화감 조성, 경제특구가 주도한 물가 상승, 그리고 자본주의 병폐 유입 등의 문제점도 간과할 수는 없었다. 실제로 이러한 문제들은 중국 사회를 불안정하게 만드는 결과를 가져왔다. 이러한 경제·사회적 문제들은 곧 정치적인 문제로 비화되어 1989년 4월 15일 전(前) 당 총서기 후야오방의 사망을 계기로 천안문 사태를 일으키게 된다.

1 개혁개방이 성공적으로 효과를 나타내며 중국인들의 소득도 크게 증가하였다.

2 개혁개방은 한편으로 도시빈민층 증가와 빈부격차를 심화시키는 부작용을 낳기도 했다.

---

20) 덩샤오핑은 1987년에 건국 100주년인 2050년을 향해 '3단계 발전(三步走)전략'을 제시했다. 첫 번째 단계인 '원바오(溫飽)단계는 기본 의식주를 해결하는 단계를 말하며 두 번째 '샤오캉(小康)사회'는 여유로운 중산층의 생활에 들어서는 것을 말한다. 마지막 세 번째 '다퉁(大同)사회'는 태평성대한 사회를 말하는데, 다퉁사회는 2050년까지 실현하는 것을 목표로 하였다. 대화합을 뜻하는 다퉁은 완벽한 평등, 안락, 평화를 구가하는 공산주의 이상사회의 개념이다.

05 천안문 사태

① 천안문 사태 발생의 배경

1988년부터 시작된 인플레이션 문제는 공업부문의 기업관리 체제개혁과 가격 자율화가 본격적으로 추진되면서부터 표면화되기 시작하였다. 개혁개방이 본격적으로 시작되기 이전인 1960년대부터 1983년까지 중국의 평균 물가상승률은 1%~2%에 불과했지만, 개혁개방이 본격화된 1983~1986년 사이에는 5.8%, 1987년에는 7.3%의 높은 물가상승률을 기록하였다. 또한, 1988년에는 물가상승률이 18%까지 치솟아 국내경기가 불안정해지기 시작하였다. 특히 서민들의 생활과 밀접했던 설탕, 채소, 돼지고기 등 중국의 전통적인 4대식품은 가격 자율화가 실시된 이후 전년대비 30%~60%나 뛰어올라 중국은 '인플레이션'이라는 소용돌이에 휩싸이게 되었다. 이를 해결하기 위해 중국정부가 1988년 실시한 '긴축정책(治理整頓)'은 오히려 개혁개방을 둔화시키는 현상을 낳기도 하였다.

중국 경제가 불안정한 상태에 빠지게 된 것은 우선 계획경제에서 자본주의 체제로 전환되는 불안정한 사회구조 상태에서 사회적 수입이 과도하게 개인에게 집중되었고, 공업부문이 고속 성장한 반면 농업은 생산이 저하된 상태에서 인구증가와 소비욕구가 증대되었기 때문이다. 또한, 개혁개방을 추진하는 과정에서 채택된 선부론(先富論)전략은 도시 빈곤층 증가와 함께 동부, 중부, 서부간의 소득격차를 확대하는 결과를 낳게 되었다. 이와 같은 개혁개방 후유증은 80년대 후반에 들어서는 많은 사람에게 실망을 안겨주게 되었다. 물가는 끊임없이 상승하고 노동자들의 철밥그릇 보전도 어렵게 된 상태에서 건강보험, 퇴직연금 등 사회주의의 장점이었던 복지혜택들도 하나씩 줄어들게 되었다.

경제·사회의 불안정한 상황은 이에 대한 해결책을 둘러싸고 당(黨) 내 보수파와 개혁파 간의 긴장과 알력을 강화시켰다. 서민층의 불만은 폭발 직전에 이르렀지만, 개혁개방의 특수는 권력을 쥐고 있던 일부 당 관료나 계층에게만 돌아가고 있었다. 특히 당 관료들이 권력을 이용해 부(富)를 축적하는 모습을 바라보던 대중들은 정치에 대한 불신과 불만을 노골적으로 표출하기 시작했지만, 정치적 문제는 여전히 베일 속에서 논의되고 있었고 공산당 주도하에 추진된 개

개혁개방이 시작된 이후 도입된 시장경제체제는 심각한 물가상승을 야기했다.

혁개방정책은 특권계층만 양산할 뿐이었다. 정치에 대한 민주화 문제가 시급했지만, 중국은 여전히 공산당 일당독재체제로 운영되어 대중과 소통할 수 있는 창구는 전혀 없는 상태였다.

일당독재에 대한 우려는 덩샤오핑이 복권됐던 당시에도 제기됐던 사항이었다. 당시 덩샤오핑은 중국의 미래를 위해 4개 현대화를 추진해야 한다고 주장하였으나, 사회 일각에서는 4개 현대화와 함께 정치의 현대화도 추진해야 한다는 요구가 흘러나왔다. 이 논쟁에 가장 먼저 불을 붙인 이는 베이징의 웨이징성(魏京生)이란 청년으로 그는 1979년 대자보를 통해 '중국은 공업·농업·과학기술·국방의 4개 현대화뿐 아니라, 제5의 현대화인 민주가 필요하다.'라는 대자보를 게시하였다. 또한, 그는 '민주는 한 사회를 발전시키는 필수요소일 뿐 아니라 더 발전하는 사회를 위한 전제이다.'라고 단언했다.

그러나 그는 중국 정부의 정책을 비판하고, 국가 기밀을 외국인에게 누설했다는 혐의로 징역 15년을 선고받았다. 한 청년의 정치 민주화 요구는 공권력이라는 무기 앞에 무릎을 꿇을 수밖에 없었지만, 1986년 이후 시작된 동유럽 공산국가들의 몰락과 미하일 고르바초프(Mikhail Sergeevich Gorbachev)의 개혁정책은 중국 학생들의 민주화 요구를 자극하였다. 당 총서기였던 후야오방(胡耀邦)도 이러한 민주화 요구를 옹호하면서 정치개혁을 주장했지만, 덩샤오핑은 서구식 민주주의 도입은 단호히 반대했다. 이로 인해 후야오방은 민주화 요구에 동참하였다는 이유로 1987년 당 총서기직에서 실각되었다.

정부를 비판했다는 죄목으로 징역 15년형을 선고받은 웨이징성.

그러나 후야오방 후임에 오른 자오쯔양(趙紫阳)의 정치성향도 학생과 지식인들의 요구에 비교적 관대한 편이었다. 이러한 자오쯔양의 정치성향은 리펑(李鵬)을 위주로 한 당내 보수파들의 반발을 사게 되어 당내에는 개혁파와 보수파가 대립하는 양상을 띠게 되었다.

② 천안문 사태 전개 과정

천안문 사태는 1989년 4월 15일 후야오방의 사망을 계기로 촉발되어 같은 해 6월 4일 계엄군이 시위대를 무력 진압함으로써 종료되었다. 천안문 사태는 그 전개과정에 따라 구분을 조금씩 다르게 하지만, 국내외 학자들은 천안문 사태의 과정을 크게 3단계로 구분하고 있다.

1. 제1단계 과정

대중친화적이면서 정치개혁을 꿈꾸었던 후야오방은 보수파에게 밀려 자리에서 물러난 뒤 1989년 심근경색으로 사망하였다.

후야오방 사망을 추도하기 위해 천안문 인민영웅비에 모인 사람들.

웨이징성을 비롯한 정치범들에 대한 석방 시위가 일어나고 있는 가운데 발표된 후야오방 전 총서기의 사망 소식은 민심을 들끓게 하였다. 당내 보수파에 밀려 총서기직에서 실각된 후야오방의 사망소식으로 학생들은 그에 대한 당의 재평가를 요구하는 한편, 천안문광장에 모여 당 지도부들에 대한 불만을 표출하였다. 4천여 명의 학생들이 천안문광장의 인민영웅비에 헌화하고 그를 추모하는 한편, 4월 18일부터는 베이징대 학생들과 시민의 참여로 약 5만여 명의 시위대가 천안문광장에 모여들었다. 시위대는 후야오방의 재평가 요구와 함께 민간 신문의 발행과 언론의 자유, 단체결성의 자유, 지식인들의 처우개선 등 자신들의 요구사항이 적힌 '7개 조항'을 발표하였다. 시위 참가자 수가 5만여 명으로 급증하자, 4월 20일 중국 정부는 불법적인 시위를 경고하며 시위대 해산을 요구하였다. 그러나 22일에 열리는 후야오방 추도대회를 앞두고 총 20만여 명의 시민과 학생들이 천안문광장에 운집하게 되었다.

7개 조항 항목
1. 후야오방의 공과를 재평가할 것 2. 반자산계급 자유화 문제를 재평가할 것 3. 고급 간부의 수입과 재산을 공개할 것 4. 민간에게 신문발행을 허가할 것 5. 교육비를 증가할 것 6. 후야오방의 애도 활동을 객관적으로 보도할 것 7. 1987년에 공포된 시위에 관한 10개항 규정을 취소할 것

1, 2, 3 자신의 요구 조건이 담긴 서신을 전달하기 위해 인민대회당으로 향하던 시위대는 군경에게 제지를 당했다. 대신 세 명의 학생들이 대표로 나서 서신을 전달하려 했으나 인민대회당의 문은 끝내 열리지 않았다.

2. 제2단계 과정

제2단계는 4월 22일 후야오방의 추도대회가 끝났음에도 그의 명예가 회복되지 않자, 4월 23일 학생들이 '베이징 고등교육기관 자치연합회'를 조직해 시위가 조직화·장기화 과정으로 넘어가는 시기로 구분된다. 4월 24일 베이징소재의 전 대학이 동맹휴업에 돌입하자, 중국지도부는 4월 26일 〈인민일보〉의 사설을 통해 현재까지의 사태를 '계획적인 반(反)당 동란사건'으로 규정하였다. 중국 정부의 이 같은 태도에 자극받은 학생들과 시민은 5월 4일 '5·4운동 70주년 기념일'을 기점으로 시위를 전국적으로 확대하였다. 시위는 베이징뿐 아니라 상하이, 우한, 시안 등의 주요 도시에서 다발적으로 발생하였으며, 지식인들과 언론인들도 참여하면서 시위의 양상은 다각화 되었다.

제2단계에서 발생한 가장 큰 사건은 중국 지도부의 분열이다. 자오쯔양은 천안문 사태를 계획적인 반(反)당 동란사건으로 규정한 '4·26 사설'과 완전히 상반된 의견을 발표했다. 그는 아시아 은행 이사회에 참석해 '중국에 큰 동란이 발생한 것은 아니다.'라며 정부의 4·26 사설과는 정반대되는 해석을 하였던 것이다. 또한, 자오쯔양 총서기는 다각적인 협상과 대화를 통해 문제를 해결해야 한다고 강조했는데, 이는 협상을 통해 정부가 변화될 수 있음을

후야오방 추도식을 반동란사건으로 규정한 4월 26일자 〈인민일보〉사설이다. 이 사설을 계기로 분노한 전국의 시민들이 천안문 광장으로 모여들게 되었다.

의미하는 것이었다. 자오쯔양의 발언은 학생 조직 내부와 보수적인 정치권에 새로운 논쟁을 일으켰다. 일부 학생들은 당국의 온건한 태도를 환영하며 수업에 복귀했고, 또 다른 일부 학생들은 자오쯔양의 이러한 발언은 정부고위층 간에 의견 분열이 있다는 것을 반영한 것이므로 이 기회를 이용해서 정부에게 한층 더 압력을 가해야 한다고 주장했다. 당 내부와 마찬가지로 시위대 내부에서도 서로 다른 목소리가 나오기 시작한 것이다.

3. 제3단계 과정

5월 19일 새벽, 자오쯔양이 천안문광장에 모습을 드러냈다. 자오쯔양은 시위대를 향해 강경한 자세를 버리고 정부와 부분적으로 타협할 것을 요구하고는 사라졌다. 이것이 자오쯔양의 마지막 공개 석상 모습이었다. 시위대를 옹호하던 자오쯔양은 아시아 은행 이사회에서의 발언과 시위대에 대한 미온적인 태도로 이미 당내의 모든 권력을 상실한 상태였다. 자오쯔양이 천안문광장을 떠난 뒤 정치국 상무위원회는 모든 시위에 대한 강경 대응 방침을 공식으로 밝혔다. 이에 따라 다음날 20일에는 리펑(李鵬) 총리의 명으로 베이징 지역에 '계엄령'이 선포되었다.

그러나 정부의 이 같은 강경방침에 대해 반발한 시민과 학생, 노동자 백만여 명이 리펑의 탄핵을 요구하며 거리로 몰려나오기 시작했다. 1차로 투입됐던 계엄군이 베이징 시민의 저지로 진입에 실패하자 6월 3일 2차 진입 때는 탱크와 장갑차가 동원되어 유혈 진압 사태가 발생하였다.

천안문 사태 당시 얼마나 많은 이가 죽었는지는 아무도 알지 못한다. 중국 공안부에서는 1990년 7월 10일 제5차 국무원 보고에서 1989년 천안문 사태로 민간인 사망자는 875명, 부상자는 약 14,550명이 발생하였으며, 군인은 56명이 사망하고 7,525명 가량의 부상자가 발생하였다고 정식으로 발표하였다. 하지만 중국정부의 관행으로 볼 때 실제 사망자와 부상자 수는 이보다 훨씬 많을 것으로 예상하고 있다.

1 보수파와 덩샤오핑에 의해 밀려난 자오쯔양이 천안문광장에 등장해 시위대에게 정부와 타협할 것을 호소하고 있다. 이로 인해 자오쯔양은 이 다음날 해임과 함께 가택연금을 당했다. 마이크를 들고 있는 자오쯔양 뒤로 젊은시절의 원자바오가 보인다.

2 자오쯔양을 몰아낸 보수파 리펑은 1989년 5월 20일 베이징 지역에 '계엄령'을 선포했다.

3 6월 4일 시위대 진압에 성공한 군대는 즉각 광장 청소에 나섰다.

4 광장으로 진입하던 탱크를 온몸으로 막아 '민주화항쟁'의 상징적인 인물이 되었던 사람은 그동안 행방이 묘연해 궁금증을 자아냈으나 최근에 알려진 사실에 의하면 이 사람은 현재 타이완 고궁박물관에서 근무하고 있는 것으로 밝혀졌다.

5 일본 뉴스위크지에 실린 천안문 사태 관련 사진.

6 성난 군중들이 탱크위에 올라가 있다. 천안문 사태로 민간인 뿐만 아니라 많은 군인들도 사망하였다.

3 천안문 사태에 대한 평가

천안문 사태를 통해 시도한 정치개혁운동은 사실 실패했다고 보아도 과 언이 아니다. 중국 정부는 천안문 사태 이후 기층세력에 의한 민주시위를 원 천 차단하고 있으며, 이후의 개혁은 절대 용납하지 않고 있다. 천안문 사태 이후 중국 정부는 공산당에 대한 도전을 반 혁명·반 동란으로 규정하고 있 으며, 정치적 폭력은 더욱 강화되었다. 결과적으로 국가 전체주의만 강화됐 을 뿐이다.

사실 천안문 사태는 당시의 상황을 점진적으로 개선하자는 것이었지, 일 시에 혁명을 하자는 목소리는 아니었다. 왜냐하면, 객관적으로 봤을 때 당시 의 시국은 혁명을 일으켜야 할 정도로 악화된 상황은 아니었기 때문이다. 시 위대가 주장한 것은 단지 부패세력에 대한 척결과 민주화에 대한 요구였을 뿐이었다. 그러나 덩샤오핑은 이를 '동란'이라 규정짓고 탱크로 진압한 것이 다. 학생들이 요구했던 것은 체제에 대한 반대가 아니라 반부패와 반특권 운 동이었지만, 공산당 지도부는 이를 공산당 전복으로 이해하였다.

후야오방은 덩샤오핑 자신이 직접 지목한 후계자였지만 학생시위를 미 온하게 대처했다는 이유로 덩샤오핑이 직접 해임시켰다. 그 이면에는 이를 빌미로 개혁파를 몰아내려던 보수파들의 음모가 있었지만, 덩샤오핑은 마 오쩌둥과 마찬가지로 보수파의 목소리에만 귀를 기울일 뿐이었다. 천안문 사태에 대한 덩샤오핑의 시각을 알아볼 수 있는 사건이 있는데, 바로 장쩌 민이 총서기로 선출된 과정이다. 당시 상하이 당서기에 불과했던 장쩌민은 천안문 사태 기사에 대한 편집 요구를 거절했다는 이유로 한 일간지를 폐간 시켰다. 이 사건은 장쩌민을 중심으로 하는 상하이방(上海幇)이 당내 보수파 의 의견에 힘을 실어주는 계기가 되었다. 당내 보수파에 힘을 실어주었단 이 유 하나로 덩샤오핑의 신임을 얻은 장쩌민은 자오쯔양의 후임으로 선출되 는 파격적인 인사가 단행되었다. 즉, 천안문 사태 최대의 수혜자는 장쩌민이 었던 셈이다.

하지만 정치계뿐만 아니라 시위대 측의 문제도 적지 않았다. 그들은 민 주화를 요구하며 시위를 벌였지만, 스스로는 무엇이 민주인지를 이해하지

못하고 있었다. 천안문광장에서 유혈 사태가 일어날 때까지 시위대의 대표자들도 제각각이었고, 그들이 말하는 대표자들도 민주주의 투표로 뽑힌 사람들이 아니었다. 누가 시위대를 대표하는지 불분명한 상황에서 정부는 대표자와의 협상을 위해 시위현장을 헤매야 했다. 합법적인 대표자가 없으니 시위대도 통제할 수 없었던 것이다.

시위가 길어지면서 천안문광장에 집결한 시위대 간에는 알력 다툼이 자주 일어났고 이는 폭력으로까지 치달았지만, 이를 저지할 중심세력은 없었다. 그나마 앞장섰던 지도부들도 서로 간의 의견 차이로 합의점을 찾지 못해 우왕좌왕하였다. 차이링(柴领)을 비롯한 강경파들은 오히려 무지한 대중들을 탓하며 '천안문광장이 피로 물들어야 인민들은 각성할 것이다.'라는 말을 서슴지 않기도 했다. 합의된 지도부가 없으니 시위대 간의 다툼도 자주 일어났던 것이다.

시위대 간의 파벌싸움으로 밀려난 측은 광장을 떠났고, 또다시 새로운 시위대가 광장으로 몰려와 기존세력들과 알력다툼을 하였다. 당 내부가 개혁파와 보수파로 나뉘어 다투었듯이 시위대 내부도 온건파와 강경파로 나뉘어 있었다. 그러나 당 지도부와 마찬가지로 협상에 있어선 여전히 강경파의 입김이 거세긴 마찬가지였다. 결국, 스스로도 민주화되지 못한 행동들이 시위대를 지지하던 당내 개혁파를 실권시키는 비극으로 몰아가게 된 것이다.

천안문 사태 당시 중국의 정치계는 안정 속에서 개혁을 해야 한다는 데에는 모든 공산당 지도부가 입장을 같이 했으나, 시행 과정에서 적극적으로 대처하느냐 소극적으로 대처하는가의 방법론에는 지도층 사이에 견해를 달리하고 있었다. 자오쯔양은 소극적인 대처로 변화를 꿈꾸었지만, 시위대와의 타협 없는 협상은 그를 좌절하게 하였다. 자오쯔양이 실권됐을 당시 그가 새벽에 시위대를 찾아가 '정부가 여러분을 100% 만족하게 해줘야 한다고 고집부리지 마라.'라고 말한 것은 바로 그러한 시위대의 문제점을 지적한 것이었다.

정부와 적절한 타협을 원했던 왕단(좌)과 줄곧 강경한 입장을 고수했던 차이링(우).

하지만 시위대는 자오쯔양에게 어떤 양보도 하지 않았고 그에게 조금도 협조할 의사도 없었기 때문에 결국 자오쯔양을 곤란에 처하게 하였다. 바로 이때 리펑을 비롯한 당내 강경파들에게 힘을 실어 주었던 것이 그들이 항상 주장했던 강경책이었다. 천안문 사태는 사회주의 국가에서 민주주의를 요구했던 대중적 시위였다는 점에서는 매우 큰 의미가 있다. 그러나 성숙하지 못한 대처로 민주화 요구가 실패로 끝남으로써 공산당이 사회통제를 더욱 강화하고 중국에서 정치 민주주의를 실현할 기회가 사라졌다는 점은 매우 큰 아쉬움으로 남는다.

PART 7

중국의 정치

01 중국공산당
02 민주당파와 사회단체
03 중국의 세대별 지도자

01 중국공산당

'중국공산당'이라는 명칭은 프랑스에서 유학하던 차이허썬(蔡和森)에 의해 처음으로 사용되었다. 그는 1920년 프랑스 유학 중 마오쩌둥에게 보낸 편지에 '중국공산당'이라는 용어를 처음 기술하였는데, 이후 논의를 거쳐 중국공산당을 '중국 무산계급정당'의 정식명칭으로 결정하였다. 당의 명칭을 확정한 후 1921년 7월 23일부터 31일까지 중국공산당은 상하이에서 제1차 전국대표대회를 개최하였다. 대회에서는 당의 기초를 '무산계급정당'으로, 목표는 '무산계급독재'로 설정해 사회주의와 공산주의 실현을 기준으로 정하였다.

1949년 중화인민공화국이 수립되면서 중국공산당은 국가의 모든 정치권력을 통제하고 영도하는 권리를 지니게 되었다. 장쩌민의 '3개 대표론사상'에 따라 새로 수정된 중국공산당 총강(总纲)을 살펴보면 중국공산당의 지위와 임무를 다음과 같이 규정하고 있다.

'중국공산당은 중국노동자계급의 선봉대(先锋队)인 것과 동시에 중국인민과 중화민족의 선봉대로서 중국 특색의 사회주의사업을 이끄는 핵심이다.', '중국공산당은 중국의 선진 생산력 발전을 대표한다.', '중국 선진문화의 발전 방향을 대표한다.', '광범위한 중국인민의 근본이익을 대표한다.', '당의 최고이상과 최종목표는 공산주의를 실현하는 것이다.'라고 명시하고 있으며, '중국공산당은 마르크스 레닌주의와 마오쩌둥 사상, 덩샤오핑 이론과 3개 대표사상을 자신의 행동 지침으로 삼는다.'라는 공산당의 행동규칙도 마련하고 있다.

공산당의 모든 권한에 대한 근원을 이렇게 규정함으로써 공산당 영도의 정통성을 갖추고 있다. 공산당은 이러한 규정을 바탕으로 중국의 입법·사법·

행정·군대 등 모든 국가권력을 장악하고 있다. 따라서 중국공산당은 국가의 모든 방면에 대해 직·간접적인 영향력을 행사하고 있다고 볼 수 있다. 그러나 형식상으로나마 조직 및 기구는 분리되어 있다. 중국공산당이 밝히는 국가 기구는 전국인민대표대회, 중화인민공화국 주석, 중화인민공화국 국무원, 중화인민공화국 중앙군사위원회, 지방각급 인민대표대회와 지방각급 인민 정부, 민족자치지방의 자치기관, 인민법원과 인민감찰원 등이 있다.

1 당조직

1. 전국대표대회(全大)

중국의 권력기구는 당조직과 정부조직인 국가기구로 분리한다. 이 중 전국대표대회는 전국인민대표대회와는 다르므로 혼동을 피해야 한다. 전국대표대회는 5년마다 한 차례 개최되는 중국공산당의 당 대회이며, 중국의 최고권력기관으로 중앙위원회가 소집한다. 전국대표대회는 1921년 창당부터 2022년까지 단 20차례만 열렸다. 전국대표대회는 이론상으로 중국의 최고

전국대표대회

권력기관이지만, 회의 기간이 1~2주에 불과하고 중요한 결정사항들은 이미 대회 이전에 결정되어 있기 때문에 사실상 토의기관으로서는 부적합하다. 따라서 명목상의 기능만 수행하고 있다는 사실에 주목해야 한다. 다만 대회를 통해 주요 정치적 결정과 중국을 이끌어갈 차기 후계자 윤곽이 드러나기에 전 세계의 관심이 집중되곤 한다. 참고로 제1차 전국대표대회가 열린 1921년부터 1982년까지는 대회가 열리는 기간이 명확하지 않았다. 하지만 덩샤오핑이 집권하기 시작한 1982년 이후부터는 주로 10월과 11월 사이에 열리는 편이다. 전국대표대회는 다음과 같은 권한과 기능이 있다.

일반적으로 전국대표대회에서는 5년간 중국을 이끌어 갈 새로운 지도부를 선출하고, 주요 정책을 결정한다. 전국대표대회의 정원수와 선거방법은 중앙위원회가 결정하게 되어 있지만, 어떤 식으로 결정되는지는 공개를 금지하고 있다. 그러나 5년마다 열리는 중국공산당 전국대표대회는 정치보고를 통해 중국의 향후 노선과 지도부를 구성한다는 데 큰 의미가 있다. 이 대회는 중국에서 가장 큰 영향력을 행사하기 때문에 여기서 선출되는 지도자들은 향후 중국 권력의 핵심이 된다고 할 수 있다.

2. 중앙위원회

중앙위원회는 전국대표대회의 폐회 기간 중 대회의 결의를 집행하고 당의 모든 활동을 지도하는 당의 최고정책심의기구이다. 중국공산당의 최고통치기관은 전국대표대회이지만 대회를 주관하는 곳이 중앙위원회이기 때문에 당의 '최고정책심의기구'라 할 수 있다. 중앙위원회의 임기는 5년이지만

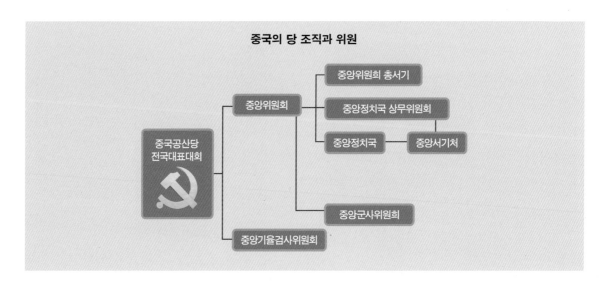

중국의 당 조직과 위원

위원과 후보 위원은 당원 기간이 5년 이상이 되어야 자격을 준다. 중앙위원회 위원에 결원이 생겼을 때에는 후보 위원들의 득표순서로 보충한다. 전체회의는 중국공산당 중앙정치국이 소집하며, 매년 1회 이상 개최한다.

3. 중앙기율검사위원회

중앙기율검사위원회는 중국공산당내 관리들의 부정과 부패를 조사 감찰하는 준정부기관이다. 중앙기율검사위원회의 주요 업무로는 당원에 대한 기율준수 교육 시행, 당의 기율(党纪)보호에 관한 결정, 당 조직과 당원의 위반사항 검사 및 처리, 위반 당원에 대한 처분 결정 등이다. 중앙기율검사위원회 위원의 임기는 5년으로 전국대표대회에서 선출되고 중앙위원회의 지도로 업무를 진행한다.

4. 인민정치협상회의

인민정치협상회의는 1945년 항일전쟁에서 승리한 중국공산당과 국민당이 새 정부를 구성하기로 합의한 이후 중국국민당과 중국공산당, 중국민주동맹, 중국청년당 등이 합동으로 구성한 것을 시초로 한다. 이후 다당협력과 정치협의의 임무를 수행하기 위해 현재까지 존속되고 있다. 지금의 인민정치협상회의는 국정 자문기구 역할을 수행한다는 명목 하에 중국공산당 외에도 8개 민주당파와 무당파, 인민단체, 소수민족 및 각계각층 대표, 타이완(대만) 대표로 구성되어 있다. 중국인민정치협상회의의 전국위원회 임기는 5년으로 의장 1인과 부의장 1인, 사무총장 1인이 해당한다. 전국위원회 전체회의는 연 1회 개최된다.

5. 중앙정치국 상무위원회

중앙정치국은 중국공산당 최고 의사결정 기관으로 중앙정치국 상무위원회가 업무를 맡고 있다. 중앙정치국 상무위원은 중국 권력의 핵심이라 할 수 있는 인물들로 구성되며, 총 25명의 위원 중 7명이 선출된다. 중국 권력의 핵심 인물이 모여 있는 만큼 중국공산당을 지도하며 정책을 토의·결정하는 역할을 한다. 따라서 중국의 선반적인 발전과 관련된 주요 현황을 토의하고 결정할 뿐만 아니라, 관련 규정에 따라 간부를 임명하거나 해임·처벌까지 결정할 수 있다.

6. 중앙서기처

중국공산당 중앙위원회 서기처는 중앙위원회의 주요 조직으로 일상 업무를 처리한다. 중앙서기처는 여러 명의 비서와 간사로 구성되어 있으며, 중앙정치국 상무위원회의 사무기관 역할을 한다. 주요 업무로는 당과 정부·군대의 업무를 적시에 처리하여 중앙정치국의 일상 업무를 보좌하고 효율성을 높이는 데 목적을 두고 있다.

7. 중앙군사위원회

중앙군사위원회는 중국인민해방군과 인민무장경찰 등 정부의 무장 세력을 지도하는 군사와 관련된 최고 기관이다. 따라서 중앙군사위원회 주석은 사실상의 국가원수이자 최고 군사령관이다. 중앙군사위원회 주석이 워낙 막강한 실제 권력이다 보니, 국가주석직 임기가 끝나도 중앙군사위원회 주석직은 물려주지 않는 경우가 있었다. 그만큼 중앙군사위원회 주석직은 매우 중요한 중국의 핵심 권력인 것이다. 예를 들면 장쩌민은 2002년 자신의 임기가 끝난 이후 국가주석직은 후진타오 신임 주석에게 넘겨줬지만, 중앙군사위원회 주석직은 이양하지 않았었다. 그러다 보니 국가주석 초기 후진타오는 장쩌민파의 견제로 권력을 공고히 하기 힘들었다. 결국 당내 원로들의 반발이 심해지자 2005년에서야 장쩌민은 후진타오에게 중앙군사위원회 주석직을 이양했다. 위와 같은 일이 일어난 이유는 중앙군사위원회 주석과 위원에게는 연임 제한이 없기 때문이었다. 그 덕분에 마오쩌둥은 1954년부터 1976년 사망할 때까지 중앙군사위원회 주석직을 유지하며 막강한 권력을 행사했다. 이 같은 경험 때문인지 후진타오는 임기가 끝나자마자 시진핑에게 중앙군사위원회 주석직도 함께 이양해 초기 권력을 잘 다질 수 있도록 배려했다.

2 국가기구

1. 전국인민대표대회(全人大)

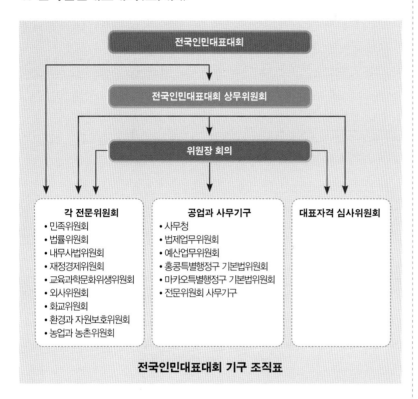

전국인민대표대회 기구 조직표

전국인민대표대회(전인대)는 1949년 중화인민공화국 건국 직후에는 바로 구성되지 않았다. 대신 마오쩌둥이 제시했던 연합정부의 구상에 따라 1949년 9월 베이징에서 중국인민정치협상회의(中國人民政治協商會議) 제1차 전체회의가 소집되었다. 이 회의에서는 공산당과 민주당파 등 각 정당, 인민단체, 저명인사, 화교 대표 등 35개 단위에서 총 662명의 대표가 참가하여 각종 법률과 구성원을 제정·선출하였다. 이후 1952년 정치협상회의에서 전인대와 각 급 지방인대를 소집하기 위한 〈헌법〉과 〈선거법〉을 제정하기로 함으로써 1954년 9월 베이징에서 제1기 전인대 1차 회의가 개최되었다. 전인대는 이후 마오쩌둥이 권력을 완전히 장악한 시기에 잠시 쇠퇴했다가 덩샤오핑이 복권되면서 다시 권한이 강화되었다.

현재 전인대는 국가의 권력기구로서, 법률적 최고권력인 최고입법권(最高

1, 2 전국인민대표대회
3 전국인민대표대회에 참가 중인
소수민족대표

立法权), 최고임면권(最高任免权), 최고결정권(最高決定权), 최고감독권(最高监督权) 등을 중화인민공화국 헌법에 따라 행사한다. 전인대 임기는 5년으로 1년에 한 번씩 개최하는 것을 원칙으로 한다. 임기가 5년이기 때문에 '기'별 전인대는 5년마다 열리고 '차수'별 전인대는 매년 3월에 열린다. 전인대의 설립기관은 전국인민대표대회 상무위원회이며, 대의원의 80% 이상이 공산당원으로 이루어져 있다. 전인대의 권한과 선출방식은 다음과 같다.

전국인민대표대회 권한과 선출방식

1. 전인대와 전인대 상무위원회는 국가의 입법권을 행사한다.
2. 전인대 대표는 성(省), 자치구(自治区), 직할시(直辖市), 특별행정구(特別行政区), 군대에서 선출한 대표로 조직된다. 각 소수민족도 적정수의 대표를 뽑는다.
3. 전인대는 하급 직권을 행사한다.
   −헌법수정(헌법실행감독, 형사, 민사 규정을 제정 또는 수정)
4. 국가기관과 기타 기본법률 공포에 따라 중화인민공화국 주석과 부주석을 선출한다.

● **선출 방법**　전인대 대표 후보자 선출은 공산당이 후보 추천과 선거 과정을 주도하는 것을 원칙으로 하고 있다. 전인대 대표는 크게 성급(省級), 공산당 중앙, 인민해방군, 타이완 출신자, 홍콩의 특수부문에서 추천되고 선출된다. 이 중 성급에 속하는 성(省), 자치구(自治区), 직할시(直辖市)에서 선출된 대표가 대부분을 차지한다. 전인대 대표는 1979년 〈선거법〉에 따라 공산당 중앙에 의해서 선거전에 인구 비례로 배분된다.

　과거에는 농촌인구가 전체 인구의 80% 이상을 차지했기 때문에 도시와 농촌의 선출비율을 달리했었다. 그러나 2010년 이후부터는 선거법이 바뀌어 지금은 도농 구별 없이 인구비율에 따라 인민대표를 뽑도록 하고 있다. 또한,

소수민족에게는 전체 대표 중에서 약 13~14% 정도를
할당해 준다. 소수민족에게 이처럼 많은 비율을 할당한
것은 소수민족을 정치적으로 포섭하려는 의도에서이다.

● **선거 방법** 전인대 대표는 직접선거와 간접선거 두 가
지 방식으로 선출된다. 설구시(设区市), 자치주(自治州),
향급(乡级)과 현급(县级)의 전인대 대표는 주민의 직접선
거로 선출된다. 이에 비해 성(省), 직할시, 자치구 전인대
대표는 모두 하급 전인대 대표에 의한 간접선거로 선출

전국인민대표는 지역을 대표해 투표에 참가하며, 우리나라의 국회의원과
비슷한 역할을 한다.

된다. 따라서 전인대 대표는 두 단계의 선거 방식을 채택해 대표를 선출하고
있다고 볼 수 있다.

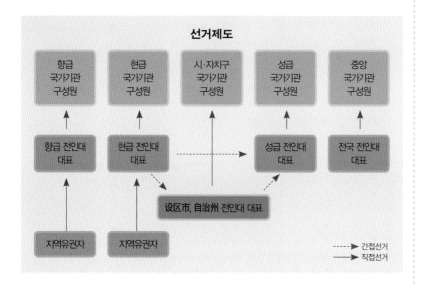

2. 중화인민공화국 국가주석

〈중화인민공화국 헌법 제3장 2절〉의 규정에 따라, 국가주석과 부주석은
전국인민대표대회(전인대)에서 선출하는 것을 원칙으로 한다. 자격조건은 선
거권과 피(被)선거권을 가진 만 45세 이상의 중화인민공화국 공민으로 정하
고 있다. 국가주석은 전인대와 전인대 상무위원회의 결정에 따라 법률 공포
와 국무원 총리, 부총리, 국무위원, 각부(各部)부장, 각 위원회주임, 심계장
(审计长/우리나라 감사원장에 해당), 비서장을 임명할 수 있는 권한을 갖게 된다.

과거 국가주석은 전인대 임기와 동일하게 두 번 이상 연임할 수 없도록 임기 제한을 두고 있었다. 그러나 2018년 개헌을 통해 '중화인민공화국 주석과 부주석의 매회 임기는 전인대 매회 임기(5년)와 같고, 임기는 2회 연속 회기를 초과하지 못한다'는 문구 중 '임기는 2회 연속 회기를 초과하지 못한다'는 부분이 삭제되면서 3연임 이상을 집권할 수 있게 되었다.

중화인민공화국 주석 시진핑

3. 중화인민공화국 국무원

국무원은 중앙인민정부로서 국가 최고권력기관의 집행기관, 국가 최고행정기관이다. 총리와 부총리, 국무위원, 각 부서의 부장, 각 위원회 주임, 심계장, 비서장으로 조직되어 있다. 국무원 총리는 국가주석이 지명하고 전인대가 결정하여 임명한다. 국무원 총리도 국가주석과 마찬가지로 2018년에 바뀐 조항에 따라 3연임 이상이 가능해졌다.

국가의 최고권력기관인 국무원은 국가의 중대한 모든 행정업무를 지도하고 관리할 책임이 있으며, 헌법이 부여한 광범위한 직권을 가진다. 헌법의 규정에 의하면, 국무원의 직권은 ①행정입법권 ②행정제령권 ③행정제안권 ④행정지도권 ⑤행정감독권 ⑥행정관리권 ⑦행정계엄권 ⑧행정인사권 등으로 나누어져 있다. 국무원의 하급조직은 총 28개로 외교부, 국방부, 국가발전 및 개혁위원회, 국가에너지위원회, 교육부, 과학기술부, 공업 및 정보통신부, 국가민족사무위원회, 공안부, 국가안전부, 감찰부, 민정부(民政部), 사법부, 재정부, 인력자원 및 사회보장부, 국토자원부, 환경보호부, 주택 및 도-농건설부, 교통운수부, 철도부, 수리부(水利部), 농업부, 상무부, 문화부, 위생부, 국가인구 및 산아제한위원회, 중국인민은행, 심계서(審計署)가 속해 있다.

중화인민공화국 국무원 총리 리창

4. 최고인민검찰원

중화인민공화국 최고인민검찰원을 줄여 최고인민검찰원이라 한다. 최고인민검찰원은 중국의 최고 법정 감독기관이다. 이는 우리나라의 검찰청에 해당하는 기관으로 볼 수 있지만, 행정조직 서열상으로는 우리나라보다 높은 편이다. 최고인민검찰원은 검찰의 최종 심판업무를 수행하고 성급(省級) 인민 검찰원의 업무를 지도하며, 인민법원에서 기소 사건에 대해 공소를 제기할 수 있는 권한이 있다. 최고인민검찰원장은 전국인민대표대회가 선출한 검찰총장, 부검찰원으로 구성되며 전인대와 상무위원회가 책임을 진다. 최고인민검찰원장의 임기는 5년으로 연임이 없는 단임제로 운영되고 있다. 최고인민검찰원은 중국 최고의 검찰기관이기에 지방 각급 인민 검찰원과 군사 검찰원, 기타 전문 인민 검찰원을 통솔한다. 법안을 발의할 권한은 있으나 통과 여부는 전인대에서 결정한다. 이외에도 수사권과 기소권, 영장 승인권, 교도소 감독권 등의 권한을 갖는다.

최고인민검찰원은 건국 직후인 1949년 10월 22일에 처음 설립되었지만 1968년 문화대혁명 당시 폐지되었었다. 이후 문화대혁명이 종식된 2년 뒤인 1978년 다시 최고의 검찰기관으로 복귀했다. 복귀 이후에는 문화대혁명과 관련된 린뱌오와 사인방 사건을 기소하는 역할을 했다. 최고인민검찰원은 법이 위임한 사법기능을 수행할 뿐만 아니라, 직무범죄 예방 및 반부패 기능도 수행하고 있다. 따라서 이와 관련된 부패 방지청과 직무범죄 예방소를 신설해 내부감독도 강화하고 있다.

5. 최고인민법원

중화인민공화국 최고인민법원은 중국의 최고 국가 사법기관이다. 최고인민법원의 판결은 최종적이며 항소할 수 없다. 따라서 우리나라의 대법원에 해당한다고 볼 수 있다. 최고인민법원은 각종 사건을 심리하고 사법해석을 공식화하는데, 지방 각급 인민법원과 전문 인민법원의 재판 업무를 감독하는 역할을 한다. 최고인민법원은 전국인민대표대회가 선출한 최고인민법원 원장과 전국인민대표대회 상무위원회가 임명한 부원장, 심판위원회 위원, 재판장, 부재판장, 판사 등으로 구성된다. 임기는 5년으로 연임할 수 있다.

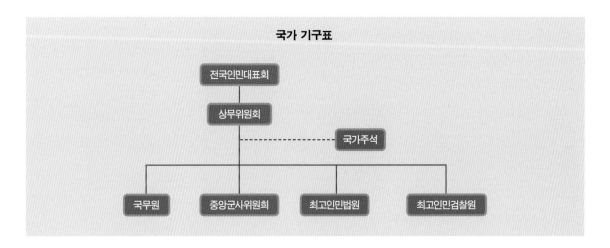

국가 기구표

02 민주당파와 사회단체

1 민주당파

중국은 공산당 일당독재 체제로 운영되고 있지만, 형식적으로나마 다당제를 채택하고 있다. 중국에는 중국공산당 외에 '민주당파(民主党派)'로 통칭하는 8개 정당이 있다. 8개 민주당파는 중국국민당 혁명위원회(中国国民党革命委员会), 중국민주동맹(中国民主同盟), 중국민주건국회(中国民主建国会), 중국민주촉진회(中国民主促进会), 중국농공민주당(中国农工民主党), 중국치공당(中国致工党), 9·3학사(九三学社), 타이완민주자치동맹(台湾民主自治同盟)으로 구성되어 있다.

이들 당파는 대부분 항일전쟁과 국민당 통치 반대시기에 점차 형성되고 발전되었다. 그래서 이들은 장제스의 국민당 정부에게 탄압을 받았지만, 중국공산당과 꾸준히 협력 체제를 구축하여 중화인민공화국 건국에 이바지하였다. 중화인민공화국 건국 이후 민주당파들은 해체되지 않고 공산당과 함께 중화인민공화국 헌법 제정에 동참하였다.

8개 민주당파는 문화대혁명 기간 중 수모와 박해를 받았지만, 사인방(四人帮)이 체포된 이후 다시 조직을 재건하였다. 현재 각 민주당파는 중국의 헌법이 규정한 범위 내에서 정치의 자유와 조직의 독립, 법률적 지위평등을 보장받는다. 중국공산당과 각 민주당파 협력의 기본방침은 '장기공존, 상호감독, 간담상조, 영욕여공(长期共存, 互相监督, 肝胆相照, 荣辱与共)'[21]이다.

각 민주당파는 우리나라의 정당제도와는 다른 성격을 지닌다. 일종의

---

21) 오랫동안 공존하고, 서로 감독하며, 서로 숨김없이 마음을 열고, 영화(荣华)와 치욕(耻辱)을 공산당과 함께 한다는 뜻이다.

참정당 역할을 수행하게 되며, 정부의 각 요직에 민주당파 위원들이 포진해 국가의 정책, 법률을 제정·집행하는데 참여하고 있다. 또한, 각 당의 성격에 따라 구성원이 달라지며, 이들의 기본원칙은 중국공산당의 지도를 받아 사회주의 건설에 공동으로 노력하는 우당(友党)적 성격을 지닌다.

중국의 각 민주당파는 중화인민공화국 건국 이전 항일전쟁과 국민당의 억압 속에서 결성되었다. 특히 항일전쟁은 애국주의와 반 제국주의, 민주주의에 대한 시대적 요구사항에 맞았던 것이다. 그러므로 항일전쟁과 국공내전 때 각 민주당파는 이러한 사항에 따라 공산당과 연합하게 되었다.

그러나 중화인민공화국 건국 직후 각 민주당파가 공산당의 부속 정당으로 전락한 것은 매우 안타까운 일이 아닐 수 없다. 본래 민주당파의 성격상 중국공산당 영도의 다당합작을 표방하고 있기는 하다. 그러나 각 당의 개별 창당 취지인 사회주의 노동자와 지식인의 이익을 대표하는 역할을 충실히 수행하고 있지 못할 뿐만 아니라, 오히려 공산당의 독재정권을 지원하는 정치조직으로 전락하고 말았다.

1. 중국국민당 혁명위원회(民革)

민혁은 1948년 1월 정식으로 발족되었다. 민혁은 중국국민당내의 민주당과 애국 민주인사들이 제국주의와 투쟁하는 과정에서 연합하여 만들어졌다. 구성원은 주로 기존의 국민당원이거나 국민당과 관계가 있는 사람들이며, 주로 국가기관 관계자와 과학기술, 문화, 교육, 보건 등에 종사하는 지식인을 포함한다.

민혁당은 전국 30개 성(省), 자치구, 직할시(타이완, 티베트 제외)에 성급(省級)조직을 구성하고 있다. 지역별 하급조직을 살펴보면 시급(市級)조직 250여개, 현급(县級)조직 50여 개, 기층(基层)조직 4,000여 개를 구성하고 있으며, 총 8만 2천여 명의 당원이 있다. 현재 당 주석은 완어상(万鄂相)이며, 출판물로는《단결보(团结报)》라는 간행물이 있다.

2. 중국민주동맹(民盟)

민주동맹은 1941년 3월 19일 충칭(重庆)에서 발족되었다. 당시에는 '중국

민주정단동맹(中国民主政团同盟)'이라 하였다. 항일전쟁과 해방전쟁 시기 민주동맹은 중국공산당과 밀접했던 관계로서 제국주의와 반봉건주의 관료자본주의를 타파하기 위해 함께 동맹했다. 1949년 1월 민주동맹은 중국공산당의 지도를 따르기로 공식 선언하였다. 민주동맹의 구성원은 문화교육과 과학기술에 종사하는 지식인들로 구성되어 있으며, 현재 전국 30여 개 성(省)과 자치구, 직할시에 18만 4천여 명의 당원이 있다. 현재 딩종리(丁仲礼)가 당 주석으로 있으며, 출판물로는《군언 (群言)》이라는 간행물이 있다.

3. 중국민주건국회(民建)

민주건국회는 1945년 12월 16일 충칭(重庆)에서 발족되었으며, 주로 경제계와 각계의 대표성 인사들이 조직원으로 구성되어 있다. 결성 후에는 중화인민공화국 건국에 많은 역할을 하였다. 신중국 건국 후 민주건국회는 인민정권과 인민정치협상의 임무를 맡았으며, 자본주의 공·상업을 사회주의로 전환하는 작업을 하여 사회주의 제도를 수립하는 역할을 하였다. 현재 전국 30여 개 성(省)과 자치구, 직할시에 10만여 명의 당원이 있으며, 당 주석은 하오밍진(郝明金)이다. 출판물로는《경제계(经济界)》라는 간행물이 있다.

4. 중국민주촉진회(民进)

민주촉진회는 1945년 12월 30일 상하이(上海)에서 정식으로 발족되었다. 항일전쟁 시기 중국공산당과 함께 항일투쟁을 벌였으며, 항일전쟁 후에는 애국 민주주의운동을 이끌었다. 민주촉진회는 주로 교육문화 출판업에 종사하는 지식인들로 구성되어 있으며, 중국 특색의 사회주의 사업의 정당으로 중국공산당과 협력하는 정치연맹적 성격을 지니고 있다. 민주촉진당은 전국 29개 성(省), 자치구, 직할시에 지부를 두고 있으며, 10만여 명의 당원이 있다. 현재 차이다펑(蔡达峰)이 당 주석으로 있으며, 월간《민주(民主)》를 발간하고 있다.

5. 중국농공민주당(农工党)

농공당은 1930년 8월 9일 상하이에서 결성되었으며, 주로 의약보건계 지식인들이 당의 구성원으로 활동하고 있다. 신중국 건국 후 중국인민정치협상회의의 강령에 따라 중국공산당의 지도를 따르는 것을 방침으로 정하였으며, 농공당은 참여정당으로써 중국공산당과 정부가 실행하는 의약보건업 발전과 지식인 정책을 협조하는 정치연맹적 특징을 지니고 있다. 현재 전국 30여 개 성(省)과 자치구, 직할시에 지부가 설치되어 있고, 10만여 명의 당원이 있다. 현재 당 주석은 천쭈(陈竺)이며, 잡지《전진논단(前进论坛)》을 발간하고 있다.

6. 중국치공당(致公党)

치공당은 1925년 10월 미국 샌프란시스코에서 결성되었다. 결성 당시 주로 귀국화교와 해외동포의 중상층과 기타 해외 관련 인사들로 조직되어, 당결성 이후 중국의 독립과 민족해방, 화교보호를 위해 분투하였다. 세계대전 시기에는 항일투쟁을 위한 원조를 중국에 지원하였다. 1950년에는 당사를 홍콩에서 중국 광저우로 옮기고 업무를 국내화교와 후임자들에게 인수하였다. 치공당의 최고기관은 전국인민대표회의와 중앙위원회이다.

중앙위원회내에는 조직부(组织部), 선전부(宣传部), 참정의정부(参政议政部), 연락부(联络部), 사회서비스부(社会服务部), 판공청(办公厅) 등의 업무기관을 설치하였다. 현재 당 주석은 완강(万钢)이며, 18개 성급(省级)조직과 1개의 중앙 직속조직이 있고, 129개 시급(市级)조직에 3만여 명의 당원이 있다.

7. 9·3학사(九三学社)

9·3학사의 전신은 '민주과학좌담회'로 1944년 일부 학자들이 항일전쟁승리와 정치민주, 그리고 '5·4운동'의 정신을 계승하기 위해 조직하였다. 충칭(重庆)에서 조직된 민주과학좌담회는 주로 당시의 시국과 정치에 대해 논했다. 2차대전이 끝난 후인 1945년 9월 3일에는 '9·3학사로 명칭을 개칭한 후 1946년 5월 4일에 정식으로 출범하였다. 9·3학사는 과학기술계와 중급(中级)지식인 위주로 구성되어 있으며, 정치연맹적 특성이 있다. 타이완과 티베트 이외의 지역에 236개의 위원회가 설립되어 있고, 10만여 명의 당원이 있다. 현재 당 주석은 우웨이화(武维华)이며, 잡지《민주와 과학(民主和科学)》을 발간하고 있다.

8. 타이완민주자치동맹(台盟)

타이맹은 타이완에서 '2·28사건'[22]이 일어난 후 애국 민주운동에 참여했던 일부 타이완인사들에 의해 1947년 11월 홍콩에서 발족되었다. 1949년 9월 중국인민정치협상회의 제1차 전체 회의 개최 시 타이맹은 〈중국인민정치협상회의 공동강령〉 제정과 중앙인민정부 선거에 참가하였다. 타이맹은 중국 대륙에 거주하는 타이완 인사들로 조직되어 있으며, 1997년 타이맹 제6차 대표대회에서 수정된 장정(章程)에서는 '타이맹의 정치강령을 애국주의와 사회주의로 하여, 타이완동포를 단결시키고 조국통일을 위해 분투한다.'라고 규정하고 있다. 현재 13개 성(省), 직할시에 성급(省級)조직을 구성하고 있으며 약 2,100여 명의 당원이 있고, 당 주석은 쑤후이(苏辉)다.

② 사회단체

중국의 사회단체는 우리의 사회단체와는 그 성격상 다소 차이가 있다. 우선 가장 큰 사회단체는 정치성이 강하다는 특징이 있다. 중국공산주의청년단(共青团), 중화전국총공회, 중화전국부녀연합회, 중화전국공상업연합회가 그러하며 역사도 길고 사회에 미치는 영향력도 크다.

이들 단체들은 민주당파와 마찬가지로 공산당의 정치후원세력 역할을 하고 있다. 이러한 군중조직은 정치기구와 군중을 연결해주는 역할로써 국가의 정치적·경제적 과업을 위해 군중을 동원하는 기능을 한다. 현재 행정편제 또는 사업편제를 사용하며 국가재정의 자금을 지원받는 사회단체는 약 200여 개에 달한다. 이외에도 사회가 다각화되면서 각 방면의 사회단체들도 생겨나기 시작했다. 중국통계국에 따르면 2020년 중국의 사회조직은 총 89만 개인 것으로 나타난다. 이는 2000년의 15만 개에 비해 대폭 증가한 수치이다. 이중 사회단체는 37만 개, 민간기업의 조직은 51만 개, 기금회 성격의

---

22) 2·28사건은 1947년 국민당 정권이 자치화를 요구하던 타이완인 2만여 명을 학살한 사건이다. 이 사건은 대륙에서 건너온 외지인에 대한 현지인들의 적대감과 장제스의 공포정치가 반영된 사건으로 1980년대말 계엄령이 해제될때까지 논의가 금기시되었다.

단체만 해도 8,432개에 달한다. 이처럼 다양한 사회조직이 등장하는 것은 국민소득증가와 함께 사회에 대한 대중의 관심이 증가했기 때문이다.

∷ 중국의 주요 사회단체

명칭	성립시기	주요 구성원
중화전국총공회	1925.5	노동자 - 우리나라의 노동조합과 비슷하나 기업의 발전을 후원하는 역할을 주로 하고 있다.
중국공산주의청년단 (공청단)	1922.5	청년(14~28세) - 미래의 공산당원을 사전에 교육하는 단체
중화전국부녀연합회	1949.3	여성 - 전국의 여성을 조직화하기 위한 단체, 여성대표회 설치
중화전국공상업연합회	1953.11	비공유제 경제인사

＊ 중국의 사회단체는 중국공산당의 지시에 의해 당이나 국가의 정치 및 경제적 사업을 위한 군중 동원의 기능과 특징을 지녔다.

1. 중화전국총공회(全总)

중화전국총공회 로고

1925년 5월 1일에 발족했으며 전국 각 지방 총공회와 각 산업 공회 전국 조직의 지도 기관이다. 공회는 자발적인 노동자계급 집단으로 중국 내 기업·사업단위·기관의 화이트칼라와 블루칼라 계층을 포함한다. 민족이나 성별, 종교에 관계없이 공회에 참가할 수 있다. 중국공회의 사회적 역할은 주로 다음과 같다. ①노동자, 직원의 합법적 권익과 민주 권리를 수호한다. ②노동자, 직원, 대중이 건설과 개혁에 참가하고 경제와 사회 발전 과제를 완수하도록 동원·조직한다. ③기업의 민주 관리에 참여하며 노동자, 직원이 사상, 도덕, 과학 기술, 문화 자질을 향상하도록 육성한다.

공회의 집행위원회는 중국공회 전국대표대회에서 선출한다. 일반적으로 임기는 전인대와 같은 5년으로 정하고 있다. 공회의 집행위원회는 중국 공회 전국대표대회에서 선출한다. 일반적으로 임기는 전인대와 같은 5년으로 정하고 있다. 2018년까지 약 4억에 달하는 회원을 거느리고 있는 것으로 나타났다.

기업과 노동자를 연결하는 역할을 하는 중화전국총공회는 자발적으로 조직된 노동자계급 집단으로 모든 계층의 노동자를 대표한다.

2. 중국공산주의청년단(共青团)

1922년 5월에 발족했으며 중국공산당이 지도하는 청년조직이다. 처음에 공산주의청년단(공청단)은 1920년 8월 상하이에서 '중국사회주의청년단'이라는 이름으로 발족했다. 1921년 7월 창설된 중국공산당보다도 발족시기가 빠르다.

한동안 공청단과 공산당의 관계가 모호했지만, 1923년과 1925년의 공청단 대회를 통해 '공청단은 공산당의 지도에 복종한다. 공청단의 정치활동은 당의 감독과 지도를 받는다.'로 상하관계가 정리됐다.

공청단은 현재 중국공산당내의 주요 정치세력으로 자리를 잡아가고 있다. 후진타오 주석도 젊은 시절에 공청단의 요직을 맡았으며, 공청단에서의

중국공산주의청년단 로고

1, 2, 3 중국공산주의청년단은 미래 중국을 이끌어갈 공산당원을 양성하는 중요한 기초단체이다. 현재도 많은 공청단 출신들이 정치계에서 활동하고 있으며, 후진타오 주석도 공청단과 깊은 인연이 있었다.

경력과 능력을 인정받아 장쩌민의 후계자로 떠올랐다. 공청단이 배출한 대표적 인물로는 후야오방(胡耀邦) 전 총서기, 왕자오궈(王兆国) 전인대 부위원장, 리루이환(李瑞环) 전 정협 주석이 있다. 가입연령은 만 14세 이상에서 만 28세 이하까지이다. 공청단에서는《중국청년보》와《중국청년》이라는 정부 간행물을 발간하고 있다.

3. 중화전국부녀연합회(全国妇联)

중화전국부녀연합회 로고

　　1949년 3월 설립 초기 중화전국부녀연합회(전국부련)의 원명은 '중화전국민주부녀연합회'였으며 1957년 '중화인민공화국부녀연합회'로 고쳐 불렀고, 1978년에 '중화전국부녀연합회'로 개명했다. 여성의 지위 개선을 위해 구성된 가장 큰 비정부기구로 지방 단체와 회원 간의 조화를 목표로 하고 있으며 산하에 네트워크망을 구축하고 있다. 재정 일부는 정부에서 지원을 받으며 나머지는 자체 판매활동 그리고 국내외 후원자와 단체의 지원을 받는다. 여성 권익을 대표하고 유지하며 남녀 사이의 평등을 촉진하는 역할에 주력하는 단체이다. 쓰촨성 대지진 이후에는 지진 고아들의 생계와 보호를 위한 '원촨(汶川)대지진 고아구조 전용기금'을 설립하기도 했다. 전국부련의 기관 간행물은《중국부녀보》와《중국부녀》가 있다.

중화전국부녀연합회는 중국의 모든 여성을 대표하는 단체이다. 활발한 사회활동을 전개하고 있으며 여성의 지위 개선을 위해 노력하고 있다.

4. 중화전국공상업연합회(全国工商联)

　　'중국민간상회'라고도 한다. 1953년 11월에 발족했으며 중국 공상업계의 전국적인 인민단체이다. 중화전국공상업연합회(전국공상련)는 중국 기업가들을 대표하는 중국 최대의 경제단체로 2002년에는 헌법상의 사유재산 보장권을 주장하기도 하였다. 공상련은 2005년 11월 난징(南京)에서 세계 화교상인대회를 개최해 세계적으로도 유명해졌다.

전국인민정치협상회의에 참석하는 영향력 있는 대표 단체 중 하나이며, 주로 사영기업들의 입장을 대변하여 정부정책과 업계를 조정하는 일이 주요 업무다. '관변단체(官边团体)'로 정부의 정책 수립에 많이 관여하고 있으며 전국인민대표대회(全人大)의 고문단체이기도 하다.

중화전국공상업연합회 로고

중화전국공상업연합회는 중국 공상업계를 대표하는 단체이다. 주로 사영기업들을 대변하고 있으며, 정부정책과 업계사이를 조정하는 업무를 맡고있다.

03 중국의 세대별 지도자

중국의 정치체제는 사회나 대중의 압력에 크게 영향을 받지 않는 계승적인 엘리트 중심체제로 공산당이 사회 내 주요 권력을 독점하며, 일반적으로 대중의 정치참여는 배제되고 있다. 덩샤오핑 이후에 많이 개선되기는 했지만, 중국은 여전히 법치(法治)보다 인치(人治)가 강한 국가로서 제도적 권위보다 지도자 개인의 자질과 권위에 의해 국정이 좌우되는 성향을 보이고 있다. 국가의 핵심권력은 공산당으로부터, 그리고 공산당의 권력은 다시 소수의 통치 엘리트와 최고 지도자로 집중된다. 그래서 누가, 어떤 성격의 엘리트 집단이 지도자가 되느냐에 따라 국가정책의 전반이 크게 바뀔 수 있다.

1세대에서 2세대까지의 지도자들은 항일투쟁과 국공내전을 겪으며 체제 내의 지위를 공고히 했기 때문에 인치에 의한 권력 장악이 가능했다. 일반적으로 중국의 정치지도자 1세대는 대장정에 기초를 둔 마오쩌둥과 저우언라이, 류사오치, 린뱌오 등으로 구분할 수 있고, 2세대는 항일투쟁과 국공내전에 참가한 덩샤오핑, 후야오방, 자오쯔양 등이 있다. 3세대는 1930년 전후의 출생자로 소련이나 동유럽으로 유학을 경험한 고학력자가 대부분이며 장쩌민, 리펑, 주룽지 등이 있다. 4세대는 문화대혁명 발발시기에 태어난 후진타오와 우방궈, 원자바오 등이 있으며, 5세대 지도자로는 시진핑과 리커창이 주목받았다. 이후 2010년 10월 제17기 5중 전회에서 시진핑이 중앙군사위 부주석에 발탁되면서 2012년 후진타오 국가주석의 퇴임 이후 차기 국가주석에는 시진핑이, 차기 총리로는 리커창이 임명되었다. 이전에는 한 번의 연임만 가능했기에 본래대로라면 시진핑과 리커창은 2022년에 임기가 종료되고 새로운 지도부가 들어서게 되지만, 2018년 개헌을 통해 '임기는 2회 연속 회기를 초과하지 못한다'라는 부분이 삭제되면서 연임이 가능해졌다.

실제로도 2022년 10월 23일 열린 당 20기 중앙위원회 1차 전체 회의에서는 기존의 선례를 깨고 3 연임을 달성해, 시진핑은 마오쩌둥 이후 중국에서 가장 강력한 통치자가 되었다. '3 연임 금지 규정'은 1인 최고지도자 리스크를 줄이기 위해 덩샤오핑이 고안한 제도였다. 마오쩌둥이라는 1인 독재 체제의 폐해를 경험한 덩샤오핑은 서로를 견제하면서 균형을 이룰 수 있는 집단지도체제와 함께 임기제가 필요하다고 생각했다. 따라서 자신이 집권하던 시기에는 개혁개방을 지지하는 개혁파와 공산당 일당 독재를 지지하는 보수파 모두를 기용해 경제발전과 정세안정을 추구했었다. 자기 자신도 임기 제한 규정에 따라 차기 지도부에게 권력을 이양하며 향후 중국공산당 지도부 교체 방식에 대한 선례를 만들고자 했다. 이에 따라 차기 지도자였던 장쩌민도 10년 뒤 후진타오에게 권력을 이양했고 후진타오 역시 규정에 따라 시진핑에게 권력을 넘겨줬었다. 하지만 2018년에 시진핑이 임기 제한 규정을 변경했기 때문에 이제는 제약 없이 5년, 10년, 또는 그 이상 동안 국가의 수장으로 남아있는 것이 가능해졌다.

중국의 세대별 지도자

1세대 지도자	2세대 지도자	3세대 지도자	4세대 지도자	5세대 지도자

마오쩌뚱(毛泽东)
1949년 건국 후 문화대혁명 시기까지 (1949~1976)활약

덩샤오핑(邓小平)
항일투쟁과 국공내전에 참가한 세대로 1970년대 후반 중앙에 진출

장쩌민(江泽民)
해외유학(소련 및 동구)을 경험한 고학력자 위주로 80년대에 중앙에 진출

후진타오(胡锦涛)
중국 내 정규대학을 졸업하고 90년대에 중앙에 진출

시진핑(习近平)
개혁파가 권력을 장악한 70년대 후반에 대학교육을 받은 고학력자로 구성

毛泽东·刘少奇·周恩来 등

邓小平·陈云·胡耀邦·赵紫阳 등

江泽民·李鹏·乔石·朱镕基 등

胡锦涛·温家宝·会庆红 등

习近平·李克强·王岐山 등

① 중국 1세대 지도부

마오쩌둥　　　저우언라이　　　주더　　　류사오치

　중국 지도부 1세대는 마오쩌둥을 중심으로 한 대장정 세대를 말한다. 대장정에 참가한 혁명 1세대인 이들은 대부분 19세기 말에 출생했으며 건국 후 문화대혁명 시기(1949~1976)까지 활약하였다. 1세대 지도부는 중국공산당 창당 이후부터 국공내전, 항일전쟁으로 이어지는 고난의 세월을 이겨내고 중화인민공화국을 건국한 세대를 말한다. 대표적으로 마오쩌둥과 저우언라이, 주더, 류사오치, 린뱌오 등이 있다. 엄밀히 따지면 혁명 1세대인 덩샤오핑도 1세대 지도부에 속해야겠지만, 덩샤오핑 스스로는 2세대 지도부임을 강조하였다. 이는 1세대 지도부를 건국부터 문화대혁명까지의 통치기간으로 구분하기 때문이다. 1세대 지도자들이 혁명 1세대로서 신중국 건국에 큰 공헌을 했지만, 한 나라를 이끌어 가기에는 많은 한계가 있었다.

　우선 1세대들의 출신을 보면 빈농이나 노동자계급, 군인, 농부 등이 많았다. 1921년 중국공산당 1차 회의에 참석한 13명 중 자연과학을 공부한 사람은 단 한 명도 없었다. 이들은 혁명성은 높았지만 한 국가를 이끌어가기에는 전문지식이 없거나 교육수준이 너무 낮았던 것이다. 또한, 1세대 지도자들은 지식인들의 잠재적 기여도를 무시하고 지식인들을 탄압하는 정책을 쓰기도 하였다. 개인적인 카리스마를 이용한 통치과정도 많은 시행착오와 혼란을 일으켰다. 이들은 집권 후에도 사회의 모든 사물을 대립구조로 보거나 급진적인 사회혁명 투쟁을 남발하였다.

---

23) 마오쩌둥 암살기도에 실패한 린뱌오가 소련으로 도망간다는 정보를 들은 마오쩌둥이 한 말이다.

마오쩌둥은 사회주의 혁명과 변혁이라는 미명하에 당·국가가 강제적 수단뿐만 아니라 중국인들의 일상에 필요한 재화와 용역 등 모든 경제적·인적 자원을 통제해도 된다고 믿었다. 노동시장의 폐지와 중앙집권화된 분배제도의 도입은 당·국가로 하여금 모든 사회 유동성을 통제할 수 있게 하였다. 마오쩌둥은 통제를 통해 국가의 효율성이 높아질 것으로 예상하였지만, 이는 오히려 중국 사회를 혼란에 빠트리거나 경제를 후퇴시켰다.

1세대 지도부 기간에 시도한 토지개혁, 집단농장화, 반우파운동, 대약진운동, 문화대혁명은 자본주의적 요소들을 제거하고 선진경제를 이끌기 위해 도입되었지만, 거의 모든 정책은 계급투쟁형식에 대한 극단적인 추측으로 동란의 10년만 일으키게 되었다. 마오쩌둥이 실패했음에도 불구하고 그의 카리스마를 뛰어넘을 세력이 존재하지 않기 때문에 중앙집권화된 통치 권력이 한층 강화되는 결과를 가져오고 말았다. 대중적 민주주의를 표방했으면서도 스스로를 신격화시킨 마오쩌둥은 사회주의의 이상과 현실을 괴리시켜 중국을 혼란에 빠트렸다. 결국, 마오쩌둥의 실수가 사후 덩샤오핑이 등장할 수 있는 배경을 만들었다고 볼 수 있다.

2 중국 2세대 지도부

| 덩샤오핑 | 후야오방 | 자오쯔양 | 천윈 |

2세대 지도부는 항일투쟁과 국공내전에 참가한 세대로 주로 1900~1920년 사이에 출생한 지도부를 말한다. 2세대가 등장하면서 사회분위기는 누그러졌지만 그들의 정치적 성향도 마오쩌둥 못지않은 카리스마 정치였다.

2세대 지도부는 1976년 저우언라이와 마오쩌둥이 차례로 사망한 뒤 복권에 성공한 덩샤오핑과 그가 한때 후계자로 지명했던 후야오방, 자오쯔양 등이 있다. 이들은 마오쩌둥과 함께 중국혁명에 직접 참가했던 혁명 1세대들이지만 마오쩌둥과 사인방의 정치공세에 밀려 '주자파(走资派)'라는 죄명으로 고초를 겪었던 인물들이다. 그러나 마오쩌둥 사후 복권한 덩샤오핑은 실용주의 사상에 따라 침체됐던 사회를 개혁하고, 대외개방을 단행하는 개혁개방을 추진하였다. 덩샤오핑은 '개혁은 제2차 혁명'이라 단정 짓고 사회주의 국가에서도 시장경제정책을 실시할 수 있다는 믿음을 보여주었다. 또한, 홍콩과 마카오, 타이완 문제 해결을 위한 '일국양제(一国两制)이론'을 발표해 홍콩과 마카오를 반환받을 수 있었다. 그는 집권 후에도 마오쩌둥을 배격하지 않고 오히려 그를 추앙하였다. 덩샤오핑은 마오쩌둥에 대해 '그가 잘못한 것이 30%면 잘한 것은 70%로 못한 일 보다 잘하고 훌륭한 일이 더 많다.'고 말하였다. 덩샤오핑은 마오쩌둥을 배격할 경우 공산당이 중국을 통치할 정통성을 잃을 수 있다고 생각했다. 단지 마오쩌둥과 같은 일인독재가 정치계에 악영향을 끼칠 수 있다고 생각했기 때문에 계급투쟁을 유발하는 좌경적 노선은 될 수 있으면 배제하였다.

개혁개방을 통해 시행된 중국 특색의 사회주의 건설은 마오쩌둥의 혁명노선과는 정반대의 개념이었지만 중국 사회를 혁명적으로 변모시켰다. 2세대 지도부와 1세대 지도부의 가장 큰 차이는 자력갱생과 같은 폐쇄정책을 버리고 대외개방을 추진했다는 점이다. 대내개혁을 통해 경직됐던 중국 사회를 혁신시켰으며, 대외개방으로 중국의 국제경쟁력은 높아졌다. 기업과 노동자의 이익 및 분배에 관한 평균주의도 타파하여, 국유기업의 발전도 도모하였다.

그러나 체질개선에 따른 후유증도 적지 않았다. 경쟁력에 뒤처지는 국유기업은 해체되어 실업자가 대량으로 양산되었고, 급격한 물가상승으로 인한 인플레현상은 심각해졌다. 4개 현대화와 함께 정치의 현대화를 주장하는 민중의 목소리에는 줄곧 강경한 자세를 취해 유혈충돌이 일어나게 되었다. 후야오방과 자오쯔양은 덩샤오핑 개혁개방 노선의 '두 바퀴'라 불리었지만, 대중의 민주화 운동과 1989년 일어난 천안문 사태에 대해 강경하게 대처하지 않았다는 이유로 1987년과 1989년 차례로 실각시켰다. 결국, 덩샤오핑은 당내의 보수파 손을 들어줌으로써 개혁개방을 움츠리게 하는 결과를 가져오게 되었다.

3 중국 3세대 지도부

장쩌민 　　　 주룽지 　　　 리펑 　　　 리루이환

3세대 지도부는 장쩌민, 리펑, 주룽지 등이 중심세력이 되었다. 주로 덩샤오핑이 집권 당시에 최고 지도부로 끌어올린 인물들이다. 이들은 혁명운동에 직접 참가했거나 적어도 청년 시절 혁명운동을 직접 체험한 세대들이다.

덩샤오핑은 천안문 사태 이후 모든 요직을 장쩌민에게 인계했다. 장쩌민은 천안문 사태가 일어난 1989년 6월, 자오쯔양의 당 총서기 자리를 물려받고 덩샤오핑에게서 중앙군사위원회 주석 자리도 계승한 후 1993년에는 중화인민공화국 주석에 정식으로 취임해 3세대 지도부로 자리를 굳혔다. 장쩌민은 상하이 출신으로 '상하이방(上海幇)'으로 불리는 파벌을 이끌고 있었으며, 상하이방에 속한 인물들은 장쩌민이 권좌에 오름에 따라 중국 정계를 주름잡게 되었다. 14전 대회 이후 장쩌민은 자신의 주변에 상하이 인맥인 주룽지, 우방궈 등을 발탁해 정치적 안정을 도모하였다. 장쩌민은 정치적 안정이 경제적 발전의 밑거름이라는 덩샤오핑의 유훈에 충실했다. 그의 통치기간에 정치적 민주화는 이루어지지 않았지만, 외양적으로는 안정적인 권력구조를 보여주었다.

3세대에 들어오면서 중국의 정치계에도 변화가 생겼다. 혁명세대들이 모두 사망함으로써 정치적인 카리스마는 사라지고 대중 친화적인 인물들이 등장하게 되었다.

특히 주룽지는 가장 대중 친화적이었던 인물로 서방국가와의 협상에서 당당한 모습을 자주 보여줘 대중에게 인기가 좋았다. 장쩌민 시대에 등장한 또 다른 정치적 현상은 강력한 민족주의의 부상이다. 정치적 자유주의나 신좌파 사상과 달리 민족주의는 체제의 후원을 받으며 팽창했다. 우리나라와 충돌하고 있는 '동북공정'도 바로 장쩌민 시대에 시작되었다. 장쩌민은 마오쩌둥 사상과 덩샤오핑 이론에 비견되는 '3개 대표론'을 공산당 개혁의 이론적 지침으로 알렸다.

3개 대표론의 내용을 살펴보면 다음과 같다. '첫째, 선진사회 생산력을 대표하는, 둘째, 선진문화 발전을 대표하는, 셋째, 광대한 인민의 근본이익을 대표하는' 이라는 내용으로 요약되는 3개 대표론은 '공산당이라면 마땅히 이를 대표하고 발전시켜야 한다.'는 이론이다.

장쩌민은 3개 대표론을 통해 마오쩌둥, 덩샤오핑과 같은 반열에 오르는 지도자가 되려 했다. 현재 3개 대표론은 당 이론의 하나로 채택되어 있다. 3개 대표론은 장쩌민이 2000년 2월과 5월 광둥, 장쑤, 저장, 상하이를 시찰할 때 처음 제기되었으며, 이 이론에서 가장 의미 있는 부분은 자본가의 공산당 영입을 허용하는 것이다. 자본가와 지식인을 과거처럼 대결구도로 보지 않고 중국을 이끌어가는 대상 중 하나로 본다는 것인데, 이는 공산당 내부에서도 많은 논란이 있었다. 그러나 결국 3개 대표론이 당장(黨章)에 포함됨으로써 자본가도 일반인들과 마찬가지로 공산당에 가입할 수 있는 자격을 줬다.

:: 3개 대표론의 주요 내용

구분	대상	내용
선진사회 생산력	사영기업가	'선진사회 생산력'이란 생산력을 발전시키는 데 기여하는 기술이나 지식, 노동, 자본 등을 말하며 물질적인 부와 정신적인 부를 말한다. 그동안은 노동만이 가장 가치 있는 생산력이라고 했으나 지식이나 첨단기술, 운영시스템도 가치 있는 생산력에 포함시킴으로써 그동안 소외되어 있던 학자, 지식인, 기업인을 우대하는 근간이 되었다.
선진문화 발전	지식인	'선진문화 발전'이란 풍부한 문화 콘텐츠를 발전시키는 것이다. 이는 선진적 문화산업을 표방하는 것으로 중국의 유구한 역사와 문화를 활용한 경쟁력 있는 문화상품을 말한다. 선진문화 발전은 이러한 지식인들을 대표하는 것을 의미한다.
광대한 인민의 근본이익을 대표	노동자와 농민	'광대한 인민'이란 다양한 계층과 광범위한 대중을 말한다. 이들의 이익을 대표하는 것으로는 대중의 물질적인 생활 수준을 향상시키고 서비스를 제공하는 것을 말한다.

4 중국 4세대 지도부

후진타오는 2002년 중국공산당 총서기, 2003년 국가주석, 2004년 중앙군사위 주석에 선출되면서 4세대 지도자로 부상하였다. 이것은 장쩌민으로 대표되는 3세대 지도부와 후진타오가 이끄는 4세대 지도부의 교체를 의미하는 것이었다. 후진타오는 덩샤오핑이 장쩌민에게 전권을 이임하면서 이미 장쩌민

후진타오　　　　　우방궈　　　　　원자바오

의 뒤를 이을 후계자로 지명됐었다. 후진타오와 함께 우방궈(吳邦国)는 전인대 상무위원장에, 원자바오는 국무원 총리에 각각 임명되어 4세대 지도부를 이끌었다.

후진타오의 주변세력으로는 장쩌민 계파인 상하이방과 공청단 출신들이 있다. 후진타오 자신은 공청단 출신이 아니지만, 요직을 맡은 적이 있어서 공청단 출신들을 많이 기용하였다. 후진타오의 정치슬로건은 '조화사회(和谐社会) 구축'과 '삼농(三农/농민, 농업, 농촌)문제 해결'이다. 후진타오는 2005년 10월에 개최된 제16기 5중전회에서 중요 목표의 하나로 '신농촌건설(중국식 새마을운동)'을 제기한 후 16기 6중전회에서는 사회적 핵심과제로 삼농문제 해결 및 도-농 격차 해소, 조화사회 건설을 추진하였다. 4세대 지도부들의 특징은 학생시절에 농촌으로 하방(下放)된 경험을 토대로 중국 농촌의 심각성을 이해하고 있었다는 점이었다. 이전 세대들과는 다르게 지식인들의 비평에 대해 비교적 관대하며 지역 불균형과 부의 분배에 대해서도 적극적이었다. 또한, 문화대혁명 시기에는 지식청년으로 농촌에서 직접 생활하며, 대중과 교류했기 때문에 농촌 문제에 관심이 많았다. 4세대들은 중국의 가난과 사회경제문제의 정치적 의미를 알고 있으며, 이를 해결하려 하는 자세를 가지고 있었다.

후진타오가 재임 기간에 줄곧 제기했던 조화사회 건설은 경제성장 일변도 정책에만 치중하면서 잃게 된 공평함과 공정함, 공동부유와 같은 사회주의의 본질을 되찾는 것이었다. 덩샤오핑은 '사회주의 본질은 생산력을 해방시키고 발전시켜 착취를 없애고 양극화를 해소하여 최종적으로 공동부유에

젊은시절 농촌에서 농민들과 함께 생활한 후진타오는 당시의 경험을 바탕으로 농촌문제 해결에 힘쓰고 있다.

이르는 것'이라고 규정했었다. 그러나 개혁개방 과정에서 사회 양극화 문제는 심화되었고 공동부유라는 사회주의 본질은 더 이상 논의되지 않게 되었다. 후진타오가 주장했던 조화사회의 목적은 바로 민주와 법치, 공평과 정의, 안정과 질서, 인간과 자연 등 다양한 분야의 균형을 조절하는 사회를 실현하는 것이었다. 하지만 후진타오 재임 기간에 중국 내 빈부격차와 지역 간 발전격차, 부패 현상은 더욱 심화되었다. 10년간 높은 경제성장률을 달성했음에도 불구하고 중국의 빈부격차와 양극화는 더 커져 사회불안 요소가 되었다. 지니계수는 0.55로 치솟아 사회 안정을 위협할 정도가 되었고 상위 1%의 계층이 전체 부의 41%를 차지하는 현상은 양극화의 한 단면을 보여주었다. 2003년 5만 8,000건이었던 시위는 2010년 18만여 건으로 늘어났다. 사회가 불안해지고 있다는 방증이었다.

그러나 후진타오 재임 10년 간 중국 경제는 연평균 10.8% 성장했으며 세계 경제에서 차지하는 비중도 4.4%에서 10%로 높아졌다. 국제통화기금 (IMF) 집계 기준으로 임기 말년인 2013년 중국의 국내총생산(GDP)은 6조 9천 880억 달러로 미국의 15조 650달러에 이어 2위였고, 외환보유액은 3조 2천 360억 달러로 일찌감치 일본을 제치고 세계 최대의 외환보유국이 되었다. 집권 첫해인 2003년 1,135달러였던 1인당 국민소득은 2013년 6,200달러에 달해 5배 이상 증가했다. 글로벌 금융위기와 경기침체 상황에서도 중국의 부상을 이끌어낸 점은 높게 평가할 만하다. 또한 미국 국채의 최대 보유국이 중국이라는 점도 중국의 위상을 높였던 부분이다. 후진타오는 2013년 시진핑에게 모든 권력을 이양하고 퇴임하였다. 퇴임 이후에도 절대 정치에 관여하지 않는 완전은퇴를 약속해 임기 이후에도 원로정치를 했던 중국 정치계에 새로운 선례를 만들었다.

⑤ 중국 5세대 지도부

2013년 전국인민대표대회를 통해 시진핑, 리커창과 같은 인물들이 5세대 지도부에 발탁되었다. 본래 차기 국가주석직을 놓고 시진핑과 리커창 간에 팽팽한 힘겨루기가 있었으나 2008년 시진핑이 국가 부주석직에 임명되면서 일찌감치

차기 국가주석으로 낙점되었고 후진타오 계열의 리커
창은 총리직에 임명되었다.

시진핑   리창   자오러지

시진핑의 아버지는 시중쉰(习仲勋)으로 60년대 초
반까지 국무원 부총리를 지냈으나 마오쩌둥과 마찰
을 빚었던 펑더화이의 측근이라는 이유로 산시성으
로 좌천되었던 인물이다. 이때 시진핑도 함께 농촌
으로 하방(下放) 당했다. 아버지가 시중쉰이라는 이유로 공산당 가입이 줄곧
거부되었지만, 10번의 도전 끝에 결국 공산당 입당에 성공하면서 정치생활
을 시작할 수 있었다.

시진핑은 농촌에 하방 당해 생활했던 장기간의 경험으로 인해 농촌발전
문제에 관심이 많다. 칭화대학에서 받은 박사학위 논문도 '중국 농촌의 시장
화 연구'이며, 저장성 당서기 시절엔 한국의 '새마을운동'을 벤치마킹한 중국
식 새마을 운동인 '신농촌건설'을 추진하면서 행정능력을 인정받았다. 이때
우리의 선행경험을 배우기 위해 한국을 방문하기도 했었다.

5세대 지도부들의 전반적인 특징은 고학력자가 늘어났다는 것이다. 전체
지도자의 1/4가량인 100여 명이 박사 출신이고 석사 출신도 많아졌다. 과거
에 비해 이공계 출신자들은 감소하고 인문계 출신자들이 증가했다는 것도
큰 특징이다. 이는 앞으로 5세대 지도부 시대에 추진될 내수시장 확대와 국
민의 삶의 질 향상과 같은 문제에 접근할 때 개혁개방이 낳은 부작용을 치
료하고 사회갈등을 조절하는데 인문학적 관점을 가진 지도자들이 필요했기
때문이다. 5세대 지도부 시대에는 국민소득을 늘리고 소득격차를 완화하기
위한 다양한 정책이 시도되었었다. 따라서 시진핑 시대에는 1인당 GDP가 연
간 1,000달러씩 상승했다. 이는 임금 인상을 통해 내수 시장을 확대하고자
하는 목적 때문이었다. 하지만 최상위 1%의 소득 점유율은 꾸준히 상승하
는 반면, 하위 50% 층의 점유율은 계속 하락하고 있어 소득 불평등 문제는
더욱 심화하고 있다.

시진핑은 2022년 10월 제20차 당대회를 통해 당 총서기 겸 중앙군사위
원회 주석으로 재선출되었다. 3 연임에 성공한 시진핑은 중국 최고 집권 기
구인 상무위원회 구성원을 교체하며, 강력한 통치자로서의 입지를 공고히

했다. 중국은 공산당 일당 체제이긴 하지만 공산당 내부는 여러 파벌이 나뉘어 있었다. 덩샤오핑 시기에는 개혁파와 보수파가 있었고, 장쩌민 시기에는 상하이방과 태자당이 있었다. 또 후진타오 시기에는 공청단(공산주의 청년당)과 상하이방, 태자당이 서로를 견제하면서 1인 최고지도자 리스크를 줄이는 방식으로 정치구조를 형성해 왔었다. 하지만 시진핑이 3 연임에 성공하면서 이 같은 권력구조는 와해하여 리커창과 같은 공청단이나 상하이방 출신들은 물러나고 시진핑의 장기 집권을 지지하는 인물들로 상무위원회가 구성되었다. 이들 중에는 태자당이나 공청단 출신도 있지만 대부분은 시진핑이 근무했던 저장성이나 푸젠성·상하이·칭화대학교 등에서 인연을 맺었던 인물들로, 친(親)시진핑 계파라 하여 시자쥔(习家军)으로 분류한다. 새로운 지도부가 이러한 시자쥔으로 채워지면서 사실상 1인 독재 체제가 견고화되었다 해도 과언이 아니다. 비록 상당수가 고학력의 친시장적인 인물들로 구성되었다고는 하지만, 시진핑 최측근으로 구성된 최고지도부가 시진핑의 의사결정에 반대하기는 어려울 것으로 보인다. 또한 이는 강력해진 중앙 권력 구조에 대한 국제사회의 우려를 낳을 수도 있어 경제적으로는 세계 자본 시장에서 '중국 회피' 현상을 유발할 수 있다. 실제로도 중국 정부는 2020년부터 '공동부유(共同富裕)'를 앞세우며 정보통신 기업에 대한 규제를 강화해 왔는데, 중국과 관련이 높은 외국 기업의 주가도 일제히 하락하는 현상이 발생했었다. 이는 통제적인 경제 정책이 강화될 것이란 우려 때문이었다. 또한 장기 집권을 위한 체제 안정을 구실로 대내적으로는 과장된 안보 위기의식을 강화할 수 있으며, 대외적으로는 미국이나 타이완과의 긴장감을 고조시키는 방향으로 새로운 냉전 시대를 열 가능성도 커졌다. 시진핑 체제의 연장으로 중국은 앞으로도 '중국몽(中國夢)'이라는 야망에 더욱 힘을 실을 것이다. 근거리에서 중국의 야망과 팽창을 직면해야 하는 우리에게는 미래에 대한 전략적 준비가 필요한 순간이 되었다고 할 수 있다.

PART 8

중국의 경제와 무역

01 사회주의 시장경제와 경제 5개년 계획

① 신중국 건국과 계획경제의 실시

1949년 신중국 건국과 더불어 중국은 계획경제를 도입하게 되었으며, 1953년부터 5개년 계획을 수립하여 경제를 운용하고 있다.

마오쩌둥(毛泽东) 시기로 분류되는 1979년 이전까지 중국에서 실행되었던 계획경제는 바로 '소련모델(Soviet Model)'의 재판이었다. 소련의 경제계획과 기업관리체제는 전체 국민경제를 마치 한 가정처럼 보면서 가장의 역할을 수행하는 국가가 수요에 근거하여 조직적인 생산을 한다. 그리고 모든 기업은 상부의 지시에 따라 생산하고 생산물은 전부 국가에 헌납하는 형식을 채택하였다. 따라서 모든 원자재도 국가가 제공하고, 기업은 어떠한 자주권도 갖지 못하게 되어 있었다. 이러한 고도로 중앙 집중화된 계획경제는 제도적으로는 공유경영, 중앙계획, 명령지도, 고정가격 제도를 시행하며, 정책적으로는 고축적, 고성장, 저소비, 저임금, 중공업 우선정책을 실시하는 특징을 갖고 있었다.

② 사회주의 시장경제의 형성

1. 중국적 특색을 지닌 사회주의(有中国特色的社会主义)의 개념

1978년 제11기 3중전회를 통해 중국 정치의 2세대 지도자로 재등장한 덩샤오핑(邓小平)은 과거 모든 사회주의국가의 현실이 그러하였듯 생산력 및 인민대중의 창조력 발전, 동시에 공산당과 공산주의의 영도적 지위를 확보할 수 있을까 하는 난제에 부딪히게 되었다. 이에 덩샤오핑은 먼저 과거

마르크스의 역사발전 5단계론

30여 년간 중국을 지배해 온 마오쩌둥사상의 속박을 풀기 위해 실사구시(实事求是)에 입각한 실용주의 노선을 제창하게 된다.

덩샤오핑은 마오쩌둥에 의해 진행된 '다궈판(大锅饭/한솥밥)'이 더 이상 생산성 향상이나 국민소득의 증대를 기대할 수 없다고 판단하여 시장경제의 운용 메커니즘을 도입함으로써 중국적 특색을 지닌 사회주의(有中国特色的社会主义)를 건설한다는 사회주의 초급단계론을 제시하게 되었다.

'사회주의 초급단계'란 마르크스의 역사발전 5단계론을 중국에 직접 적용하는 것은 당시 중국이 생산력 낙후와 상품경제의 미비로 어렵지만, 사회주의를 건설하는 과정에서 반드시 거쳐야 하는 중국의 독자적 '사회주의 건설'방법과 특정의 단계를 말하는데, 이것이 바로 '중국적 특색을 지닌 사회주의'라는 것이다.

덩샤오핑은 경제개혁을 단행하면서, '계획경제가 바로 곧 사회주의는 아니며 자본주의에도 계획은 있다. 또한 시장경제가 곧 자본주의는 아니며 사회주의에도 시장은 있다. 즉, 계획도 시장도 다 경제수단인 것이다.'라고 하여 이분법적 사고를 지양하였다.

즉, '사회주의'란 어떤 고정된 모델이 아니며 각국의 실제 상황과 마르크스주의의 보편 진리가 결합되어 나타난다는 것이다. 이것이 바로 중국적 특색을 지닌 사회주의이다. 이는 마르크스주의의 보편진리 영도하에 방법과 진로를 개척한다는 뜻으로 현재 중국의 '현대화 노선설정'의 기본이 되었다.

2. 사회주의 초급단계의 기간 및 임무

덩샤오핑은 1950년대에 '생산수단 사유제'를 사회주의적으로 고치는 기초를 완성한 때부터 사회주의를 기본적으로 실현할 때까지 최소한 백 년 이상의 시간이 소요되며, 이 모든 것은 사회주의 초급단계에 속한다고 주장하였다. 또한, 중국 사회를 규정하고 있는 주요 모순은 계급 모순이 아닌, 인민대중의 날로 증가하는 물질적, 문화적 수요와 이를 충족하기에 너무 낙후한 생산력 사이의 모순이라고 규정하였다. 이를 타파하기 위해 상품경제의 발전, 노동생산성 향상, 공업·농업·국방 및 과학기술의 4개 현대화(四个现代化)를 실현해야 한다고 주장하였다.

③ 중국의 경제 5개년 계획

2020년 중국의 국내총생산(GDP)은 100조 위안(약 15조 4천억 달러)을 돌파한 101조 5,986억 위안으로 집계됐다. 이는 중국이 첫 5개년 계획을 시작했던 1953년에 비해 무려 1,232배나 증가한 수치이다. 문화대혁명의 영향으로 한국보다 20여 년이나 늦게 산업화를 추진했지만 미래형 산업에서는 한국과 출발점을 같이하고 있으며, 현재 세계 2대 경제대국으로 자리매김하였다.

1950년대부터 시작된 중국의 '5개년 계획'은 경기 변동과 외부 환경 변화에 맞춰, 중국의 발전 방향을 설정하고 종합국력 향상과 사회경제 발전을 도모하는 중요한 시스템이다. 이는 국민경제 발전을 위한 미래의 목표와 방향을 제정한 것으로, 중국의 경제 발전은 이 '5개년 계획'에 의해서 실현되었다고 해도 과언이 아니다. 비록 부정과 부패·생태 파괴·낮은 교육 수준·빈부의 격차 등 무수한 문제를 안고 있지만, 14차에 걸친 '5개년 계획'을 통해 중국은 견고한 밑바탕을 다지면서 성장할 수 있었다.

1949년 10월부터 1952년 말의 중국 국민경제 회복기와 1963년에서 1965년 국민경제 조정 시기를 제외하고는 1953년 첫 5개년 계획을 시작으로 이미

14차례의 5개년 계획이 편성되었고, 2021년부터 14차 5개년 계획이 시행되고 있다.

이처럼 강력한 국가주도 경제 성장을 추진해온 중국에서 공산당과 중앙 정부가 제시하는 정책적 지지는 절대적인 신뢰도를 보여 왔으며, 5개년 경제 계획에 따라 추진해온 양적 경제지표는 대부분 목표를 훨씬 앞당겨 달성해 왔다. 중국의 5개년 계획은 '톱다운(top-down, 하향식)' 방식으로 시행되지만, 의견수렴 과정에서는 예측 및 실현 가능하며 일관성을 유지한 장기 비전 로드맵을 구축하기 위해 계획 수립 시에는 전문가·공무원·정치자문위원 등의 의견이 두루 반영된 '바텀업(bottom-up, 상향식)' 방식을 따른다. 이런 연유로 현 정부에서 제시한 공약과 계획이 차기 정부에서 연속성을 유지하며 지속적으로 이행될 가능성이 낮은 서방 국가에 비해, 중국의 5개년 계획이 미래를 예측하기 훨씬 더 수월한 체제라는 전문가들의 견해도 있다.

중국의 5개년 계획은 실정에 맞춰 무게중심을 다변화해 왔다. 계획경제가 지배하던 과거에는 취약계층의 기본수요 충족을 위해, 제한된 자원을 적절히 유동시키기 위한 지침으로 5개년 계획이 활용됐다. 다시 말해 1970년대 말, 개혁개방이 본격화되기 전에는 농업국가로서의 산업화 촉진에 초점이 맞춰졌었다. 이후 중국이 계획경제에서 점차 시장 지향적인 사회주의 시장경제로 나아감에 따라, 5개년 계획도 강제적 성격의 방침과 엄격한 경제 달성 목표 대신 시장에 근간을 둔 체제로 전환되기 시작하였다.

제13차 5개년 계획(2016~2020년)부터는 '양적 경제 성장'을 넘어서 '포용적 성장 패러다임'에 대한 주제가 포함되기 시작했다. 특히 환경보호나 사회 복지와 관련한 분야에 많은 관심이 집중됐는데, '혁신·조화·녹색·개방·공유' 슬로건 하에 지속 가능한 국가발전을 위한 포용적 성장에 중점을 두었다. 제14차 5개년(2021~2025년) 계획 기간에 중국 정부는 정책 유연성을 발휘하여 성장목표를 설정하지 않은 채 시행하였다. 참고로 중국은 코로나의 여파 등으로 2020년 양회에선 경제성장률 목표치를 제시하지 않았다. 2021년에는 '6% 이상'으로 제시하였고 2022년에 제시한 목표치는 '5.5%'이다.

14차 5개년 계획(2021~2025년)의 핵심은 국내 수요를 강조하는 쌍순환(雙循環, dual circulation)으로, 쌍순환은 무역 중심 국제 순환과 내수 중심 국내 순환이 맞물려 돌아가는 것을 뜻하는 개념이다. 리커창 총리는 14차 5개년계획 기간, 국내 소비 부양책과 시진핑(習近平) 국가주석이 주도하는 쌍순환(雙循環) 전략 하에 내수 확대와 외국에 의존하지 않는 자급 태세 구축을 표명하였다. 최근 중국이 '전면적인 사회주의 현대화 국가 건설'이라는 새로운 목표를 제시하면서 5개년 계획에도 몇 가지 신규 과제가 등장하였다. 14차 5개년 계획(2021~2025년)에 언급된 '유사 뇌 지능(brain-like intelligence), 유전공학, 미래 네트워크(future network, 우주·심해·극지 탐사)'와 같은 문구에서 과학기술 분야에서 획기적인 발전을 이루겠다는 중국의 확고한 의지를 엿볼 수 있다.

최근 중국 정부는 국가 차원에서 디지털 경제의 경쟁력을 확보하기 위해 노력하고 있다. 중국 14차 5개년 계획과 〈중국 디지털 경제 발전 계획에 대한 국무원 통지〉에 의하면 디지털 경제에서 핵심인 디지털 산업이 GDP 성장률에서 차지하는 비중을 2020년 7.8%에서 2025년 10%로 견인할 계획이며, 이 목표를 기준으로 예측해보면 2025년까지 중국 디지털 경제의 규모는 연간 9%씩 증가하여 60조 위안을 상회, 중국 디지털 경제의 규모는 중국 GDP에서 약 50%를 차지할 것으로 예측된다.

2022년 3월 양회에서 내놓은 '동수서산(东数西算)' 프로젝트는, 경제 발전 수준이 높은 동부지역의 데이터(数据)를 서부지역으로 전송해 처리하도록 하여 디지털 인프라를 조성한다는 내용의 프로젝트이다. 여기서 동수서산의 수(數)는 데이터, 산(算)은 데이터 처리 능력을 말한다. 현재 중국 데이터 센터의 약 65%는 베이징·상하이·광저우·선전 등 1선 도시 중심으로 동부지역에 편중되어 있으며, 서부지역 비중은 19%에 불과하다. 2022년 2월 중국 정부 당국은 징진지(京津冀, 베이징·톈진·허베이), 창장(長江) 삼각주, 웨강아오(粵港澳大灣區, 광둥—홍콩—마카오 경제권) 등의 지역에 국가 컴퓨팅 허브 건설 계획을 발표했다. 이것을 10개의 국가급 데이터 센터 구축 계획과 합치면 '동수서산(东数西算)' 프로젝트에 연간 약 4,000억 위안 규모의 투자가 예상된다.

2020년 11월 10일, 중국 정부는 대형 플랫폼 기업을 대상으로 반(反)독점 규제안을 발표했었다. 그 이후 중국 정부는 플랫폼 산업에 대한 관리 감독을 강화하여 알리바바·텐센트·메이퇀 등 대표적 플랫폼 기업이 다양한 형식의 제재를 받았으나, 2022년 들어 경제 하방 압력에 직면한 중국경제의 안정과 성장을 위해 플랫폼 경제와 디지털 경제를 살릴 수밖에 없는 상황에 직면하였다. 따라서 앞으로 중국 디지털 경제 일환인 플랫폼 산업은 강한 감독 시대에서 벗어나 발전할 것으로 기대된다.

02 중국의 개혁개방과 경제정책

중국의 개방정책은 개혁정책과 불가분의 관계를 갖고 발전되어 왔다. 개혁개방정책 시행 이전의 중국은 자력갱생 원칙을 강조하면서 자급자족적 경제를 고취하여 왔다.

이 대외개방정책은 자력갱생 원칙의 탈피를 뜻하며 중국경제가 세계경제에 편입됨을 의미한다. 중국의 대외개방은 크게 기술과 자본의 도입 및 대외무역의 확대라는 두 축으로 발전해 왔으며 대체로 아래와 같은 순서로 확대발전하였다.

1 중국의 개혁개방

1949년 중화인민공화국 건국 이후 30여 년간 마오쩌둥의 지도로 중국은 사회주의의 계획경제노선을 견지하였고, 모든 생산에 관련된 품종, 수량, 가격을 관련 부처가 일괄적으로 책정하였다.

1978년에 덩샤오핑의 개혁개방[24]과 5개 경제특구를 거점으로 한 점·선·면·전방위의 점진적 개방을 시행하고, 경제개방의 박차를 위해 덩샤오핑은 '선부론(先富论)'과 '흑묘백묘론(黑猫白猫论)'을 제시하게 된다. 1978년 대외개방 이후 연 10% 이상 경제성장을 했으며, 지금까지도 8~9%의 성장률을 유지하고 있다. 하지만 경제의 급성장과 더불어 동서 지역, 도−농간 빈부격차, 실업 등 많은 사회문제가 대두되고 있다.

---

24) 자세한 내용은 PART 6 중국의 현대사 275~287페이지 참고.

1. 선부론(先富论)

선부론(先富论)은 덩샤오핑이 1978년 제11기 3중전회 직후 제시한 '먼저 일부 지역과 일부 사람이 부유하도록 하고 난 뒤에 최종적으로 공동 부유를 실현한다.'는 원칙이고 이는 중국 경제의 운용원칙이 됐다. 이후 선부론은 상하이를 중심으로 한 동부 연해 지역의 경제성장을 유도하게 되었다.

2. 흑묘백묘론(黑猫白猫论)

흑묘백묘론(黑猫白猫论)은 '검은 고양이든 흰 고양이든 쥐만 잘 잡으면 된다(不管黑猫白猫捉到老鼠就是好猫).'의 줄임말로, 1970년대 말부터 덩샤오핑이 취한 중국의 경제정책이다.

중국의 개혁과 개방을 이끈 덩샤오핑이 1979년 미국을 방문하고 돌아오면서 '자본주의든 공산주의든 상관없이 중국 인민을 잘살게 하면 그것이 제일'이라는 뜻으로 한 말로, 1980년대 중국식 시장경제를 대표하는 용어로 자리 잡게 되었다. 덩샤오핑의 이러한 개혁·개방정책에 힘입어 중국은 비약적인 경제발전을 거듭하여 세계에서 유례없는 중국식 사회주의를 탄생시켰다.

2 개혁개방의 정책노선

중국 경제정책과 중국의 지도 방침을 일컬어 '이보전진 일보후퇴(走兩步退一步)'라는 말을 쓰는데 이는 급진적인 개혁과 정책노선의 결정이 아닌, 실험적 개혁과 수정·보안을 거쳐 재결정을 통해 내려진 정책결정을 가리키는 말이다. 그 예로 5개의 경제특구(经济特区)설치를 들 수 있는데, 급작스런 개방과 개혁이 가져오는 충격과 부작용을 막고 실험적 과정을 통하여 점진적으로 14개 연안 도시로의 확산을 거친 후 전면적 개방을 시행하였다.

중국은 1978년 개혁개방 후 지금까지 덩샤오핑, 장쩌민, 후진타오 등 2세대, 3세대, 4세대 지도자가 모두 이러한 정치적·정책적 노선을 유지하고 있으며 이 추세는 향후에도 계속해서 이어질 것으로 보인다.

③ 경제특구와 점·선·면 개방

  1949년 중화인민공화국 건국 이후, 지난 30여 년간 마오쩌둥의 지도로 사회주의의 계획경제노선을 견지하다가 1978년에 덩샤오핑의 개혁개방과 5개 경제특구를 거점으로 한 점·선·면·전방위의 점진적 개방을 실행하였다. 점은 '경제특구'를 선은 '14개 연해개방도시'를 면은 '환보해만(环渤海湾) 경제지구', '창장삼각주(长江三角洲) 경제지구', '주장삼각주(珠江三角州) 경제지구'를 말하며 전방위는 '서부 대개발(西部大开发)'을 통한 중국 전역으로의 경제발전 확대와 균형 발전을 의미한다.

1. 1단계(경제특구/점 개방)

● **경제특구 성립의 배경** 문화대혁명 가운데 파괴된 경제의 재건 및 근대화를 위한 경제제도 모색의 목적으로 중국은 1978년 11월 중국공산당 제11기 3중전회에서 '대내 경제개방, 대외 활성화(对内经济开放, 对外活性化)정책'을 시행할 것을 결정하여 1979년 주하이(珠海), 선전(深圳), 샤먼(厦门), 산터우(汕头)와 1984년 하이난(海南)을 경제특구로 설치하였다. 중국 정부가 이 지역들을 경제특구로 선정한 이유는 이 지역들이 지리적으로 홍콩, 마카오, 타이완과 인접하고 화교 자본과의 연계도 쉬운 지역들이었기 때문이다.

1, 2, 3 중국 최초의 경제특구 선전

● **경제특구 설치의 목적** 경제특구 설치의 목적은 첫째, 외국 자본의 유치를 통한 자본, 기술, 경영관리 기법 및 장비 등의 유입, 둘째, 고용 확대와 외화 획득 및 기술 전이 등의 경제 효과 유발, 셋째, 홍콩, 마카오 중국 반환 후 '일국양제(一国兩制)'의 통일정책 실험, 넷째, 중국 국내 경제체제 개혁 실험장으로의 목적이 있었다.

● **경제특구 외자기업에 대한 우대 조치** 경제특구에서 외자기업을 유치하기 위해 우대 조치를 시행하였는데, 기업 소득세를 15%로 하였고, 3% 공상 통일세(지방세)를 면제하며 이윤의 재투자 부분 소득세도 면세해 주었다. 또한, 합자, 합작기업, 100% 출자기업이 투자하는 생산설비, 기재, 생산 원자재 수입에 대한 관세도 면제해 주었으며, 투자액 500만 달러 이상 기업, 선진 기술도입 기업, 장기투자 기업에 대한 우대 정책을 시행하였다.

2. 2단계(경제특구의 확대와 연해개방도시/선 개방)

1984년 중국 정부는 경제특구에 이어 톈진(天津), 상하이(上海), 다롄(大连), 친황다오(秦皇岛), 옌타이(烟台), 칭다오(青岛), 롄윈강(连云港), 난퉁(南通), 닝보(宁波), 원저우(温州), 푸저우(福州), 광저우(广州), 단장(淡江), 베이하이(北海)의 14개 연해개방도시를 선정하여 개방하였다. 연해도시의 개방과 더불어 이들 지역에는 경제기술개발구가 설치되었다. 이 경제기술개발구의 설치는 가공무역에 중점을 두는 경제특구와는 달리 신상품 개발, 신기술 개발 등을 통해 산업구조 조정을 꾀하는 기초가 되었다.

3. 3단계(연해 경제개방구/면 개방)

중국의 개방정책이 중국의 경제발전에 성과를 보이자 1985년 당시 국무원 총리이던 자오쯔양은 창장삼각주와 주장삼각주, 샤먼, 장저우, 톈저우를 연결하는 삼각지대를 연해 경제개방구로 선포하였다. 이어 1988년과 1989년에는 랴오둥반도, 산둥반도 및 발해만 지역을 잇달아 개방하였다. 이로써 중국의 연해지대는 점-선-면으로 확대되는 추세를 갖추었고 이러한 개방구조의 수립을 통해 중국은 대외무역형 경제체제를 확립하였으며 국제시장 개척도 급속하게 추진되었다.

4. 4단계(전방위 개방)

연해개방의 성과를 바탕으로 중국은 1991년부터 전면개방전략을 급속히 추진하기 시작하였다. 연해의 개방은 이미 개방 초기부터 이루어져 왔던 것으로 강줄기를 따른 개방도 내륙으로 확대되어 개방의 척도가 강을 따라 주요 도시에도 적용되었다. 이와 더불어 변경무역의 활성화를 도모하기 위해 헤이룽장성(黑龙江省), 네이멍구(内蒙古), 신장자치구(新疆自治区) 등을 개방하였다. 이로써 중국은 연해−내륙으로 이어지는 전방위 경제발전전략을 완성하였다.

이상의 개방과정을 살펴보면 중국의 개방정책은 남에서 북으로, 동에서 서로, 연해에서 내륙으로, 시험적 단계를 거쳐 전면적 개방으로 실행되었음을 알 수 있다.

03 중국 경제의 급성장과 향후 발전 요인

1978년 대외개방 이후 중국은 연 10% 이상의 경제성장률을 지속했고, 현재도 여전히 8~9%의 고속 성장을 유지하고 있다. 이러한 경제의 급성장은 중국 국민의 생활과 의식에 커다란 변화를 가져오게 되는 계기가 되었다.

1 중국 경제의 급성장

중국은 개혁·개방 이후 안정적으로 고도의 성장을 이어오고 있다. 90년대 중반 이후 풍부하고 값싼 노동력을 이용한 백색가전과 최첨단 IT 산업의 조립가공은 물론 소프트웨어 개발산업을 비롯한 지식축적산업에 이르기까지 세계의 공장으로 주목받아 왔다. 현재는 이미 세계시장으로 거듭났다 하여도 과언이 아니다.

풍부한 노동력, 13억 인구의 거대한 소비시장, 인적자원의 축적과 높은 기초과학 기술 수준은 세계 유수 다국적 기업들뿐만 아니라 중소기업들로부터 제1투자 대상국으로 주목받고 있다. 현재는 '중국이 기침하면 전 세계 경제는 몸살을 앓는다'라는 말이 다 생길 정도로 중국 경제는 성장하였다.

현재 중국에는 세계 500대 다국적 기업 중 400개 이상의 다국적 기업이 투자하고 있으며, 다국적 기업들은 중국 현지에서 생산활동은 물론 R&D센터의 설립과 중국 현지 유수 대학과의 공동개발 및 연구에 착수하고 있어 향후에도 지속적 투자와 생산활동이 이어질 것으로 보인다.

863계획

덩샤오핑은 1986년 3월 첨단기술연구발전계획인 이른바 '863계획'을 추진했다.

중국은 우주에 이어 해양 개발 분야에서도 활발한 성과를 내고 있다. 중국의 해저 탐사는 해양 강대국이 되겠다는 국가 비전에 따라 단계적으로 막대한 투자를 통해 추진됐다. 정부의 지원을 받아 90년대에는 무인 잠수정 CR-01A호를 개발하여 해저 5,300m 탐사에 성공하면서 유인탐사 가능성을 열었다.

2011년에는 덩샤오핑의 863계획이 결실을 맺어 자오룽(蛟龙/교룡)호가 심해 4,027m 탐사에 성공하였다. 현재 해저 3,500m 아래로 내려가는 유인 잠수정을 보유한 나라는 미국, 프랑스, 러시아, 일본뿐이다.

② 중국 정부의 정책적 지지와 노력

중국은 과거 노동 집약적 산업을 위주로 세계의 제조공장으로 대두하였으며, 오늘날에는 첨단산업과 기초 과학기술 영역에서 양적 성장뿐만이 아닌 질적 성장을 이루어 내고 있다. 이러한 중국 경제의 성장은 비단 외자기업들의 지속적이고 적극적인 중국 투자와 기술이전 및 공동 연구개발에 의해서만 이루어지는 것은 아니다.

중국의 경제성장은 외국자본과 화교 자본의 투자 외에도 중국 과학기술 분야의 각 성(省) 및 도시의 연구기관과 대학에 축적된 지식과 풍부한 연구, 그리고 인력자원과 중국 정부의 정책적 지지와 노력으로 현재의 경제 성장을 이룰 수 있었다. 중국 정부의 이러한 정책적 지원과 자발적 노력은 '211공정(우리나라의 BK21에 해당)'을 통한 우수 100개 대학 중점 육성 과정과 중국 정부의 농촌 현대화 추진, '863계획(덩샤오핑이 1986년 3월 추진한 첨단기술연구발전계획)'을 통한 4세대 이동통신 개발의 총괄, 중의약 현대화 추진 등의 노력에 잘 나타나고 있다.

③ 중국 정부의 경제정책과 향후 발전 추세

중국 중앙정부의 적극적 외자유치정책과 지방정부의 개별적 외자기업에 대한 투자 혜택은 중국의 투자 붐을 가속하는 결과를 가져왔으며, 2001년 11월 중국의 WTO 가입은 외국투자자들에게 한층 더 폭넓고 안정적인 투자 환경과 시장을 제공하는 계기가 되었다. 이로써 IMF 이후 잠시 주춤하던 한국의 대중국 투자 역시 다시금 급성장하는 발판을 마련하게 되었다. 향후 한중 양국 간의 경제협력은 중국의 경제발전 형세와 추세로 보아 지속적·안정적으로 유지·발전될 것으로 기대되며, 한국경제에 미치는 영향은 지대할 것으로 예상된다.

최근 중국 정부의 외자기업에 대한 요구가 과거의 양적 외자 도입의 확대에서 자국의 이익과 환경 등을 고려하는 첨단기술의 이전과 환경친화적 산업에 대한 요구가 증가될 것임을 어렵지 않게 볼 수 있다. 향후 중국 투자에서 과거와 같은 노동집약적 산업과 환경오염도가 높은 산업들은 중국 정부의 투자 허가를 받기가 어려울 것으로 보이며 경제발전으로 인한 위안화 가치 상승과 임금상승 및 노동법의 재정비로 인해 과거와 같은 이윤 실현을 어렵게 하고 있는 실정이다.

1. 환경친화적 산업에 대한 요구 증가

중국 정부의 외자기업에 대한 환경친화적 산업에 대한 요구가 증가되고 있다. 그 일례로 2011년 중국 장쑤(江苏)성 난징(南京)시 정부가 난징 시내 오염을 유발하는 173곳 중화학 기업에 가동을 즉각 중단하거나 혹은 제한된 시일 내에 공장 환경을 개선하도록 하였으며, 이들 기업에는 난강(南鋼/난징철강)과 같은 중국기업과 네덜란드 DSM사, 금호타이어 등과 같은 외자기업들도 포함되어 있다.

난징은 중국 중화학 공업의 발원지로서 중화학 공업을 적극적으로 육성해왔고 오염 유발기업은 난징시 GDP와 세수 기여도에서 커다란 비중을 차지하고 있기 때문에, 이러한 조치는 환경친화적 산업에 대한 중국 정부의 의지를 잘 나타내고 있다고 하겠다.

2. 경제발전으로 인한 위안화 가치상승과 임금상승

중국의 경제성장으로 위안화의 가치가 상승세를 이어가면서 중국에 공장을 두고 있는 기업들은 치솟는 인건비와 수출비용을 감당하지 못해 공장 이전을 고려하고 있다. 실제로 많은 기업이 인건비로 고심하던 끝에 아시아 다른 국가나 인도 등의 지역으로 공장을 이전하는 계획을 실행에 옮기고 있다.

그 실례로 세계 최대 스포츠 의류업체인 나이키의 주문자상표부착생산(OEM) 구조에도 변화가 나타나 베트남이 중국을 제치고 나이키 제품을 가장 많이 생산하는 국가가 되었다. 이뿐만 아니라 중국에서 부품을 조달하던 기업들도 비용 증가로 중국 측 납품공장을 다른 국가 혹은 지역으로 이전하는 방안을 강구하고 있다. 위안화 가치상승으로 향후 인건비가 더 오를 것이라 판단하는 기업들이 공장 이전을 고려 또는 실행하고 있는데, 이는 비용 측면에서 중국의 경쟁력이 점차 떨어지고 있다는 것을 말한다.

④ 중국경제 개혁개방의 성과와 위상 변화

개혁개방 선언 이후 중국경제는 세계사적으로 유례가 없는 빠른 성장세를 지속하여 글로벌 G2의 경제 규모로 도약하였다. 당정(黨政)국가인 중국은 공산당이 주요 정책을 수립·집행하고 있으며 시장경제 원리와 정부개입이 공존하는 중국 특색의 시스템으로, 국유기업이 정부 지원과 저비용의 생산요소(토지, 자본 등)를 토대로 경제 성장을 이끌어 왔다. 특히 건설·에너지·통신·항공·금융 등 주요 산업 분야에서 인프라 투자의 핵심 역할을 수행하였다.

1. 국유기업 중심 경제

중국의 국유기업은 독점적 지위를 바탕으로 높은 임금수준과 복리후생 혜택을 보장함에 따라, 취업시장에서 민영기업에 비해 선호도가 높다. 하지만 외형적 성장에도 불구하고 수익성·국제경쟁력 등 질적 지표에서는 상대적으로 낮은 수준인 것으로 평가되고 있다.

국영기업은 민간기업에 비해 기업체 수가 적지만 자산총액 69.4조 위안과 매출액 47.1조 위안으로 각각 전체기업의 71%와 57%를 차지하고 있다. 하지만 국영기업은 민간기업에 비해 경영 효율성이 낮고 과잉투자로 자원이용 효율성도 낮은 문제점을 시정하기 위해, 중국 정부는 이미 1980년대부터 국영기업에 대한 경영개선을 추진하였다.

1980년대는 소유권과 경영권의 분리, 1990년대는 대규모 구조조정과 중소형 국영기업의 민영화, 2000년대는 국유자산감독관리위원회를 통한 국영기업 통폐합, 2010년 이후 현재까지는 혼합소유제로의 개혁을 추진하고 있다.

중국 정부는 국영기업의 문제점을 개선하고 효율적으로 관리하기 위해 2003년 국무원 산하에 국유자산감독관리위원회를 설치 운영 중이다. 주로 중앙기업의 관리와 운영 개선 및 구조조정 등에 주력하는데, 국유자산감독관리위원회가 직접 관리 중인 중앙기업[25]은 2021년 12월 기준 총 96개에 달한다.

한편 지도부에 따라 국영기업과 민간기업이 중국경제에서 차지하는 위상 또한 변화하게 됐다. 후진타오가 집권한 시기에는 시장경제에 중점을 두어 민간기업이 성하고 국유기업이 상대적으로 퇴보한다는 국퇴민진(国退民進) 현상이 나타났고, 시진핑 집권 이후 현재는 부패기업의 국유화를 추진하면서, 중국경제에서 국영기업의 중요성이 부각돼 국진민퇴(国進民退)의 양상을 보이고 있다.

최근 중국의 국영기업들이 채무불이행을 선언하고 파산하면서 국영기업의 부실 운영 사례가 발생하고 있다. 그 예로 2021년 7월, 반도체회사인 칭화유니그룹이 2017년부터 무리하게 대규모 채권을 발행하여 통신·전자·의약·교육·전기기계 등의 영역에 문어발식으로 영업을 확장하다가 채무불이행을 선언해 최종 파산하였다.

뉴노멀 시대[26]를 맞이한 중국경제는 과잉생산능력 해소 등을 위한 공급측 구조개혁과 한계기업 정리 및 지배구조 개편 등 국유기업 개혁을 적극 추진하고 있다. 기업 경영의 독립성 및 투명성 제고를 위해 민자 유치를 활용하여 산업별 중요도에 따라 다양한 방식으로 국가와 민간이 기업 지배권을 공유하는 혼합소유제를 확대하고, 전문경영인 영입 및 정부예산과의 분리 등을 시행하고 있다. 하지만 공산당이 경영에 참여하고 있는 점과 기존 특권을 포기하기 어려운 점 등을 감안할 때, 국영기업 경영개선이 쉽지 않을 것이라는 학계의 전망과 견해가 지배적이다.

중국은 공산당이 주요 경제정책을 결정하는 당정(黨政)국가의 특징과 함께 국유기업이 중심이 되는 국가자본주의(state capitalism)의 성격을 지니고 있다. 이러한 특징으로 인해 중국은 생산요소의 집중화와 공산당 중심의 신속한 의사 결정이 가능하였다. 중국 정부는 천연가스, 수도, 전력, 교통운임,

---

25) 중앙기업은 대부분 에너지, 자원, 과학기술, 항공, 우주, 해양, 정보통신, 인프라, 의약, 바이오 분야에 포진하며 포브스(Forbes)에서 선정한 기업에 포함되는 경우도 다수이다. 대표적 중앙기업으로는 중국 완성차업체인 동풍(东风)자동차와 제일(第一)자동차, 동방(东方)항공, 남방(南方)항공 등이 있다.

26) New Normal(新常態): '신창타이(新常態)'는 '중국 경제의 새로운 상태'를 일컫는 말로 2008년 글로벌 경제위기 이후 나타난 '새로운 경제 질서'를 의미하는 '뉴노멀(new normal)'을 중국식으로 표현한 것이다. 2008년 글로벌 경제위기의 영향을 받으면서 중국은 과거와 같은 고속성장을 지속하기는 어려워졌다. 때문에 중국에서도 2010년대 이후 저성장 시대의 경제정책을 진단하면서 성장속도를 늦추었고 성장동력은 투자 수출 중심에서 소비 중심으로, 성장 내용 면에서는 질적 성장을 추구하는 경제 상황 변화를 새롭게 회복된 정상적인 상태로 받아들인다는 의미에서 '신창타이'라고 명명했다. '신창타이'의 특징으로는 7~8%대 중고속성장, 제조업에서 서비스산업으로의 구조변화, 생산요소 투입 확대에서 기술 혁신으로의 성장동력 전환, 부동산 버블 등 각종 불확실성 확대 등이 꼽힌다.

우편요율 등 공공요금에 대한 직·간접적 가격 규제를 실시하고 있으며 관련 기업의 적자를 재정적으로 보전하고 있다. 또한 중국 주식시장과 부동산시장은 대표적 정책시장(policy-driven market)으로 정부 정책이 시장의 움직임을 주로 결정하고 있다. 주식시장과 부동산시장은 짧은 역사로 인해 완전경쟁시장으로서의 성숙도가 미진한 편이며, 특히 주식시장은 국유기업 유통주식 부족 등으로 개인투자자 쏠림현상이 나타나면서 정부 정책에 따른 변동성이 심한 양상을 띠고 있다.

ᆞᆞ 국영기업 경영개선 추진 방향

① 기업제도정비	자산증권화 확대, 의사결정 합리화
② 국영기업 업종 최적화	구조조정을 통한 철강, 화학, 정보통신 분야의 중앙기업 전략적 개편
③ 당과 기업의 융화	국영기업에 대한 당의 지도력 공고화
④ 법률심사 강화	법조 전문인력 증원, 중요 프로젝트 등 정책 전반에 대한 법률심사 강화
⑤ 디지털화	기업 경영에 블록체인, 빅데이터, 클라우드 컴퓨팅 등 차세대 정보기술 활용 확대

＊「국영기업 개혁 3개년 행동방안」과 「국영기업 법치 운영 확대 방안」 등을 참고하여 정리

2. 사회주의 시장경제 시스템

중국은 사회주의 시장경제의 발전과 대외개방 확대를 추진하여, 중국의 GDP가 전 세계에서 차지하는 비중은 2000년 3.6%에서 2018년에는 15.7%로 상승하였다. 또한 중국이 전 세계 상품교역(수출기준)에서 차지하는 비중은 2018년에는 12.8%로 세계 최고 수준을 기록하였다. 하지만 최근 기존의 성장동력과 모형이 한계에 달한 모습을 보여주고 있다. 이러한 모습은 경제성장률의 하락, 전통산업의 공급과잉, 유효수요 부족, 노동집약적 산업의 비교우위 상실 등의 형태로 나타나고 있다. 이에 중국 정부는 경제의 지속가능한 안정적 성장을 실현하기 위해, 경제 성장의 모델과 산업구조의 개편 등을 주요 내용으로 하는 경제구조 개혁을 진행하고 있다. 시진핑 집권(2013년 3월) 직후 개혁을 전담할 TF조직인 '전면개혁 영도소조(領導小组: 지도자 소모임)'를 구성해 7대 경제개혁과제[27]를 제시하고 추진하였고, 최근에는 국제경쟁력 제고 및 지속 가능한 경제 성장을 위해 '중국제조 2025' 정책과 국제경쟁력 제고 및

국제협력 강화를 위한 '일대일로[28]' 정책 추진을 통해 개혁에 집중하고 있다.

중국은 시진핑 지도부 출범 이후 시장(보이지 않는 손)과 정부(보이는 손)의 조화를 강조하는 '兩手论(양수론)'을 내세우고 있으나, 실질적으로는 정부의 역할을 더 중시하고 있다. 다시 말해 시장원리보다는 방대한 영토와 다양한 민족을 효율적으로 관리하기 위한 정치·사회적 안정이 우선되는 경우가 많다는 점에 반드시 유념해야 한다.

∷ 중국제조 2025 프로젝트

구분	주요 내용
① 업종별 목표	정보통신, 철도, 전기부품 분야의 세계시장을 선도하는 제조국으로 성장 로봇, 자동화설비, 신에너지 자동차 제조업을 세계 2~3위 수준으로 육성
② 10대 전략산업	차세대 IT기술, 고정밀 수치제어 및 로봇, 항공우주, 첨단해양장비, 선진 궤도 교통장비, 신에너지 자동차, 전력설비, 농업기계, 신소재, 바이오
③ 주요 목표치	영업이익 단위당 R&D 투자 비중('15년 0.95% → '25년 1.68%) 핵심공정 자동화 비율('15년 33% → '25년 64%) 등

＊인민일보 등 언론보도 종합

3. 중국경제의 당면 과제

【중국경제 지속 성장의 구조적 리스크 요인】

향후 중국 경제 성장에 부정적인 영향을 미치는 주요 요인은 여러 가지가 있다. 세계 경기침체와 미국과의 통상마찰, 투자 위주 성장전략에 따른 과잉투자와 과잉투자로 인한 부실 대출 및 과잉설비, 지방정부 부채 증대, 도농간·지역간 소득 불평등 확대, 인구고령화에 따른 생산 가능인구 감소, 헝다(恒达) 사태로 인한 부동산 부문 위축과 부동산 버블 가능성 등의 문제들이 성장률 둔화의 주요 요인으로 지적되고 있다.

---

27) 기본 경제제도 완비, 시장시스템 개선, 정부기능 전환, 재정개혁, 도농일체화, 대외개방 촉진, 생태환경 보호 등
28) 기업의 해외진출(走出去)을 장려하고 〈일대일로(One Belt One Road)〉전략을 통해 아시아 · 아프리카 · 유럽 등과의 경제협력 강화

● **미국과의 통상마찰** 미국과의 무역 분쟁에 직면하면서 중국의 수출 증가세는 전반적으로 둔화하였다. 또한 중국 첨단산업과 대형 국유기업에 대한 미국의 지속적인 견제로, 중국의 수출과 첨단기술 발전이 제약될 가능성 역시 커지고 있는 상황이다. 이에 중국 정부는 미국과의 무역 분쟁에 따른 수출 투자 부진을 과거와 같은 대규모 공공투자로 대체하는 방식에서, 일정 부분 투자 둔화를 용인하면서 소비중심 구조로 전환하는 방식으로 정책변화를 꾀하고 있다.

● **과잉설비 조정 및 국유기업 개혁** 중국은 개혁개방 이후 공업 부문 전반에 걸쳐 투자·수출 주도의 경제 성장을 추진했다. 이러한 경제 성장 방식은 과잉설비 투자를 초래했고, 철강·시멘트·조선·태양광 등의 국영기업 관련 업종에서 설비가동률과 효율성 저하 문제가 두드러졌다. 시장메커니즘에 따라 시장에서 생존이 어려운 국영기업들이 정부 지원에 의존하고 있기 때문에, 과열 경쟁 및 자원 이용의 효율성 저하 등의 문제가 발생했다.

중국 정부는 국영기업의 경영 효율성 제고를 위해 민간 지분 참여방식의 혼합소유제 확대를 국영기업 경영개선 추진의 기본방향으로 잡았다. 국영기업의 지분구조를 다양화하고 민간자본의 국영기업에 대한 투자를 활성화하여 민관 동반성장을 꾀하고 있다.

● **지방정부 부채 증대** 지방정부채권은 통상 자금의 용도와 상환자금의 출처에 따라 일반채권과 전용채권(특수목적채권)으로 구분된다. 일반 공공예산수입으로 상환하는 일반채권과 달리 전용채권은 일정 수익이 예상되는

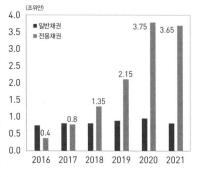

일반채권 및 전용채권 발행한도

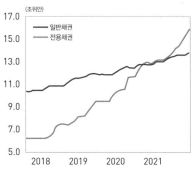

일반채권 및 전용채권 발행잔액

공익성 사업에 투자함으로써, 해당 사업에서 발생한 전용수입 또는 정부성 기금수입을 통해 채권 원금과 이자를 상환한다.

종전에는 지방정부 예산의 수지평형 원칙과 적자 불허용 원칙에 따라 지방정부의 채권발행을 불허하였으며, 2009년과 2010년에는 금융위기 극복을 위해 재정부가 지방정부를 대리하여 각각 2,000억 위안의 지방채권을 발행하였고, 2011~2013년 중에는 상하이·저장·광둥 등 일부 지역을 대상으로 시범 발행을 시행했다.

일반채권 한도는 지속적으로 1조 위안 미만으로 유지하는 한편 전용채권 한도는 코로나 위기가 발발한 2020년에는 3.75조 위안까지 확대하였고, 2021년에는 소폭 축소된 3.65조 위안을 배정하였다. 지방정부 전용채권은 최근 지방정부의 인프라 투자를 위한 재원 조달 수단으로 자리 잡고 있으며, 특히 중국정부에서는 코로나 시기에 지방정부 전용채권이 방역 유효투자 확대를 통해 안정적인 경제 성장에 기여한 것으로 평가하고 있다.

중국정부는 지방정부 전용채권에 의한 투자 최적화를 위해 중점 투자 범위를 수시 조정하고 있다. 이 외에 중국 재정부는 2019년 중점 투자항목을 7대 중점영역, 국가전략 중대 프로젝트, 보장성 주택건설 등으로 발표하였다.

국가전략중대프로젝트
국가발전 5개년 계획에서 추진하는 베이징일대(京津帶), 장강삼각주(长三角), 웨강아오지역(粤港澳大湾区), 하이난다오(海南島) 개발과 농촌진흥 전략, 일대일로(一带一路)사업 등에 지속적으로 투자

:: 2019년 투자 활성화를 위해 7대 중점영역 선정

중점 부문	내용
① 교통인프라시설	철로, 유로도로, 궤도교통, 수로운송, 도시주차장 등
② 에너지 프로젝트	도시·농촌 전력망, 천연가스관 및 가스저장시설 등
③ 농업·수리	농업, 임업, 수리
④ 생태환경	도시 폐수·쓰레기 처리시설 등
⑤ 민생서비스	직업교육, 탁아, 의료, 양로 등
⑥ 콜드체인	콜드체인 물류 기초시설(식량창고, 저장시설 포함)
⑦ 도시 및 산업 기초인프라	수도·전기·가스·난방 시설 등

● **생산 가능인구 감소** 중국의 인구 구조는 1978년부터 실시된 강력한 산아제한 정책으로 출생률 감소와 더불어 초고령화 사회로 빠르게 진입하고 있다.

65세 이상 인구비율은 2010년 8.3%, 2015년 9.7%, 2020년 11.9%로 증가하였고, 생산 가능인구 비율은 2010년 72.2%, 2015년 71.8%, 2020년 69.7%로 감소하고 있다.

중국의 '한 자녀 정책'은 1980년부터 공식적으로 시행되다가 2015년 10월 제18기 공산당 중앙위원회 제5차 전체회의(5중전회)에서 전면 폐지되었다. 또한 최근에는 산아제한정책이 계속해서 완화되는 추세이기는 하나, 도시 거주민들의 출산과 육아에 대한 경제적 부담과 혼인율 감소로 인해 생산 가능인구 증가에 대해 당분간은 기대하기 어려운 상황이다. 또한 농촌 잉여 노동력이 도시 저임 노동력으로 지속 공급되었던 '인구보너스(demographic dividend)' 마감으로 노동생산성 하락 가능성도 증대하고 있다. 이러한 '인구보너스(demographic dividend)' 마감과 생산가능인구의 감소는 중국의 성장 동력을 감퇴시켜 향후 잠재성장률을 하락시키는 요인으로 작용할 수 있다. 하지만 아직은 농촌인구의 도시인구 유입이 지속적으로 이루어지고 있어, 생산인구 감소에 따른 노동력 부족 및 수요둔화가 당장은 중국 경제 성장에 막대한 지장을 초래하지는 않을 것으로 보는 견해들이 지배적이다.

:: 중국의 인구구조 추이 및 전망(2000-2040)

구분	총인구(억 명)	중간연령	0-14세 비율(%)	65세 이상 비율(%)	생산가능인구 비율(%)
2000	12.7	30.1	24.8	6.9	68.3
2005	13.2	32.6	21.4	7.7	70.9
2010	13.5	34.9	19.5	8.3	72.2
2015	13.9	36.5	18.5	9.7	71.8
2020	14.2	37.9	18.4	11.9	69.7
2025	14.4	39.5	17.9	13.8	68.3
2030	14.5	41.5	16.9	16.2	66.9
2040	14.3	44.1	15.6	22.2	62.2

＊ UN population database.

● **고령사회 진입에 따른 연금부담 증가, 급여 격차 확대** 고령화 사회 진입에 따른 연금부담 증가, 업종별 급여 격차 확대 등으로 사회 구성원 간 갈등이 더욱 확대될 소지가 있다. 2020년에는 연금 지출(5.5조 위안)이 처음으로 연금 수입(4.9조 위안)을 상회하였다. 업종별 급여 격차를 보면 2020년 서비스업 종사자와 금융업 종사자의 급여 수준은 각각 제조업의 2.5배, 3.4배에 달하였다.

중국경제가 당면한 지속 성장의 구조적 리스크 요인으로 위에서 제시한 ① 미국과의 통상마찰 ② 과잉설비 조정 및 국유기업 개혁 ③ 지방정부 부채 증대 ④ 생산 가능인구 감소 ⑤ 고령사회 진입에 따른 연금부담 증가, 급여 격차 확대 등의 문제 외에도 향후 도농·지역·계층 간 소득구조의 불균형으로 인한 소득분배 문제, 산업화 및 도시화로 인한 대기·수질·토양오염 등 환경문제, 수요 증대에 따른 에너지 및 식량부족 문제가 향후 경제 성장의 걸림돌로 작용할 가능성이 제기되고 있다.

이러한 중국경제가 당면한 과제를 해결하기 위해 등장한 개념이 '공동부유' 정책이다. '공동부유'라는 용어는 1953년 중국 사회를 사회주의 체제로 전환 시키는 과정에서 마오쩌둥이 자본주의적 공업·상업·농업을 개조해야 한다고 선언하면서 등장하였다. 공동부유는 모두가 같이 잘살자는 의미로 사회주의를 표방하는 중국에서 특별히 새로운 논의는 아니다. 하지만 공동부유는 그간 추진해 온 개혁개방 시장화의 방향 전환을 시사한다는 점에서 주목할 필요가 있다.

5 '공동부유'를 위한 중국 정부의 정책 추진의 주요 방향

1. 중소 영세기업에 대한 정책금융 지원 강화

공동부유의 중점 과제로 중소기업의 발전이 있음을 감안할 때, 향후 중소 제조업과 인터넷이 융합된 산업인터넷이 중국 정부의 다양한 세제지원 등의 대상이 될 것으로 예상된다.

2. 산업정책 육성 방향을 인터넷 플랫폼서비스업에서 첨단 제조업으로 전환

과거 중국이 양적인 면에서 제조 강대국이었다면 앞으로는 혁신역량을 키워 질적인 면에서도 제조 강대국으로의 변화를 모색하겠다는 의미이다. 중국 정부는 2015년 5월 발표한 '중국제조 2025' 중 전기차·항공우주장비·로봇 등 10대 전략산업업종을 중심으로 제조업의 경쟁력을 강화하는 것에 정책역량을 집중하고 있다. 이는 중국의 제조업을 노동자원집약형 전통산업에서 기술집약형 스마트산업으로 도약시키려는 산업고도화 전략으로 중국 국무원이 2015년 5월 발표하였으며, 제13차 5개년 경제계획(2016~2020)과 제14차 5개년 경제계획(2021~2025)의 핵심 과제이다. 2019년 중국은 중국제조 2025의 일환으로 2025년까지 10년 동안 반도체 산업에 1조위안(약 170조 원)을 투자할 계획을 밝힌 바 있다. 즉 과거 중국이 양적인 면에서 제조 강대국이었다면 앞으로는 혁신역량을 키워 질적인 면에서도 제조 강대국으로의 변화를 모색하겠다는 의미이다.

3. 플랫폼 기업과 고소득층을 대상으로 기부문화를 조성

공동부유와 관련하여 최근 중국 정부는 공동부유의 일환으로 알리바바·텐센트 등 플랫폼 기업에 대한 규제와 사교육시장 등에 대한 통제를 강화하고 있다. 중국 정부는 최근 플랫폼 기업을 중심으로 기업의 사회적 책임을 강조, 기업과 고소득층의 합법적 소득은 보장하지만 너무 높은 소득은 합리적으로 조절하고 고소득층이 사회에 더 많이 기여해야 한다고 강조하고 있다. 이 때문인지 2021년 8월 이후 알리바바 등 중국의 주요 플랫폼 기업들이 거액의 기부금 제공 의사를 발표하였고, 기부 규모는 약 2,300억 위안에 달한다.

데이터 보안을 명분으로 중국 정부가 플랫폼 기업의 지분을 우회적으로 매입하는 등 플랫폼 기업들에 대한 국유화 가능성도 꾸준히 제기되고 있다. 하지만 이는 정치가 경제에 미치는 영향력이 과도해져 기업의 자율적 창의적 의사 결정이 제약됨에 따라, 기업의 수익률 하락이나 투자 위축 등으로 이어져 기업경영과 성장에 부정적인 영향을 미칠 수 있다는 우려의 목소리도 적지 않다.

시진핑 국가주석은 2021년 8월 중앙재경위원회에서, 공동부유는 중국 특색 사회주의의 필수요소이므로 제14차 5개년 경제계획(2021~2025년) 종료 때까지 공동부유의 기조를 다지고 도·농간 소득 및 소비 수준 격차를 좁혀 나가야 한다고 언급하였다. 2035년까지 공동부유의 실질적 발전을 통해 공공서비스 수준도 평준화할 것이라는 목표를 제시하였는데, 중국의 '공동부유'는 단순한 평등주의가 아닌 성장과 분배 사이의 균형을 맞추는 개념으로 향후 중국이 수십 년 동안 장기적으로 추진해 나갈 정책 프로젝트라 할 수 있다.

공동부유 추진은 중산층 확대에 그 목표가 있다. 향후 중국의 중산층이 늘어나게 되면 이들 계층의 구매력이 높아져, 코로나로 상대적으로 위축되었던 여행·레저·문화 등 소비 산업이 활성화될 수 있을 것으로 기대된다.

04 중화 경제권

1 화인, 화교 그리고 화교 네트워크

1. 화교(华侨)의 개념

중국인이 해외에 나가기 시작한 것은 600년 이상의 역사를 가지고 있고, 특히 1890년에서 1920년 사이에 집중되었다. 이들은 화남에서 남중국해를 거쳐 동남아 각국으로 이민하였으며, 이러한 이민자들은 잠시 본국을 떠난 사람으로 인식되었다.

중국인 해외 이주는 역사적으로 한·당시대부터 시작되어 명·청시대에는 항로가 개척됨으로써 점차 그 범위가 넓어지고 해외 이민도 날로 증가하였다. 당·송 시대에는 해외에 거주하는 중국인에 대한 명칭이 없었으나, 그 이후 '당인(唐人)' 또는 '당산인(唐山人)' 그리고 '화인(华人)'과 '중화인(中华人)'으로 불렸다. 청말에는 '지나인' 혹은 '화민'이라는 이름도 있었다. '화교(华侨)'란 단어가 언제부터 시작되었는가는 여러 논의가 있으나, 1883년 정관응(郑观应)이 이홍장(李鸿章)에게 올린 문건에 '화교'란 단어가 나오는 것으로 보아 이후 해외에 나간 중국인을 화교란 이름으로 부르기 시작한 것을 알 수 있다.

현대중국으로 진입하여 중국 정부의 화교 신분에 대한 정의를 1984년 중국 국무원이 반포한 〈화교, 귀국한 교포, 화교학생, 귀국 학생, 국내에 거주하는 교포 가족, 외국국적을 가진 귀인에 관한 신분은 설명해야 한다(关于华侨, 归侨, 华侨学生, 归国学生, 侨眷, 外籍贵人身分得解释).〉는 규정을 살펴보면 화교는 국외에 거주하는 중국공민을 가리킨다. 일반적으로는 중국 국적을 가진 재외 중국인은 '화교'라고 칭하고 현지 국적을 보유하고 있는 중국인은 '화인(华人)'으로 규정하고 있지만, 아직 두 용어가 혼용되어 쓰이고 있다.

2. 화교의 이주 역사

중국인들이 해외로 나가 화교사회가 형성된 배경에는 정치, 경제, 사회, 종교 등의 다양한 원인이 존재한다. 화교가 이민을 한 정치적 이유로는 서구 열강의 침입과 식민지 확장을 들 수 있다. 열강의 침입으로 중국의 자급자족 경제가 파괴되면서 이주가 이루어졌으며, 유럽의 제국주의가 동남아를 식민 지화할 때 필요한 인력을 중국인으로 착출하면서 '계약(契約)이민' 혹은 '쿨 리(coolie)'라는 노동자로 이주하게 되었다. 19세기 중엽 이후 미국, 캐나다 등 의 지역 개발에 많은 중국인이 투입되었으며 이것이 미국, 캐나다, 유럽 등 화교사회의 출발점이 되었다. 하지만 화교가 이민한 목적은 정치적 이유보다 는 경제적 이유가 훨씬 강했다.

이주 초기 화교는 주로 백인과 현지인 사이에서 중간적 상업을 담당했고 이러한 교량적 역할을 담당한 연유로 화교경제는 주로 상업을 중심으로 이 루어졌다. 화교의 경제구조는 사회 구조적 영향을 받아 혈연과 지연의 기초 위에서 건설되었는데 상호 협력적 관계에 있기 때문에 같은 업종은 한 집단 이 독점하는 현상이 나타났다. 또한, 중국의 가족개념과 이러한 상황은 현 재 화교의 '가족식 경영기업'을 만든 원인이 되었다. 하지만 이는 화교경제가 현대적 자본주의 사회로 발전하는 데 있어 장애요소로 작용하기도 한다.

일반적으로 중국인이 해외로 이주할 때는 동족 혹은 동향인의 연줄에 의 존해서 공통언어를 가진 사람끼리 모여 살고 함께 일한다. 또한, 동족, 동향 인을 의지하기 위하여 서로 같은 일에 종사한다. 이러한 연유로 화교사회에 서는 혈연(동족), 지연(동향), 업연(동업)의 '삼연관계(三緣关系)'가 자연스럽게 중 요한 역할을 하게 되었다. 특히, 관계를 규정짓는 삼연관계에서 가장 중요한 것은 지연(동향)관계이다.

지연관계가 중요시되는 것은 당연히 동일의 언어를 사용하기 때문이다. 즉 지연의 범위는 같은 방언을 사용하는 관계라고 할 수 있다. 이러한 지연인 집단을 중국인은 '통상방(同乡帮)'이라고 부른다. 같은 중국인이라도 다른 방 언을 사용하는 통상방에 속할 때에는 언어가 통하지 않아 불가능하다. 그러 나 다른 통상방에 속한 사람도 방언이 가능하면 가입할 수 있다. 다시 말해 같은 지연이라도 언어가 통하지 않으면 조직관계를 구축할 수 없다.

정치적 원인	송 멸망과 청조가 명을 멸한 후 '반(反)청'이란 구호로 단합하여 남양 지역으로 이주 시작
종교적 원인	불교의 전파
무역 교류	중국과 각 국가 간의 조공무역 특히 동남아 일대의 국가들과 무역 형태를 이루면서 푸젠성과 광둥성 지역의 중국인들이 동남아로 퍼져 나감
해상교통의 발전	현재의 화교가 동남아 일대로 주로 모여들게 됨

해외 화교인구의 출신 지역별 분포를 보면, 압도적으로 많은 지역이 광둥 (广东)출신이고 다음은 푸젠(福建)출신이다. 홍콩을 포함하면 해외 화교의 약 70% 정도가 광둥출신이고 푸젠(福建)출신은 약 30%에 달한다.

수천 년에 걸친 중국인의 해외 이주로 형성된 화교는 〈2008세계 화상발 전보고〉에 따르면 현재 약 4천 800만 명에 달하는 것으로 추산된다. 그 중 80% 이상의 화교가 중국과 가까운 동남아 지역에 집중되어 있으며, 미국의 화교는 약 335만 명으로 전체 화교의 약 7%를 차지하고 있다.

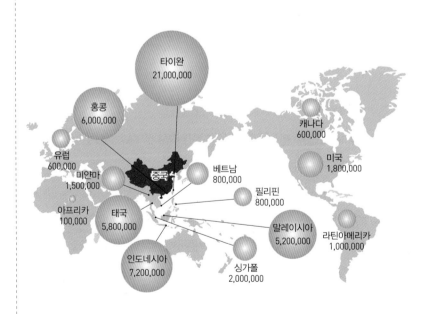

세계 화교인구

3. 화교사회의 발전

중국의 개혁·개방 이후 중국경제는 놀라운 속도의 경제성장률을 보이고 있으며, 이러한 배경하에 '중화경제권'이라는 경제협력조직도 빠르게 형성되고 있다. 아래 화교의 인구와 자본 비교 표는 아시아 국가에서 화교가 차지하는 인구의 비중과 각국의 전체 자본에서 화교 자본이 차지하는 비중을 나타내고 있다. 표를 살펴보면 화교의 인구비중이 비교적 높은 싱가포르와 말레이시아를 제외하면 화교가 전체인구에서 차지하는 인구비중은 그다지 높지 않지만, 각국의 경제에서 화교들이 차지하는 자본비중은 매우 높음을 알 수 있다.

:: 화교의 인구와 자본비중

국가	전체 인구 중 화교 인구비중	전체 자본 중 화교 자본비중
싱가포르	77% (리콴유)	81%
말레이시아	32%	40%
태국	10%	81%
인도네시아	3%	75%
필리핀	1.3% (아키노)	60%

다시 말해 삼연관계에 기초를 둔 화교의 자본력이 아시아의 민간경제를 장악하고 있을 뿐만 아니라 화교의 국민 총생산은 연 5천억 불로 중국의 국민총생산을 웃돌고 있다. 또한, 개혁개방 초기 중국 본토에 대한 외국인 투자의 80%가량이 화교 자본으로 이루어져 개혁·개방의 기초는 사실상 화교 자본으로 다져졌다고 말할 수 있다.

오늘날 화교경제권이 전 세계적으로 주목을 받고

세계 500대 화상(華商)기업 국가별 분포 및 시장 총액 점유 현황

알아두기 💡

화교사회의 발전배경

1. 삼연관계에 기초를 둔 화교의 자본력
2. 중국의 개혁개방 초기 외국인 투자의 80%가 화교 자본
3. 5천억 불로 중국의 국민총생산을 상회
4. 100여 년간 국력 실추로 박해당한 화교의 자기보호, 자기생존

화교를 둘러싼 문제에 대해 관심이 고조되는 이유는 단순히 화교의 숫자와 그들의 경제적 역량이라는 측면에서만 비롯된 것은 아니다. 자본의 세계화, 즉 초국가적 기업이 보편화되어 가는 현실에서, 이들은 빠르게 발전하는 중국경제와 연계하여 이 지역에서 핵심적인 역할을 하고 있기 때문이다. 하지만 냉전의 종식을 자유주의 시장경제의 승리로 해석함에도 불구하고 여전히 사회주의를 유지하는 중국에 대한 경계와 견제가 강화되고 있다. 이러한 우려의 배경에는 바로 화교의 경제적 성공이 있으며, 중국과 화교와의 특수한 관계가 존재하기 때문이다.

이뿐만 아니라 화교경제권이 중국 개혁·개방 초기 경제발전의 원동력으로 작용했다는 점과 100여 년간 국력 실추로 박해받은 화교들이 자기보호와 자기생존을 위한 네트워크를 형성했다는 점에서도 그 이유를 찾아볼 수 있다. 그 예로 화교사회가 존재하는 국가에서는 화교들이 모여 사는 독립적인 '당인가(唐人街-차이나타운)'가 구성되어 화교 네트워크의 근거지 역할을 하고 있다.

대부분 화교는 푸젠(福建), 광둥(广东), 커자(客家), 하이난(海南) 등 중국 동남부 연해안 지역 출신들로 같은 지역, 같은 업종에 따라 샹방(乡帮), 예방(也帮)이 조직되어 이러한 네트워크 활용을 통해 여러 나라에 걸쳐 강력한 기업망을 구축하고 있다. 또한, 강력한 문화적 유대로 연결된 네트워크는 화교 자본의 대중국 경제교류와 화교기업 사이의 교류에 중요한 역할을 차지하고 있다.

4. 화교 경제네트워크

화상(华商)은 말 그대로 세계 각지에 분포해 있는 중국 출신 상인을 일컫는 말이다. 화상은 뛰어난 적응력과 실리를 중시하는 자금력, 위험도 감수하는 도전정신 등의 장점을 기반으로 세계 경제를 움직이고 있으며, 혈연, 지연으로 다져진 협력·지원 시스템과 단결력은 단연 세계 최고 수준이라고 할 수 있다.

화상들은 중국 대륙이나 홍콩, 타이완 외에도 인도네시아, 싱가포르, 말레이시아, 미국까지 널리 분포해 막강한 경제 힘을 행사하고 있다. 대표적인

동남아 지역의 화상 기업으로는 인도네시아의 싼린(三林)그룹, 말레이시아의 곽씨형제그룹(Kuok Brother Group)과 IOI그룹, 싱가포르의 윌마르(Wilmar)그룹, 태국의 화빈(华彬)그룹, 인도네시아의 구당가람(Gudang Garam) 담배 회사 등이 있다.

화교는 중국경제의 큰 중심역할을 하고 있다. 전 세계에 흩어져 사는 화교의 수는 약 6,000만 명이다. 이들의 자산만 하더라도 최소 2조 5000억 달러(약 2,900조 원)에 이른다. 최근에는 화교 자본의 대중국 투자도 크게 증가하여 약 60% 가까이 올라왔다. 중국과 타이완 간 경제협력 기본협정(ECFA) 체결로 '차이완(China+Taiwan)'이라는 거대한 경제권이 형성되었고, 여기에 아세안(ASEAN)과의 협력이 가속화되면서 화상들의 투자도 눈에 띄게 늘고 있다.

세계화상대회(世界华商大会)는 화상들의 교류 장으로 덩샤오핑(邓小平), 주룽지(朱镕基) 등 중국 지도자들의 전폭적 지원을 얻은 바 있다. 개혁·개방 이후 중국경제의 괄목할만한 성장과 화교기업 간의 경제협력 확대를 바탕으로 지난 1991년 싱가포르에서의 제1차 화상대회를 개최했다. 이 대회는 2년마다 한 번씩 열려 2차 대회는 1993년 홍콩(香港), 3차 대회는 1995년 타이의 방콕, 4차 대회는 1997년 캐나다의 밴쿠버, 5차 대회는 1999년 오스트레일리아의 멜버른에서 개최되었고, 2001년 중국 난징(南京)에서 열린 6차 대회 때에는 약 80개국에서 5,000여 명의 화상들이 참여하여 그 규모와 범위가 점차 확대되고 있다.

그 후 2003년 7차 대회는 7월 27일부터 30일까지 말레이시아 쿠알라룸푸르에서 개최되었다. 2005년 8차 대회는 10월 9일부터 12일까지 우리나라 서울 코엑스에서 개최되었으며 13차 대회는 인도네시아 발리에서 개최되었다. 세계화상대회의 출범은 화교기업의 세계화 과정에서 경제원리와 문화적 동질성의 결합이 토대가 되고 있음을 반영하는 것이라 볼 수 있으며, 화교 경제권은 독특한 형성 과정과 성격으로 동남아시아의 경제, 정치뿐만 아니라 세계경제에도 영향을 미칠 수 있는 중요한 변수로 발전하고 있다. 또한 이미 화남경제권 및 양안(两岸)경제권 내부의 지역적인 경제결합 관계에도 깊은 영향력을 행사하는 추세이다.

특히 홍콩의 귀속이 화교경제권의 응집력을 결속시키는 계기를 가져왔다.

알아두기

화교, 화인들의 경제력 형성배경
1. 새로운 환경에 적응하는 능력
2. 뛰어난 적응력과 실리를 중시하는 자금력, 위험도 감수하는 도전정신
3. 혈연·지연·업연으로 다져진 협력, 지원시스템과 단결력

중국 대륙 밖에 거주하는 화교의 막강한 자본력은 홍콩을 거점으로 중국의 경제성장을 더욱 가속할 것이며 여기에 세계 각국 기업들도 가세하고 있다. 화교경제권은 여타 경제권보다 국가 간의 이해조정이 아닌 기업 간의 이해 위주이기 때문에 정치적 제약을 덜 받아 지속적인 발전을 할 것으로 보인다.

5. 화교 자본의 중국투자

● **화교 자본의 중국투자 배경** 중국을 중심으로 중화경제권의 통합이 빠른 진척을 보일 수 있었던 배경은 아래 표와 같다.

지리적 인접성	중국의 경제특구 위치는 모두 화교 출신 지역 및 홍콩과 매우 근접
언어습관의 동질성	화교와 중국 사이에는 엄연한 인종, 문화적 배경, 동일 방언 등의 동질성이 존재
중국의 우대정책	중국의 적극적인 개혁개방과 우대정책, 홍콩과 타이완의 높은 생산원가, 환경보호 부담비용

● **화교 자본의 중국투자 특징** 화교 자본이 중국에 투자되는 데 있어서 다른 국가에서는 찾아볼 수 없는 몇 가지 특징이 있다. 첫째는 투자 지역이 고향과 유기적 관계를 맺고 있는 화교 출신 지역이라는 점이고, 둘째는 중국 정부의 화교 자본 우대정책의 영향이 크다는 점이며, 마지막 셋째는 홍콩기업과의 공동투자를 꼽을 수 있다.

● **화교 자본의 투자추세 변화** 화교 자본의 투자추세 변화를 간략하게 도표로 나타내면 아래와 같다.

투자시기	초기	현재
투자규모	노동 집약적 소규모 투자	자본기술 집약적 대규모 투자
대상시장	대륙에서 생산 해외 수출 형태	90년대 중국 내수시장을 겨냥
투자범위	광둥성과 푸젠성	화둥 지역과 북부, 내륙 지역 확대

중국의 WTO 가입 이후 중국 경제체제에서 화교의 자본 비율은 감소하고 있으나 형식적인 결합이 아닌 보다 구체적이며 고도화되어 가고 있다. 개혁·개방 이후 주장삼각주를 중심으로 하는 광둥성, 홍콩과 이들 지역과의

밀접한 관계를 가지고 있는 타이완 및 아시아 신흥국가들을 바탕으로 화교 경제권의 제3경제블록을 형성하고 있다. 화교경제권의 가장 중심 역할을 하는 화남경제권(홍콩, 광둥성)에는 오래전부터 경제통합을 이루면서 홍콩과 중국대륙간의 경제상호 보완적인 관계를 유지하며 서로 협력을 통해 공동이익을 추구하는 '경제 일체화 현상'이 나타나고 있다.

6. 화교경제권

기본적으로 화교경제권은 유럽 연합(EU), 북미 자유 무역 협정(NAFTA), 아세안(ASEAN) 그리고 아시아 태평양 경제협력체(APEC) 등과 같이 아직 명확하게 제도화된 것이 아니며, 이런 점에서 화교경제권에 대해 정의를 내리는 것은 상당히 어려운 문제이다. 화교들의 기업 경영 특수성으로 인한 경제적 운영메커니즘의 차별성, 그리고 모든 업종의 상품에 대한 자체생산과 소비구조를 갖는 상부상조체제형성 등의 특징도 화교경제권의 이론화 작업에 많은 한계를 제공하고 있기 때문이다.

화교경제권은 지역적으로는 중국을 비롯한 홍콩, 타이완 및 동남아 국가(주로 아세안 국가)를 주요 단위로 하여, 국지적 경제협력과 지역주의를 바탕으로 하면서도 화교적 기업경영 방식, 그리고 화교라는 인적 네트워크를 중심으로 운영되는 경제협력체로 규정할 수 있을 것이다. 화교경제권의 특징을 살펴보면 첫째, 국경을 초월한 민족 내부의 경제협력이라는 것과 둘째, 특정 지역 싱가포르와 홍콩이 구심점 역할을 하면서 이루어진 경제협력체라는 것이다. 또한 셋째, 동아시아를 중심으로 이루어지고 있다는 것, 그리고 마지막으로 넷째, 화교경제권 형성을 위한 의도적인 노력이 있다는 등의 특징을 가지고 있다.

해외의 화교사회는 낯선 이국땅에서 생존을 위해 혈연 및 지연 결합을 바탕으로 집단 거주하면서 특종 업종에 종사하는 동향(同乡)·동업(同业) 경제를 형성하며 전통적, 문화적 유대를 기초로 현지사회에 적응하면서 부를 축적했다. 현재 화교들은 그들의 거대한 자본력을 바탕으로 네트워크를 통해 여러 나라에 강력한 기업망을 구축하고 있으며 중국의 개혁개방 이후 화교기업이 해외에서 가장 빠른 신장 추세를 보이는 나라가 중국이다.

알아두기

화교기업 경영의 특수성
1. 막후조정과 지원(莫谈政治)
2. '천하의 모든 사람이 가족'이라는 현지의주(天下一家观)
3. 친족, 혈연강조의 폐쇄주의(团结家观)

중국의 거대한 시장과 화교의 거대한 자본이 혈연 중심적 정서를 매개로 성공적으로 결합한다면 그 영향력은 세계 최대 경제 통합체의 출현이라 할 수 있다. 국제질서가 냉전종식 이후 경제블록을 형성하고 있는 지금 중화 경제권은 중국을 중심으로 타이완, 싱가포르 등 동남아시아를 포함하여 아시아 자유무역지대로 발전할 가능성을 가지고 있다.

사진으로 보고 배우는

중국 문화

워크북

동양북스

목차

01 국호와 국기

✎ 중국의 정식 국호를 쓰고 중국의 국기와 국장의 구성요소가 상징하는 바를 적어 보세요.

02 중국의 지형

중국 지형의 가장 큰 특성을 적어보고 중국 4대 강에 대해 간략히 서술해 보세요.

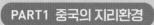
03 중국의 기후

기후 변화에 대한 중국의 대책에 대해 정리해 보고, 이에 대한 여러분의 생각을 서술해 보세요.

✎ 중국의 22개 성, 5개의 자치구, 4개의 직할시, 2개의 특별행정구를 써 보세요.

-----

05 중국의 지역정보

중국의 지역을 구분하고 기후와 자원에 대해 정리해 보세요.

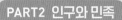

중국의 인구구성과 분포면에서 몇 가지의 특징을 서술해 보세요.

계획생육 정책에 대해 설명해 보세요.

중국 인구 고령화의 특징과 원인을 서술해 보세요.

04 한족과 소수민족

중국이 취하고 있는 소수민족정책은 5가지 기본 원칙 위에 세워졌는데 이를 간략히 요약해 보세요.

✎ 소수민족정책의 한계를 서술하고 정책에 대한 본인의 의견을 제시해 보세요.

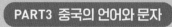

01 중국의 언어

중국의 개혁개방 이후 생겨난 신조어의 의미와 유래에 대해 설명하고, 최근
생겨난 신조어를 조사하여 정리해 보세요.

상형, 지사, 회의, 형성, 전주, 가차의 의미를 대표적인 글자를 예로 들어 설명해 보세요.

01 중국 음식문화의 특징

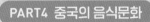

✎ 중국의 식사예절을 설명하고 우리나라의 식사예절과 비교해 보세요.

-----

02 중국 각 지역의 음식문화

중국 음식의 명칭은 일반적으로 재료, 조리법, 모양, 맛 등의 기본적 정보를 조합하여 이름을 짓는 경우와 비유적, 상징적 표현 또는 유래와 관련된 정보 등을 활용하여 이름을 짓는 경우가 있습니다. 각각의 경우에 해당하는 음식을 예로 들어 설명해 보세요.

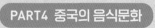
중국의 술 문화와 한국의 술 문화를 비교 설명해 보세요.

----

04 중국의 차

✎ 발효의 정도에 의해 차를 분류해 보세요.

01 전통명절

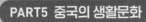 춘제, 위안샤오제, 돤우제, 중추제의 풍습을 설명해 보세요.

✎ 해음과 관련하여 음식과 숫자에 대한 마인드맵을 작성해 보세요.

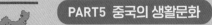
03 중국의 혼례와 장례

중국의 혼인풍습에 대해 설명해 보세요.

04 화폐의 변천과정

✎ 중국의 모바일 결제 방식에 대해 서술해보고 우리나라와 비교해 보세요.

01 중화인민공화국의 건국 과정

✎ 청 왕조의 쇠퇴부터 중화인민공화국의 건설까지의 과정을 제1, 2차 국공합작을 중심으로 설명해 보세요.

02 대약진과 인민공사

✎ 대약진 운동의 개념과 실패 이유를 서술해 보세요.

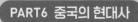

03 문화대혁명

✎ 문화대혁명의 발단, 전개, 종결 과정을 서술해 보세요.

04 개혁개방

✎ 덩샤오핑의 개혁 개방에 대해 서술해 보세요.

천안문 사태의 발생 배경과 천안문 사태에 대한 평가를 서술해 보세요.

01 중국공산당

중화인민공화국 국가주석에 대해 서술해 보세요.

02 민주당파와 사회단체

✎ 중국의 민주당파와 사회단체에 대해 마인드맵으로 작성해 보세요.

03 중국의 세대별 지도자

✎ 중국의 1세대~ 5세대 지도부 인물에 대해 요약 정리해 보세요.

01 사회주의 시장경제와 경제 5개년 계획

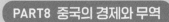 중국적 특색을 지닌 사회주의의 개념을 설명해 보세요.

선부론과 흑묘백묘론에 대해 설명해 보세요.

03 중국 경제의 급성장과 향후 발전 요인

중국 경제의 당면과제에는 어떤 것들이 있는지 서술해 보세요.

04 중화 경제권

✎ 화교의 개념과 화교사회가 형성된 배경에 대해 설명해 보세요.

PART1 중국의 지리환경

 PART2 인구와 민족

PART3 중국의 언어와 문자

 PART4 중국의 음식문화

PART5 중국의 생활문화

 PART6 중국의 현대사

PART7 중국의 정치

 PART8 중국의 경제와 무역

필기 노트